ZHONGDENG ZHIYE XUEXIAO
QICHELEI ZHUANYE GUIHUA JIAOCAI

中等职业学校汽车类专业规划教材

汽车电气设备构造与维修

主　编：唐守均　罗智强
副主编：肖　茂　谢云峰
主　审：陈　刚
参　编：夏仁兵　郑明杰　杨　智　王　旭
黄成松　陈　美　吴　吉

西南大学出版社
国家一级出版社　全国百佳图书出版单位

内容简介

本书是中等职业学校汽车类专业规划教材之一，本书按照以"就业为导向、能力为本位"的培养目标的要求，以"项目引领、任务驱动"的"理实一体化"教学方式为主，介绍了现代汽车电气设备的结构、原理、使用保养、检测维修以及有关的实践操作技能。每个项目都有明确的认知、技能和情感目标，有必要的基础知识和具体任务的实施步骤和过程，有与中级工和企业生产实际相对接的考评内容。全书共分六个项目共十七个任务，包括：汽车电气设备维修检测基础，典型车系电路图的识读，电源系统检修，起动系统检修，点火系统检修，汽车照明、信号与仪表、报警系统检修，汽车辅助电器的检修等。本书以市场保有量大的汽车车型的电气设备为主要教学内容，并及时介绍了一些国内外汽车电气新技术。本书可作为各类中职学校汽车运用与维修及相关专业的教材，也可供汽车运用、汽车修理、汽车营销、汽车制造等行业技术人员作参考，同时亦可作为汽车维修电工的培训教材。

图书在版编目(CIP)数据

汽车电气设备构造与维修/唐守均，罗智强主编
—重庆：西南师范大学出版社，2012.8(2024.1 重印)
中等职业学校汽车类专业规划教材
ISBN 978-7-5621-5824-0

Ⅰ.①汽… Ⅱ.①唐…②罗… Ⅲ.①汽车—电气设备—构造—中等专业学校—教材②汽车—电气设备—车辆修理—中等专业学校—教材 Ⅳ.①U472.41

中国版本图书馆 CIP 数据核字(2012)第 123038 号

汽车电气设备构造与维修

主　　编：唐守均　罗智强
主　　审：陈　刚

策　　划：刘春卉　杨景罡
责任编辑：曾　文
封面设计：雷　桥
责任照排：杨　娟
出版发行：西南大学出版社(原西南师范大学出版社)
(重庆·北碚　邮编：400715
网址：www.xdcbs.com)
印　　刷：重庆市正前方彩色印刷有限公司
经　　销：全国新华书店
幅面尺寸：185 mm×260 mm
印　　张：17.75
字　　数：450 千字
版　　次：2012 年 8 月第 1 版
印　　次：2024 年 1 月第 9 次
书　　号：ISBN 978-7-5621-5824-0

定　　价：35.00 元

尊敬的读者，感谢您使用西师版教材！如对本书有任何建议或要求，请发送邮件至 xszjfs@126.com。

序言

XUYAN

随着我国经济发展和产业结构的调整，职业教育越来越凸现出其重要性，大力发展职业教育是当今举国之策，重庆市在这大背景下，下发了《中共重庆市委重庆市人民政府关于大力发展职业技术教育的决定》(渝委发〔2012〕11号)文件。该文件对培养现代制造业、现代服务业的高素质技能型紧缺人才的现代职业教育的发展起到了很大的政策支撑和引领作用。

由于汽车产业的快速发展，尤其是现代汽车新技术、新工艺的广泛应用，对汽车制造和汽车后市场人才的要求越来越高。然而，目前许多中职学校汽车运用与维修专业的办学软硬件设施还没有和市场真正接轨，没有适合学生的职业发展规律，更没有结合学校自身的实际情况。最为突出的是在专业教学方面，存在课程体系不合理、教学内容陈旧、教学方法落后等问题，完全不能满足现代汽车产业岗位职业能力培养的需求。

为了更好地满足中等职业学校汽车类专业的教学要求，体现职业教育特色，促进汽车专业人才的培养，我们一线教师和行业专家在广泛调研和深入实践的基础上，按“项目引领、任务驱动”的最新教学理念编写了这套中等职业学校汽车类专业教材。本系列教材共计17本，分别为《汽车文化》《汽车维修机械基础》《汽车维修基本技能》《汽车发动机基础维修》《汽车底盘基础维修》《汽车电气设备构造与维修》《汽车发动机电控系统检修》《汽车底盘电控技术》《汽车电工电子》《汽车车身电控技术》《汽车故障诊断与排除》《汽车维护与保养》《汽车美容与装饰》《汽车车身修复》《汽车维修涂装技术》《汽车评估》《汽车中级技能培训》。

本套教材是以市场人才需求为导向，围绕学生职业能力培养，结合中职学生职业教育规律进行编写的。其主要特点如下：

1.根据学生岗位职业和发展，教材体系体现了“宽、专、精”三个不同层面的内涵。提炼、整合了传统专业基础课程，拓宽专业基础知识、技能的实用性，满足不同岗位的需要；针对不同工种的工作需求，编写了不同工种的专门化核心专业课程；依据“知识够用、技能实用”原则，精细打造课程，实现与实际岗位工作任务无缝对接。

2．专业课程体例是按“任务驱动的‘理实一体化’”模式编写的，体现了以完成工作任务为目的、以应用为中心的职业技能教育特点，实施了“学中做，做中学”的理论与实践相结合的教学理念。

3．课程内容满足专业能力培养的需要。坚持“必需、够用”的原则，内容严谨、容量适宜、难易得当。

4．结合了汽车行业职业技能考核的要求，注重培养“双证”技能型人才。

5．注重学生职业道德与情感的培养，树立安全和环保的意识。

本套教材是在充分调研和深入实践的情况下，在重庆市多所职业学校和相关高校的一线专业课教师、“双师型”教师共同参与下研发、编写而成。这将更能体现其在实际教学中的适用性和地方特色，满足中职学校汽车运用与维修专业的人才培养要求，从而推动地方职业教育的教学改革，为我国汽车产业发展发挥积极的作用。

前言

QIANYAN

随着汽车技术不断发展，电气设备在汽车中所占比重越来越大，先进技术的应用越来越多。作为汽车运用与维修类专业的基础核心课程——“汽车电气设备构造与维修”的课程教学改革势在必行。

本书注重以就业为导向、以能力为本位，面向市场，面向社会，体现了现代职业教育的特色，满足了汽车运用技术领域技能型人才培养的需要。按照汽车运用与维修类专业技能型人才培养目标要求编写，以职业能力培养为主线，内容主要包括汽车电气检测工具仪表使用、电气系统基础元件的检修、汽车电路图的识读、电源系统检修、起动系统检修、点火系统检修、照明与信号系统检修、仪表与报警系统检修、常见辅助电气系统（刮水器清洁器检修、电动座椅检修、电动门窗检修、电动后视镜检修）。

本书将汽车各主要电气系统的结构、工作原理、电路分析、零部件检测、电路故障诊断与排除、使用与维修等内容融为一体，注重理论与实践结合，与职业技能鉴定标准接轨，力求做到理论以“够用”为度，理论为技能服务，突出电气设备的拆装、检测仪器仪表、工具的使用，电路图的识读方法、电气设备元器件检修和电气线路故障诊断等基本技能的训练。该书旨在培养学生的动手操作能力和解决问题的能力，加强针对性与实用性，是一本具有鲜明特色的“理实一体化”的中职教材。

本书在编写过程中，认真总结了多年来汽车维修专业教学经验，注意吸收国内外先进的教学模式和方法。具有以下主要特色：

1. 培养目标是以汽车维修、装配企业关键技术操作岗位的能力要求为核心，确定专业知识和能力培养目标，对现场实际操作能力要求达到中级技术工人水平。

2. 采用“项目引领、任务驱动”的编写形式，打破传统教材的章节体系，充分体现专项能力的培养，适合于“理实一体化”的教学模式。

3. 每个项目都有明确的“知识目标”、“技能目标”和“情感目标”，每个任务都有“任务描述”、必要的“知识准备”“任务实施”“评价反馈”“教师评估”等环节，贴近生产实际，内容丰富、形式多样，有利于激发学生的学习兴趣。

4. 在内容的选择上，车型以典型车系轿车为主，注重汽车后市场职业岗位对人才的知识、能力要求，力求与相应的职业资格标准衔接，并较多地反映新知识、新技术、新工艺、新方法等内容。

5. 加强针对性与实用性。技能要求与职业技能鉴定标准接轨，突出学生动手能力的培养和训练。注重学生技能培养的同时，加深对电气结构、工作原理等必要的理论基础知识的讲解。

本书由长期从事中等职业学校汽车维修专业教学与汽车维修行业培训的重庆渝北职业教育中心、重庆市九龙坡职教中心教师和汽车维修企业技术人员共同编写，唐守均、罗智强担任主编，肖茂、谢云峰担任副主编，全书由重庆工业校汽车教研室陈刚老师审阅。

唐守均编写了项目一、项目二，郑明杰编写了项目三、项目四，杨智编写了项目五，王旭编写了项目六。本书在编写过程中得到了重庆市交通行业职业鉴定中心工程师夏仁兵等一些专家和黄成松、陈美等专业老师的大力支持与帮助，并参考、采用了许多相关专业文献和专家的建议，在此一并表示感谢。

本书中大量的图形引自车企原厂维修手册的汽车电路图。其中，部分图形符号、名称与国家标准略有差异，但为了便于学生学习理解、比对操作，未予以修改。专业任课教师可在相关内容的讲解时作必要引导。

本书可作为中职学校汽车运用与维修、汽车检测与维修技术、汽车电子技术及相关专业的教学用书，也可作为汽车电器维修行业培训用书，同时也可供汽车电气维修人员、电气技术爱好者自学参考使用。

由于编者水平所限，加之时间仓促，书中不妥和错误之处在所难免，恳请读者提出宝贵意见，以便及时修订。

目 录

MULU

项目一 汽车电气设备维修基础

任务一　电气系统常用检测工具及使用方法

【任务目标】

目标类型	目标要求
1. 认知目标	(1)概括汽车电气系统的特点； (2)描述汽车电气设备电路组成； (3)简单描述常用检测工具和仪器的用途。
2. 技能目标	(1)能正确使用试灯、万用表等常用工具检测电路故障； (2)初步懂得示波器、故障分析仪的用途和使用方法。
3. 情感目标	(1)不能用划火法检测带电子调节器的电源系统是否充电，否则可能会损坏电子元件； (2)使用故障诊断仪等贵重仪器时一定要注意规范操作，防止损坏。

【任务描述】

一辆桑塔纳2000型轿车，冷起动时，起动困难，怠速发抖，加油易熄火。经修理人员用二极管试灯、万用表和示波器检测后，发现是点火系统有一个缸未工作，进一步检查发现火花塞损坏，更换相同型号火花塞后，故障消除，一切正常。

【知识准备】

一、汽车电气系统的特点

汽车电气系统组成元件多，结构复杂，电气设备外形和构造也因车型而异，但有以下共同特点：

1. 单线制：利用汽车发动机和底盘、车身等金属机件作为各种用电设备的共用连线（俗称搭铁），而用电设备到电源只需另设一根导线。但一些不能形成可靠的电气回路或需要精确电子信号的回路，采用双线。

2. 负极搭铁：采用单线制时，将蓄电池的负电极用导线连接到发动机或底盘等金属车体上。我国标准中规定汽车电器必须采用负极搭铁。目前世界各国生产的汽车也大多采用负极搭铁方式。

3. 两个电源：指蓄电池和发电机两个供电电源。蓄电池是辅助电源，发电机是主电源，向用电设备供电，同时对蓄电池进行充电。

4. 用电设备并联：指汽车上的各种用电设备都采用并联方式与电源连接，每个用电设备都由各自串联在其支路中的专用开关控制，互不产生干扰。

5. 低压直流供电：汽车电气设备采用低压直流电压供电，柴油车大多采用 24 V 直流电压供电，汽油车大都采用 12 V 直流电压供电。

二、汽车电气设备的组成

汽车电气设备由电器装置和电控装置两大部分组成，每一部分又由若干子系统组成。其中电器装置包括以下部分：

1. 汽车电源：由发电机、蓄电池和电压调节器组成。发电机是主电源，蓄电池是辅助电源。

2. 用电设备：由起动设备、点火系统、照明系统、仪表系统、信号及报警装置和辅助电器组成。

3. 配电装置：由综合配电盒（箱）、继电器、保险装置、插接器、电路开关、导线线束等组成。

电子控制系统：主要由电子控制喷射系统、电子控制点火系统、自动变速器、制动防抱死、四轮转向、电控悬架、巡航控制等组成。大众 polo2002 轿车电控系统如图 1-1-1 所示。

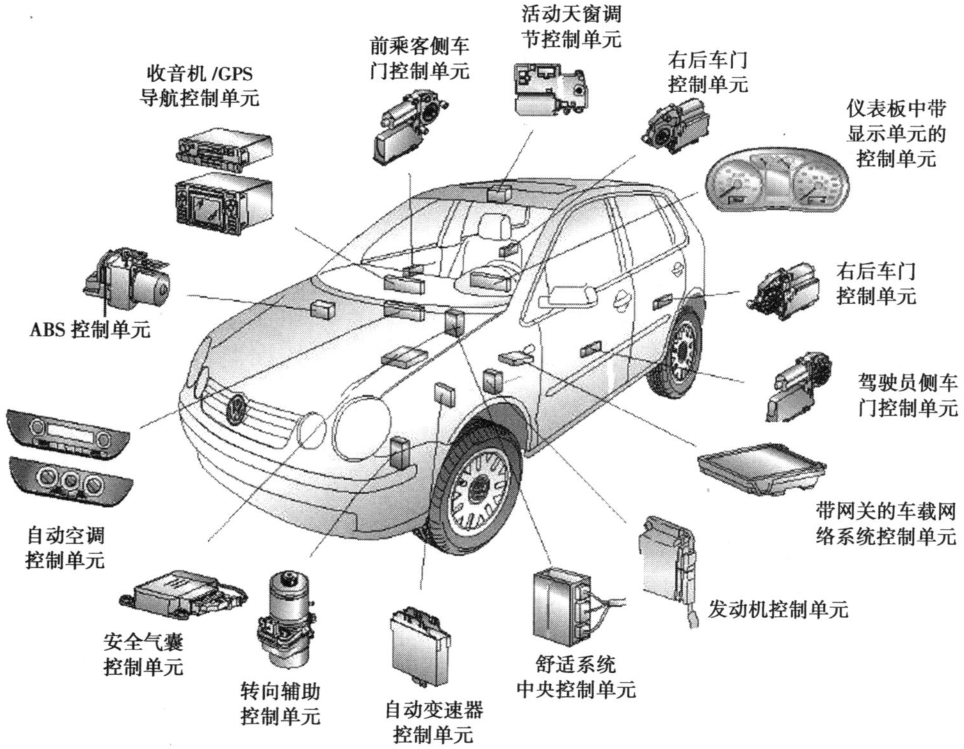

图 1-1-1　大众 polo2002 轿车电控系统

三、汽车电气设备故障的基本形式

汽车电气系统故障多因绝缘层老化或车辆振动松脱，造成电路断路、短路、搭铁和接触不良。

1.断路

所谓断路就是电路导线断开，使电路不能构成闭合回路，电路没有电流，因此用电器不能工作，如图 1-1-2 所示。造成断路的原因，通常是熔丝烧断、导线接线端子变形或导线插接器滑出，如图 1-1-3 所示。

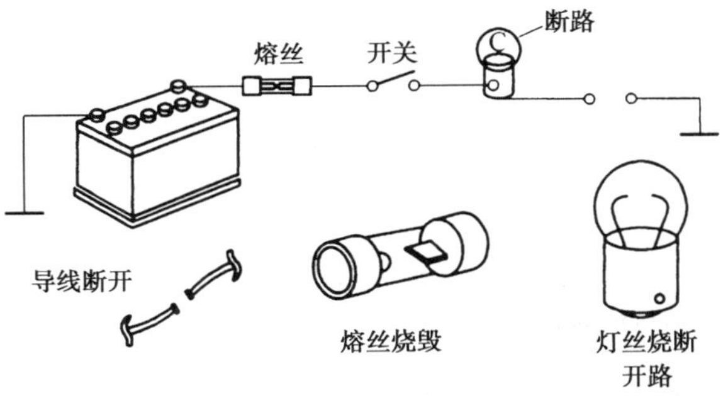

图 1-1-2　断路示意图

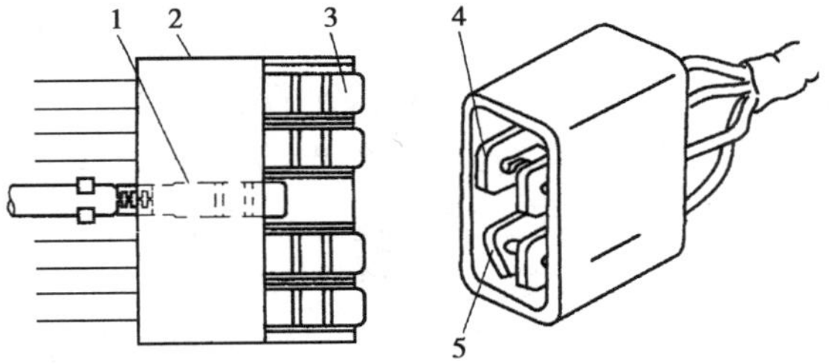

1－接线端子从插接器中滑出；2－插接器；
3－接线端子；4－变形的接线端子

图 1-1-3　导线插接器

2.短路

所谓短路就是电路电流全部或部分经旁通电路流回电源，因此用电器不能工作，如图 1-1-4 所示。短路的原因通常是线圈与线圈、导线与导线之间绝缘层老化损坏，使其之间相互导通而短路。

3.搭铁

所谓搭铁是指电路的电流通过裸露的导线直接经车架导体与电源（蓄电池）构成回路，如图 1-1-5 所示。搭铁电路的电阻值很小（接近 0 Ω），因此搭铁时回路电流很大，可能会迅速烧断保险丝，或使导线绝缘材料受热冒烟。

4.接触不良

电路接触不良是指导线连接不牢固而表现的虚接触（似接非接），是电路断路的一种表现。由于此现象在实际车辆故障中较多，所以单独介绍。当车辆行驶振动时，电路时通时

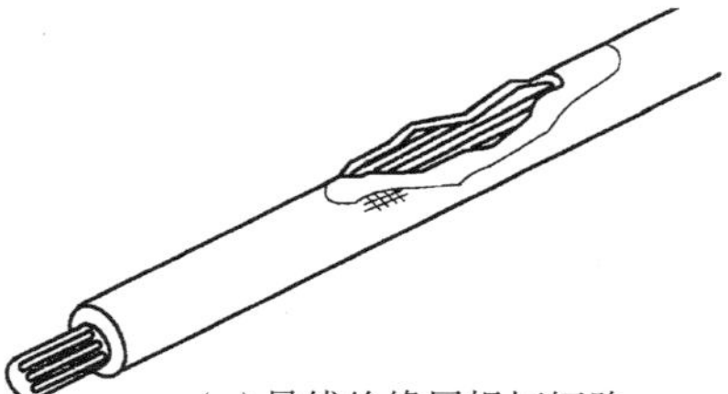

(a) 导线绝缘层损坏短路

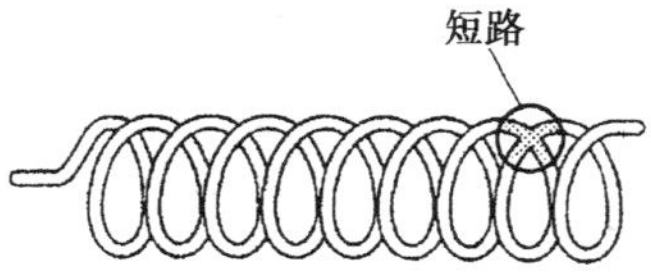

(b) 线圈匝间短路

图 1-1-4　短路

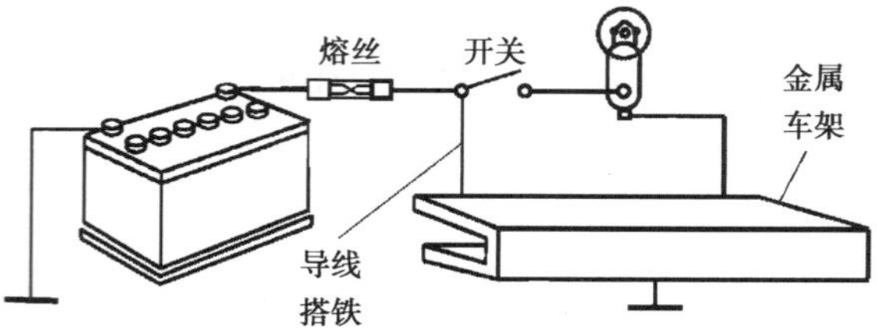

(a) 烧断保险丝（熔丝）

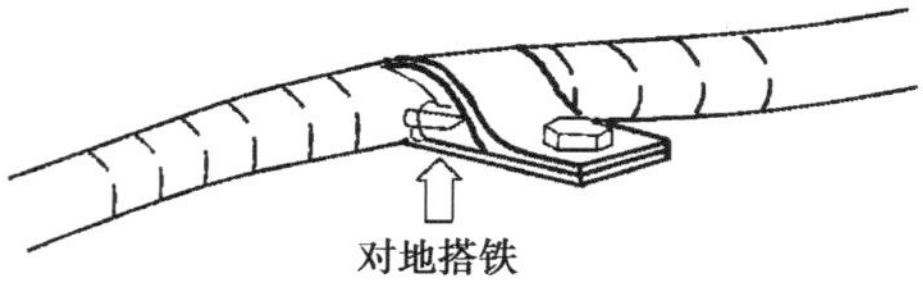

(b) 烧损导线

图 1-1-5　导线搭铁

断、用电器具不能正常工作。电路接触不良通常是由于接线端子固定螺母、螺钉松动或腐蚀造成。

四、汽车电气设备常用检测工具

目前，在汽车电气设备检修中常用的检测工具和仪表有跨接线、试灯、万用表（机械式和数字式）、点火正时灯、示波器、故障诊断仪、发动机故障分析仪等。

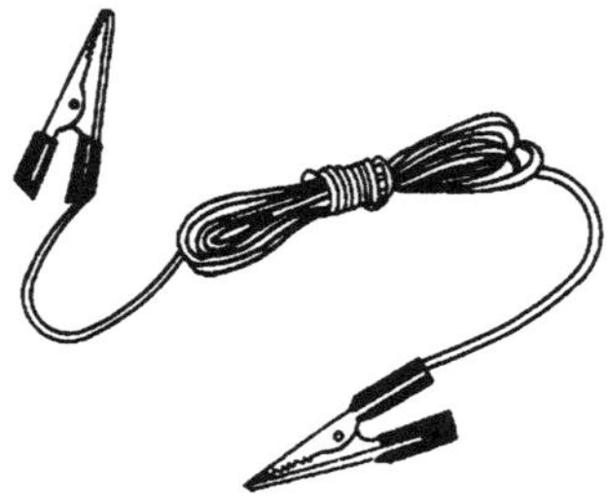

图 1-1-6　跨接线

（一）跨接线

如图 1-1-6 所示。主要用于检查断路故障和外接电瓶并联起动。用跨接线进行故障诊断方法如图 1-1-7 所示。用跨接线直接接电源将保险、开关和被检测电路隔开，通过与各点相接触之后用电设备的反应来确诊故障部位；将跨接线连接在被测元件（如图中熔断器或开关）两端，使元件短接，若用电器（如图中灯泡）能正常工作，则说明被测元件断路。

跨接线的另一用途是并联蓄电池帮助发动机起动，如图 1-1-8 所示。接线时，应按顺序连接，即先接正极线，后接负极线；拆卸时，先拆负极线，后拆正极线，以免短路，造成人员受伤、设备受损。

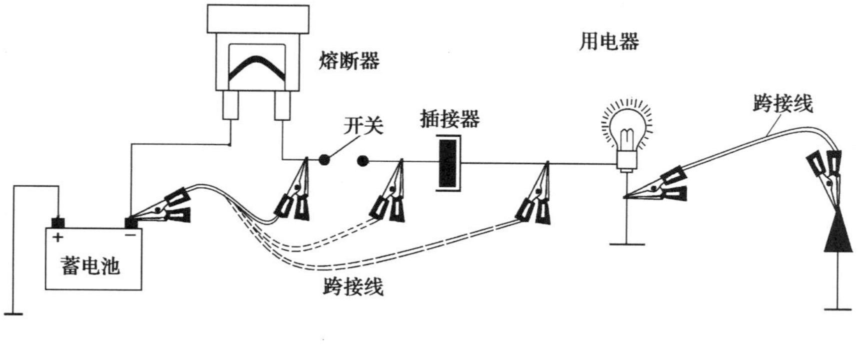

图 1-1-7　用跨接线检查断路故障

警告： 切勿将跨接线直接跨接在蓄电池的两端或蓄电池正极和搭铁之间。

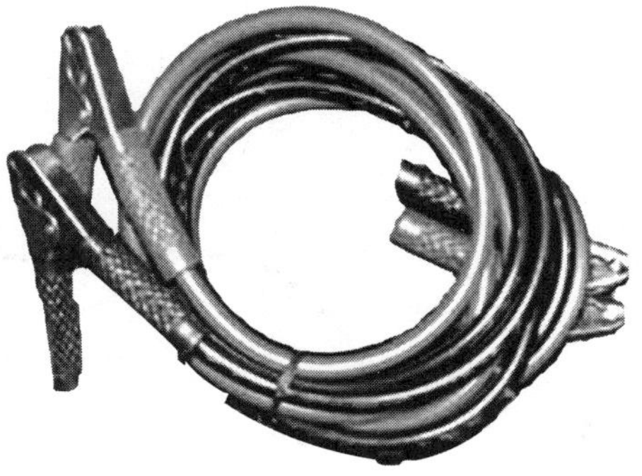

图 1-1-8 并联蓄电池起动发动机跨接线

(二)检测试灯

为了便于检查电路故障而又不损坏电气设备,应有一支检查试灯。可购买“汽车电气测试笔”,如图 1-1-9 所示是大众汽车公司专用电气测试笔,也可用工作电压与汽车电源电压相同的小灯泡制作。检测有电子装置的汽车电气故障时,只能用 LED 试灯(普通灯泡电阻太小,对 ECU 等电子元件有损坏的危险),用两个发光二极管反向并联后,再串联一个 300 Ω 电阻,制成双向 LED 试灯,如图 1-1-10 所示。根据是否自带电源,试灯又可分为有源试灯和无源试灯。无源试灯只能测试电路是否带电,不能显示出检测电路点的电压值是多少,如图 1-1-11所示。

警告: 不能用带普通灯泡的试灯检测计算机控制的电路。

有源试灯同无源示灯类似,只是自带一个电池电源,如图 1-1-12 所示,连接到一条导线的两端上时,试灯内灯泡点亮,可用于测试线路的通、断。

警告: 不能用有源示灯测试带电电路,否则会损坏试灯。

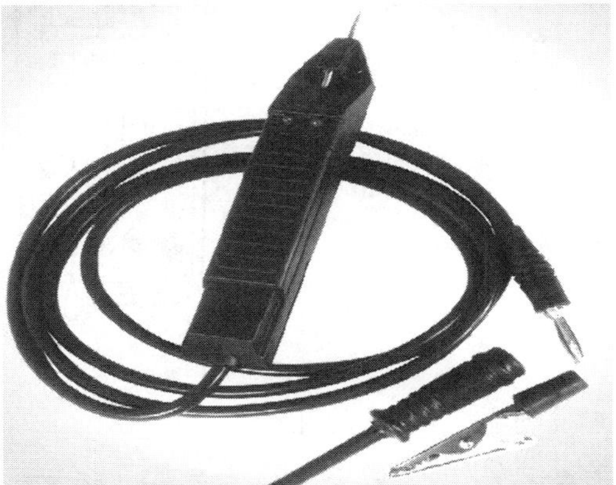

图 1-1-9 SVW1527 电气测试笔实物

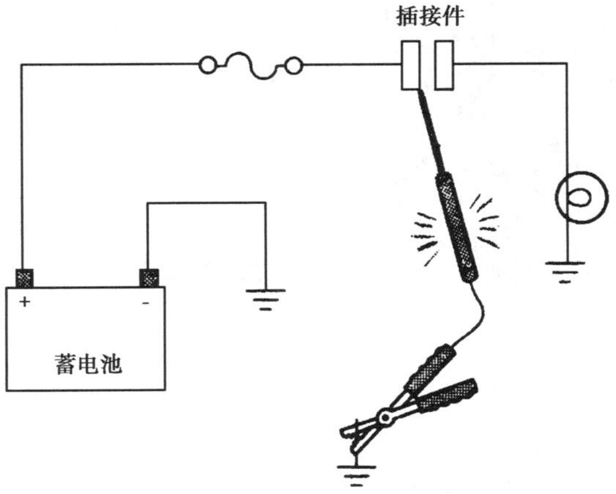

图 1-1-10 LED 试灯的使用

(三)数字式万用表

目前汽车电路检测中,大多使用数字式万用表,其实物如图 1-1-13 所示,其主要用途如图 1-1-14 所示。

1.数字式万用表的使用步骤

(1)选择合适的测量挡位。(2)将表的测试头放在适当的输入端:①黑表笔通常插在公

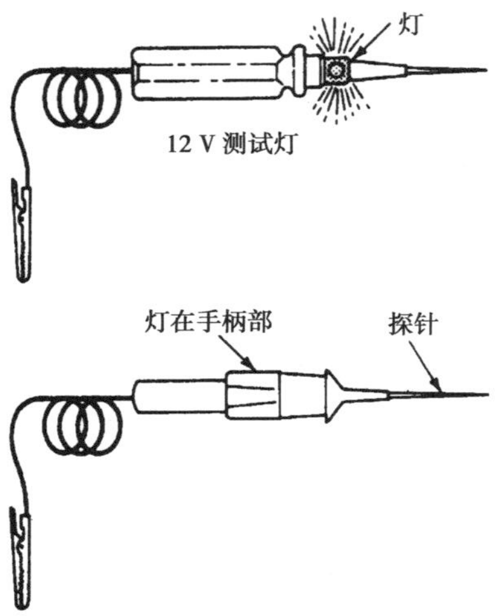

图 1-1-11　无源试灯

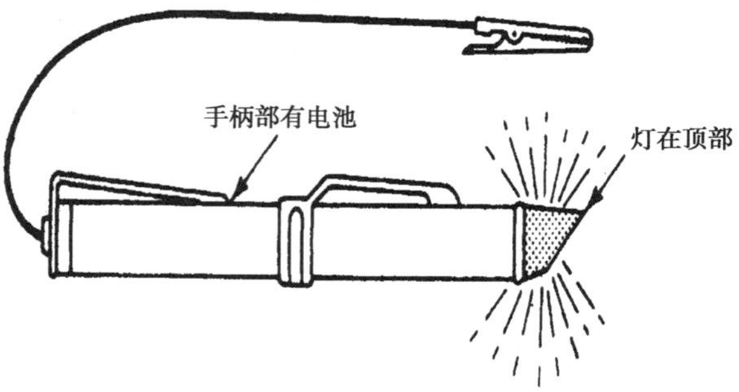

图 1-1-12　有源试灯

共端(COM);②当测量电压、电阻或二极管时,红表笔通常插在有“VΩ”标签的位置端;③当测量电流时,红表笔通常插在有“20 A”或“mA”标签的位置端。(3)选用适当的量程。(4)注意根据选择的挡位正确读数。

图 1-1-13　汽车万用表实物

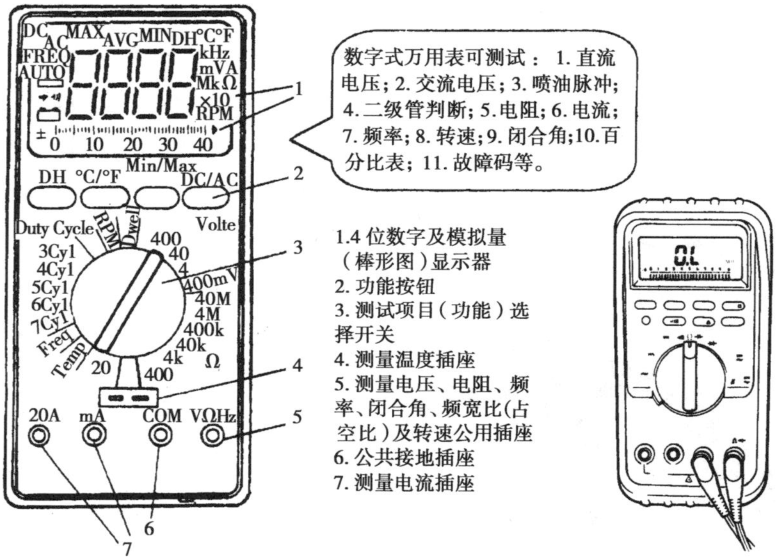

图 1-1-14　汽车数字万用表的用途

注意： 当使用数字万用表测量 20 A 以上的大电流时(如起动电流),需要与钳形电流传感夹配合使用,一是避免损坏万用表,二是不需断开原电路串联万用表,使用方便快捷。如图 1-1-15 所示。

2.汽车数字万用表的测量项目及使用方法

可测量交、直流电压与电流、电阻、频率、电容、占空比、温度、闭合角、转速;也有一些新功能,如自动断电、自动变换量程、模拟条图显示、峰值保持、数据锁定、电池测试等。为实现某些功能,汽车万用表还配有一套配套件,如热电偶适配器、热电偶探头、电感式拾取器及 AC/DC 感应式电流钳等。

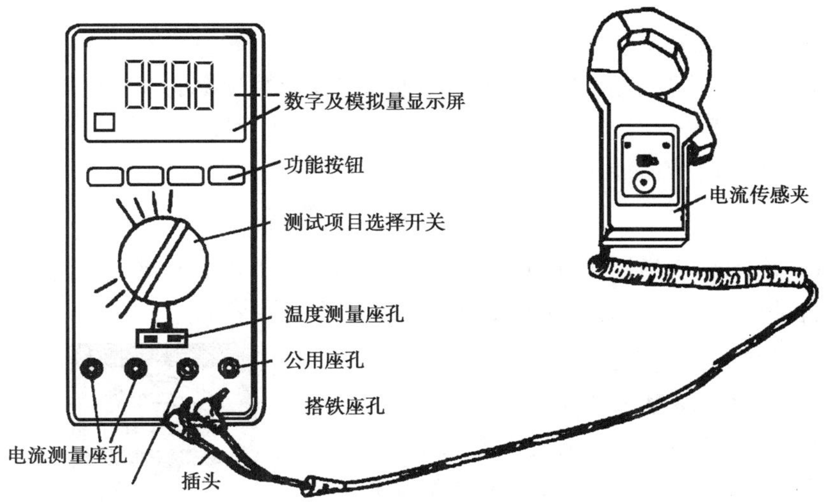

图 1-1-15　汽车万用表与钳形电流感应夹

(1)信号频率测试

测试项目选择开关置于频率(Freq)挡,黑线(自汽车万用表搭铁插孔引出)搭铁,红线(自汽车万用表公用插孔引出)接被测信号线,显示屏显示被测频率。

(2)温度检测

测试项目选择开关置于温度(Temp)挡,按下功能按钮(℃/℉),探针线插头端插入汽车万用表温度测量插孔,探针端接触被测物体,显示屏显示被测温度。

(3)点火线圈一次侧电路闭合角检测

测试项目选择开关置于闭合角(Dwell)挡,黑线搭铁,红线接点火线圈负接线柱,发动机运转,显示屏显示点火线圈一次侧电路闭合角。

(4)频宽比测量

测试项目选择开关置于频宽比(Duty Cycle)挡,黑线搭铁,红线接电路信号,发动机运转,显示屏显示脉冲信号的频宽比。

(5)转速测量

测试项目选择开关置于转速(RPM)挡,转速测量专用插头插入搭铁插孔与公用插孔中,感应式转速传感器(汽车万用表附件)夹在某一缸的点火高压线上,发动机运转,显示屏显示发动机转速。

(6)起动机起动电流测量

测试项目选择开关置于“400 V”挡(1 mV 相当于 1 A 的电流,即用测量电流传感器电压的方法来测量起动机起动电流),把霍尔电流传感器夹在蓄电池正极导线上,其引线插头插入电流测量插孔,按下最小/最大功能按钮,拆下点火高压线,用起动机转动曲轴 2 ~ 3 s,显示屏显示起动电流。

(7)氧传感器测试

拆下氧传感器线束连接器,测试项目选择开关置于“4 V”挡,按下 DC 功能按钮,使显示屏显示“DC”,再按下最小/最大功能按钮,将黑线搭铁,红线与氧传感器相连;然后以快怠速(2 000 r/min)运转发动机,使氧传感器温度达到 360 ℃以上。此时,如混合气浓,氧传感器输出电压为 0.8 V;如混合气稀,氧传感器输出电压为 0.1 ~ 0.2 V。当氧传感器温度低于

360 ℃时(发动机处于开环工作状态),氧传感器无电压输出。

(8)喷油器喷油脉宽测量

测试项目选择开关置于频宽比挡,测出喷油器工作脉冲频率的频宽比后,再把测试项目选择开关置于频率(Freq)挡,测出喷油器工作脉冲频率,然后按下面公式计算喷油器喷油脉宽:喷油脉宽 = 频宽比/喷油频率。

(四)指针式万用表

图 1-1-16 所示,由于指针式万用表比高阻抗的数字式万用表有更高的输出,在测量二极管和电子元件的电阻值时模拟式万用表比数字式万用表更精确。

注意:现代电控汽车上的电路极大部分是晶体管电路,当检查这些电路电压时,要用 10 MΩ 或更大阻抗的仪表(数字式万用表)。当测量电阻值时,要确认被测电路的电源已经断开。否则由汽车电气系统供电的电路会损坏装备或提供虚假读数。

警告:不能带电测电阻;测量直流电流、电压时表笔极性绝对不能接反(红正黑负);在电阻挡时,表内电池电压极性与表面相反(红负黑正),检测二极管时要注意这一点;每次使用完毕,应将转换开关置于交流电压最高挡。(为什么?)

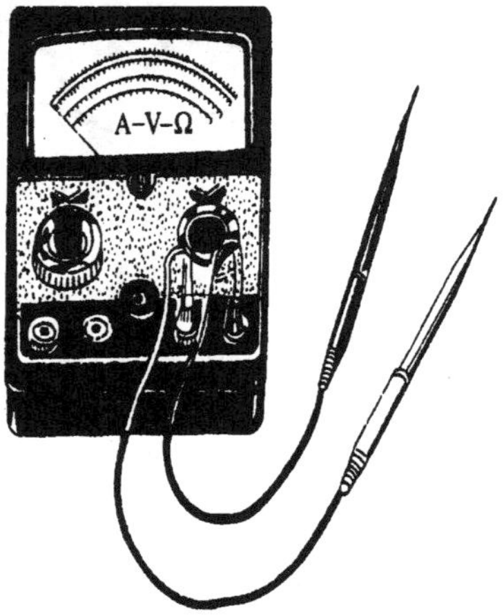

图 1-1-16　指针式万用表

(五)汽车示波器

示波分析仪可以实时采集点火、喷油、电控系统传感器的波形,通过对传感器波形的分析可以准确地诊断传感器是否有故障,通过对点火波形的分析不仅可以诊断点火系统的火花塞、高压线、点火线圈等各元器件故障,还可以分析出进气系统和燃油系统的可能故障点,为汽车的运行技术状况和故障诊断提供科学的依据。

汽车示波器根据其功能可分为某车系专用示波器和多种车系都适用的通用示波器两大类。专用示波器适用范围小,但检测精度高,功能强大。图 1-1-17 所示为大众车系专用示波器。

通用汽车示波器具有适用车型广,功能较为齐全,但精度不够高的特点。目前中职学校普遍使用的通用汽车示波器有博世 - 金德 KT600 示波器,如图 1-1-18 所示。它将汽车故障诊断仪和示波器制成一体,不需更换内部核心模块,只需连接相关导线就能测试波形。其最大优点是采用了全中文界面,速度反应快。KT600 示波分析仪的功能非常强大,示波分析仪的基本功能与基本菜单操作如图 1-1-19 所示,汽车的示波功能具体操作请参照 KT600 示波器说明书。

(六)故障诊断仪(解码器)

故障诊断仪,俗称解码器。它通过数据通信线以串行的方式获得控制电脑的实时数据参数,包括故障信息、实时运行参数、控制电脑与诊断仪之间的相互控制指令。

根据适用范围和功能,解码器分为通用解码器和专用解码器两种。

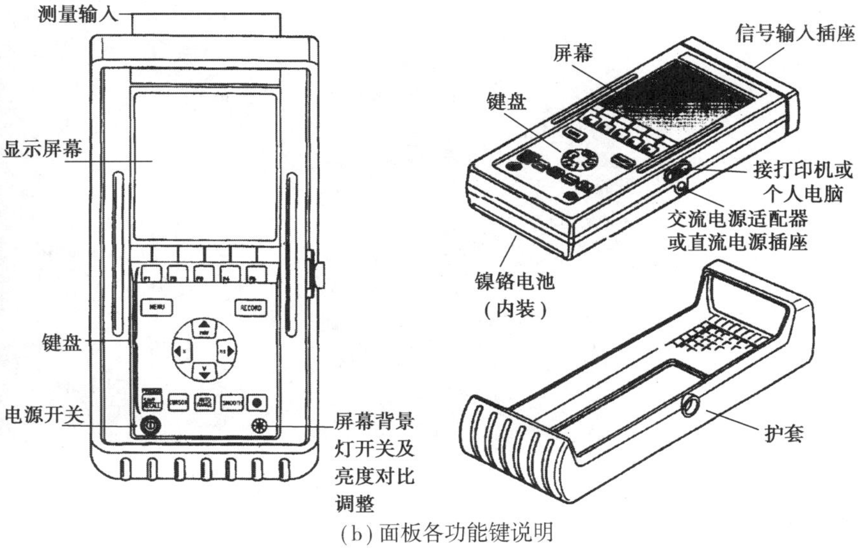

(a)实物图　　　(b)面板各功能键说明

图 1-1-17　FLUKE98 大众汽车专用示波器

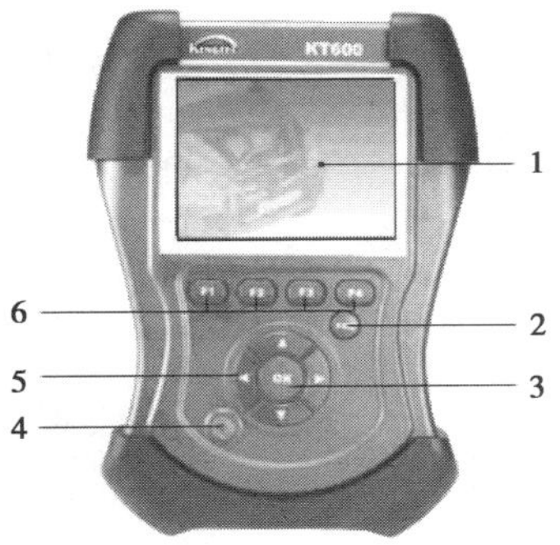

(a)正面

1－触摸屏;2－返回键;3－确认键;
4－电源开关;5－方向键;6－多功能辅助键

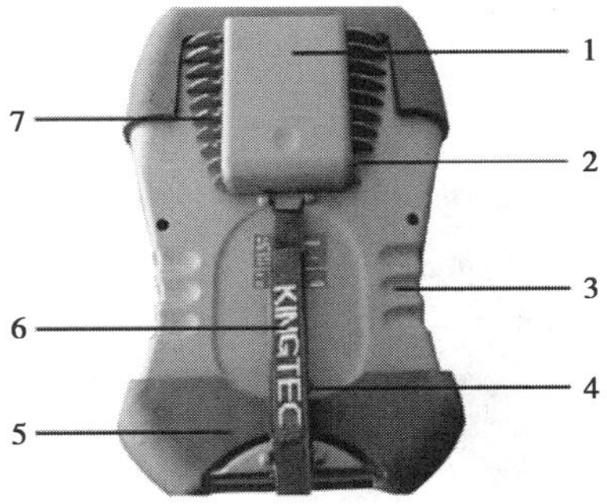

(b)背面

1－打印盒;2－打印盒扣;3－手持处;
4－卡锁;5－胶套;6－保护带

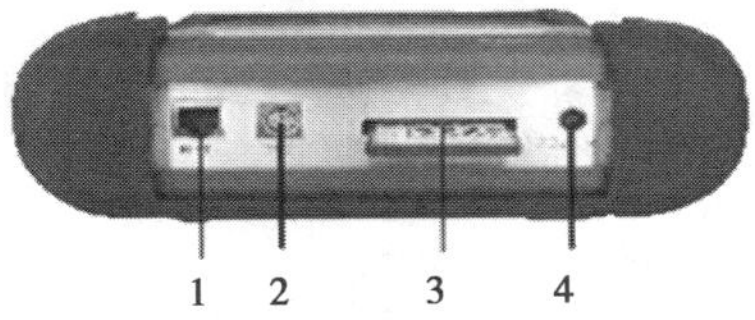

(c)上接口视图

1－网线接口;2－鼠标键盘接口;
3－CF 卡插槽;4－电源接口

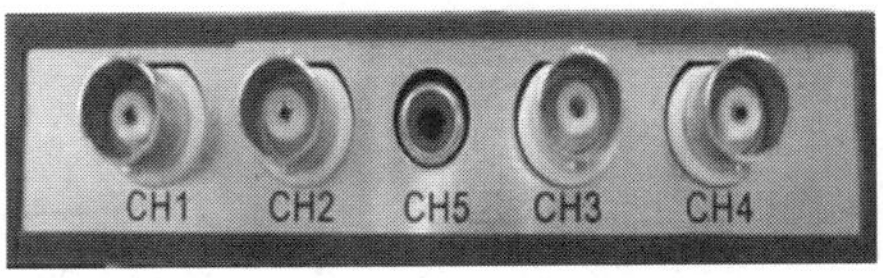

(d)下接口视图

CH1、CH2、CH3、CH4－示波通道;CH5－触发通道

图 1-1-18　博世－金德 KT600 汽车示波器实物图

目前应用较多的通用解码器有元征 X431、博世－金德 KT600。如图 1-1-20、图 1-1-21 所示,通用诊断仪的主要功能有:控制电脑版本的识别、故障码的读取和清除、动态数据参数显示、传感器和部分执行器的功能测试与调整、某些特殊参数的设定、维修资料及故障诊断提示、路试记录等。通用诊断仪可测试的车型较多,使用范围较宽,但它与专用诊断仪相比,无

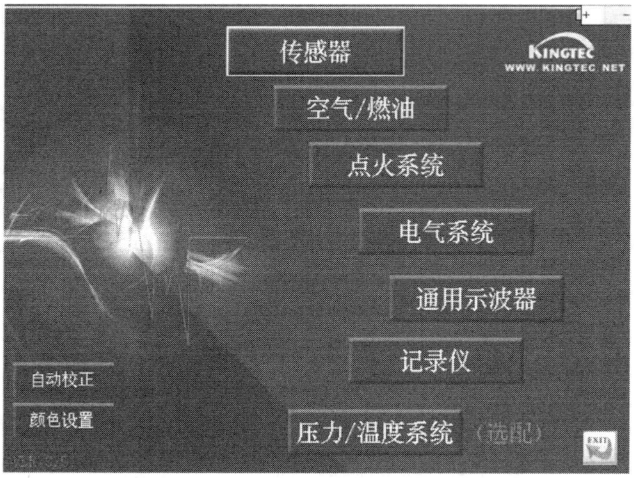

图 1-1-19　KT600 示波器的主菜单

法完成某些特殊功能。

专用解码器是各汽车制造商专门用来检测本公司生产的汽车，适用范围小，但精度高，功能强。如图 1-1-22、图 1-1-23 分别为大众汽车故障诊断仪 1552 和通用汽车公司专用故障诊断仪 CETH-2。

图 1-1-20 元征 X431 – GX3

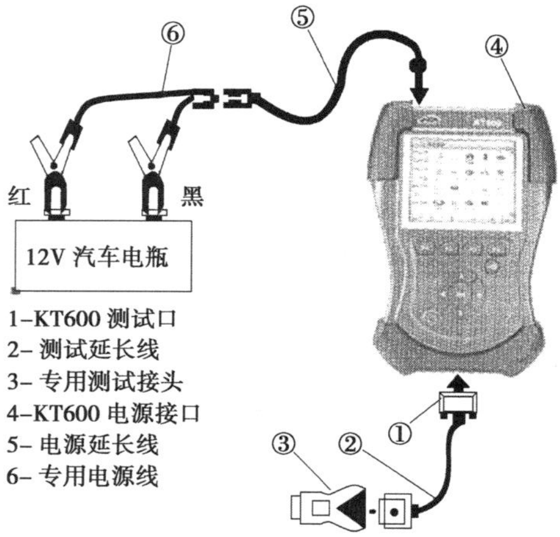

图 1-1-21　博世 – 金德 KT600

(a) 大众故障诊断仪结构图

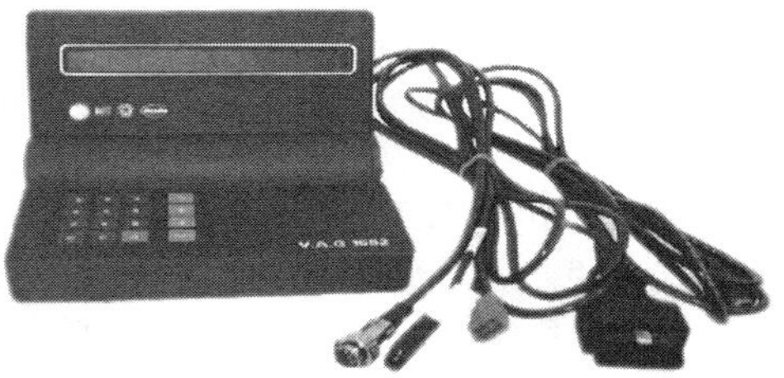

(b) 大众故障诊断仪实物图

图 1-1-22　大众专用故障诊断仪

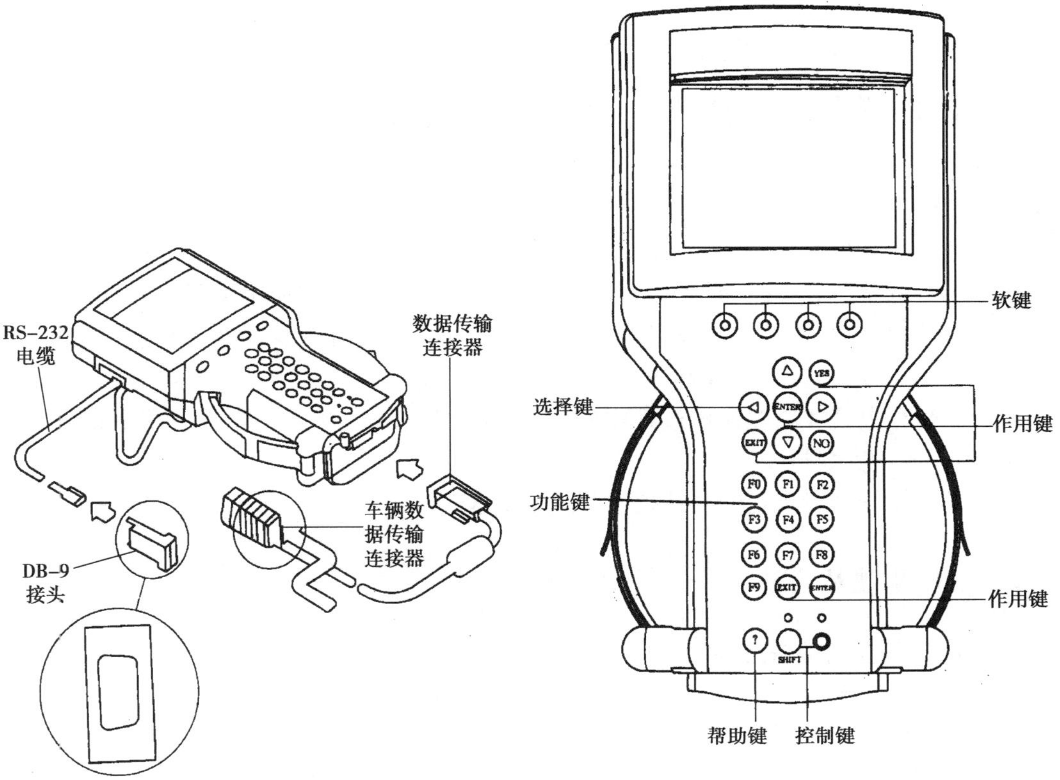

图 1-1-23　通用汽车公司专用故障诊断仪 CETH－2

【任务实施】

一、实施内容

1. 汽车电器维修常用工具、仪表的认识和使用。

2. 熟悉汽车数字万用表的使用方法。

二、准备工作

1.所需设备

整车(常用大众车、丰田轿车)、蓄电池、交流发电机、工作台等。

2.工具和材料

汽车电工工具套装、干净的抹布、汽车用数字式万用表、指针式万用表、大众专用故障诊断仪、KT600 示波器、导线、发光二极管、电阻若干、试灯、跨接线、导线夹、汽车维修手册、汽车电路图册等。

3.安全防护用品

标准作业装、安全鞋、线手套等。

4.汽车信息收集

车牌号码:____________________,车辆型号:____________________,

VIN 码:______________________,行驶里程:___________________,

维修接待意见:____。

三、技术规范与注意事项

1. 使用万用表时应选择正确挡位,禁止用低电阻挡位去测量电压,以免降低测量精度或损坏万用表。指针式万用表测直流电压、电流时,一定要注意极性,不能接反。

2. 将故障诊断仪接入车上 16 孔诊断插座,或拔下时,都应关闭点火开关,防止损坏。

3. 使用维修手册和电路图时,要注意避免残缺不全,资料应与使用车辆型号相对应。

4. 一般情况下,汽车蓄电池开路电压为 12 V(汽油机,柴油机多为 24 V),发电机正常输出电压 14 V(汽油机,柴油机为 28 V)。

5. 为了防止电气线路在操作过程中的短路,每次拆装、检测电气设备时,应先断开蓄电池搭铁线,完成后安装搭铁线。

6. 要遵守维修手册规定的其他技术和安全要求。

四、实施步骤及方法

(一)检修作业的准备及预检

1.一般准备工作

(1)与小组成员共同清洁场地　□任务完成

(2)清点所需工量具数量和种类　□任务完成

(3)检查设备、工量具性能是否良好　□任务完成

2.安全防护准备工作

(1)安装车轮挡块阻挡车轮　□任务完成

(2)使用空挡和驻车制动　□任务完成

(3)安装好前栅格布及护套　□任务完成

3.发动机机舱预检

(1)检查发动机冷却液液面　□正常　□不正常

(2)检查发动机机油液面　□正常　□不正常

(3)检查制动液液位　□正常　□不正常

(二)万用表的使用

1.指针式万用表

(1)检查外观。

①外壳有无损坏　□有　□无

②指针有无弯曲变形　□有　□无

③转换开关转动是否灵活无卡滞　□是　□否

④电阻各挡位指针是否能调零　□是　□否

⑤根据检查结果,你的处理意见是:　□更换　□维修　□继续使用

(2)测量电阻

用指针式万用表测电阻时,要断开电源,每次换挡后都要调零,若不能调零,应更换电池。

①测量点火线圈附加电阻。你选用的电阻挡位是 $R\times$ ________ 挡，调零前读数 ________ Ω。

调零后的读数是________ Ω。你测得的值是________ Ω。测量蓄电池与发电机连接线的电阻值，你选用的挡位是 $R\times$ ________挡，你测得的电阻值是________ Ω。

(3)检测二极管

用指针式万用表检测二极管时，不能用 $R\times100\ \Omega$ 以下的挡位。

①极管极性判别。你选择的 $R\times$ ________挡，测量时将红、黑表笔分别接入二极管的两极，若读数较小，为正向导通，交换表笔再次测量，若读数为"∞"，为反向截止。

你第一次测量读数为：□较小值　□∞，此时红表笔端为：□正极　□负极，黑笔端为：□正极　□负极；你交换表笔后再次测量读数为：□较小值　□∞，此时红表笔端为：□正极　□负极，黑笔端为：□正极　□负极。

②二极管好坏检测。指针表电阻挡是红表笔接触内部电池：□正极　□负极；黑表笔接触内部电池：□正极　□负极。

将指针万用表黑表笔接触二极管正极，红表笔接触二极管负极，(测量正向电阻值)正常数值为 300～600 Ω，然后将黑表笔接触二极管负极，红表笔接触二极管正极(测量反向电阻值)，正常数值为"∞"，如果两次测量都显示"∞"，说明二极管已经：□断路　□击穿　□正常；如果两次测量正反向电阻值几十至几百欧，说明二极管：□断路　□击穿　□正常；如果两次测量数值相近，说明二极管：□质量很差　□质量很好　□与质量无关。如果两次测量的电阻值相差越大，说明二极管的：□质量越差　□质量越好　□与质量无关。你两次测量的电阻值为________ Ω 和________ Ω，你检测的结果为：□断路　□击穿　□正常。

(4)测量蓄电池电压

检查点火开关是否关闭：□是　□否；你选择的挡位是：□电阻挡　□直流电压挡　□交流电压挡。你测量的电压是________ V。蓄电池正极接：□红表笔　□黑表笔，蓄电池负极接：□红表笔　□黑表笔；指针在刻度盘上偏移的位置是：□中间　□靠左侧　□靠右侧。

(5)测量发电机空载充电电流

①万用表红表笔拔出，重新插入万用表的(□20 A　□20 mA　□VΩ)孔内，并将转换开关置于□电阻挡　□直流电流挡　□交流电流挡。

②拆下发电机 B 端子的接线，将红表笔接入：□发电机 B 接线端子　□刚拆下的导线端。关闭所有用电设备，起动发动机并怠速运转。你测得的电流是________ A。

2.数字万用表的使用

数字万用表在电阻挡时，红表笔表内电池的(□正极　□负极)接通，黑表笔与表内电池的(□正极　□负极)相通。测量导线通断时，一般选择挡位是：□通断挡　□20 kΩ 挡　□20 MΩ 挡。

测量直流电压时，若读数为负数，表示：□红表笔接的是正极　□红表笔接的是负极　□万用表损坏。没电阻时，若读数为"1"，表示：□电阻为 1 Ω　□被测电阻大于量程　□被测电阻小于量程。

汽车数字万用表可测量的项目有：□电阻　□交、直流电压　□交、直流电流　□三极管放大倍数 □温度　□点火闭合角　□信号波形　□材料硬度　□密度　□油面高度 □喷油脉宽　□转速。

（三）故障诊断仪的认识

1. 在老师指导下，观察你所在实训室使用的汽车故障诊断仪有哪些种类，包括：□生产厂家　□型号　□通用　□某车型专用。

2. 在老师指导下，读取发动机故障码、清除故障码，并写出操作步骤：

____

____

____

（四）示波器的认识

1. 在老师指导下，观察你所在实训室使用的汽车示波器有哪些种类，包括：□生产厂家 □型号 □通用 □某车系专用。

2. 在老师指导下，读取喷油器工作波形，并画出波形示意图：

【评价与反馈】

班级：______________　姓名：______________　指导教师：______________

序号	考核项目	项目分值	考核内容	配分	考核标准	得分
1	出勤纪律	5	出勤	2	违规一次不得分	
			行为规范	3	违规一次不得分	
2	安全防护环保	20	着装	2	违规一次不得分	
			个人防护	3	违规一次不得分	
			“5S”/“EHS”	5	违规一次不得分	
			设备使用安全	5	违规一次不得分	
			操作安全	5	违规一次不得分	
3	知识	20	知识测试成绩	20	按测验成绩的20%计	

（续表）

序号	考核项目	项目分值	考核内容		配分	考核标准	得分
4	技能考核	40	准备	清点工量具，清理工位	1	未做不得分	
				清洁对象外观	1	未做不得分	
				检查电源开关	1	未做不得分	
			万用表使用	检查万用表	1	未做不得分	
				指针万用表调零	3	操作不正确扣 1 ~3 分	
				测电阻	3	操作不正确扣 1 ~3 分	
				测蓄电池电压	3	操作不正确扣 1 ~3 分	
				表笔测试点的确定	3	操作不正确扣 1 ~3 分	
				测二极管	3	检查不正确扣 1 ~3 分	
				测发电机空载充电电流	3	测试不正确扣 1 ~3 分	
				数字万用的使用	4	使用不正确扣 1 ~4 分	
			故障仪、示波器、认识与故障分析	认识故障诊断仪的品牌、型号等	3	认识不正确扣 1 ~3 分	
				读取\清除故障码	3	操作不正确扣 1 ~3 分	
				认识汽车示波器的品牌、型号等	4	认识不正确扣 1 ~4 分	
				测试点火波形	4	操作不正确扣 1 ~4 分	
5	学习能力	10	工单填写、工艺计划制定		4	未做不得分	
			组内活动情况		4	酌情扣分	
			资料查询收集		2	未做不得分	
6	任务拓展	5	知识拓展任务		2	未做不得分	
			技能拓展任务		3	未做不得分	
7	总分	100					

【教师评估】

序号	优点	存在问题	解决方案
教师签字：			

任务二　汽车电气系统基础元件检修

【任务目标】

目标类型	目标要求
1. 认知目标	(1)概括汽车电路基础元件的作用和组成; (2)描述汽车电路基础元件结构和基本原理; (3)简单描述汽车电路检修的常用方法。
2. 技能目标	(1)能正确检修汽车电路基础元件; (2)会简单分析汽车电路基础元件常见故障及原因。
3. 情感目标	(1)拆卸带有锁定装置的插接器时应注意方法,避免损坏插接器; (2)拔插传感器插头时,要关闭点火开关;拔插电脑板插头前,要断开蓄电池负极线,否可能损坏传感器或电脑板。

【任务描述】

一辆丰田卡罗拉 AT1.6 轿车,行驶 40 000 km 后,出现了转向灯不亮现象,经维修技术人员诊断故障后,确定了故障原因分别是闪光继电器故障和闪光灯开关接触不良,更换两部件后,一切恢复正常,故障被排除。

【知识准备】

汽车电气系统主要由电源、用电设备和中间装置组成。任何电气设备和电控装置必须要通过中间装置的连接才能正常工作。常见的连接装置有汽车线束、开关装置、保险装置、继电器、插接器等基础元件,这些基础元件的选用和装配直接影响到用电设备的运行状况。

一、汽车用导线

汽车用导线按承受电压的高低可分为高压导线和低压导线两种,都采用铜芯多股软线。低压导线包括普通低压导线、起动电缆和蓄电池搭铁电缆、屏蔽线等。高压导线包括普通铜鼓芯线和阻尼线。选择汽车导线时,应考虑负载电流、电路中的电压降、绝缘、散热、机械强度等因素。

(一)低压导线

1. 导线截面积的正确选择。导线的截面积主要根据用电设备的负载电流大小选择,但有些电器工作电流很小,为保证一定的机械强度,一般低压导线截面积不小于 0.5 mm^2,各种低压导线标称截面积所允许通过的负载电流见表 1-2-1。

表 1-2-1　低压导线标称截面积允许通过的电流值

导线标称截面积(mm^2)	0.5	1.0	1.5	2.5	3.0	4.0	6.0	10	13
允许电流值(A)	5	11	14	20	22	25	35	50	60

注意： 导线的标称截面积是经过换算而统一规定的线芯截面积，不是实际线芯的几何面积，也不是多股线芯面积之和。

2. 导线的颜色。为便于安装和检修，汽车采用双色导线，主色为基础色，辅色为环布导线的条色带或螺旋色带，且标注时主色在前，辅色在后，中间加连字符表示，如 R/B(或 R - B)表示红、黑双色线，主色为红，辅色为黑色，如图 1-2-1 所示。表示颜色的字母，各制造厂家可能有所不同，日本车多用一个字母表示，个别颜色用一个大写字母表示，中国标准大体与此相同；美国车用 2 ~ 3 个字母表示一种颜色。具体情况参照维修手册。世界主要汽车公司低压导线颜色如表 1-2-2 所示。以双色为基础选用时，各用电系统的电源线为单色，其余为双色。

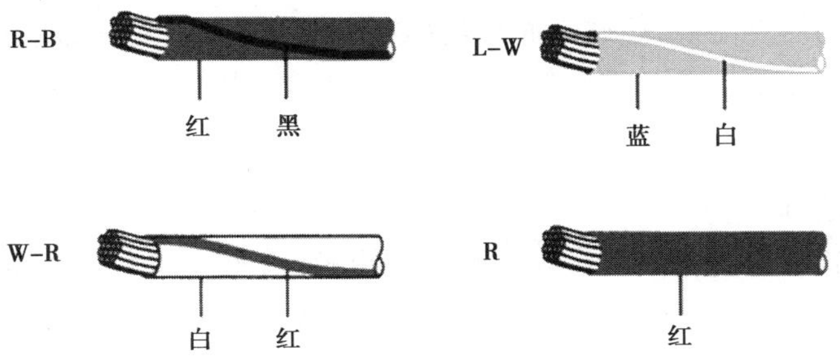

图 1-2-1　低压导线的颜色及表示方法

表 1-2-2 汽车低压导线的颜色代号

公司 颜色	全称	丰田	本田	通用	福特	克莱斯勒	宝马	奔驰	三菱	米切尔	米切尔选用
黑色	Black	B	BLK	BLK	BK	BK	BK	SW	B	BLK	BK
棕色	Brow	BR	BRN	BRN	BR	BR	BR	BR	BR	BRN	BN
红色	Red	R	RED	RED	R	RD	RD	RT	R	RED	RD
黄色	Yellow	Y	YEL	YEL	Y	YL	YL	GE	Y	YEL	YR
绿色	Green	G	GRN	GRN	GN		GN	GN	G	GRN	GN
蓝色	Blue	L	BLU	BLU	BR		BU	BL	L	BLU	BU
紫罗蓝色	Violet	V				VT	VI	VI	V	VIO	VI
灰色	Grey	GR	GRY	GRY	GY	GY	GY	GR	GR	GRY	GY
白色	White	W	WHT	GRY	W	WT	WT	WS	W	WHT	WT
粉红色	Pink	P	PNK	PNK	PK	PK	PK		P	PNK	PK
橙色	Orange	O	ORN	ORN	O	OR	OR		O	ORN	OG
褐色	Tan			TAN	T	TN	TN			TAN	TN
本色	Natural				N						
紫红色	Purple		PUR	PPL	P					PPL	PL
深蓝色	Dark Blue			DK BLU		DB				DK BLU	DK BU

（续表）

公司 颜色	全称	丰田	本田	通用	福特	克莱斯勒	宝马	奔驰	三菱	米切尔	米切尔选用
深绿色	Dark Green			DK GRN		DG				DK GRN	DK GN
浅蓝色	Light Blue			LT BLU		LB			SB	LT BRU	LT BU
浅绿色	Light Green			LT GRN		LG			LG	LT GRN	LT GN
透明色	Clear			CLR						CLR	CR
象牙色	Lvory							EI			
玫瑰色	Rose							RS			

（二）高压导线

高压导线用来传送高压电，由于工作电压很高（15～30 kV），电流强度较小，因此高压线的绝缘材料很厚，耐压性能好，但线芯面积很小。国产高压线有铜芯线和阻尼线两种。阻尼线电阻约 2～5 kΩ，可减小高压火花产生的电磁波对无线电信号的干扰，目前应用较广。

（三）汽车线束

1.汽车线束的组成

为使全车线路规整，安装方便及保护导线的绝缘，汽车上的全车线路除高压线、蓄电池电缆和起动机电缆外，一般将同区域的不同规格的导线用棉纱或薄聚氯乙烯带缠绕包扎成束，称为线束。线束由多路导线、导线端子、插接器和护套组成。如图 1-2-2 所示为常见汽车仪表台线束和插接器。

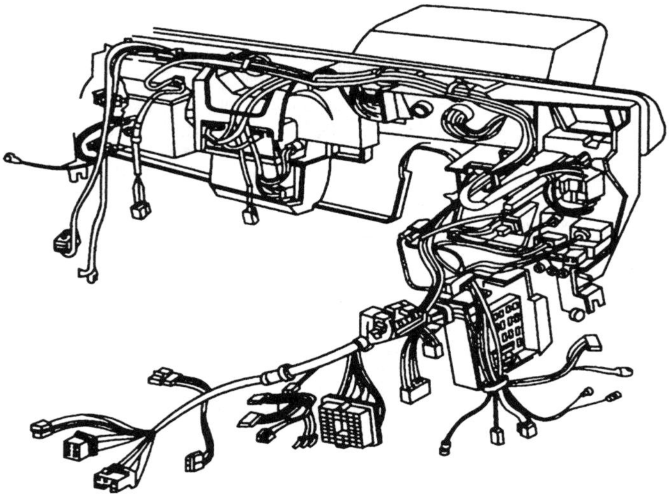

图 1-2-2　汽车仪表台线束

一般汽车有多个线束，主要由发动机、车身、仪表、信号等分线束组成，且有主线束和分线束之分，一般汽车以仪表线束为中心，进行前后延伸。分线束和分线束之间，线束和终端电器之间采用插接器连接。线束上各端子均有数字和字母，以标明导线的连接对象，便于正确的连接导线和电气设备。为保证插接器的可靠连接，插接器都有一次或二次锁紧装置。为了避免装配和安装中出现差错，插接器还可制成不同的规格型号、不同的形状和颜色等。图 1-2-3 为丰田汽车驾驶室线束布置。

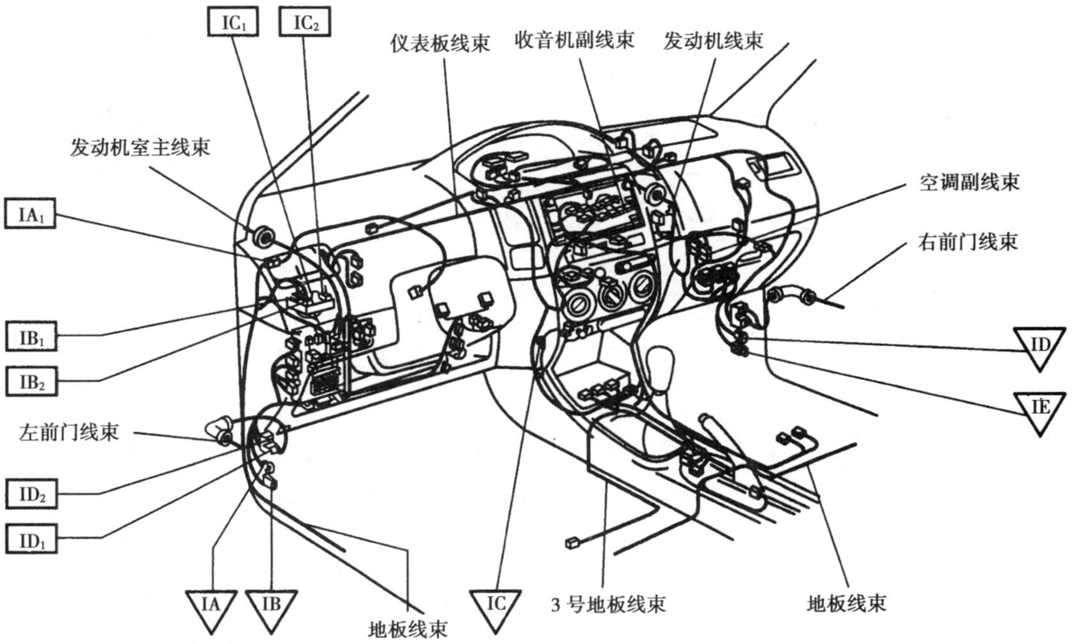

图 1-2-3　驾驶室内线束图

2.插接器

插接器(连接器)是汽车电路中不可缺少的基础元件,因连接可靠,检修方便,汽车广泛采用插接器。

(1)插接器按其连接的元件分为四类。①线束和电路零部件的连接,如图 1-2-4 所示;②线束与线束的连接,如图 1-2-5 所示;③线束与车身的连接,如图 1-2-6 所示;④过渡插接器,将插接器中连接的导线用短接端子连接起来,如图 1-2-7 所示。

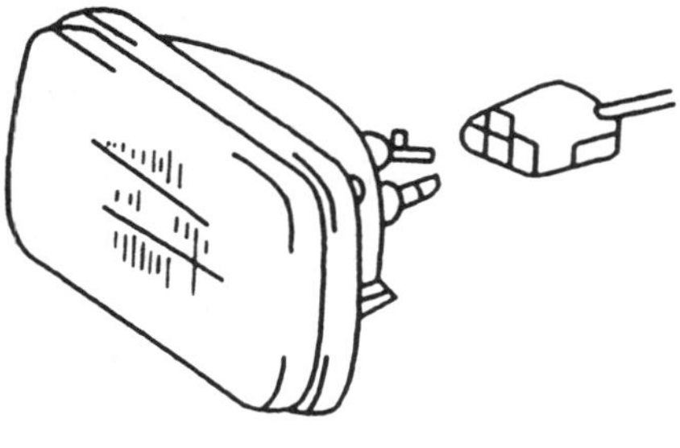

图 1-2-4　线束与电路零部件的连接

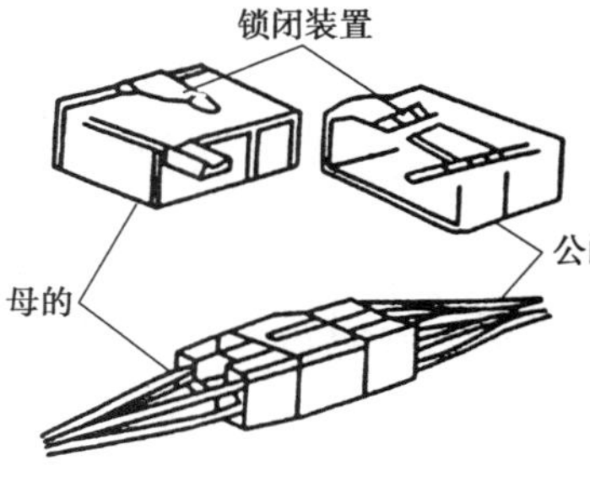

图 1-2-5　线束与线束的连接

(2)插接器的表示方法。插接器在电路图中通常用数字、字母及相应的符号来表示。如丰田公司的电路图规定用圆圈表示零件与线束的插接器,圆圈内的数字或字母表示该插接器的编号;用矩形表示线束之间的插接器,矩形内的数字及字母表示该插接器的编号;用圆角过渡的矩形表示与继电器盒或接线盒连接的插接器,矩形内的数字和字母表示该插接器的编号;用三角形表示搭铁点,三角形内的字母表示该搭铁点的编号。丰田汽车插接器的表示方法如图 1-2-8 所示,其符号具体含义见表 1-2-3。

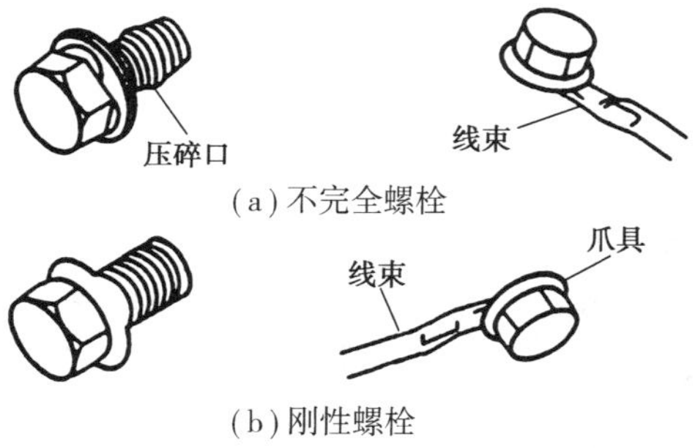

图 1-2-6　线束与车身连接

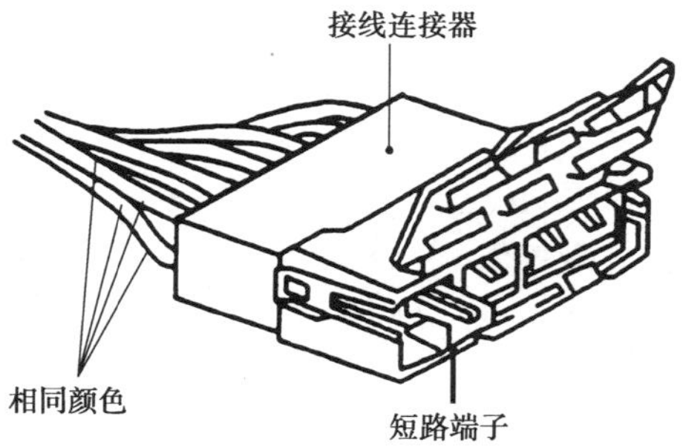

图 1-2-7　过渡连接

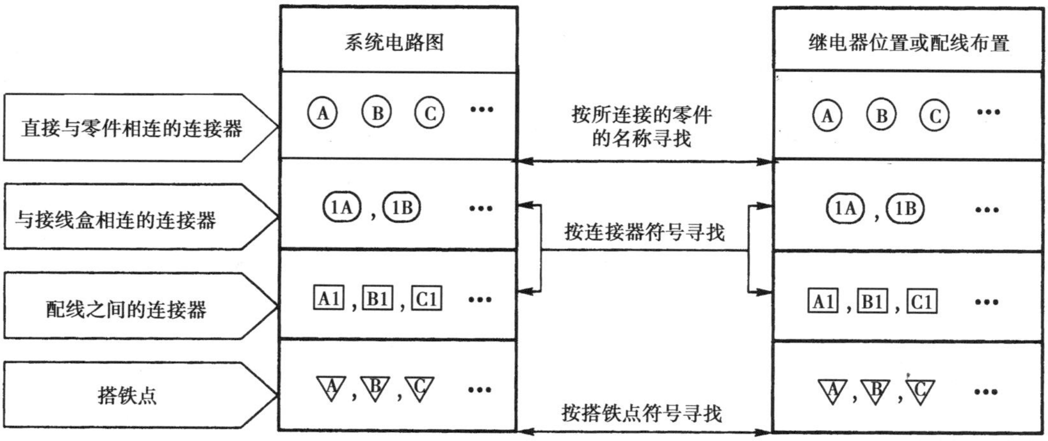

图 1-2-8　丰田汽车插接器的符号含义

表 1-2-3　插接器的符号含义

在电路图中的符号	连接类型	在电路图中的表示方法(示例)	连接器符号(示例)
Ⓐ,Ⓑ,Ⓒ	直接与零件连接	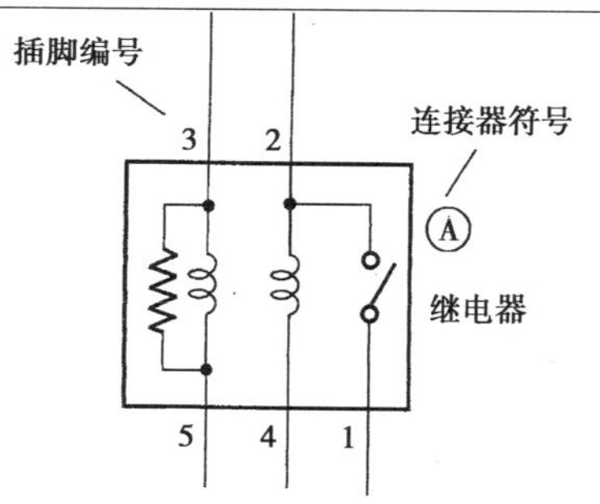 一个连接器和一个零件	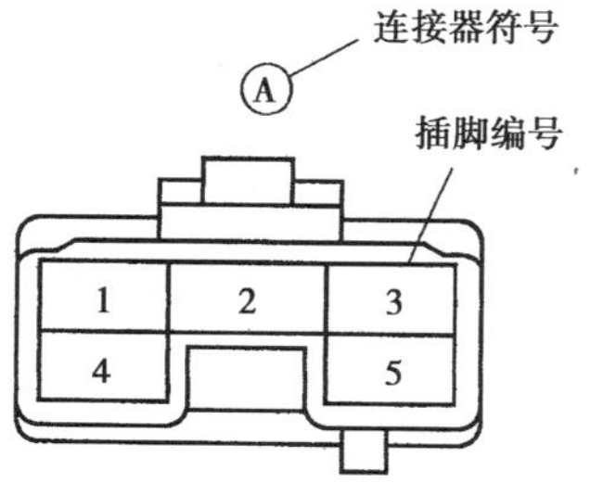 配线束一侧的连接器
		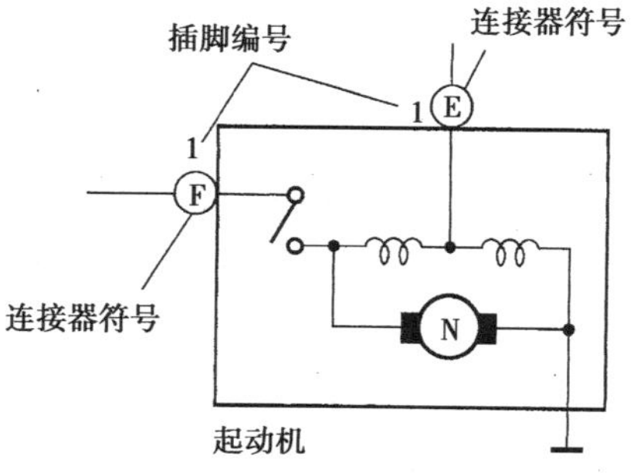 几个连接器一个零件	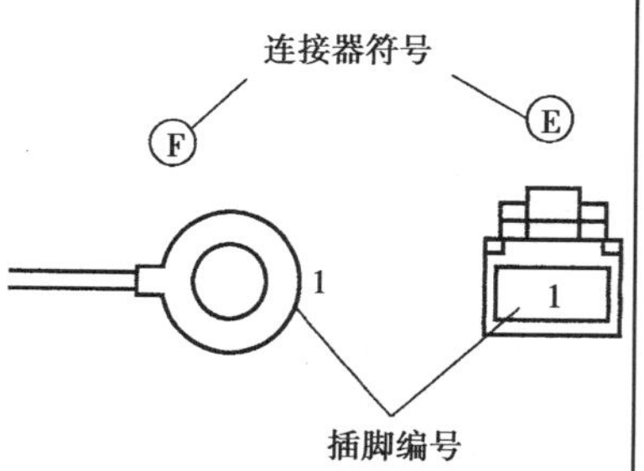 配线束一侧的连接器

（续表）

在电路图中的符号	连接类型	在电路图中的表示方法（示例）	连接器符号（示例）
1A，1B	与 1 号接线盒连接	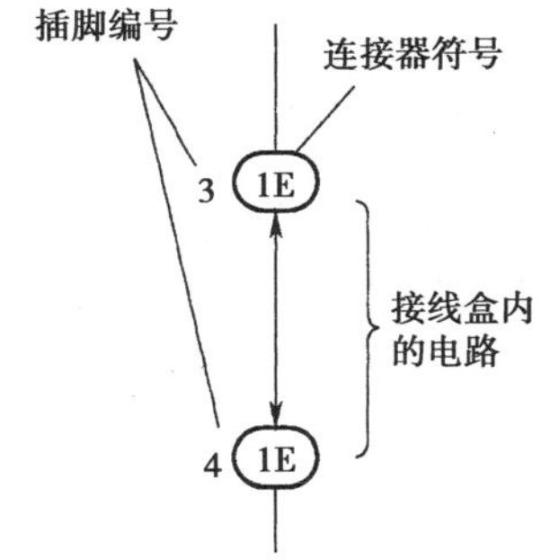	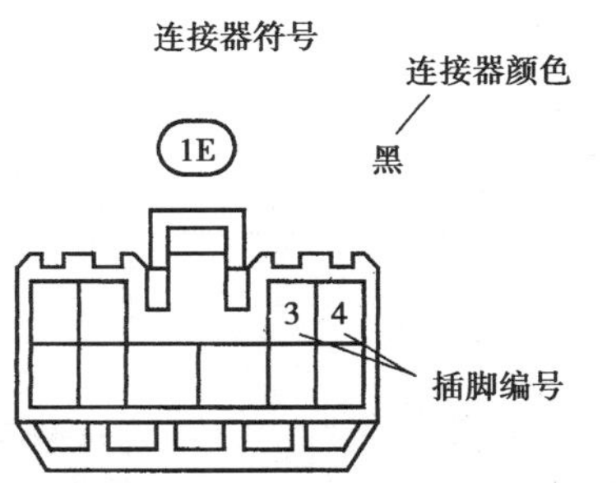
2A，2B	与 2 号接线盒连接		
3A，3B	与 3 号接线盒连接		

为了表示线束的搭铁位置，电路图中对有搭铁的地方，都有明确的表示方法，如图 1-2-9 所示。

图 1-2-9　搭铁点的表示方法

（3）插接器的编号。为了清楚表示插接器中各导线的情况，通常都对插接器和插接器内插脚编号，以便在检查维修时，快速查找各导线。图 1-2-10所示为丰田某车型驾驶室插接器的编号，其含义见表 1-2-4 插接器代码及含义。插接器内部插脚编号如图 1-2-11 所示。

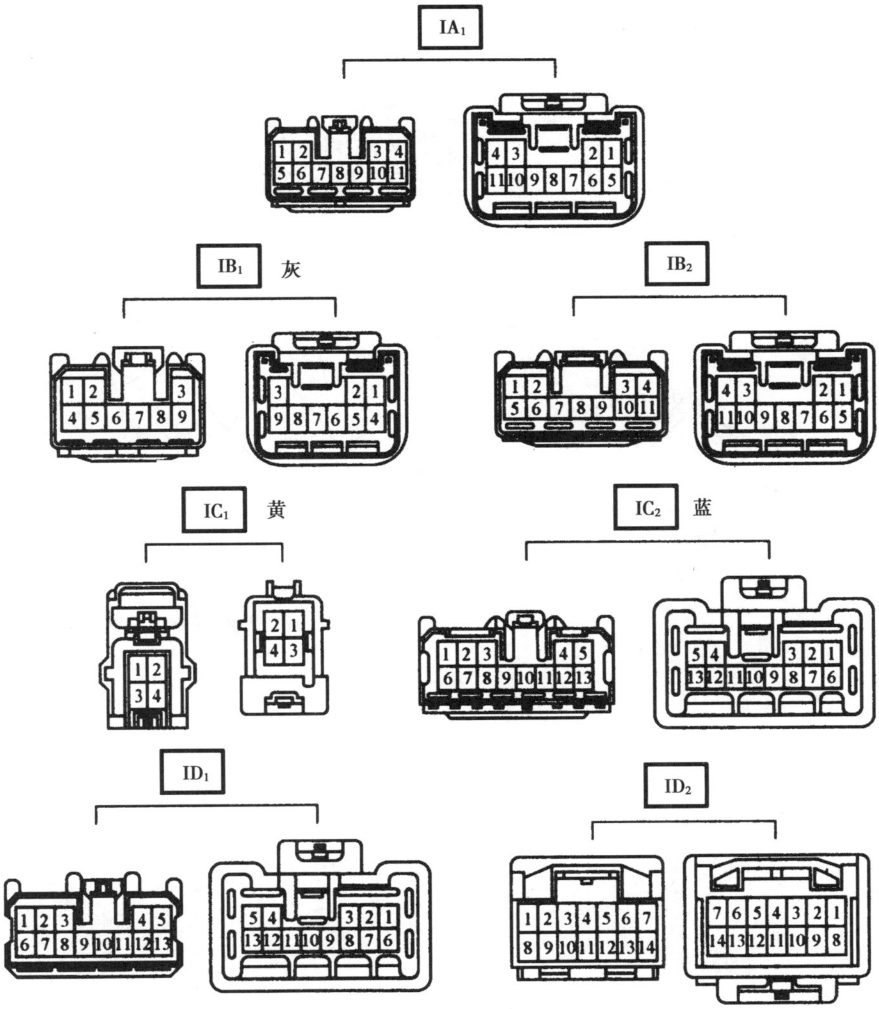

图 1-2-10　丰田汽车插接器代号示例图

表 1-2-4 插接器代码及含义

插接器代码	插接器布置位置
IA_1	发动机舱主线束和地板线束(前隔壁侧板左侧)
IB_1、B_2	地板线束和仪表线束(仪表盘加强板左侧)
IC_1、IC_2	发动机舱主线束和仪表盘线束(仪表盘加强板左侧)
ID_1、ID_2	左前门线束和仪表盘线束(左脚踏板)

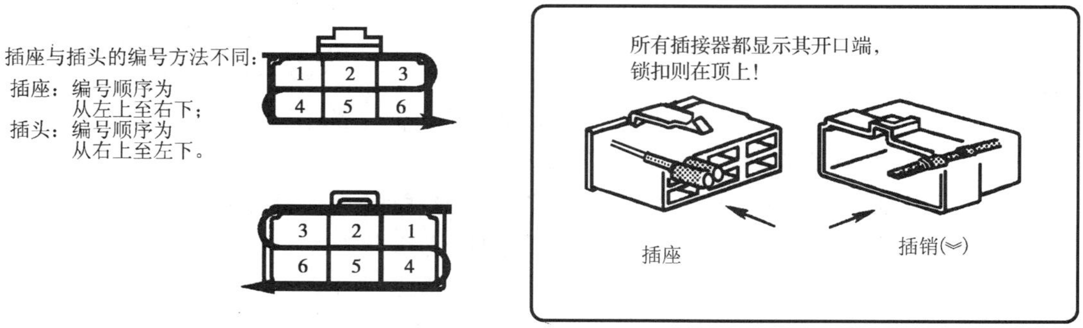

图 1-2-11　插头与插座的编号方法对比

(4)插接器的拆卸。要拆开插接器时,首先要解开闭锁,如图 1-2-12 所示,然后拉开插接器,不允许在未解除闭锁的情况下用力拉导线,否则会损坏闭锁和导线。

在插接器端子有接触不良或断线时,可将插接器分解,用小螺丝刀或专用工具从壳体中取出导线及端子,进行修理或更换。专用工具可用硬钢丝弯曲磨制,如图 1-2-13 所示。

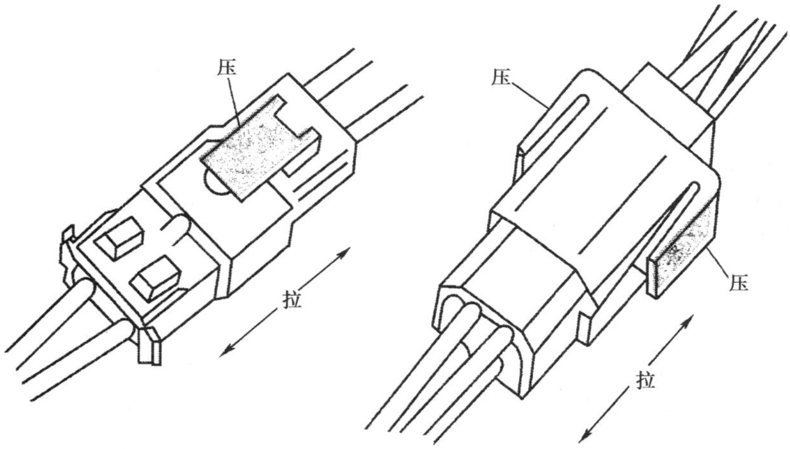

图 1-2-12　拆卸插接器的方法

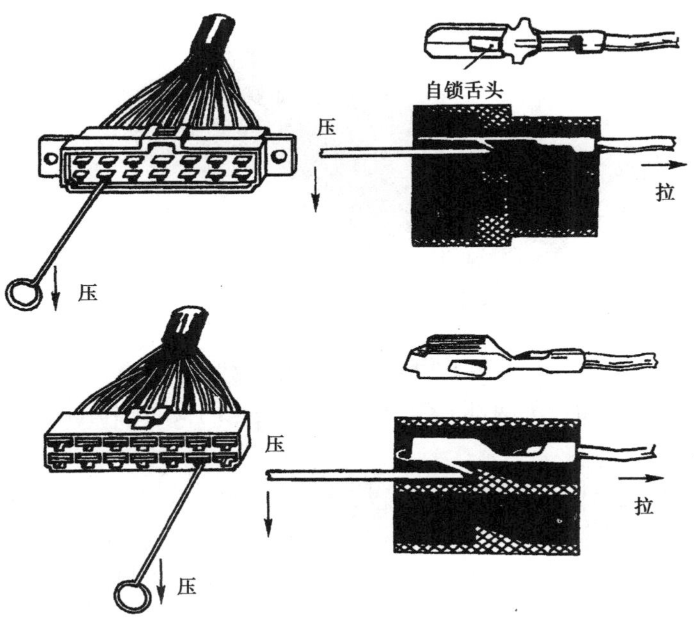

图 1-2-13 导线端子取出方法

二、开关装置

汽车上所有用电设备的接通和停止，都必须经过开关控制。对开关的要求是坚固耐用、安全可靠、操作方便、性能稳定。

(一) 开关分类

汽车开关的品种较多，分类方法也很多，下面重点介绍按操纵方式分类的开关。

1. 推拉式。广泛应用于轿车、货车上。主要依靠推拉力的作用来完成接通与断开电路，通常用于灯光和雨刮控制，有 2 ~ 3 个挡位，如图 1-2-14 所示。

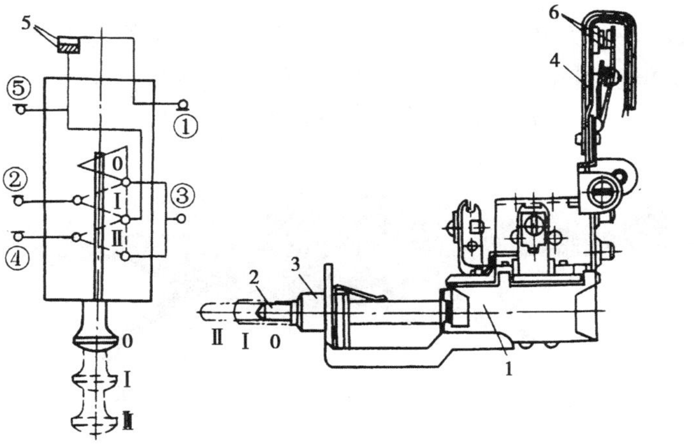

1 – 外壳；2 – 拉杆；3 – 螺母；4 – 双金属保险器；5、6 – 双金属保险器触点

图 1-2-14 推位式开关

2. 旋转式。主要依靠主轴旋转来改变挡位，以达到电路通与断的目的。该类开关品种较多，多用作点火开关、出风口位置调节、暖风机开关、电动后视镜调节开关等。以钥匙操作

图 1-2-15　点火开关实物图

的点火开关，由锁止机构和开关两部分组合而成，开关是用安装螺母来固定。具体外形如图 1-2-15 所示。

点火开关是汽车电路中最重要的开关，是各条电路分支的控制枢纽，是多挡位多接线柱开关。其主要功能是：锁住转向盘转轴（Lock），接通点火仪表指示灯（ON 或 IG），起动（ST 或 Start）挡，附件挡（Acc 主要是收放机专用）。如果用于柴油车则增加（HEAT）挡。

想一想： 点火开关起动挡为什么不能自行定位，一松手钥匙就弹回点火挡可自行定位？

3. 顶杆式。此类的开关动作原理比较简单，主要是在规定外力作用下，顶杆在一定范围内作直线运动，去推动触点闭合（或打开），一旦外力消失，依靠本身反力弹簧自动复位，使触点保持原始状态。常用作门控灯、制动灯、倒车灯的开关。

4. 挠板式。主要特点是工作支点在中央而工作点在支点两旁，当按下一个工作面，另一工作面则向上，形如跷跷板。主要用于风窗玻璃、自动车门开关。

5. 按钮式。此类型开关俗称 push 开关，具体可分不带自锁与带自锁两种。带自锁的平面型按钮式开关，目前用在上海通用“别克”、上海大众“帕萨特”、神龙“富康”等车型上。

6. 扳柄式。板柄式开关主要利用杠杆的作用原理来达到控制目的，典型的品种是当前普遍流行的组合开关。

7. 组合开关。多功能组合开关将照明（前照灯、变光）开关、信号（转向、危险警告、超车）开关、刮水器/清洗器开关等组合为一体，安装在便于驾驶员操纵的转向柱上。图 1-2-16 组合开实物图，图 1-2-17 分别为日产轿车组合开关的挡位与接线柱关系。

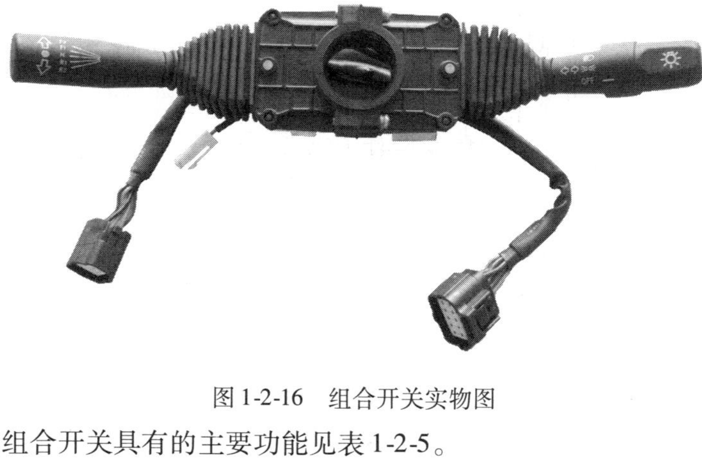

图 1-2-16　组合开关实物图

目前典型的组合开关具有的主要功能见表 1-2-5。

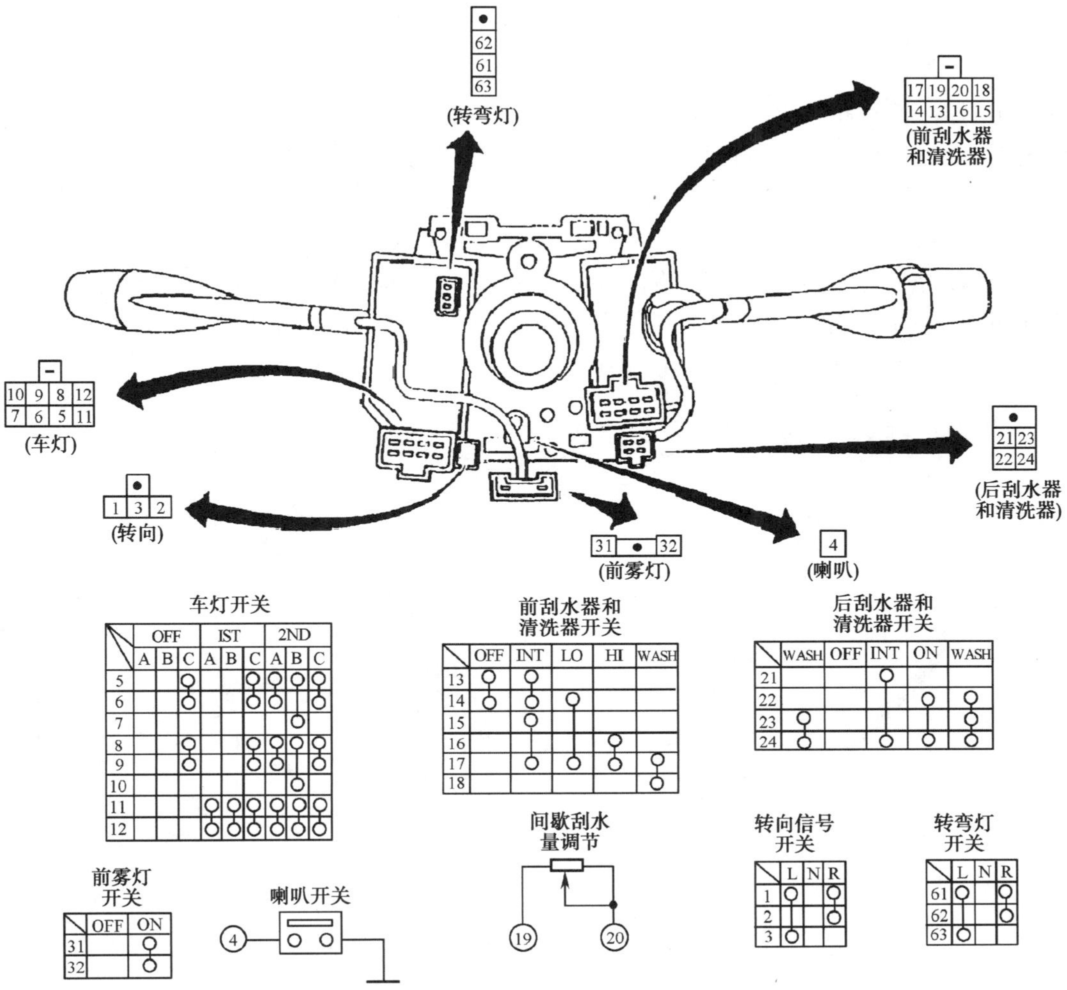

图 1-2-17 组合开关各挡位与接线柱关系

表 1-2-5 典型组合开关的主要功能

类 别	名 称	功 能
灯光	变光开关 转向灯开关 停车灯开关	近光、远光、超车信号 断开、向左、向右、自动回位、变道 断开、向左、向右
用电量控制	刮水器开关 洗涤器开关 喇叭按钮触点	断开、低速、高速、间隙、短暂 断开、接通 断开、接通
电源控制	点火开关	闭锁、接通、点火、起动
防盗机构	转向锁	开锁、锁紧、保险

另外根据采取的控制方式不同，开关可分直接控制式和中间继电器间接控制式两大类。

三、保险装置

当电路中流过超过规定的过大电流时，汽车电路保险装置能够切断电路，从而防止烧坏电路连接导线和用电设备，并把故障限制在最小范围内。汽车上的保险装置主要有：熔断器、易熔线和断路器。

1. 易熔线

易熔线是一种大容量的熔断器，用于保护电源电路和大电流电路。一般长度为 50 ~ 200 mm，通过插接器接入电路，一般位于蓄电池和起动机或电气中心之间，如图 1-2-18 所示。易熔线在电路图中的符号如图 1-2-19(a)所示。

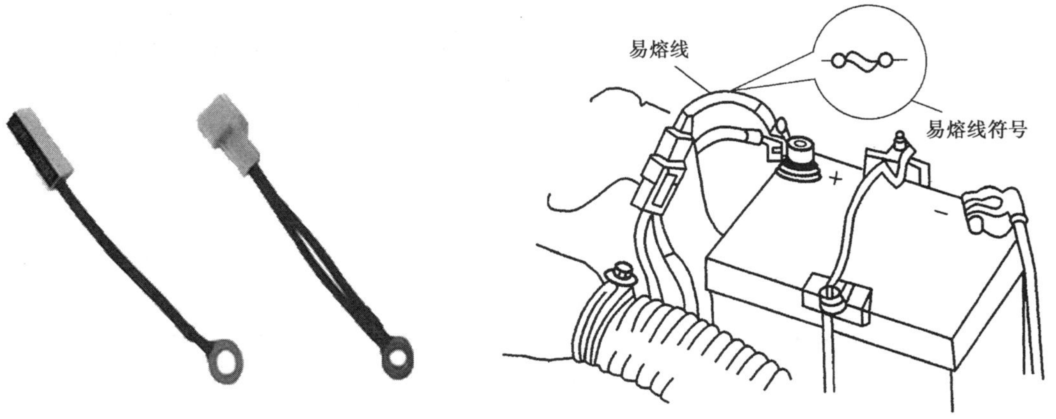

(a)易熔线实物图　　(b)易熔线在发动机上安装位置

图 1-2-18　易熔线

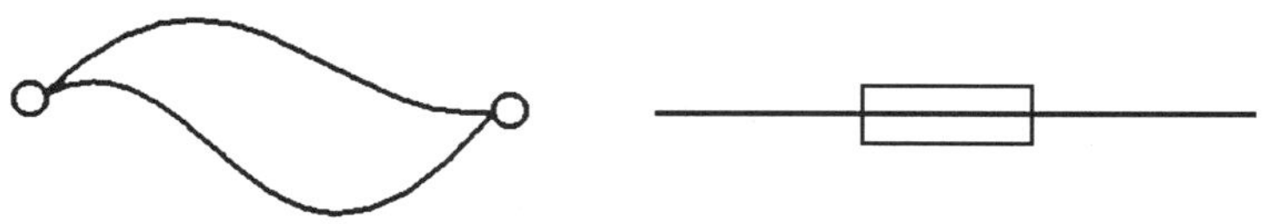

(a)易熔线符号　　(b)熔断器符号

图 1-2-19　易熔线和熔断器符号

警告：(1)绝对不允许换用比规定容量大的易熔线。(2)易熔线熔断，可能是主要电路发生短路，因此需要仔细检查，彻底排除隐患。(3)不能和其他导线绞合在一起。

2.熔断器(保险)

熔断器又称为保险，常用于保护局部电路，其主要元件是熔丝，以锌、锡、铅、铜等合金为主要材料。熔断器是最常用的汽车线路保护方法。只要电流过大就会熔断，是一次性元件，每次过载都要更换。常用保险外形如图 1-2-20 所示，其符号如图 1-2-19(b)所示。

现代汽车为便于检查更换，常把所有熔断器集中安装在熔断器盒或中央线路板中，并在盒盖上标明各熔断器的位置、名称和额定容量。如图 1-2-21 所示为上海奇瑞轿车熔断器盒。

(1)保险选用原则。保险装置标称值 = 1.25 × 电路的电流值。例如，某电路设计的最大电流为 12 A，应选用 15 A 的保险。

想一想：保险装置标称值为什么不能太大或太小？

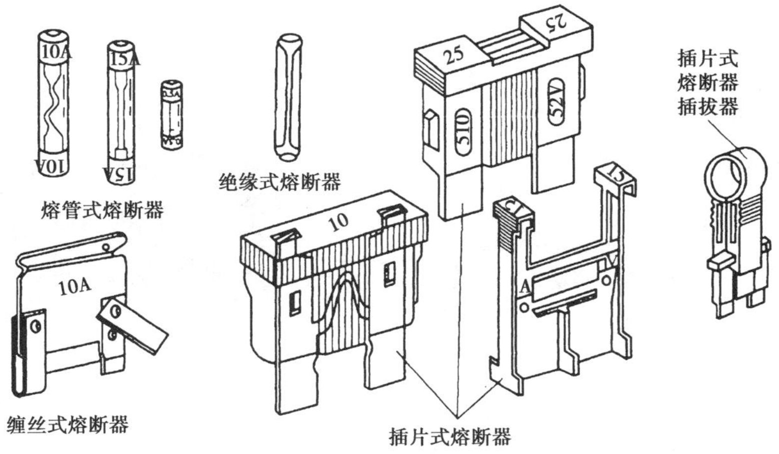

图 1-2-20　汽车常用保险片(管)

(2)熔断器熔断后的应急修理。行驶途中的应急修理,可用细导线代替熔断器。一旦到达目的地或有新熔断器时,应及时换上。

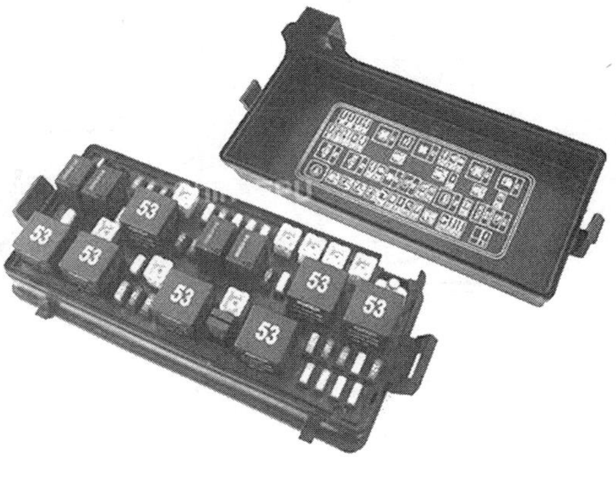

图 1-2-21　熔断器盒与盒盖

警告: (1)更换熔断器,一定要用与原规定相同的熔断器。汽车上增加用电设备时,不要随意改用容量大的熔断器,最好另外再安装熔断器。(2)熔断器熔断,必须真正找到故障原因,彻底排除隐患。(3)熔断器支架与熔断器接触不良会产生电压降和发热现象。如发现支架有氧化现象或脏污必须及时清理。

3.断路器

断路器在电路中用于防止有害的过载(额外的电流)。断路器是机械装置,它利用两种不同金属(双金属)的热效应断开电路。如果额外的电流经过双金属带,双金属带弯曲,触点开路,阻止电流通过。当电路断路器冷却,触点再次闭合,电路导通。当无电流时,双金属带冷却而使电路重新闭合,电路断路器复位。如图 1-2-22 所示。

四、继电器

继电器的作用是用小电流控制大电流,减小控制开关的电流负荷,保护电路中的控制开关。在汽车电路中应用非常广泛,如进气预热继电器、空调继电器、喇叭继电器、雾灯继电器、中间继电器、风窗刮水继电器、危险报警与转向闪光继电器、鼓风机继电器、空调压缩机电磁离合继电器等,其外形实物如图 1-2-23 所示,继电器符号和接线原理如图1-2-24所示。

继电器按触点状态分为常开(动合)触点、常闭(动断)触点,开闭混合触点三类。常开触点在继电器通电工作时闭合,常闭触点在继电器通电工作时断开。

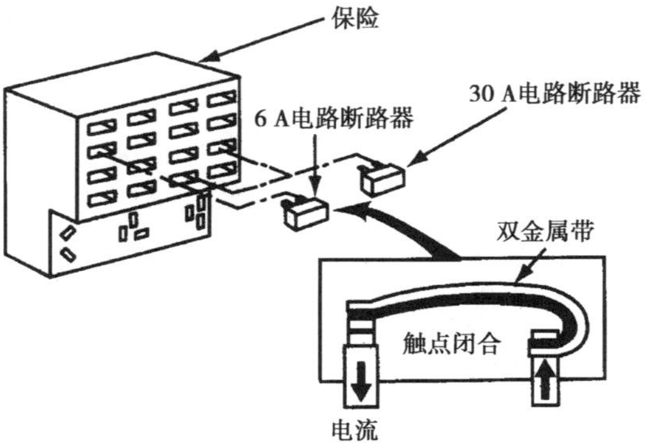

图 1-2-22　断路器图

图 1-2-23　继电器实物图

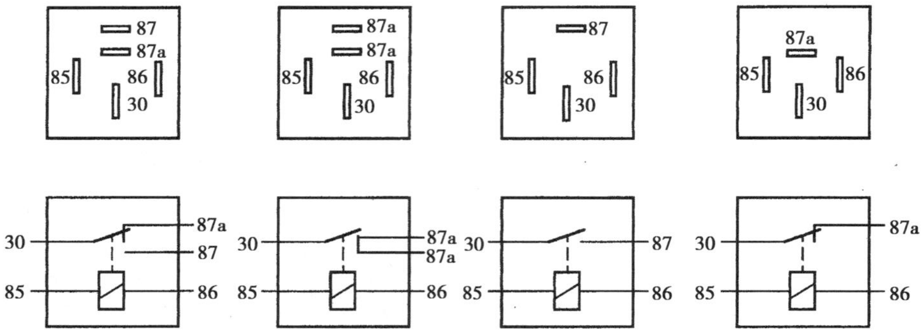

图 1-2-24　继电器符号及接线原理

继电器的每个插脚都有标号，一般继电器接线端子的标记与含义见表 1-2-6，与中央接线盒正面板的继电器插座的插孔标号相对应。

表 1-2-6 继电器接线端子的标记与含义

接线端子标记		接线端子含义
基本标记	下标	
30	—	继电器上的电源输入接线端子
85	—	继电器的线圈始端接入端子
86	—	继电器的线圈末端接入端子
87	—	常开触点的输出接线端子
—	87a	常闭触点的输出接线端子

继电器由电磁铁和触点组成，为防止线圈断电时产生的自感电动势损坏电子设备，有的继电器在电磁线圈两端并联泄流电阻或续流二极管。常用继电器的电磁线圈电阻为 65 ~ 85 Ω，24 继电器电磁线圈电阻为 200 ~ 300 Ω。

五、中央控制盒

为便于检查诊断、规范布线，现代汽车将电路保险装置、继电器等电路易损元件集中安装布置在一块或几块配电板上，配电板背面用来连接导线，这种包含了各种电气元件的板子及其盖子就组成了中央电气控制盒(也称中央线路板)。桑塔纳2000GSI轿车整车电路采用中央线路板控制方式,大部分继电器和熔断器都安装在中央控制板正面,如图1-2-25、图1-2-26和表1-2-7、表1-2-8。

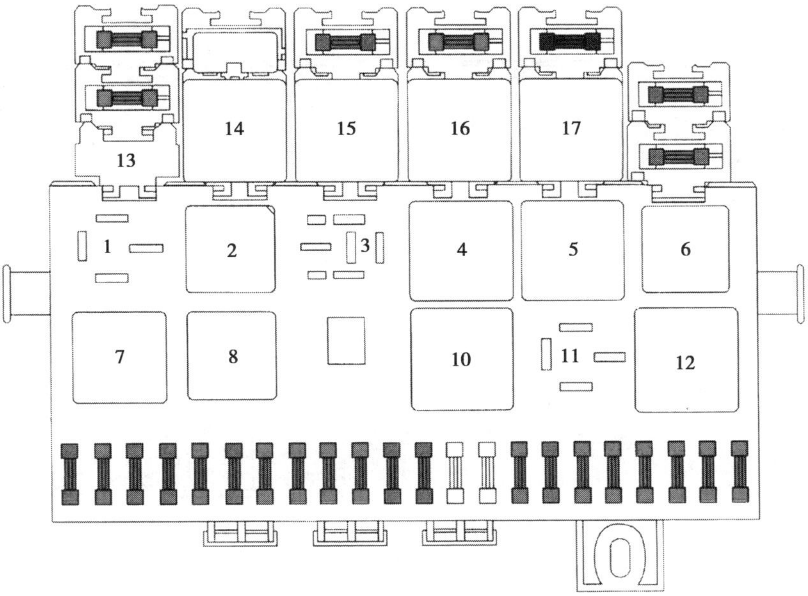

图1-2-25 中央线路板上继电器的位置

表1-2-7 中央线路板中继电器位置编号和名称

继电器位置	继电器名称	产品序号	备　注
1	—	—	空位
2	燃油泵继电器	167	
3			
4	冷却液液位控制器	42a	
5	空调继电器	13	
6	喇叭继电器	53	
7	雾灯继电器	15	
8	X-接触继电器	18	
9	—	—	空位
10	刮水继电器	19	
11	—	—	空位
12	转向灯继电器	21	
13	—	—	空位
14	摇窗自动下降继电器		
15	摇窗延时继电器		
16	内顶灯延时继电器	ZBC955531	
17	压缩机切断继电器	147	

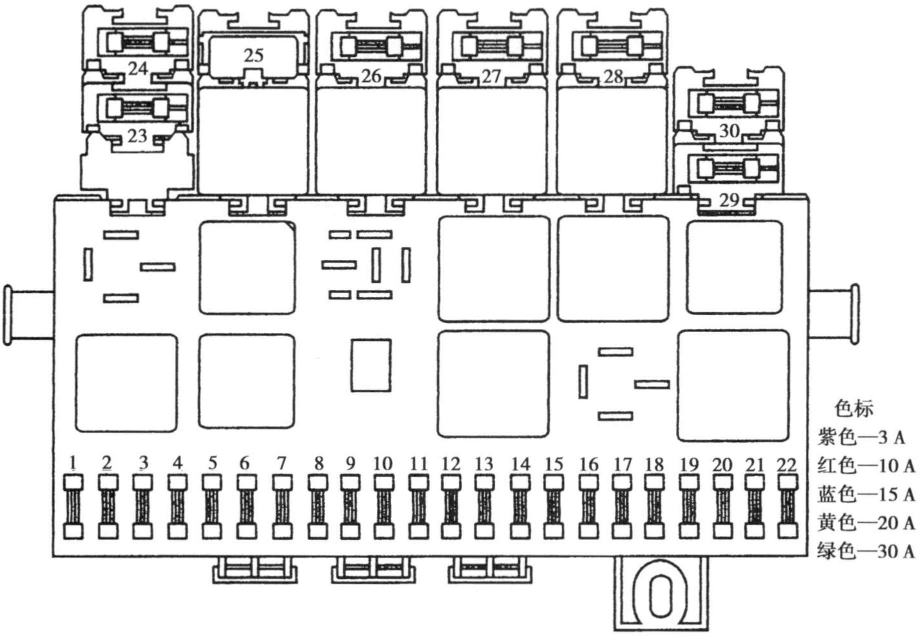

图 1-2-26　中央线路板上熔断器的位置

表 1-2-8　中央线路板上熔断器控制的内容

S1　散热风扇(不开空调时)	S16　喇叭
S2　制动灯	S17　发动机控制单元
S3　点烟器、集控门锁、数字钟、内顶灯、后阅读灯、行李箱灯、遮阳板灯	S18　喇叭继电器、灯光开关、ABS 报警灯
S4　报警灯	S19　收放机、转向灯、防盗器控制单元
S5　燃油泵	S20　牌照灯、杂物箱照明灯
S6　前雾灯	S21　左前大灯(近光)
S7　左尾灯、左前停车灯	S22　右前大灯(近光)
S8　右尾灯、左前停车灯、发动机舱照明灯	S23　喷嘴、空气质量计、碳罐电磁阀、氧传感器加热
S9　右前大灯(远光)	S24　后雾灯
S10　左前大灯(近光)	S25　电动摇窗机热保护器
S11　前风扇刮水器、清洗泵	S26　空调鼓风马达
S12　电动摇窗机、ABS 控制单元	S27　自动天线
S13　后窗除霜器	S28　电动后视镜
S14　空调继电器	S29　ABS 液压泵
S15　倒车灯、车速传感器	S30　ABS 电磁阀

主线束从中央控制板背面插接器引出通往各用电器，如图 1-2-27、表 1-2-9 所示。中央线路板上标有线束和导线接插接位置的代号及接点的数字号。主要线束的插件代号有 A、B、C、D、E、G、H、L、K、M、N、P、R。其中 R 插接器座插入常火线，K、M 均为空位插孔。查找时只要根据电路图中导线与中央线路板区域中下框线交点处的代号，就能了解其导线在某个线束中的第几个插接器上。

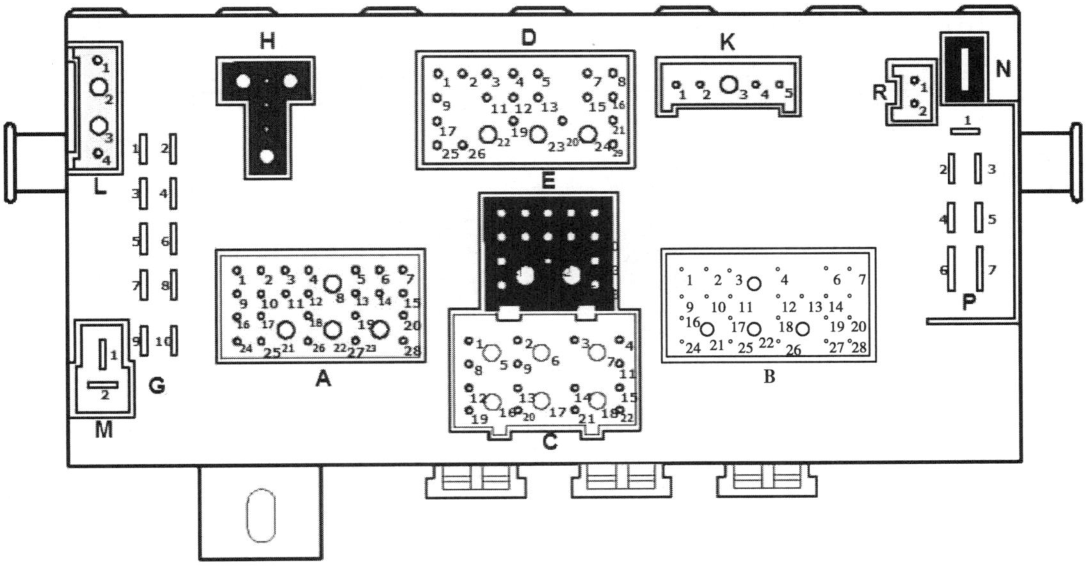

(a)中央线路板插脚编号

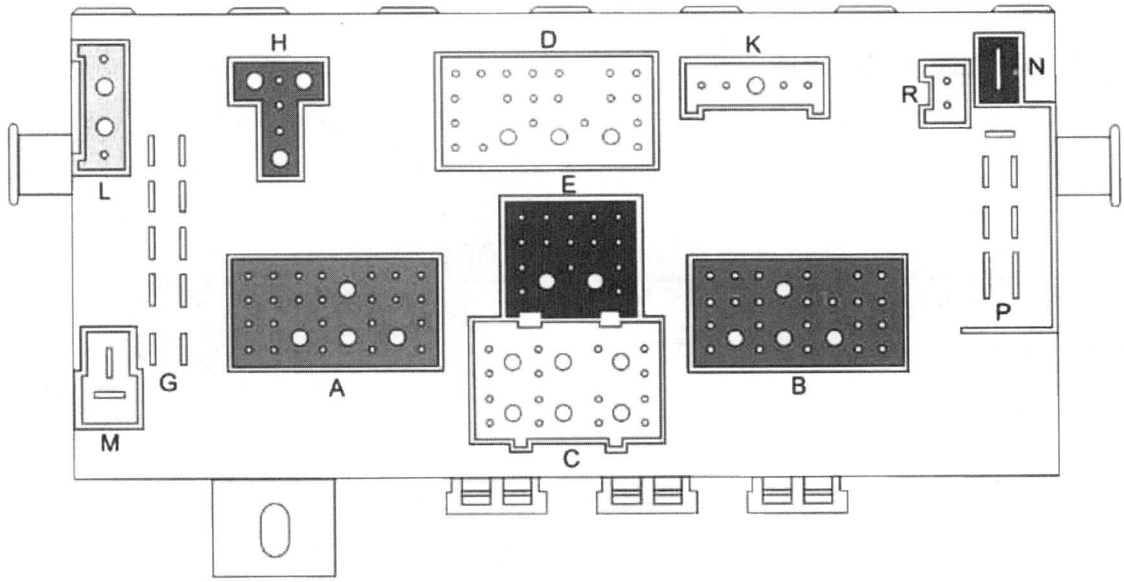

(b)中央线路板插接器编号

图 1-2-27　桑塔纳 2000GSI 型轿车中央线路板背面插接器编号及插脚号码

表 1-2-9　中央线路板插接器位置编号代表的线束名称

组合插头代号	用于导线的线束名称	插座颜色
A	仪表板线束	蓝
B	仪表板线束	红
C	前大灯线束	黄
D	发动机线束	白
E	尾部线束	黑
G	连接单个插头	不定
H	空调操纵线束	棕
组合插头代号	用于导线的线束名称	插座颜色
K	空位	—
L	连接喇叭继电器(在仪表线束内)	灰
M	空位	—
N	单个插头	黑
P	连接单个插头	不定
R	空位	—

六、电路图符号说明

汽车电器元件的结构比较复杂,电路图都采用相应的符号来表示各种电器元件。目前世界各大汽车生产厂商还没有统一电路图的符号,但电路图都有相应的说明,解释所采用的符号,以丰田车系的电路图符号为例说明用电路符号表示电器元件的方法见表 1-2-10。

表 1-2-10　丰田车电路元件符号

符　号	含　义	符　号	含　义	符　号	含　义
	电机	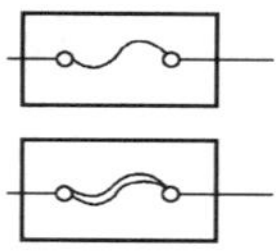	熔断器	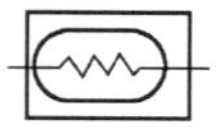	热敏电阻传感器
	扬声器	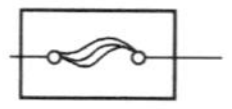	易熔丝		模拟速度传感器
	发光二极管	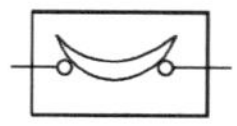	断路器	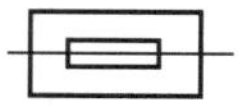	短路插销

（续表）

符　号	含　义	符　号	含　义	符　号	含　义
	模拟式仪表	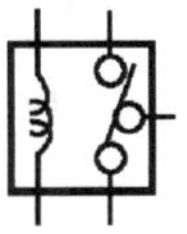	双流向继电	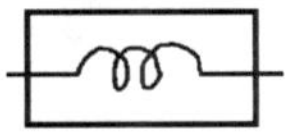	电磁阀或电磁线圈
	数字式仪表	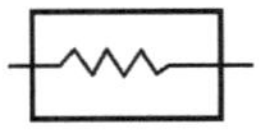	电阻	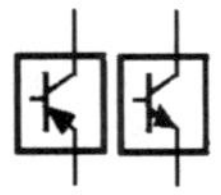	三极管
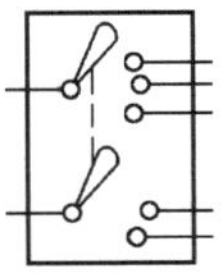	点火开关	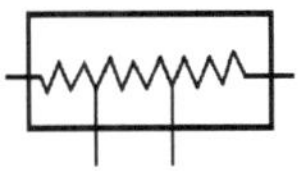	按键式变阻器	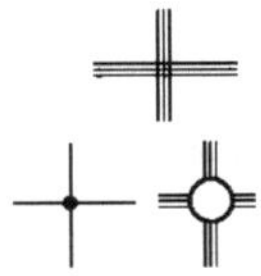	配线： 1. 不连接 2. 铰接
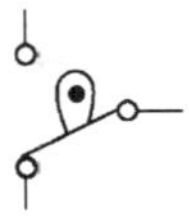	刮水器停放位置开关		无级可变电阻器	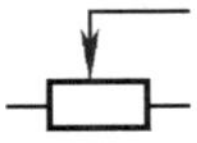	滑动触点电位器

七、汽车线路故障常用诊断与检修方法

检查汽车电路故障前，应首先查找并认真阅读电路图，搞清楚系统的功能、线路走向，然后根据电路图从电源开始检查，一直查到搭铁处，找出故障点。

1.熔断器及相关电路的检修方法

熔断器本身可用目视或万用表的电阻挡进行检查，测量其是否导通，如果被烧毁，用万用表测试时，其电阻为无穷大，如图 1-2-28 所示。测量时可用万用表或试灯测量保险的电源端是否有电源的电压，测量电器端是否直接搭铁。如果电源端无电压则应继续向电源方向检查，直至查到电源为止。若电器端搭铁（对搭铁的电阻为 0），则必须查出线路在何处搭铁，排除故障，否则换上新保险也会烧毁。

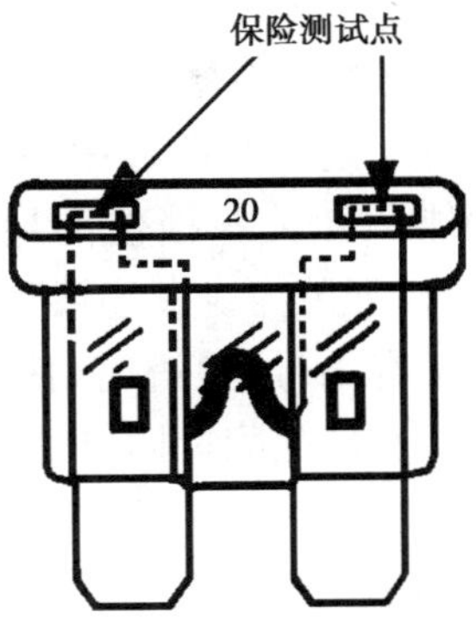

图 1-2-28　保险片的测试

2.继电器及相关电路的检查方法

继电器一般由一个控制线圈和一对或两对触点组成，触点有常开和常闭触点之分，检查方法如图 1-2-29 所示，用万用表的电阻挡测量继电器的线圈，检查其电阻是否符合要求，如果电阻符合要求，再给继电器线圈加载工作电压，检查其触点的工作情况，如果是常开触点，加载工作电压后，触点应闭合，测量电阻应为 0 Ω。

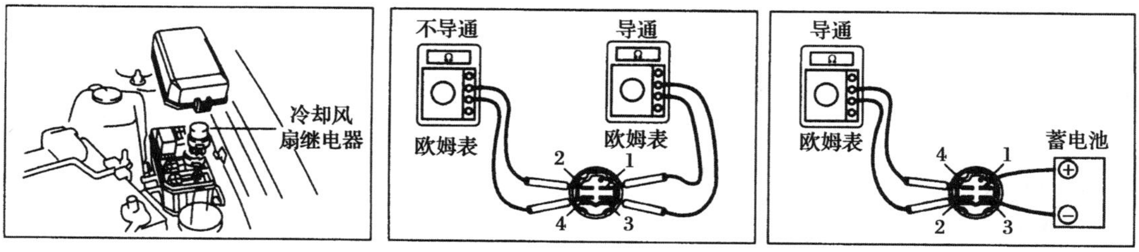

图 1-2-29　继电器的检测

如果触点为常闭触点，加载工作电压后，其触点应断开，测量电阻应为无穷大。相关电路检测时，继电器线圈的两个插脚，一个在控制开关接通后应有继电器的工作电压，另一插脚应搭铁。触点的插脚应根据电路图确定其应接电源还是搭铁，并按照其工作情况用万用表检测是否符合要求。如图 1-2-30 和图 1-2-31 所示。

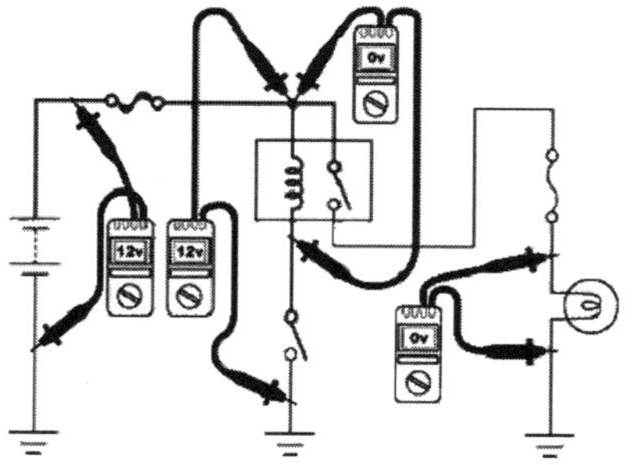

图 1-2-30　开关断开时继电器电路的检查

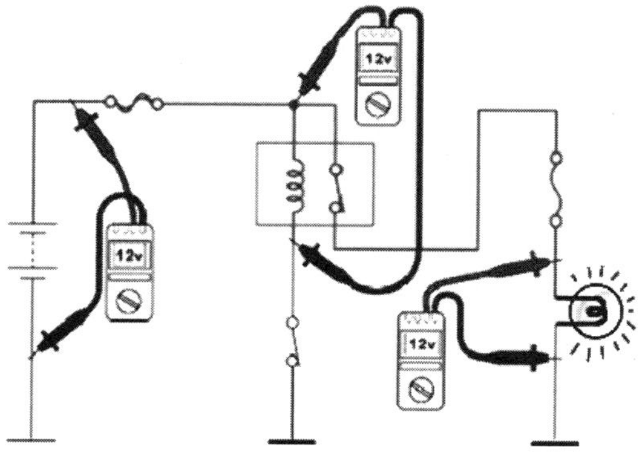

图 1-2-31　开关闭合时继电器电路的检查

3.灯泡的检查

灯泡是电器元件中比较容易损坏的部件，检查时一般可用万用表检查灯丝的通断，如果测量到灯丝的电阻为无穷大，则为灯泡损坏。灯泡的检查如图 1-2-32 所示。

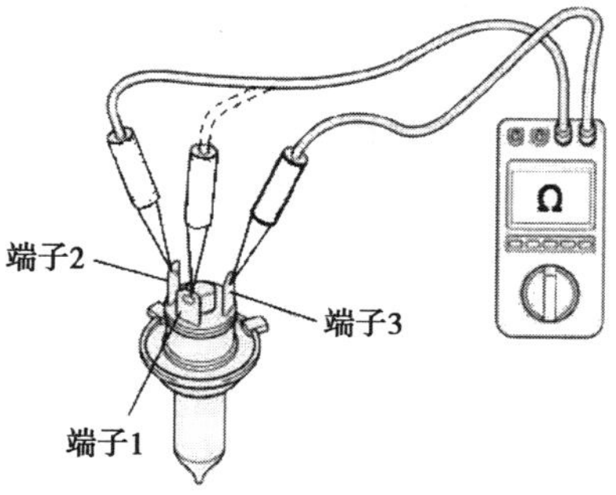

图 1-2-32　灯泡的检查

4.开关的检查方法

开关是汽车电器中最常用的部件，可根据开关的功能和开关各挡位的导通情况用万用表进行检查，通常开关与线束连接时采用插接器，插接器上的导线都有编号，检查时，使开关处于通断挡位，按照开关接通情况测量插接器或插头相应编号导线之间的导通情况，如图 1-2-33 所示，如果检查的结果不符合开关的功能要求，说明开关已经损坏。

5.线路的检查方法

线路检查一般采用两种方法，一种是利用万用表的电压挡，沿着电路图中的线路分段用万用表检查电压或用试灯测试亮灭的情况如图 1-2-34 所示；另一种方法是用万用表的电阻挡测量相应导线的通断程度及搭铁情况，如图 1-2-35 所示。

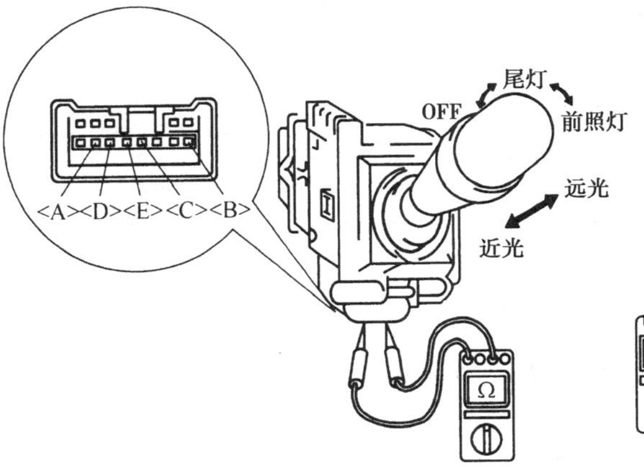

图 1-2-33　汽车大灯组合开关的检查

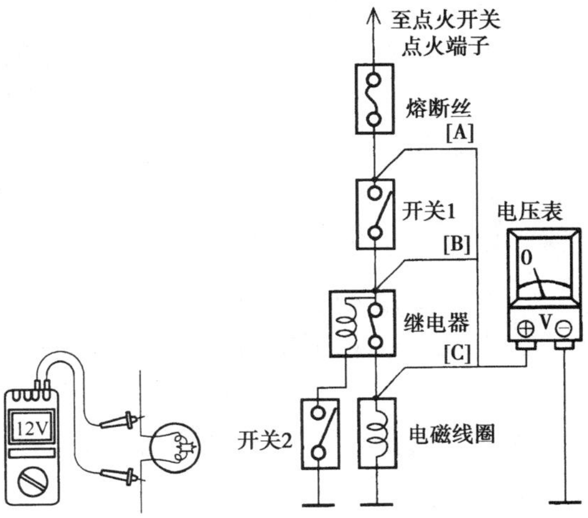

图 1-2-34　线路电压的检查

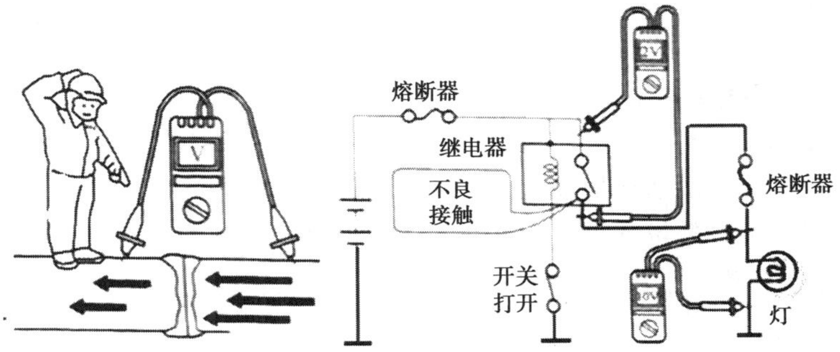

图 1-2-35　导线或触点接触不良的检查

【任务实施】

一、实施内容

1. 检查汽车电路中单个电气元件，如有故障更换它们。

2. 诊断汽车电路中基本元件故障。

二、准备工作

1.所需设备

整车（常用大众车、丰田轿车）、蓄电池、工作台等。

2.工具和材料

汽车电工工具套装、干净的抹布、汽车万用表、LED 试灯、跨接线、导线夹、汽车电路基础元件（导线、熔断器、继电器、开关、插接器、灯泡或其他用电设备）、汽车维修手册、汽车电路手册等。

3.安全防护用品

标准作业装、安全鞋、线手套等。

4.汽车信息收集

车牌号码:____________________,车辆型号:____________________,

VIN 码:______________________,行驶里程:____________________,

维修接待意见:____。

三、技术规范与注意事项

1. 使用万用表时就选择正确挡位。

2. 使用维修手册和电路图时,要注意避免残缺不全,资料应与使用车辆型号相对应。

3. 一般情况下,汽车发动机正常水温是 80 ℃。

4. 为了防止电气线路在操作过程中的短路,每次拆装、检测电气设备时,应先断开蓄电池搭铁线,完成后,最后安装搭铁线。

5. 要遵守维修手册规定的其他技术和安全要求。

四、实施步骤及方法

(一)检修作业的准备及预检

1.一般准备工作

(1)与小组成员共同清洁场地 □任务完成

(2)清点所需工量具数量和种类 □任务完成

(3)检查设备、工量具性能是否良好 □任务完成

2.安全防护准备工作

(1)安装车轮挡块阻挡车轮 □任务完成

(2)使用空挡和驻车制动 □任务完成

(3)安装好前栅格布及护套 □任务完成

3.发动机机舱预检

(1)检查发动机冷却液液面 □正常 □不正常

(2)检查发动机机油液面 □正常 □不正常

(3)检查制动液液位 □正常 □不正常

(二)熔断器及导线的检查

1. 如图 1-2-20 所示的熔断器(保险片),在直观检查时你观察到熔断器是:□正常 □有断路。

2. 你观察到的一段导线颜色是________色;截面积是________ mm^2;外观检查情况是:□正常 □有断路。

3. 用万用表检查熔断器通断情况,检查结果是:□导通 □不导通。

4. 熔断器和导线检查结论是:□正常 □不正常;处理措施是:□更换 □修复 □不处理。

(三)线束和插接器的检查

(1)你所使用的线束有导线________根,它们的颜色分别是____________________;有插接器________个,其中一端为插接器座,端子代码为:________,插接器颜色代号为

________,它连接的部件名称是________,外形编号图示为________;另一端为插接器头,端子代码为________,插接器颜色标记为________,它连接的部件名称是________,外形编号图示为________。

(2)用万用表检查导线导通情况,完成表 1-2-1 的填写。

表 1-2-11　线束导通情况检查记录表

端子编号	连接导线颜色	端子去向	检查结果

检查线束和插接器的结论是:□正常　□不正常。

处理措施为:□更换　□修复　□不处理。

(四)开关的检查

(1)你检查开关的名称是________,它用于控制________,带有插接器数量有________个,其颜色标记为________,导线数量有________根,各自的颜色分别是________。

(2)用万用表检查开关导通情况,以点火开关和前照灯开关为例,完成表 1-2-13。

表 1-2-12　开关导通情况检查记录表

端子编号	连接导线颜色	开关状态(开/关)	正常情况电阻	检查结果

(五)继电器的检查

1. 你检查继电器的名称是________,它用于控制________,它的插脚数量有________个,其编号分别为________________,它安装的具体位置是________________,继电器的外形如图 1-2-23 所示。

2. 用万用表检查线圈电阻为________ Ω,由此判断继电器线圈状态为:

□正常　　　　□不正常。

3. 继电器连线试验。

(1)按图 1-2-32、图 1-2-33 所示,进行连接线路并进行测量,你所用到的电路基本元件主要有:□导线　□开关　□线束　□插接器　□继电器　□熔断器　□灯泡　□蓄电池。它用于控制____。

(2)如图 1-2-32 所示,当控制开关断开时;

①用万用表测量蓄电池两端电压,其电压为:□12 V　□24 V　□0 V,由此判断蓄电池技术状态是:□正常　□不正常。

②用万用表测量继电器电磁线圈间电压,其电压为:□12 V　□24 V　□0 V,由此判断继电器电磁线圈没有:□断路　□短路　□搭铁。

③用万用表测量继电器接线端和控制开关搭铁端之间电压,电压为: □12 V　□24 V　□0 V,由此判断蓄电池正极与继电器连接:□正常　□不正常。

④用万用表测量灯泡两端电压,其电压为;□12 V　□24 V　□0 V,此时若灯泡本身没有故障,灯泡的状态是:□点亮　□不亮,由此判断灯泡没有:□供电　□搭铁。

⑤检测结论:控制开关断开,继电器供电:□正常　□不正常。

(3)如图 1-2-33 所示,当控制开关闭合时;

①用万用表测量蓄电池两端电压,其电压为:□12 V　□24 V　□0 V,由此判断蓄电池技术状态是:□正常　□不正常。

②用万用表测量继电器电磁线圈间电压,其电压为:□12 V　□24 V　□0 V,由此判断继电器电磁线圈没有:□断路　□短路　□有正常电压,控制开关:□正常闭合　□正常断开　□不正常。

③用万用表测量灯泡两端电压,其电压为;□12 V　□24 V　□0 V,此时若灯泡本身没有故障,灯泡的状态是:□点亮　□不亮,由此判断灯泡工作:□正常　□不正常。

④检测结论:继电器工作:□正常　□不正常。

(六)工作总结

完成以上各项工作任务后,你认为哪些知识对于你学习电路基础元件有帮助?

____

____

____

【评价与反馈】

班级:______________　姓名:______________　指导教师:______________

序号	考核项目	项目分值	考核内容	配分	考核标准	得分
1	出勤纪律	5	出勤	2	违规一次不得分	
			行为规范	3	违规一次不得分	
2	安全防护环保	20	着装	4	违规一次不得分	
			个人防护	4	违规一次不得分	
			“5S”/“EHS”	4	违规一次不得分	
			设备使用安全	4	违规一次不得分	
			操作安全	4	违规一次不得分	
3	知识	20	知识测试成绩	20	按测验成绩的20%计	

（续表）

序号	考核项目	项目分值	考核内容		配分	考核标准	得分
4	技能考核	40	准备	清点工量具，清理工位	1	未做不得分	
				清洁对象外观	1	未做不得分	
				检查电源开关	1	未做不得分	
			单个元件检查	直观检查	2	未做不得分	
				特征记录	3	操作不正确扣1～3分	
				元件测量	4	操作不正确扣1～4分	
				检查结果	4	操作不正确扣1～4分	
			多个电路元件检修与试验分析研究分析	两个以上元件检查	4	操作不正确扣1～4分	
				元件连接	4	检查不正确扣1～4分	
				线路测试	4	测试不正确扣1～4分	
				检查确认	4	使用不正确扣1～4分	
				电路试验	4	认识不正确扣1～4分	
				检查结果及结论	3	操作不正确扣1～3分	
				处理措施	4	认识不正确扣1～4分	
5	学习能力	10	工单填写、工艺计划制定		4	未做不得分	
			组内活动情况		4	酌情扣分	
			资料查询收集		2	未做不得分	
6	任务拓展	5	知识拓展任务		2	未做不得分	
			技能拓展任务		3	未做不得分	
7	总分	100					

【教师评估】

序号	优点	存在问题	解决方案
教师签字：			

任务三　汽车电路图识读基础知识

【任务目标】

目标类型	目标要求
1. 认知目标	(1)能正确描述汽车电路图的基本知识； (2)简单叙述电路图的种类和特点； (3)简单描述汽车电路图的识读方法。
2. 技能目标	(1)能对照汽车实物读懂桑塔纳 2000 充电系统、起动系统和点火系统电路图； (2)会连接桑塔纳 2000 的全车电路。
3. 情感目标	(1)激发学生对电的现象与电路元件的好奇心理与兴趣； (2)培养学生亲自动手连接电路并查找简单故障的学习积极性； (3)激发学生探究汽车电路的激情； (4)不要带电拔插传感器、电控单元的插接器。

【任务描述】

一辆别克凯越 2004 款轿车，行驶 40 000 km，出现了前照灯不亮现象，经维修技术人员诊断故障后，确定了故障原因前照灯继电器损坏，更换部件后，一切恢复正常，故障被排除。

【知识准备】

一、汽车电路图图示种类

对于同一辆汽车，其电路一般用多种形式表达，最为常见的形式有：布线图（又称电气线路接线图）、原理图和定位图等。

（一）布线图

布线图的特点：电器部件的外形和安装位置都与实际情况相同，很方便查线，但读图不方便，只适用汽车电器部件少、线路连接简单的传统汽车（如东风 EQ1090 等），如图 1-3-1 所示。

（二）原理图

原理图的特点：用简明的图形符号按电路原理将每个电器与电子控制系统合理连接，再将每个系统按一定顺序排列（系统包括：电源系统、起动系统、点火系统、照明系统、仪表系统、电子控制系统等）。如图 1-3-2 所示为天津夏利轿车电气原理图。

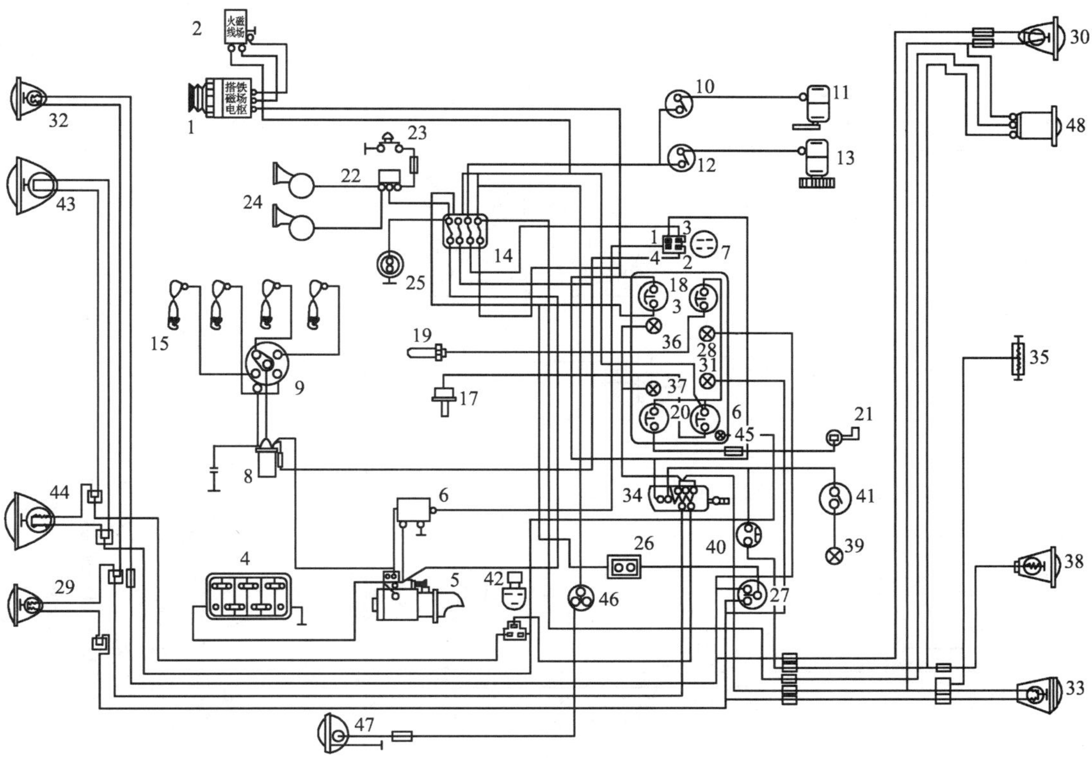

图 1-3-1　国产汽车常见的电气系统布线图

（三）定位图

汽车定位图的特点：电路定位图用于指示各电器及导线的具体位置。一般采用绘制的立体图或实物照片的形式，立体感强，能直观、清晰地反映电器在车上的实际位置，具有很高的实用价值。

定位图在某些车型中还有进一步细化分类：汽车电器定位图、汽车线束图、汽车线路连接器插脚图、汽车接线盒（含熔丝盒、继电器盒）平面布置图。

1.电器元件定位图

确定各电器元件、连接器、接线盒、搭铁点、铰接点及诊断座等的分布位置。如图 1-3-3 所示为定位图，图中 G501、G502、G504 为搭铁点。

2.汽车线束图

三菱帕杰罗（pajero）越野车车身线束图，如图 1-3-4 所示。线束图主要表达汽车导线线束分布情况和线束与电器设备的连接部位、接线柱的标记、线头、插接器（连接器）的形状及位置等主要信息。

线束图的特点：这种图很简单地找到有关电器部件与线束的连接点，但不便于查线和分析、排除故障。

3. 汽车线路连接器插脚图

汽车线路连接器插脚图用来确定连接器内各导线连接位置。如图 1-3-5 所示为电动后视镜连接器插脚图。

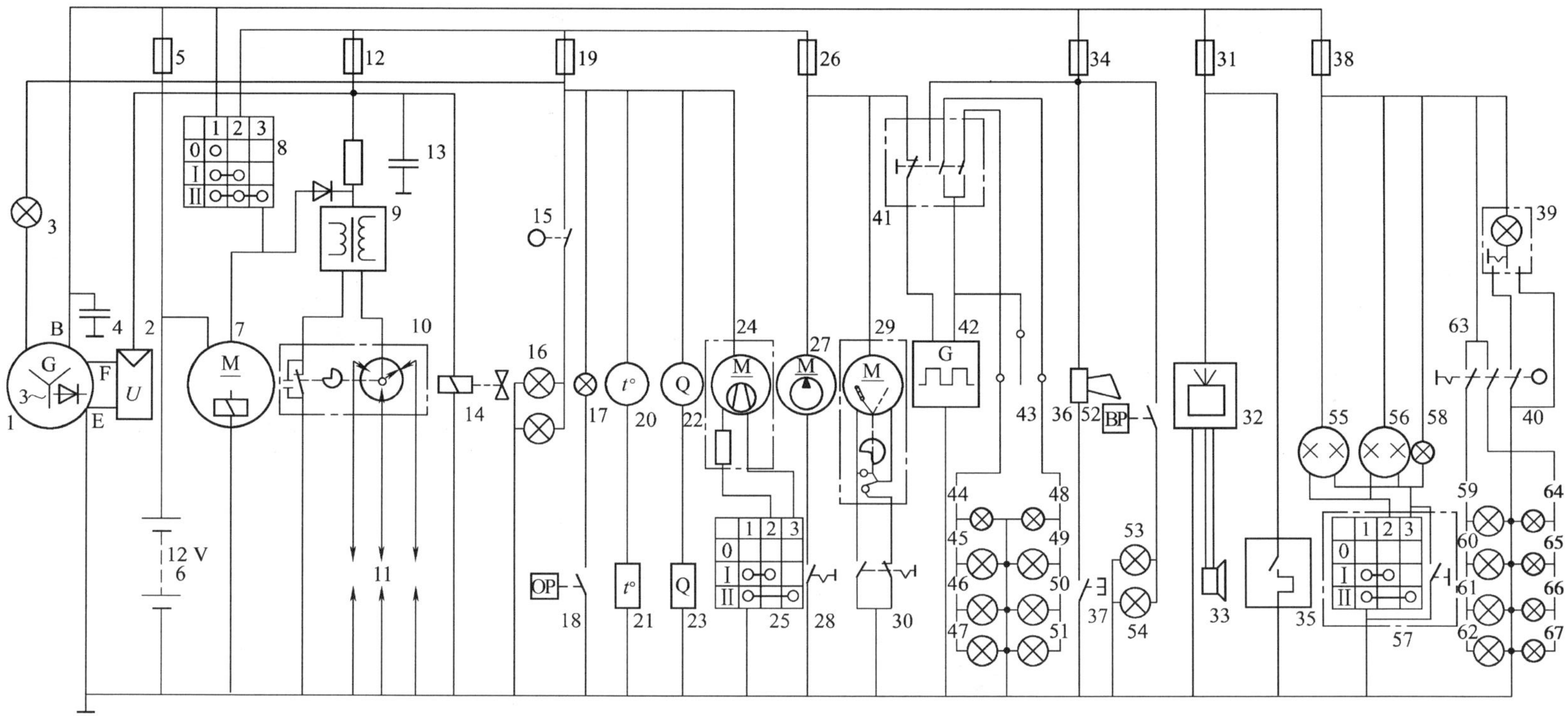

图1-3-2 天津夏利轿车电气原理图

1-发电机;2-电压调节器;3-充电指示灯;4、13-防干扰电容器;5-总熔断器(40 A);6-蓄电池;7-起动机;8-点火开关;9-点火线圈;10-分电器;11-火花塞;12、19、26、31、34、38-熔断器;14-燃油截止电磁阀;15-倒车灯开关;16-倒车灯;17-油压报警灯;18-油压开关;20-水温表;21-水温传感器;22-燃油表;23-燃油传感器;24-暖风电机;25-暖风开关;27-洗涤器电机;28-洗涤器开关;29-刮水器电机;30-刮水器开关;32-收音机;33-扬声器;35-点烟器;36-电喇叭;37-喇叭按钮;39-带开关的室内灯;40-门控开关;41-转向与危险报警开关;42-闪光器;43-转向灯开关;44-左转向指示灯;45～47-左转向信号灯;48-右转向指示灯;49～51-右转向信号灯;52-制动灯开关;53、54-制动灯;55、56-前照灯;57-前照灯开关;58-远光指示灯;59、60-后示宽灯;61、62-前示宽灯;63-示宽灯开关;64、65-仪表照明灯;66、67-牌照灯

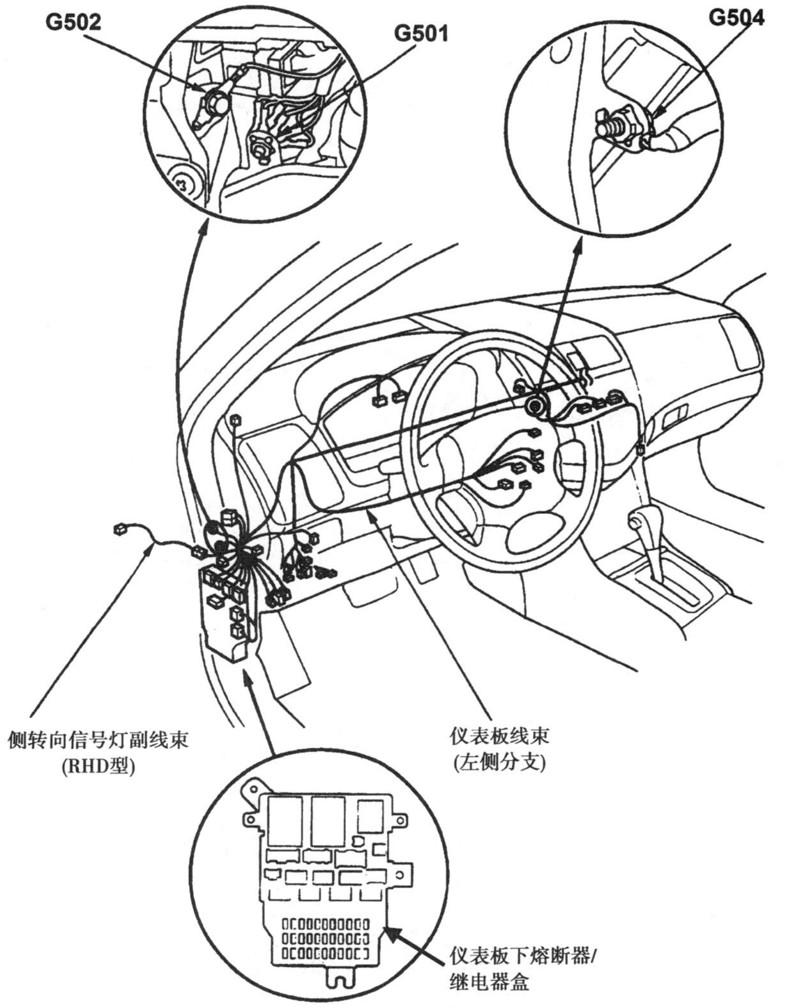

图 1-3-3　广本雅阁轿车部分搭铁点定位图

4. 汽车接线盒（含熔丝盒、继电器盒）平面布置图

汽车接线盒（含熔丝盒、继电器盒）平面布置图用来确定熔丝、继电器等具体安装方位，如图 1-2-21、图 1-2-25、图 1-2-26 所示。

（四）汽车电路原理方框图

如图 1-3-6 所示为电控发动机点系统电路原理方框图。

方框图的特点：方框图是把一个完整电路划分成若干部分，各个部分用方框表示，每一方框再用文字或符号说明功能，各方框之间用线条连接起来，用以表明各部分的相互关系。不必画出元器件和它们之间的具体连接情况。

二、识别电路图的基本要领

1.牢记电气图形符号

汽车电路图是利用电气图形符号来表示其构成和工作原理的。因此，必须牢记电路图形符号的含义，才能看懂电路原理图。丰田汽车常用电路元件符号见表 1-2-10。

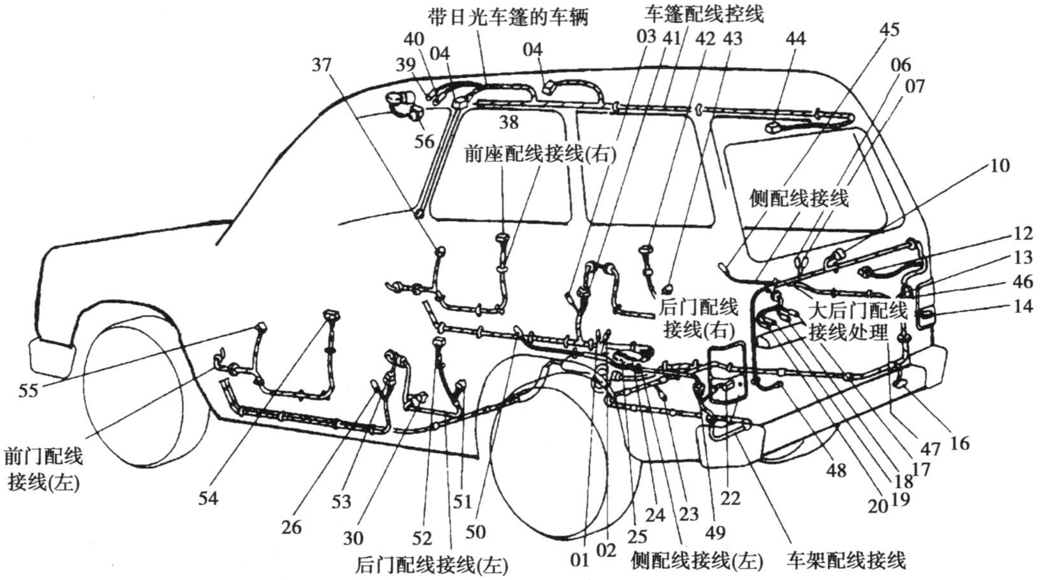

图 1-3-4　三菱帕杰罗(pajero)越野车车身线束图

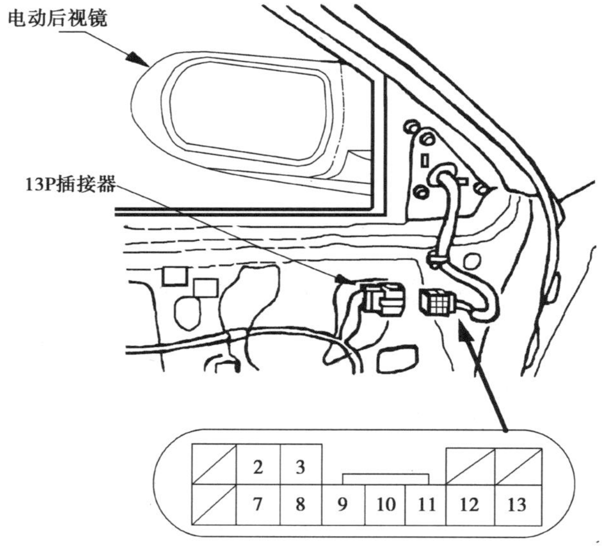

图 1-3-5　电动后视镜连接器插脚图

2.熟记电路标记符号

为了便于绘制和识读汽车电器电路图,有些电器装置或其接线柱等上面都赋予不同的标志代号。如继电器上的 30 号、87(87a)号脚表示触点的电源正、负极,接继电器的主电路;85 号、86 号脚与继电器内部电磁线圈相连接,通过控制开关与电源正、负极相连,是继电器的控制电路,如图 1-2-24 所示。

3.掌握各种开关在电路中的作用

对多层多挡接线柱的开关,要按层、按挡位、按接线柱逐级分析其各层各挡的功能。有的用电设备受两个以上单挡开关(或继电器)的控制,有的受两个以上多挡开关的控制,其工作状态比较复杂。当开关接线柱较多时,首先抓住从电源来的一两个接线柱,再逐个分析与

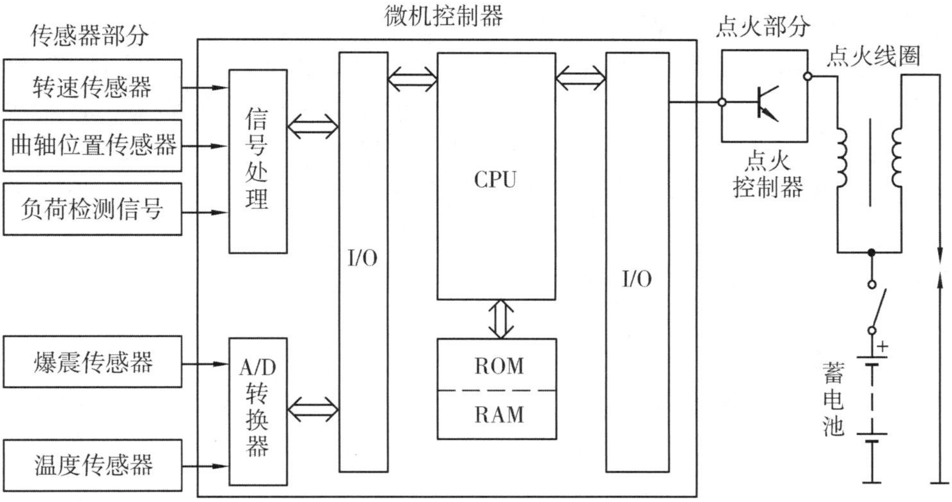

图 1-3-6　电控发动机点火系统电路原理方框图

其他各接线柱相连的用电设备处于何种挡位，从而找出控制关系。

对于组合开关，实际线路是在一起的，而在电路图中又按其功能画在各自的局部电路中，遇到这种情况必须仔细研究识读。如图 1-3-7 所示为广本雅阁电动座椅开关电气连接关系图。

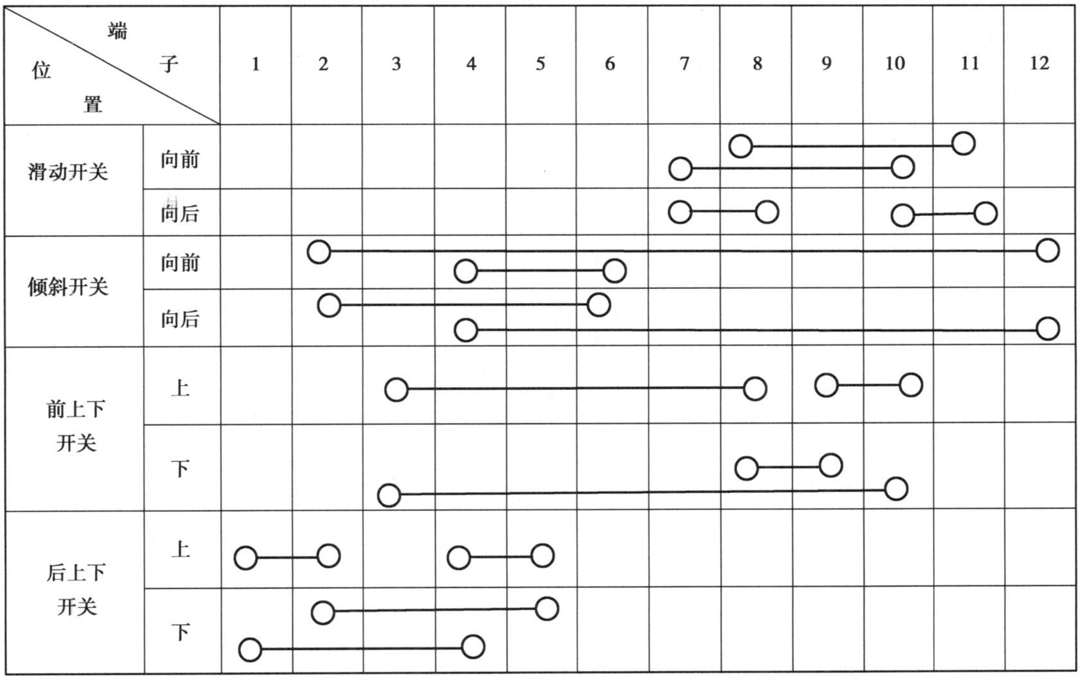

图 1-3-7　广本雅阁电动座椅开关电气连接关系图

4.浏览全图，分割各个单元系统，熟记各局部电路之间的内在联系

要读懂汽车电路图，首先必须掌握组成电路的各个电器元件的基本功能和电器特性。在大概掌握全图的基本原理的基础上，再把一个个单元系统电路分割开来，这样就容易抓住每一部分的主要功能及特性。

在框划各个系统时，一定要遵守回路原则，注意既不能漏掉各个系统中的组件，也不能多框划其他系统的组件，一般规律是：各电器系统只有电源和总开关是公共的，其他任何一个系统都应是一个完整的独立的电器回路，即包括电源、开关（保险）、电器（或电子线路）、导线等。从电源的正极经导线、开关、保险丝至电器后搭铁，最后回到电源负极。

从整车电路来讲，各局部电路除电源电路公用外，其他单元电路都是相对独立的，但它们之间也存在着内在联系（如信号共享）。因此，识图时，不但要熟悉各局部电路的组成、特点、工作过程和电流流经的路径，还要了解各局部电路之间的联系和相互影响。这是迅速找出故障部位、排除故障的必要条件。

5.牢记回路原则

任何一个完整的电路都是由电源、熔断器、开关、控制装置、用电设备、导线等组成。电流流向必须从电源正极出发，经过熔断器、开关、控制装置、导线等到达用电设备，再经过导线（或搭铁）回到电源负极，才能构成回路。因此电路读图时，有三种思路：

思路一：沿着电路电流的流向，由电源正极出发，顺藤摸瓜查到用电设备，开关、控制装置等，回到电源负极。

思路二：逆着电路电流的方向，由电源负极（搭铁）开始，经过用电设备、开关、控制装置等回到电源正极。

思路三：从用电设备开始，依次查找其控制开关、连线、控制单元，到达电源正极和搭铁（或电源负极）。

实际应用时，可视具体电路选择不同思路，但有一点值得注意：随着电子控制技术在汽车上的广泛应用，大多数电气设备电路同时具有主回路和控制回路，读图时要兼顾两回路。

画一画： 根据阅读电路图第五个要领，用彩色笔在图 1-3-8 中分别标出远光指示灯、左、右前照灯和牌照灯电路的完整回路。

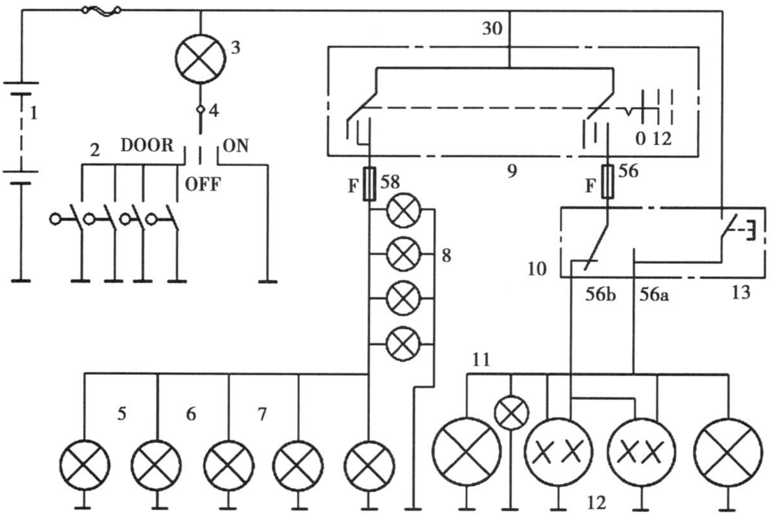

1－ 蓄电池；2－ 门控开关；3－ 室内灯；4－室内灯手控开关；5－示宽灯；6－ 尾灯；7－牌照灯；8－仪表灯；9－灯光开关；10－ 变光开关；11－远光指示灯；12－ 前照灯（4 灯亮远光、2 灯亮近光）；13－超车灯开关

图 1-3-8　大众捷达轿车照明系统电气原理图（部分）

三、典型车系电路图识读说明

(一)德国大众车系电路图读法

1.电路图中各符号含义

如图 1-3-9 所示。最上方的部分表示中央继电器板和保险丝盒(也称中央线路板),集中了全车的继电器和保险丝,是全车的电源中心。中央线路板的结构,如图 1-2-25、图 1-2-26 所示,三角箭头表示下接下一页电路图。以捷达轿车转向与报警灯电路为例说明大众车系的电路图读法。图中各符号说明如下:

1 – 继电器位置号,表明继电器在继电器盒上的位置。

2 – 继电器盒上的继电器或控制器符号,在说明中可以找到它的名称。

3 – 熔断器符号。例如熔断器座上的 19 号熔断器(10 A)。

4 – 继电器盒上的插接件符号。例如 3/49a,其中 3 表示继电器盒上 12 号继电器座的 3 号。插孔;49a 表示继电器/控制器上的 49a 插头。

5 – 继电器盒上的连接件符号,指出一个带线束的多孔或单孔插头的位置。例如 A13 为多孔插头 A 的 13 号脚。

6 – 导线截面积,单位:mm^2。

7 – 导线颜色。此缩写是线色代码,线路图旁注有说明。

8 – 白色线上印刷的标记号,用于区分一根线束中的不同白色线。

9 – 接线柱符号,可在零件图上找到标记。

10 – 故障诊断程序用的检测点。在插图或线路图中可找到同样的黑色圆内的数字,用于故障诊断程序。

11 – 线路标记。此处为报警灯开关。

12 – 零件符号。在说明中可以找到零件名称。

13 – 导线连接端。方框内的数字表明电路图中的接续导线。

14 – 内部连线(细线)。此连接仅是内部电路连接,没有导线,可以依次追踪电路构件和线束内部的电流走向。

15 – 内部连接线符号,字母表示下一线路图的连接线。

16 – 接地点标记符号,可在说明中查到接地点在车身上的位置。

2. 大众车系电路结构

大众汽车电路图(见图 1-3-9)大致可分为以下几部分:

(1)外线部分。外线部分在图上以粗实线画出,集中在图的中间部分。每条线上都标有图的颜色和面积。线端都有接线柱号和接口号表示其连接关系。颜色用字母(国产大众电路图已译成中文)表示。对应关系为:ws – 白色,sw – 黑色,ro – 红色,br – 棕色,gn – 绿色,bl – 蓝色,gr – 灰色,li – 紫色,ge – 黄色。

如果导线是双色的,则以两种颜色的字母表示。如 sw/ro,sw/ge。导线的横截面积标记在颜色的上方,单位是 mm^2。例如 2.5,4.0 等。

(2)内部连接部分。内部连接部分在图上用细线画出。这部分连接是存在的,但线路是不存在的。标示线路只是为了说明这种连接关系。同时,使电路图更加易于理解。

（3）电气元件。电路图本身就是表达元件之间的连接关系的。因此，电气元件在电路图中是主体。电气元件在图中用框图辅以相应的标号表示。每一个元件都有一个代号，如 A 表示蓄电池；D 表示点火开关等。电气元件的接线点都用标号标出，标号在元件上可以找到。例如，起动机 B 有两个接点：一个标记 30，一个标记 50。

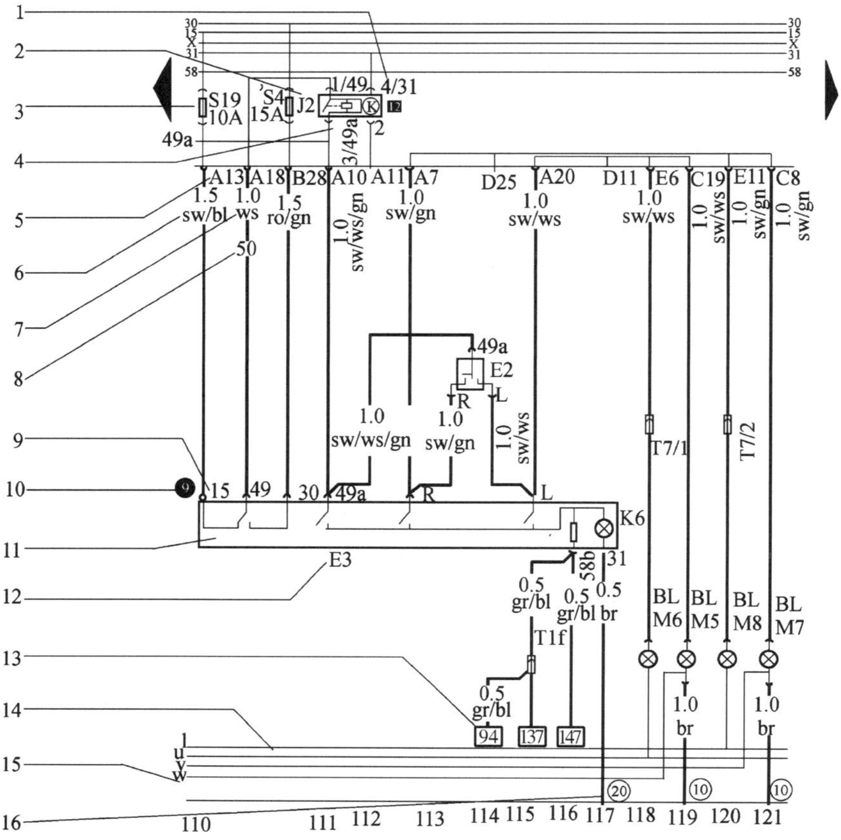

E2－转向开关；E3－报警闪光灯开关；M7－闪光灯继电器；K6－ 报警闪光灯；M5－左前转向灯；
M6－左后转向灯；M7－右前转向灯；M8－右后转向灯；T7－七孔插座连接，在继电器盒内；
⑩－接地点在中央继电器盒内

图 1-3-9　捷达轿车转向和报警闪光灯部分电路图

（4）继电器、熔断器及其连接部分。这一部分表示在图的上部，反映的内容有：继电器的位置号、名称。继电器盒上插接器符号、熔断器标号及熔断器容量等，并用不同颜色表示熔断器容量。车上大部分继电器和熔断器都安装在继电器盒的正面，几乎全部主线束都从继电器盒背面接通各用电器具。

（5）电路续接号

在图的最下方，这一标号只是制图和识图的标记号，数字的大小没有实际的物理意义。它有两个作用，一是可顺序表达整个车的全部电路内容，便于每一部分既相对独立又相互联系；另一个作用是便于反映在一部分电路图中难以表达的接续部分。

3.大众车系电路图的特点

(1)接点标记具有固定的含义

在大众公司汽车电路图中经常遇到接点标记的数字及字母,它们都具有固定的含义。如数字30代表的是来自蓄电池正极的供电线(俗称常火线);数字31代表接地线;数字15代表来自点火开关的点火供电线;数字50代表点火开关在起动挡时的起动供电线;X代表受控的大容量用电设备供电线(来自卸荷继电器的供电线)等。

(2)所有电路都是纵向排列,不互相交叉

大众公司汽车电路图采用了断线代号法来处理线路复杂交错的问题。在电路图的最下端标有断点接续号。

(3)整个电路以继电器盒为中心

大众公司汽车电路图在表示线路走向的同时,还表达了线路的结构情况。继电器盒的正向插有各种继电器和熔断器图1-2-25、图1-2-26。在电路图上的继电器标有4/49、3/49a等数字,见图1-3-9。其中分子数4、3是指继电器盒插孔代号,分母49、49a是指继电器的插脚代号。4/49就表示出了继电器插脚与插孔的配合关系。

(二)美国车系电路图识读示例

1. 通用汽车电路图图例说明

美国通用汽车电路图通常分为四类:电源分配简图(见图1-3-10)、熔丝盒详图(见图1-3-11)、系统电路图(见图1-3-12)和搭铁电路图(见图1-3-13)。系统电路图中,电源从图上方引入,通常从熔丝盒处开始,并于熔丝上方用黑线框标注此处与电源之间的关系;用电器在中部,搭铁点在最下方。如果是由电子控制的系统。电路图中除该系统的工作电路外还会与该系统工作有关的信号电路(如传感器)。

通用汽车的系统电路图上方常用粗黑线框内的文字标示,电源一般为"常通电"(常火线)式,在"ON"或"ACC"时通电(指点火开关在"ON"或"ACC"的位置时接通电源)。通用汽车电路中用黑三角的图案表示电路中需要注意的内容。这类三角标的底面往往还标有相关内容具体说明的页码。

2. 通用别克冷却风扇控制电路读图实例

电路说明如图1-3-14所示,冷却风扇由两个熔断器(6号40 A和21号15 A)分别向发动机冷却风扇供电。熔断器位于发动机罩下附件接线盒内。

(1)冷却风扇低速工作时电路

PCM通过低速风扇控制电路为继电器12的控制电路提供搭铁。继电器12的控制电路的电流通路为:所有时间热(与电源直接连接)→熔断器6→继电器12→PCM的低速风扇控制电路搭铁。于是,继电器12的线圈中有电流通过,控制动合触点闭合,向冷却风扇电机供电。此时由于左侧的冷却风扇电机与右侧的冷却风扇电机串联,所以风扇低速运转。电流通路为:所有时间热(与电源直接连接)→熔断器6→继电器12→左侧的冷却风扇电机→继电器9的动断触点→右侧的冷却风扇电机→导线系统搭铁分配器搭铁。

(2)冷却风扇高速工作时电路

PCM首先经低速风扇控制电路对继电器12提供搭铁路径。经3 s延时后,PCM经高速风扇控制电路为继电器9和继电器10提供搭铁路径。左侧风扇电机继续由熔断器6提供电流。但熔断器21(15 A)为右侧风扇电机提供电流。各风扇接收不同的搭铁路径。因此,

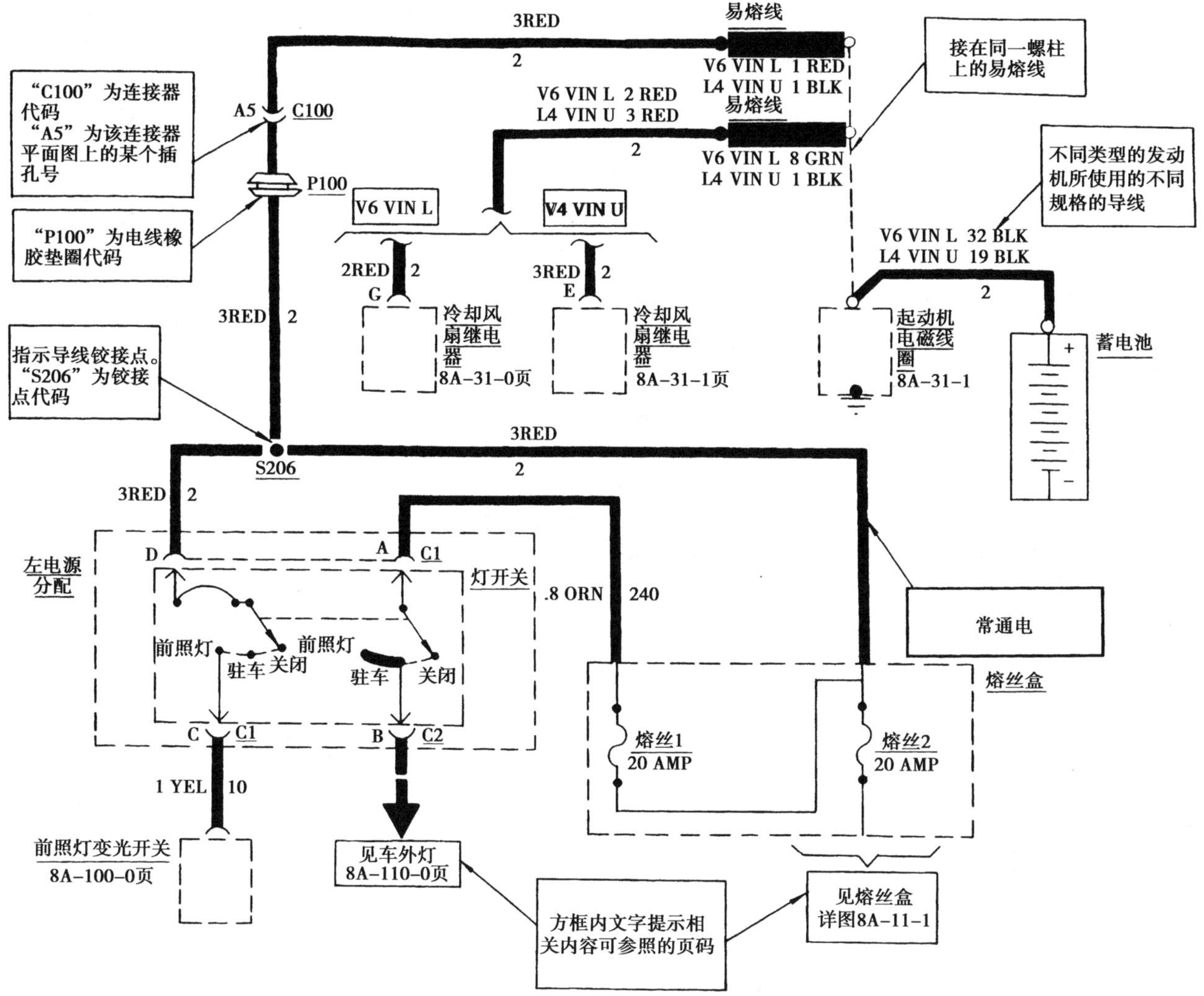

图1-3-10　美国通用汽车电源分配识读简图

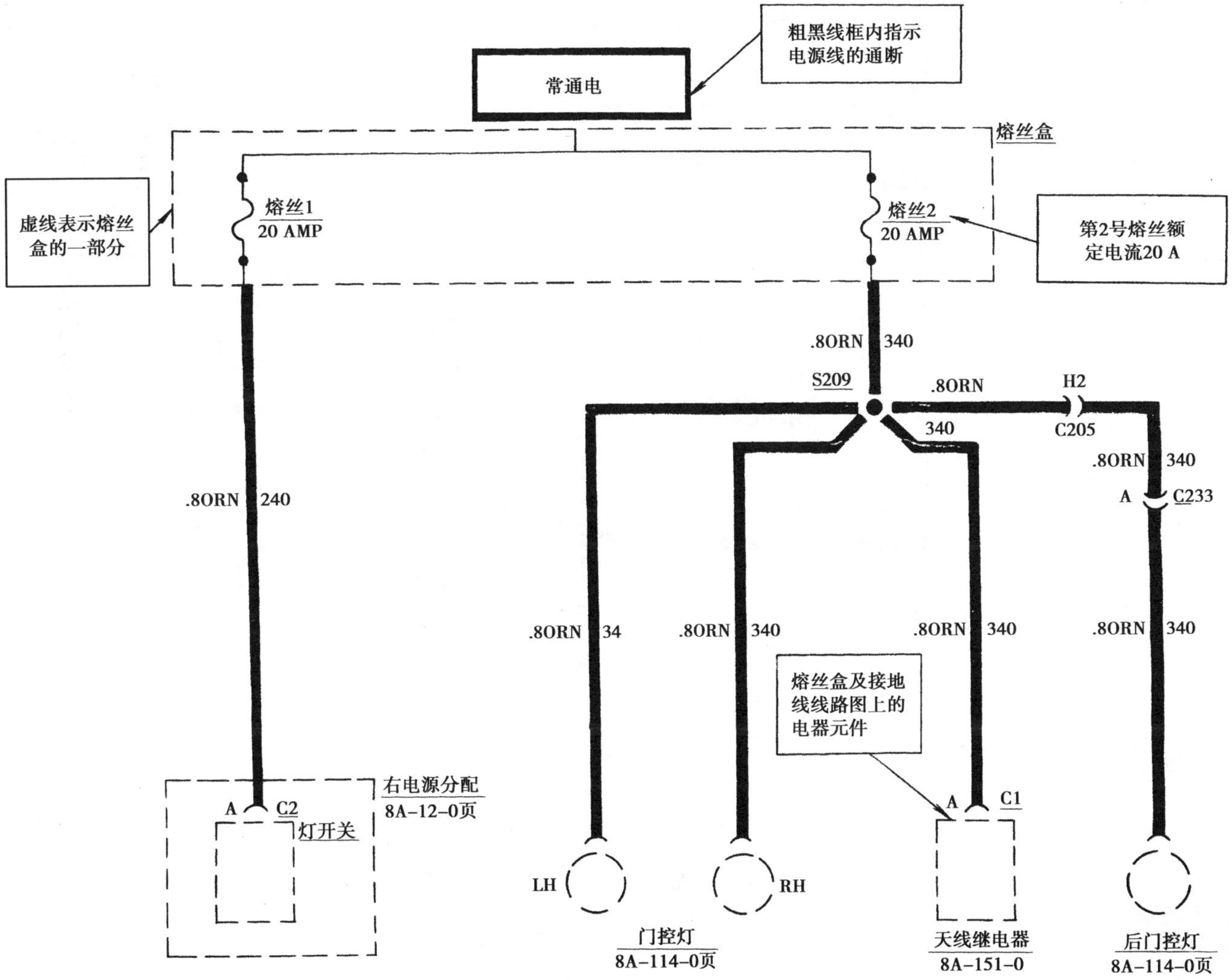

图1-3-11 通用汽车熔丝盒详图识读

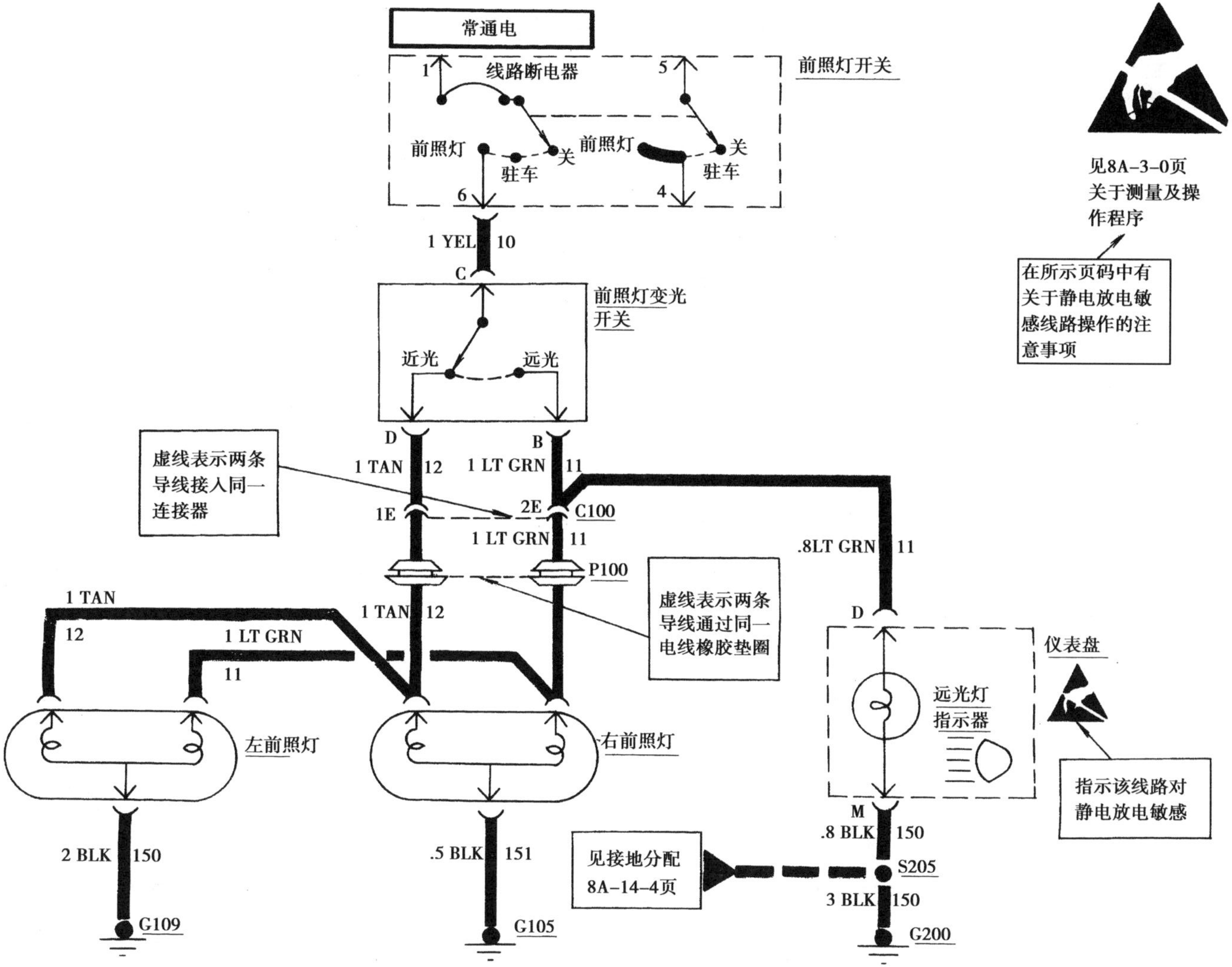

图1-3-12　通用汽车系统电路图识读

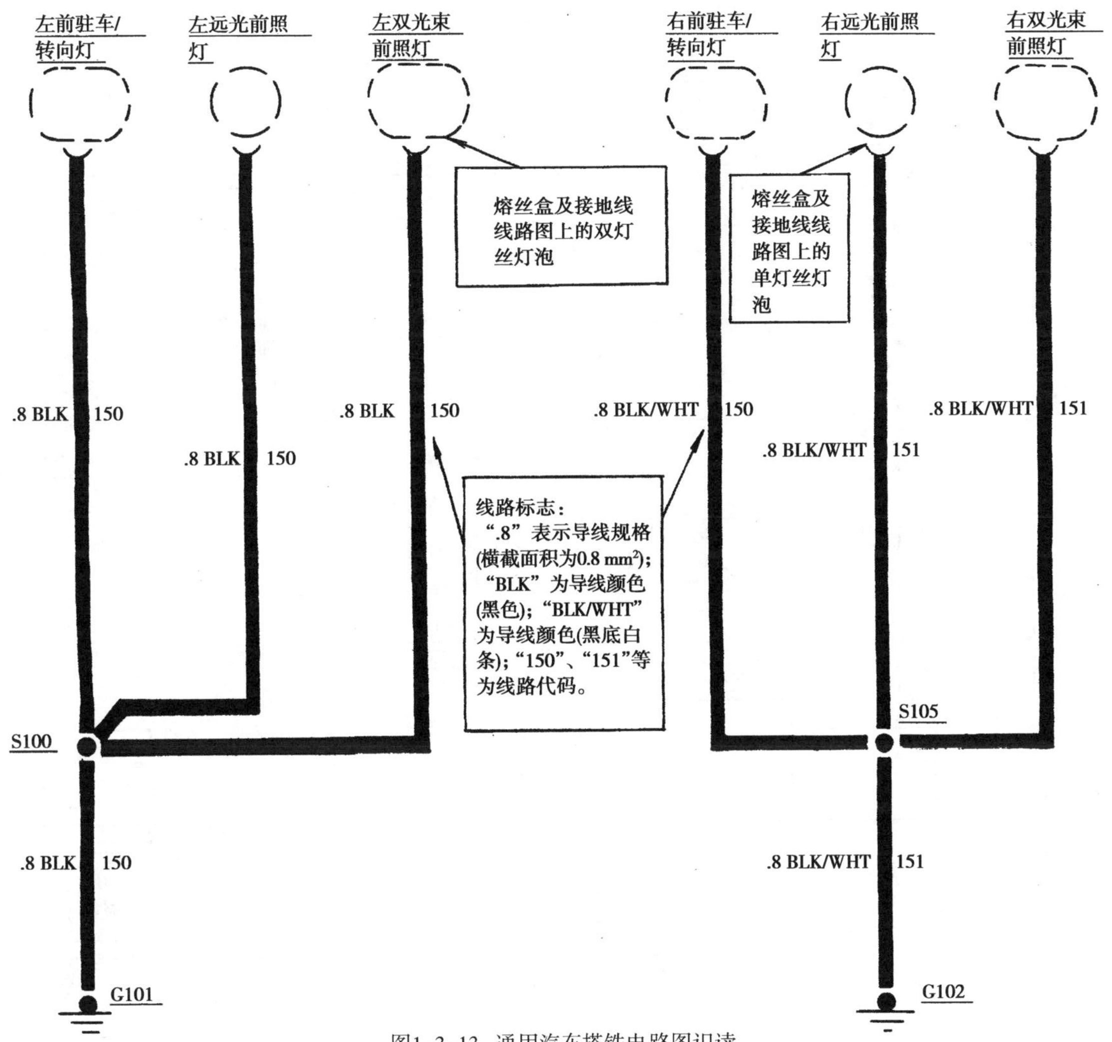

图1-3-13　通用汽车搭铁电路图识读

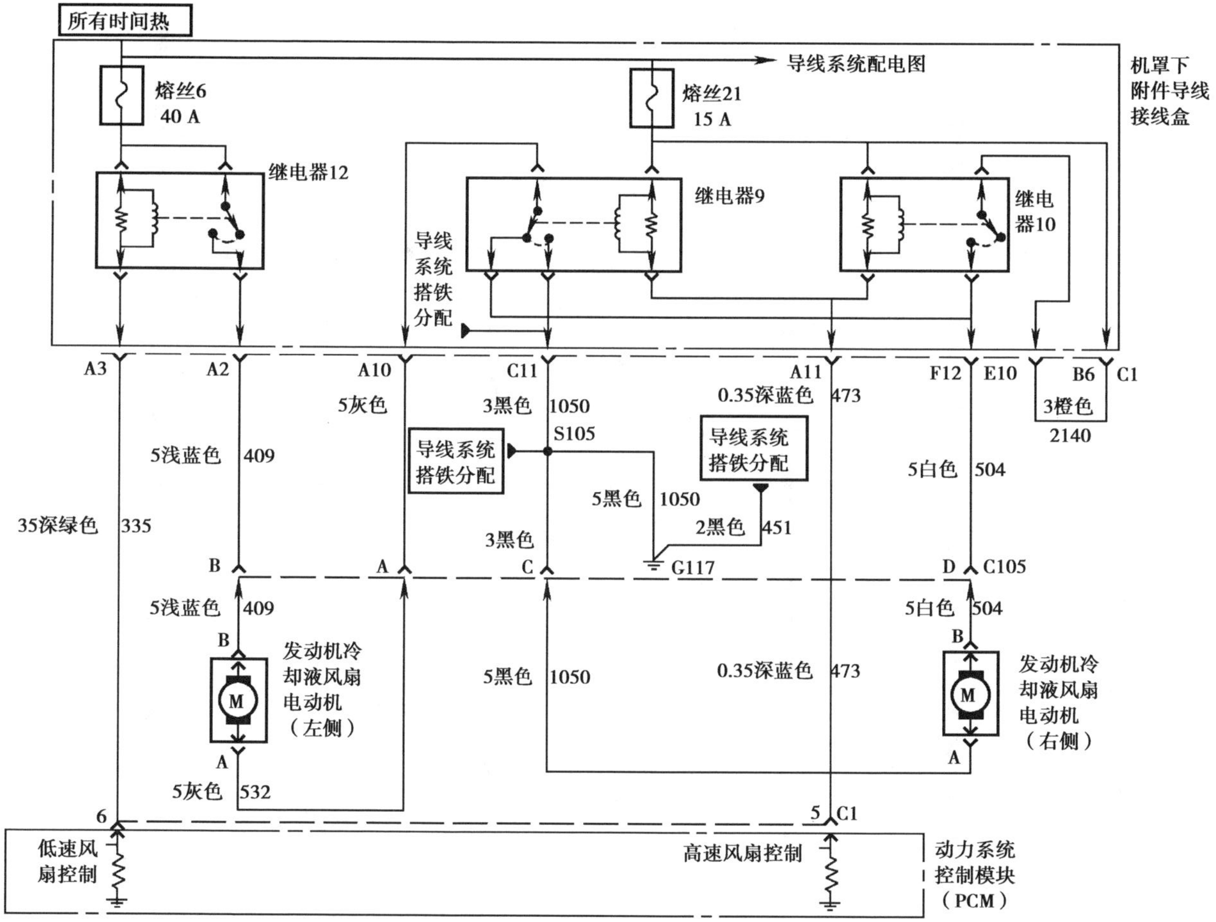

图1-3-14 别克轿车风扇控制电路图

风扇高速运行。左侧风扇电机电流通路为:所有时间热(与电源直接连接)→熔断器6→继电器12→左侧的冷却风扇电机→继电器9的动合触点→导线系统搭铁分配器搭铁。右侧风扇电机电流通路为:所有时间热(与电源直接连接)→熔断器21→继电器10的动合触点→右侧的冷却风扇电机→导线系统搭铁分配器搭铁。

在看懂电路图的同时还应清楚PCM在什么情况下控制继电器12搭铁,其条件为:

①发动机冷却液温度超过106 ℃。

②请求A/C且环境温度高于50 ℃。

③A/C制冷剂压力大于1.31 MPa。

④点火关闭且发动机冷却液温度高于140 ℃。

对于风扇高速控制,PCM延后右侧冷却风扇电机和继电器10控制达3 s。3 s延时后可确保冷却风扇电负荷不超过系统的容量。

PCM在以下各情况下为继电器12、继电器9和继电器10提供搭铁。

①当发动机冷却液温度超过110 ℃。

②A/C制冷剂压力大于1.655 MPa。

(三)法国车系的电路图读法

法国车系的电路与其他大多数车型有较大差异,其线束、插接器、电气设备元件的编号、颜色代码等与其他车型差异较大。

1.线束代码(见表1-3-1)

表1-3-1　富康轿车线束代码

代码	线束名称	代码	线束名称
AV	前部	MT	发动机电喷系统
CN	蓄电池负极电缆	mV	电动风扇
CP	蓄电池正极电缆	PB	仪表板
EF	行李箱照明灯	PC	驾驶员侧门
FR	尾灯	PD	右后门
GC	空调	PG	左后门
HB	驾驶室	PL	顶灯
PP	乘员侧门	RD	右后部
RG	左后部	RL	侧转向灯
UD	右制动蹄片磨损指示器	UG	左制动蹄片磨损指示器

2.插接器表示方法

以富康ZX型轿车为例介绍插接器的种类和表示方法,插接器分为四种类型,如图1-3-15所示,其中图(c)、图(d)属同一类插接器。

(1)单排插接器

单排插接器的插脚或插孔只有一排,在电路图中的表示方式见图1-3-15(a),识别方法如下:

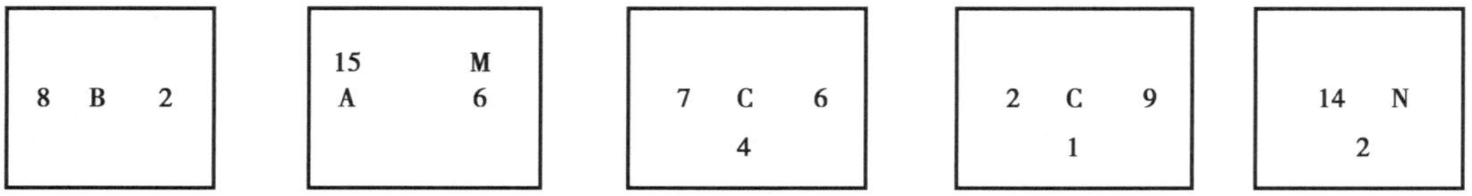

(a)单排插接器　(b)双排插接器　(c)前围板插接器　(d)前围板插接器　(e)14脚圆插接器

图 1-3-15　插接器种类及其表示方法

8:通道数,表示该插接器有 8 个插脚或插孔。

B:插接器的颜色,B 表示白色。

2:线号数,表示插接器的第 2 号线。

(2)双排插接器

双排插接器的插脚或插孔有两排,在电路图中的表示方式图 1-3-15(b),识别方法如下:

15:通道数,表示该插接器有 15 个插脚或插孔。

M:插接器颜色,M 表示颜色为栗色。

A:列数,表示 A 列。

6:线号数,表示 A 列中的第 6 号线。

(3)前围板插接器

前围板插接器位于挡风玻璃左下侧的车身内,有 62 个通道,用于前部线束和仪表板线束的连接。前围板插接器为黑色,由 8 组 7 脚的插孔和 3 组 2 脚的插孔组成,见图 1-3-16。表示方式见图 1-3-15(c),识别方法如下:

7:通道数,表示 7 脚插脚或插孔。

C:表示前围板插接器。

6:组数,表示第 6 组。

4:线号数,表示第 6 组的第 4 号线。

图 1-3-13(d)识别方法如下:

2:通道数,表示 2 脚插脚或插孔。

C:表示前围板插接器。

9:组数,表示第 9 组。

1:线号数,表示第 9 组的第 1 号线。

(4)14 脚圆插接器

该插接器位于发动机罩下左侧的熔断器盒内,用于前部 AV 线束与发动机 MT 线束的连接,在电路图中的表示方式见图 1-3-15(e),识别方法如下:

14:通道数,表示该插接器有 14 个插脚或插孔。

N:插接器的颜色,N 表示黑色。

2:线号数,表示插接器的第 2 号线。

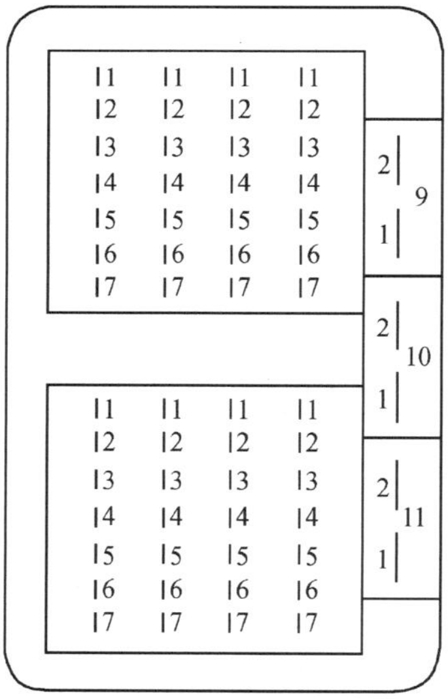

图 1-3-16　前围板 62 路插接器布置图

3. 富康轿车电气线路图中各数字代表的含义

在法国车系中,电气线路中的所有电气基础元件和电气设备均用数字表示,其含义见表 1-3-2。

表 1-3-2 富康轿车电气线路图中数字的含义

数 字	含 义	数 字	含 义
5	前点烟器	554～555	未装备
10	分电器	570	喷油器
15	发电机	582	冷气开关
20	低音喇叭	583	电动后窗切断开关
21	高音喇叭	587	前雾灯开关
35	蓄电池	588	后雾灯开关
40	仪表板	589	危险信号开关
45	点火线圈	590	左前车门窗玻璃升降开关
48	ABS 熔断器	591	右前车门玻璃钢窗升降开关(在司机侧门上)
50	发动机盖下熔断器盒	592	右前门玻璃升降开关(在乘员侧门上)
52	驾驶室内熔断器盒	593	左后车门窗玻璃升降开关(在仪表板上)
53	冷却液温度控制器	594	左后车门窗玻璃升降开关(在左后车门上)
55	中央门锁控制盒	595	右后车门窗玻璃升降开关(在仪表板上)
58	遥控接收器	596	右后车门窗玻璃升降开关(在右后车门上)
59	未装备	597	后风窗玻璃除霜开关
62	搭铁盒	600	未装备
100	火花塞	620	惯性开关
130	灯光未关警报器	650	燃油表传感器
140	自动变速器计算机	660	阅读灯
141	空调调节控制器	671	机油压力传感器
142	发动机计算机	680	点火模块
143	ABS 系统 ECU	681	鼓风机控制模块
152	发动机转速传感器	685	石英钟及照明灯
154	车速传感器	694	前刮水器电动机
155	变速器输出转速传感器	695	后刮水器电动机
156	左前轮速度传感器	696	左前玻璃升降器
157	右前轮速度传感器	697	右前玻璃升降器
158	左后轮速度传感器	698	左后玻璃升降器
159	右后轮速度传感器	699	右后玻璃升降器
160	点火信号发生器	703	司机门锁止器
170	闪光继电器	704	乘员门锁止器
183	鼓风机开关	705	左后门锁止器

（续表）

数　字	含　义	数　字	含　义
211	左开关（照明、转向灯、喇叭）	706	右后门锁止器
212	右开关（前后刮水器、洗涤）	708	行李箱门锁止器
215	电动后视镜开关	720	电动风扇（单只或左边）
255	空调压缩机离合器	721	电动风扇（右边）
270	点火线圈电容	742	前顶灯
300	点火开关	743	左后顶灯
302	行李箱照明开关	744	右后顶灯
310	左前门槽灯开关	750	左前制动摩擦片
311	右前门槽灯开关	751	右前制动摩擦片
312	左后门槽灯开关	755	燃油泵
313	右后门槽灯开关	762	前后风窗玻璃洗涤泵
314	倒车灯开关	765	收放机
315	手制动灯开关	770	节气门位置传感器
317	液面开关	775	压力开关
319	制动灯开关	779	点火信号发生器插头
326	阻风门开关	781	ABS 系统 ECU 诊断插头
350	起动机	783	计算机自诊断插座
385	前烟灰缸照明灯	784	通道诊断接口
389	行李箱照明灯	786	前照灯（左边）
391	左侧牌照灯	787	前照灯（右边）
392	右侧牌照灯	790	鼓风机
430	碳罐控制阀	804	空调继电器
431	空调怠速电磁阀	805	温度控制继电器
432	怠速控制阀	806	前雾灯继电器
436	怠速截止阀	807	燃油喷射继电器
437	变速器操纵杆锁止机构	809	前玻璃升降器继电器
438	换挡板照明灯	813	低速电动风扇继电器
440	程序选择器	814	高速电动风扇继电器
480	左尾灯	815	电动风扇转换继电器
481	右尾灯	816	变速器操纵杆锁止继电器
482	左前雾灯	817	禁止起动继电器
483	右前雾灯	820	后风玻璃除霜继电器

（续表）

数　字	含　义	数　字	含　义
484	左后雾灯	822	空调压缩机继电器
485	右后雾灯	830	自动变速器电器连接盒
486	左近光灯	843	喇叭继电器
487	右近光灯	857	化油器座预热电阻
488	左前转向灯	861	进气预热器
489	右前转向灯	875	右电动后视镜
490	左后转向灯	880	仪表照明变阻器
491	右后转向灯	900	氧传感器
492	左前示廓灯	902	未装备
493	右前示廓灯	903	进气压力传感器
496	左后示廓灯	904	未装备
497	右后示廓灯	907	进气温度传感器
498	左倒车灯	909	冷却液温度传感器
499	右倒车灯	910	冷却液温度传感器
500	左侧面转向灯	912	蒸发器温度传感器
501	右侧面转向灯	915	水温传感器
502	左远光灯	918、920	未装备
503	右远光灯	962	前刮水器延时继电器
504	左制动灯	963	后刮水器延时继电器
505	右制动灯	965	后风窗加热延时继电器
508	第三制动灯	970	发动机温度报警传感器
550	左前扬声器	990	后风窗加热电阻
551	右前扬声器		

4. 导线颜色代码

法国车系中低压导线颜色代码与其他车型不同，其说明见表 1-3-3。

表 1-3-3　导线颜色代码及说明

代码	颜色	代码	颜色
N	黑色	BI	湖蓝
M	栗色	M_V	深紫
R	大红	Vi	紫罗兰
R_0	粉红	G	灰色
Or	橙色	B	白色

（续表）

代码	颜色	代码	颜色
J	柠檬黄	L_C	透明
V	翠绿		

5.电路图识读示例

富康轿车电路图示例如图 1-3-17 所示。

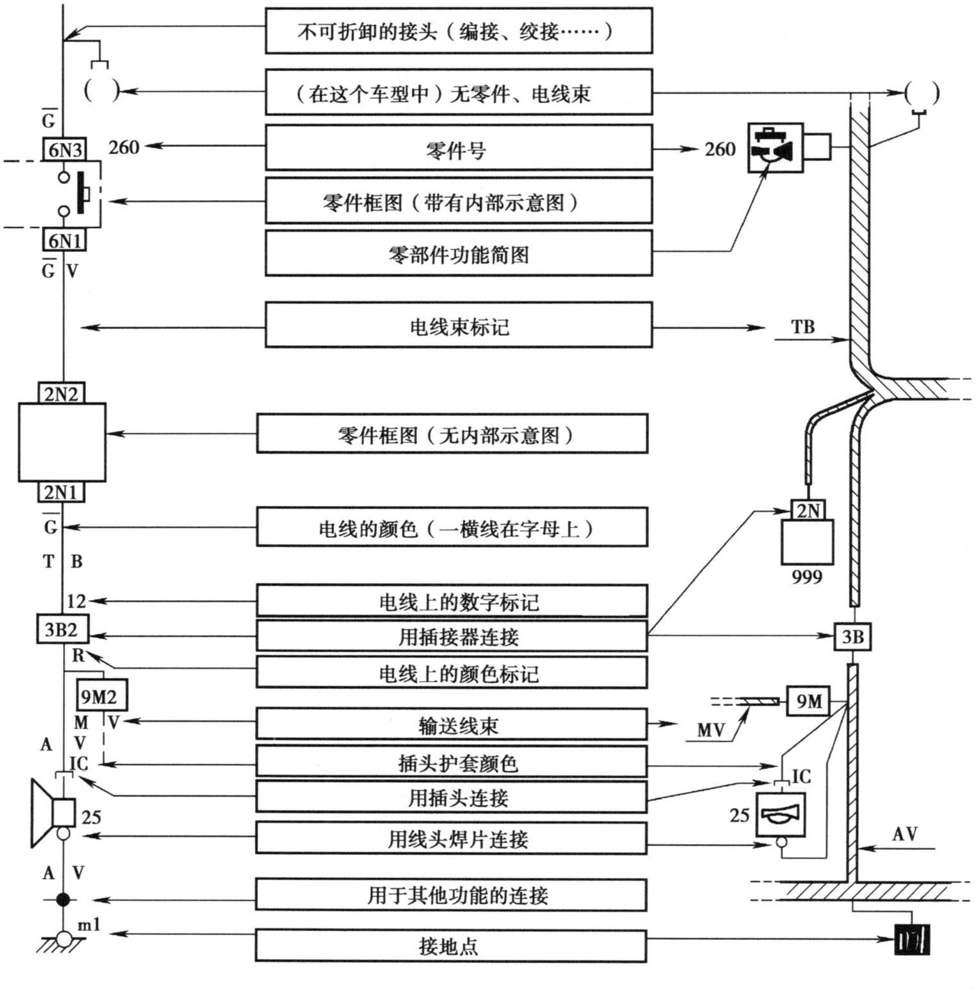

图 1-3-17　法国车系的读图示例

(四)丰田车系电路图的识读示例

丰田车系有关导线颜色、插接器外形和插脚编号规律等内容详见项目一任务二。丰田车系电路图识读示例见图 1-3-18。各部分含义如下：

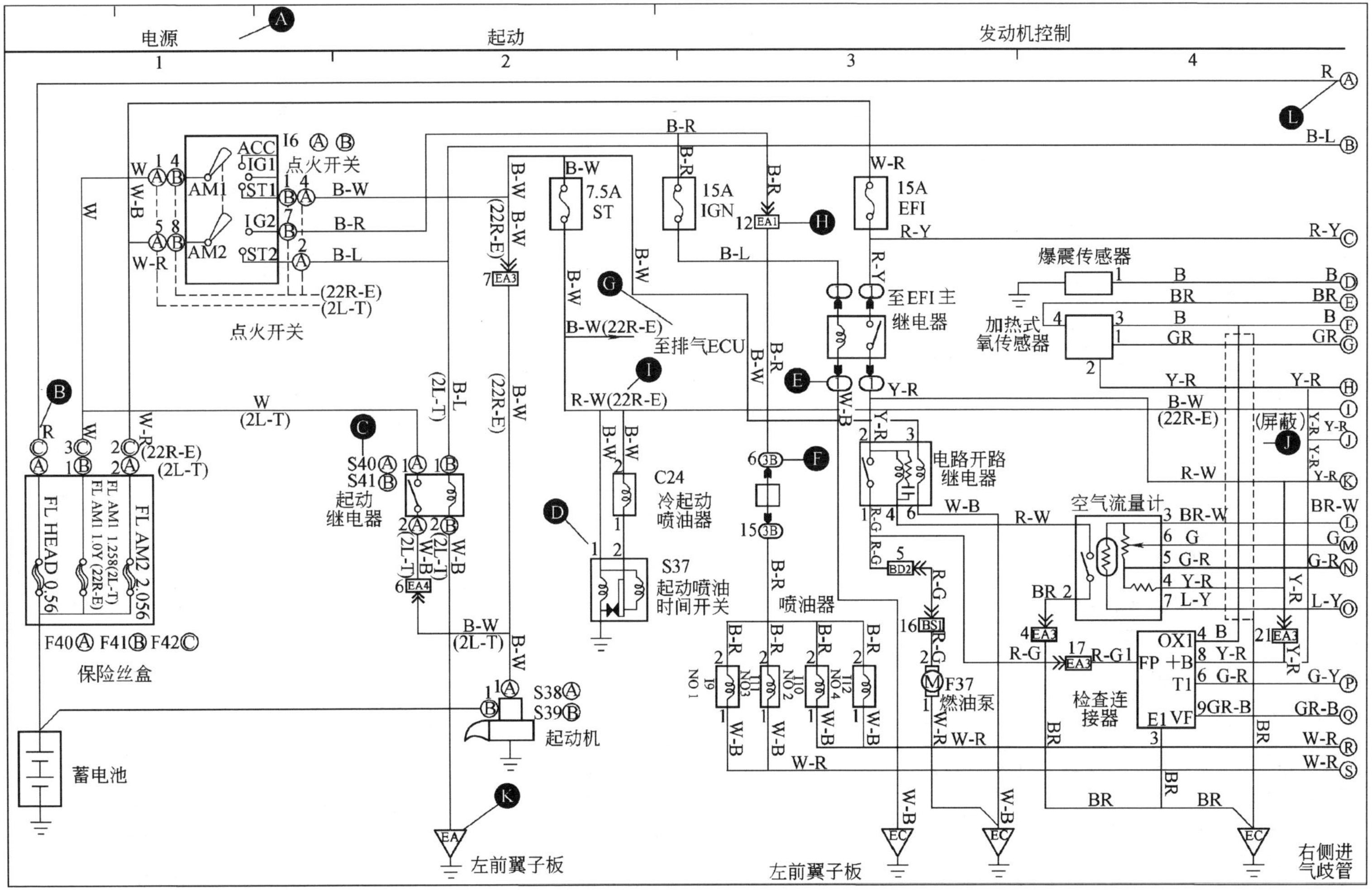

图1-3-18 丰田车系电路图识读示例

电路图中各部分的含义如下：

A 表示各子系统的标题符号。如电源系统、照明系统等。

B 表示配线颜色。有关导线颜色表示方法，见项目一任务二。

C 表示与电器元件连接的插接器编号。S40 或 S41 表示与起动继电器相连接的插接器。

D 表示插接器的引脚编号，其中插座和插头编号的方法不同。

E 表示继电器盒。圈内数字表示继电器盒号码，图示继电器盒号码为 1，表示 EFI 主继电器在 1 号位置。

F 表示接线盒。圈内数字表示接线盒（J/B）号码，圈旁数字表示该插接器插座位置代码。接线盒上一般印上阴影，使其与其他元件区分。不同的接线盒，用不同的阴影标出，以便区分。例如图中的 3B 表示它在 3 号接线盒内；数字 6 和 15 表示两条配线分别在插接器 6 号和 15 号位置。

G 表示相互关联的系统。

H 配线与配线之间的插接器。带插头的配线用符号“》”表示，外侧数字 12 表示引脚号码。

I 用“（ ）”中内容表示同车型不同系列、不同发动机或不同技术下的不同配线或连接。

J 表示屏蔽的配线。

K 表示接地点位置。接地点在电路图中用“∇”符号表示。

L 表示系统电路图如果分开两页以上，则相同的配线用同一个数字（如用 1，2，3……）表示其连接关系。

元器件位置：丰田汽车采用布线图、继电器位置图、插接器图等来表明元器件的位置。

【任务实施】

一、实施内容

主要典型车系电路图的识读

二、准备工作

1.所需设备

整车（常用大众、丰田、通用、富康等车型）、电路实训台、蓄电池、工作台等。

2.工具和材料

汽车电工工具套装、干净的抹布、汽车万用表、LED 试灯、跨接线、导线夹、主要典型车型的电路维修手册等。

3.安全防护用品

标准作业装、安全鞋、线手套等。

4.汽车信息收集

车牌号码：____________________，车辆型号：____________________，

VIN 码：______________________，行驶里程：____________________，

维修接待意见：____。

三、技术规范与注意事项

1. 使用万用表时就选择正确挡位。

2. 使用维修手册和电路图时，要注意避免残缺不全，资料应与使用车辆型号相对应。

3. 熟悉不同车系电路图结构特点。

4. 为了防止电气线路在操作过程中的短路，每次拆装、检测电气设备时，应先断开蓄电池搭铁线，完成后，最后安装搭铁线。

5. 要遵守维修手册规定的其他技术和安全要求。

四、实施步骤及方法

（一）检修作业的准备及预检

1.一般准备工作

（1）与小组成员共同清洁场地 □任务完成

（2）清点所需工量具数量和种类 □任务完成

（3）检查设备、工量具性能是否良好 □任务完成

2.安全防护准备工作

（1）安装车轮挡块阻挡车轮 □任务完成

（2）使用空挡和驻车制动 □任务完成

（3）安装好前栅格布及护套 □任务完成

3.发动机机舱预检

（1）检查发动机冷却液液面 □正常 □不正常

（2）检查发动机机油液面 □正常 □不正常

（3）检查制动液液位 □正常 □不正常

（二）大众捷达轿车电路分析实例

以大众捷达轿车电源系统电路为例进行分析。电源系统电路图如图 1-3-19 所示。

1. 该部分主要由哪些电气元件组成？发电机、__________、起动机__________。

2. 蓄电池。用标号__________表示。负极搭铁点有三个，其中①号搭铁点在__________、②号搭铁点在__________，这两条搭铁线较粗，截面积为__________ mm^2；另一个搭铁点（119）号搭铁点在______________________________，截面积为__________ mm^2。

蓄电池的正极与起动机的__________号接点相连接，用来向起动机提供大电流。同时通过接点 30 用一概__________ mm^2 的红色导线与发电机的__________相连接，属于充电电路的一部分。蓄电池正极还有一条 6.0 mm^2 的红色导线与 Y 插接器的第__________号脚连接，用 30 线表示，向其他用电设备供电。

3. 起动机。起动机用标号__________表示，接续号 5、6 表示起动机内部搭铁，接点 30 与电源的__________极常通。接点 50 用__________ mm^2，__________色的导线与 F 插接器的第__________号脚连接，并通过插接器 H1 的第__________几号脚与点火开关的 50 端子相连接，组成起动机电磁开关的控制电路，当 50 端子得电时起动机工作。

4. 发电机。发电机有标号__________表示。电压调节器用标号__________表示。与最下方线路接点编号为 1 相连的细实线，表示发电机内部搭铁。发电机的__________端子，通

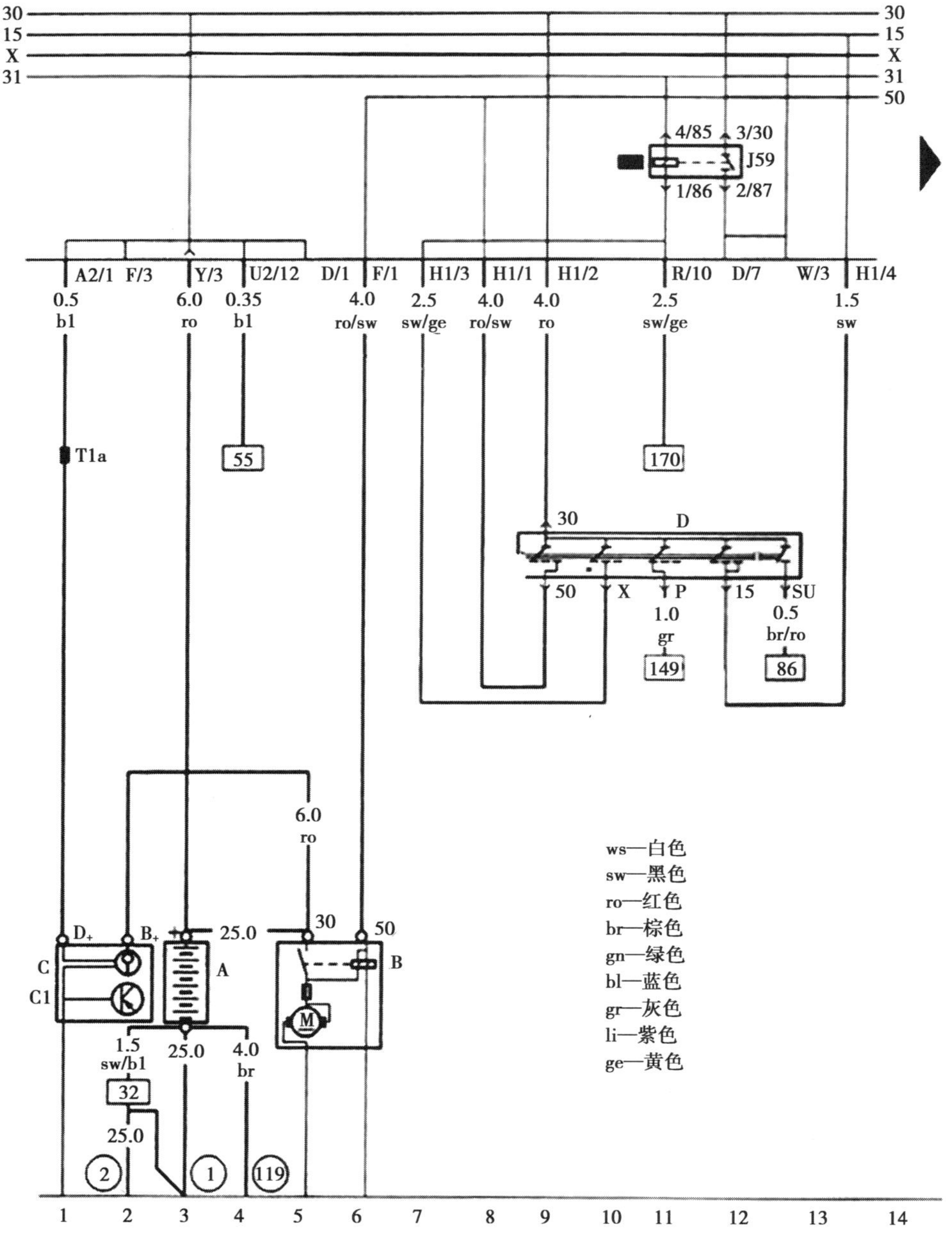

A－蓄电池；B－起动机；C－发电机；C1－电压调节器；D－点火开关；

J59－触点卸荷电器；T1a－单孔接头（蓄电池附近）；

①－搭铁线（蓄电池－车身）；②－搭铁线（变速器－车身）；

（119）－搭铁连接点（在蓄电池线束内）

图 1-3-19　大众捷达轿车电源系统电路图

过单孔接头 T1a 与插接器__________的 1 号脚连接，通过线路编号 55 位置接仪表板，经二极管后接点火开关。在点火开关断开时，D_+ 端子不无电，而 B_+ 端子为蓄电池电压。点火开关闭合，发动机未起动时，D_+ 端子得电，仪表板内的二极管正向导通。向发电机励磁绕组供电，充电指示灯点亮。发动机起动后，发电机发电，D_+ 端子电压由发电机提供，进入自励，D_+ 端子电位升高后，__________二极管无截止，充电指示灯熄灭。插头 T1a 的安装位置在蓄电池附近。

5. 点火开关。点火开关有标号__________表示。开关有__________个接点。接点 SU 用0.5 mm^2 的棕红双色线,控制收放机电路。接点 15 用__________ mm^2 的__________色线通过插接器__________的第 4 号脚向点火系统等用电设备供电。接点 P 向停车灯供电。接点 X 用__________ mm^2 的黑黄双色线,经过插接器__________的 3 号脚与继电器盒中的 4 号位继电器(J59)座的__________号插孔相连。继电器座的 1 号插孔与继电器的 86 脚相接。卸荷继电器 J59 工作,X 线便与 30 线相通得电。接点 50 是__________机的控制线。

(三)丰田车系电路分析实例

以丰田卡罗拉轿车前照灯(不带自动灯控)控制电路为例进行分析,电路图如图 1-3-20 所示。前照灯的近光灯、远光灯是否工作,受前照灯变光开关 E60 的控制。

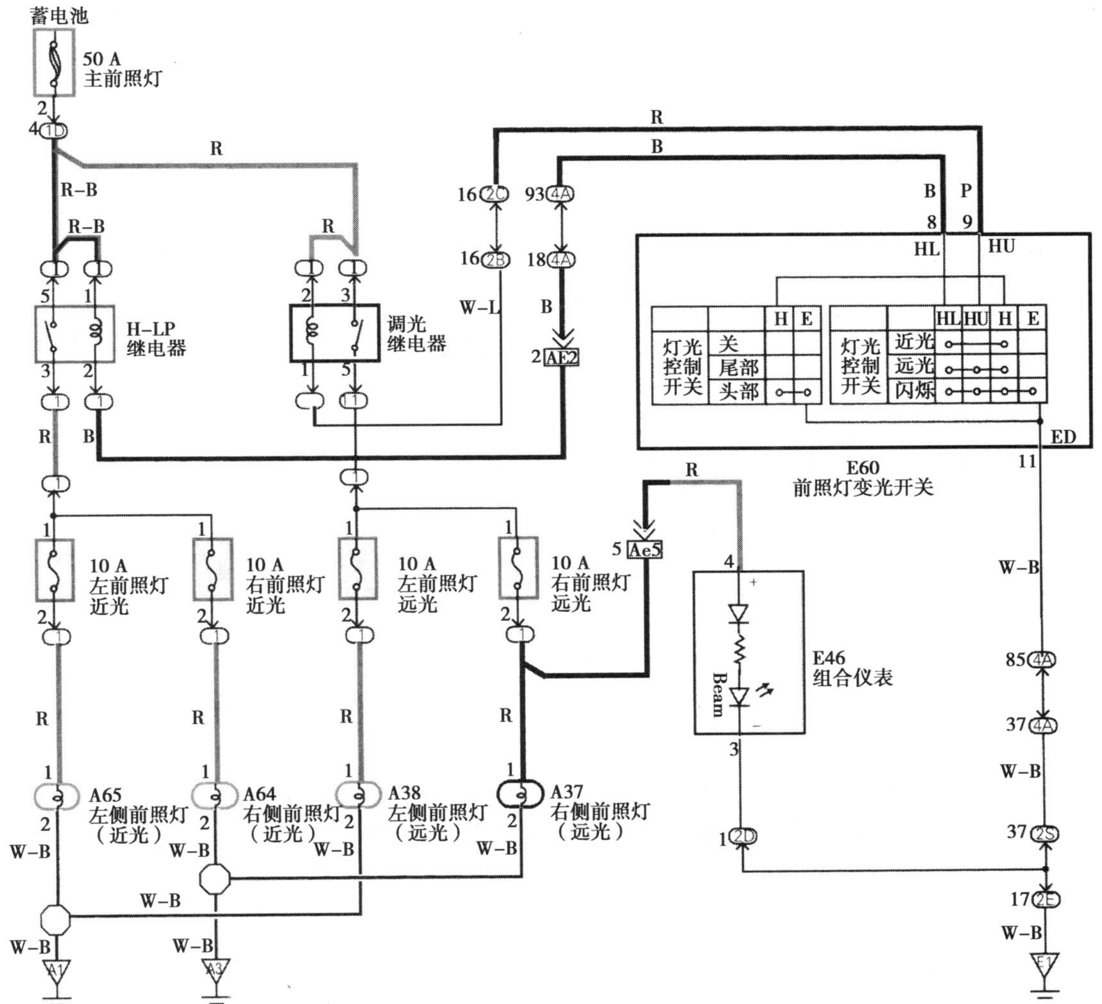

图 1-3-20 丰田卡罗拉前照灯(不带自动灯控)电路

1.近光灯电路

当前照灯变光开关 E60 置于近光挡,且位于头部位置时,E60 的 8 号与 11 脚接通。

控制电路:蓄电池正极→50 A 主前照灯熔丝→H－LP 继电器线圈→前照灯变光开关 E60 的 8 号脚→前照灯变光开关 E60 的 11 号脚→搭铁→蓄电池负极。此时,继电器 H－LP 线圈得电,其触点闭合。

主电路：蓄电池正极→50 A 主前照灯熔丝→H－LP 继电器触点后分两路：一路经__________A 左前照灯近光熔丝后→____________________灯 A65→A1 搭铁→蓄电池负极。另一路经__________A 的____________________熔丝→____________________灯 A64→A3 搭铁→蓄电池负极。此时，左右近光灯均点亮。

2.远光灯电路

当前照灯变光开关 E60 置于近光挡，且位于头部位置时，E60 的 9 号与 11 脚接通。

请按照近光灯电路的分析思路，写出左、右前照灯远光和远光指示灯电流回路：控制电路：蓄电池正极→50 A 主前照灯熔丝→调光继电器线圈→______________________________

____

____

主电路：

____

____

____

（四）法国车系电路图分析实例

富康轿车的电路图采用了法国雪铁龙公司的原厂画法。每部分电路都由布线图和原理图两部分组成。布线图表明了各零件在车上的位置，原理图便于系统的维修和故障查找。

以富康 988 轿车为例，介绍法国车系电路图的读法。富康轿车 988 车内照明布线图如图 1-3-21 所示，原理图如图 1-3-22 所示。

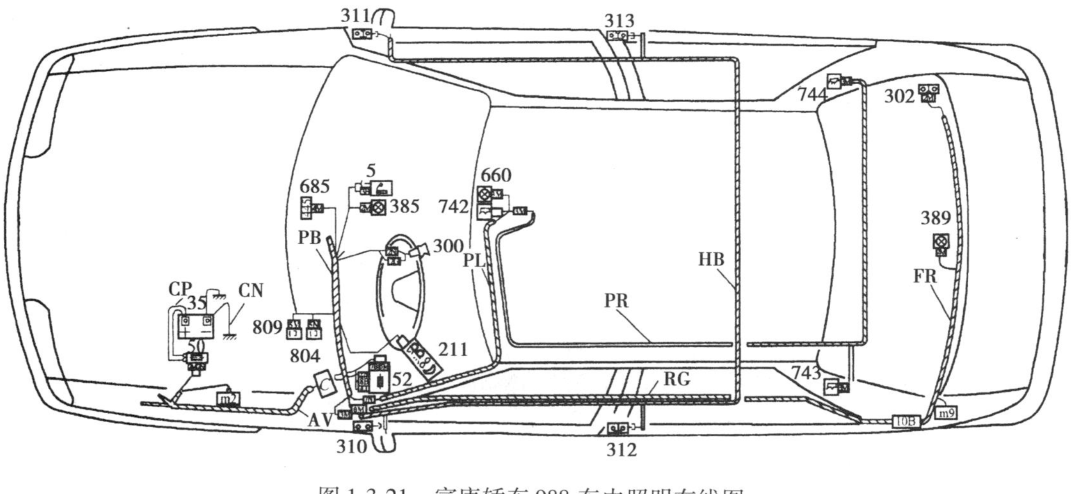

图 1-3-21 富康轿车 988 车内照明布线图

1.对照表 1-3-2，写出布线图中所有数字所代表的电器元件名称：

5－	、35－	、50－	、52－、
211－	、300－	、302－	、310－、
311－	、312－	、313－	、385－、
389－	、660－	、685－	、742－、
743－	、744－	、804－	、809－

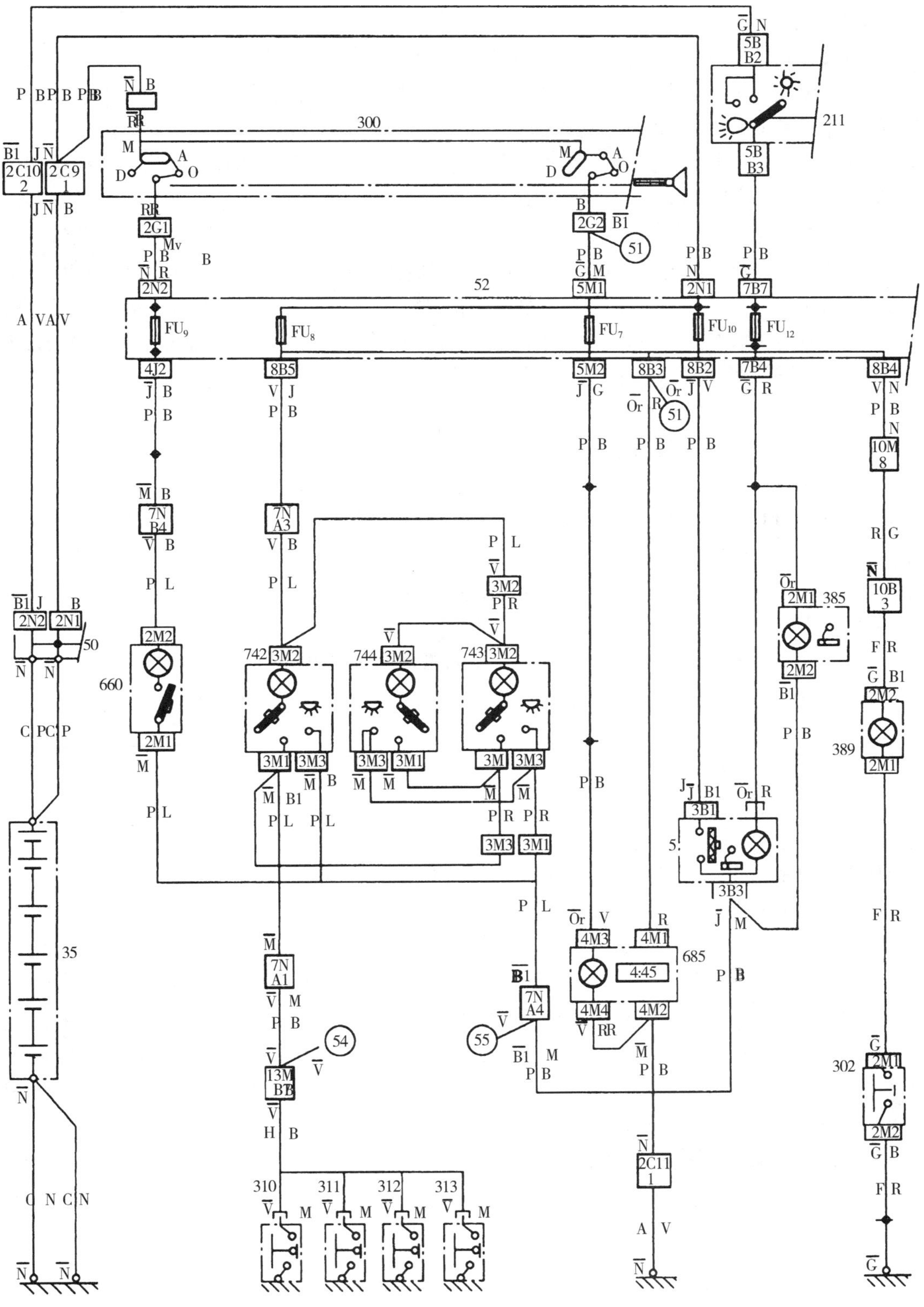

5－点烟器；35－蓄电池；50－发动机罩下熔断器盒；211－组合开关（照明、转向、喇叭）；
300－点火开关；302－行李箱照明开关；310－左前门控开关；311－右前门控开关；
312－左后门控开关；313－右后门控开关；385－前烟灰缸照明灯；389－行李箱照明灯；
660－阅读灯；685－石英钟及照明灯；742－前顶灯；743－左后顶灯；744－右后顶灯

图 1-3-22 富康 988 轿车车内照明系统电路图

2. 电路分析

(1)阅读灯工作电路。点火开关打到 A 挡或 M 挡时,阅读灯才可以工作。其工作电路为:蓄电池正极→黑色的蓄电池正极电缆 CP→发动机罩下熔断器盒 50→黑色两脚插接器的 1 号线→前围板插接器的第九组两脚插头的 1 号线(见图 1-3-14)→仪表板线束 PB 的黑色线→黑色两脚插接器的 1 号线→(点火开关供电端子)→点火开关 300→灰色两脚插接器的 1 号线(点火开关输出端子)→驾驶室内熔断器盒 52 中的黑色两脚插接器中的 2 号线→熔丝 FU_9→柠檬黄色 4 脚插接器的 2 号线→黑色 7 脚双排插接器的 B 列第 4 号线→顶灯线束 PL→阅读灯 660(开关闭合)→黑色 7 脚双排插接器的 A 列第 4 号线→仪表板线束 PB→前围板插接器的第 11 组两脚插头的第 1 号线→前部线束 AV→搭铁→蓄电池负极,形成回路。

(2)前顶灯工作电路。前顶灯的工作不受点火开关的控制,但可以监测车门的关闭,当前顶灯开关打至监测挡,车门未关闭时前顶灯亮。前顶灯监测车门关闭的工作电路为:蓄电池正极→________色的蓄电池正极电缆线 CP→发动机罩下熔断器盒 50→黑色两脚插接器的________号线→前围板插接器的第________组两脚插头的 1 号线(见图 1-3-14)→________线束 PB 的________色线→驾驶室内熔断器盒 52 中的黑色两脚插接器的________号线→熔断器 FU_8→________色 8 脚插接器的 5 号线→黑色 7 脚双排插接器的 A 列第 3 号线→________线束 PL→前顶灯 742(开关打至监测挡)→黑色________脚双排插接器的 A 列第 1 号线→________ PB→栗色 13 脚双排插接器的________列第 7 号线→驾驶室线束 HB→任一门控开关 310、311、312、313(车门未关闭时开关闭合)→搭铁→蓄电池负极。

前顶灯也可由其开关控制直接工作,工作电路请读者自己分析:

____

____

____

____

____

(3)点烟器照明工作电路。点烟器照明灯受灯光开关控制,灯光开关打开时,点烟器照明灯亮。其工作电路为:蓄电池正极→黑色的蓄电池正极电缆线 CP→发动机罩下熔断器盒 50→黑色 2 脚插接器的 2 号线→前围板插接器的 10 组两脚插头的__________号线(见图 1-3-14)→仪表板线束 PB→白色__________脚双排插接器的 B 列第 2 号线→组合开关 211(灯光开关打开)→白色 5 脚双排插接器的 B 列第 3 号线→驾驶室内熔断器盒 52 中的白色 7 脚插接器的 7 号线→熔断器__________→白色 7 脚插接器的 4 号线→前点烟器 5 的照明灯与前烟灰缸照明灯 385(二者并联)→白色 3 脚插接器的第 3 号线→仪表板线束 PB→前围板插接器的第 11 组 2 脚插头的 1 号线→前部线束 AV→搭铁→蓄电池负极形成回路。

结合图 1-3-26 分析富康轿车 988 行李箱照明灯工作电路,并在实车上找出相应的电源、插接器、熔断器、控制开关、继电器、用电器等与电路图一一对应:

____

____

____

____

____

____

【评价与反馈】

班级:________________ 姓名:________________ 指导教师:________________

序号	考核项目	项目分值	考核内容		配分	考核标准	得分
1	出勤纪律	5	出勤		2	违规一次不得分	
			行为规范		3	违规一次不得分	
2	安全防护环保	20	着装		4	违规一次不得分	
			个人防护		4	违规一次不得分	
			5S/EHS		4	违规一次不得分	
			设备使用安全		4	违规一次不得分	
			操作安全		4	违规一次不得分	
3	知识	20	知识测试成绩		20	按测验成绩的20%计	
4	技能考核	40	准备	清点工量具,清理工位	1	未做不得分	
				清洁对象外观	1	未做不得分	
				检查电源开关	1	未做不得分	
			典型车系电路功能分析	美国通用车系电路分析	8	分析方法不正确扣1~8分	
				德国大众车系电路分析	8	分析方法不正确扣1~8分	
				日本丰田车系电路分析	8	分析方法不正确扣1~8分	
				法国车系电路功能分析	8	分析方法不正确扣1~8分	
				相应电器元件的查找与认识	8	查找错误或遗漏扣1~8分	
5	学习能力	10	工单填写、工艺计划制定		4	未做不得分	
			组内活动情况		4	酌情扣分	
			资料查询收集		2	未做不得分	
6	任务拓展	5	知识拓展任务		2	未做不得分	
			技能拓展任务		3	未做不得分	
7	总分	100					

【教师评估】

序号	优点	存在问题	解决方案
教师签字:			

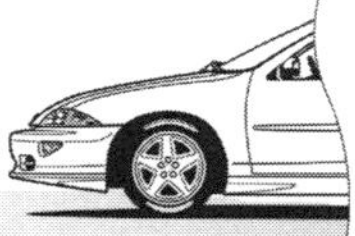

项目二 电源系统检修

任务一 蓄电池的维护与检测

【任务目标】

目标类型	目标要求
1. 认知目标	(1)简单叙述蓄电池作用、类型与特点； (2)简单叙述蓄电池的组成和型号含义； (3)概括正确使用和维护蓄电池的注意事项； (4)知道蓄电池检测的要求和技术标准。
2. 技能目标	(1)能正确进行蓄电池技术状况检测、充电和更换操作； (2)能通过现象判断蓄电池的基本故障。
3. 情感目标	(1)注意防止蓄电池中电解液溅出伤人或腐蚀零件； (2)电解液不能倒入下水道，废旧蓄电池不能当生活垃圾处理，注意环保。

【任务描述】

一辆桑塔纳2000GSI的AJR发动机，冷起动时，起动机转动无力，转速缓慢，连续起动2～3次后，起动机不能转动，同时喇叭声音沙哑，大灯亮度不足。修理人员用一个新蓄电池或直流起动电源与发动机上蓄电池并联后，能正常起动，其他电气元件工作正常。这表明是蓄电池电量严重不足，需要进行维护或更换，并查明造成亏电的原因。

【知识准备】

一、车用蓄电池作用、类型和特点

(一)蓄电池的作用

汽车上采用蓄电池和发电机两个直流电源，并联向全车用电设备供电，并用调节器控制发电机输入电压如图2-1-1所示。其中蓄电池的主要作用是：

1. 起动发动机：当起动发动机时，蓄电池向起动系统和点火系统供电。2. 备用供电：当

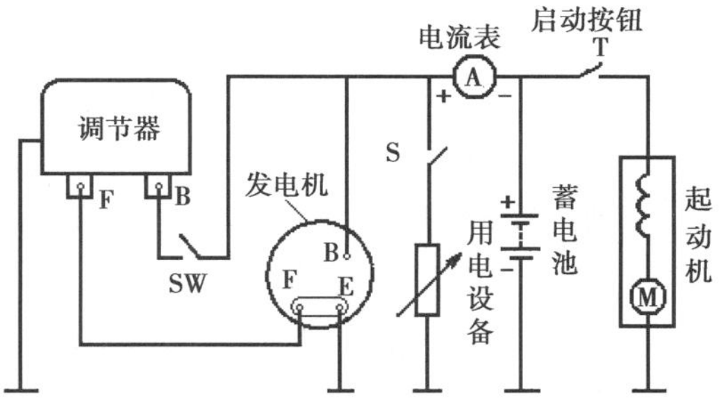

图 2-1-1 汽车电源电路

发动机低速较低,发电机不发电或电压较低时,向交流发电机磁场绕组、点火系统及其他用电设备供电。3. 存储电能:当发动机中高速运转,发电机输出电压高于蓄电池的充电电压时,蓄电池将发电机的剩余电能储存起来。4. 协同供电:当发电机过载时,蓄电池协助发电机向用电设备供电。5. 稳定电压、保护电子设备:蓄电池还可以吸收电路中的瞬时过电压,保持汽车电器系统电压的稳定,保护电子元件。

(二)蓄电池的类型及其特点

目前除电动汽车外,一般汽车常用蓄电池有铅酸蓄电池和镍碱蓄电池两大类。铅酸蓄电池(简称铅蓄电池)因含活性物质铅和硫酸溶液而得名,由于其结构简单、价格便宜、内阻小、可以短时间供给起动机强大的起动电流而被广泛采用。铅蓄电池又可以分为普通蓄电池、干荷电蓄电池、湿荷电铅蓄电池和免维护铅蓄电池。目前汽车起动用蓄电池应用最广泛的是干荷电蓄电池和免维护蓄电池,两种常用蓄电池的外形如图 2-1-2 所示。干荷电蓄电池和免维护蓄电池特点和性能如表 2-1-1 所示。

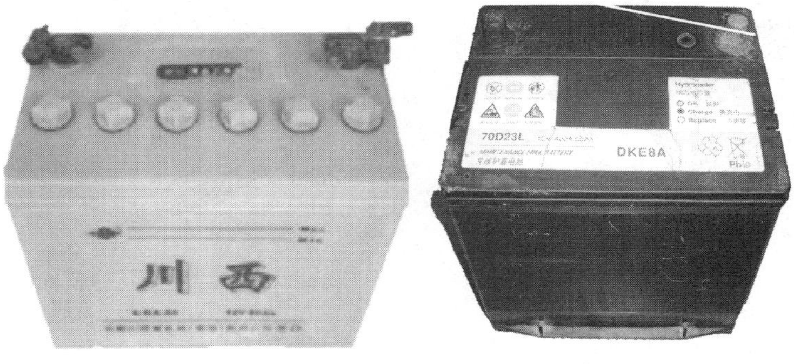

(a)干荷电蓄电池　　(b)免维护蓄电池

图 2-1-2 干荷电蓄电池和免维护蓄电池实物

表 2-1-1 干荷电蓄电池和免维护蓄电池的特点和性能比较

类　型	性能特点
干荷电铅蓄电池	新蓄电池的极板处于干燥的已充电状态,电池内部无电解液。在规定的保存期内,如需使用,只需按规定加入电解液,静置 20 ~ 30 min 即可使用,使用中需要定期维护。
免维护蓄电池	使用中不需维护,可用 3 ~ 4 年不需补加蒸馏水,极柱腐蚀极少,自放电少。简称 MF 蓄电池。

(三)蓄电池的结构

铅酸蓄电池使用较多的有普通蓄电池、干荷电蓄电池和免维护蓄电池三种,目前轿车普遍配置后两种蓄电池,其主要结构基本相同,由正负极板、隔板、电解液、壳体和正负极柱、穿壁连接条等几大部分组成。有的连接片在顶部表面,普通蓄电池结构如图 2-1-3 所示。干荷电式、免维护式蓄电池连接片都封装在外壳内,其结构分别如图 2-1-4、图 2-1-5 所示。

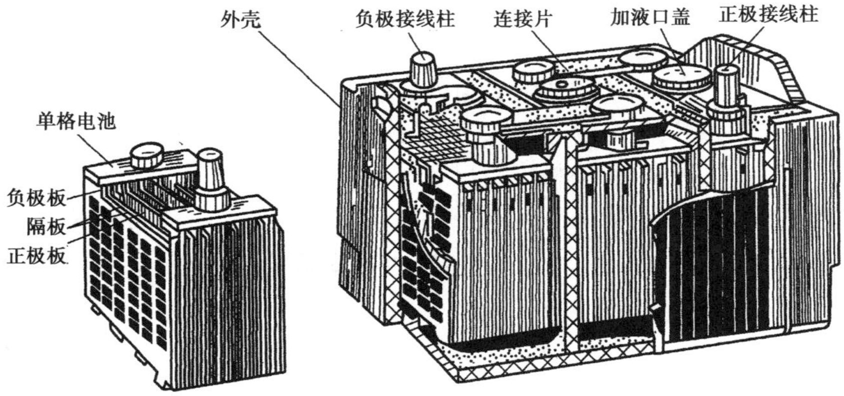

图 2-1-3 普通蓄电池的构造

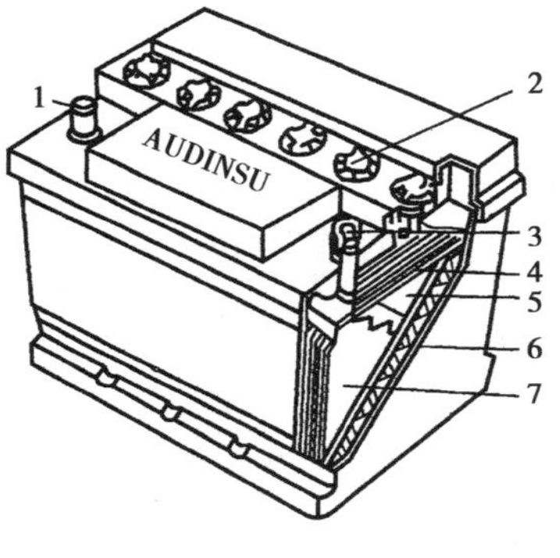

1－负极柱;2－加液孔螺塞;3－正极柱
4－隔板上;5－负极板;6－外壳;7－正极

图 2-1-4 干荷电蓄电池的构造

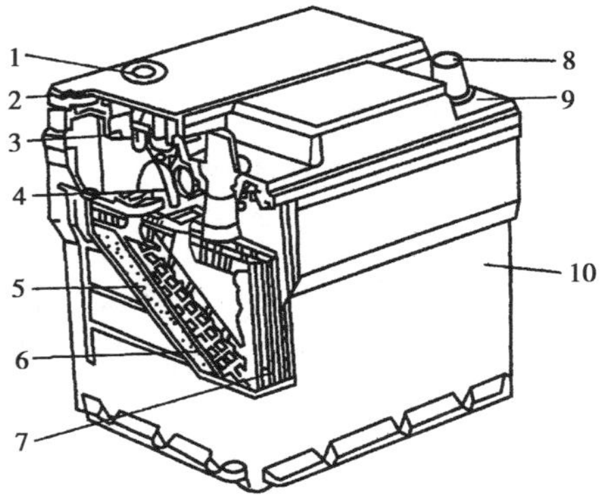

1－内装温补型密度计;2－排烟孔;3－液/气隔板;
4－中心极板及单格连接器;5－活性物质;
6－铅钙栅上的窗孔;7－密封极板的隔板封皮;
8－极柱;9－模压代号;10－壳体

图 2-1-5 免维护蓄电池的构造

1.极板和极板组

极板是蓄电池的核心部分,蓄电池充、放电的化学反应主要是依靠极板上的活性物质与电解液进行的。极板分为正极板和负极板,均由栅架和活性物质组成,如图 2-1-6、图 2-1-7 所示。

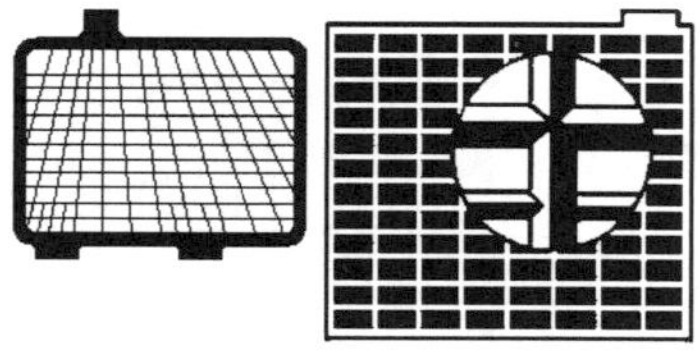

(a)极板　　(b)栅架

图 2-1-6 极板和栅架

正极板上的活性物质是二氧化铅,呈深棕色;负极板上的活生物质是海绵状纯铅,呈青灰色。如图 2-1-6 所示,安装时正、负极板相互嵌合组成正负极板组如图 2-1-7(a)、图 2-1-7(b)所示,中间插入隔板防止短路,聋正、负极板组和隔板组合后，装入壳体槽内形成一个单格电池，额定电压为 2 V，如图 2-1-7(c)所示。

2.隔板

隔板的功用是将正负极板隔开，防止相邻两块极板短路。

隔板应耐酸并具有多孔性，以利于电解液的渗透。常用的隔板材料有木质、微孔橡胶和微孔塑料等。目前广泛采用微孔塑料隔板。安装极板时应将带沟槽的一面朝向正极板并垂直放置，能使充电时产生的气泡上升和使极板上脱落和顺沟槽下沉。

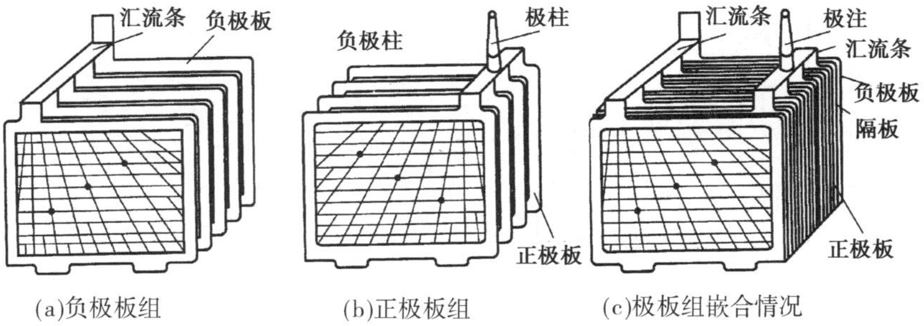

图 2-1-7　蓄电池极板组的结构

3.电解液

电解液与极板上的活性物质发生化学反应，产生电能。电解液由纯硫酸(密度 1.84 g/cm^3)与蒸馏水按一定比例配制而成，其密度一般为 1.23～1.30 g/cm^3。电解液的密度对蓄电池的工作有重要影响，密度大小应随地区和气候条件而定，表 2-1-2 中列出了不同地区和气温下的电解液的密度。另外，电解液的纯度也是影响蓄电池性能和使用寿命的重要因素之一。

表 2-1-2　不同温度不同地区电解液相对密度值

使用地区最低温度	完全充足电的蓄电池 25 ℃时电解液的密度(g/cm^3)	
	冬　季	夏　季
＜－40 ℃	1.30	1.26
－40～－30 ℃	1.28	1.24
－30～－20 ℃	1.27	1.24
－20～0 ℃	1.26	1.23

4.壳体

蓄电池壳体由电池盖和电池槽组成，是盛装电解液和极板组的容器，要求耐酸、耐热、耐振动冲击。材料有硬橡胶和聚丙烯塑料两种。

在蓄电池盖上设有加液孔，并用螺塞密封，防止电解液溢出。在加液孔盖上设有通气孔，以便排出化学反应产生的氢气和氧气，以保持内部气压平衡，该小孔在使用过程中必须保持畅通，防止壳体胀裂或发生爆炸事故。

5.蓄电池技术状态指示器(俗称电眼)

轿车大多使用免维护蓄电池，不能用密度计测量电解液相对密度，因此在其盖上设有电眼，以便观察蓄电池的技术状况，其结构如图 2-1-8 所示。

蓄电池状态指示器又称内装式密度计，它的颜色会随电解液密度的变化而变化。当电解液相对密度大于 1.22 g/cm^3 时，观察结果为绿色圆环，表示状态良好，英文标示为“OK”；当蓄电池充电不足，电解液相对密度过低时，呈黑色圆环，表示蓄电池充电不足，应及时充电；当电解液液面过低，呈浅黄色圆环，表示电解液不足，蓄电池无法继续使用，应立即更换。如果这种指示器在干荷电蓄电池上，表示必须添加蒸馏水。

小提示： 不同品牌蓄电池在各状态颜色表示不完全相同，具体要看蓄电池观察孔附近的标签说明。

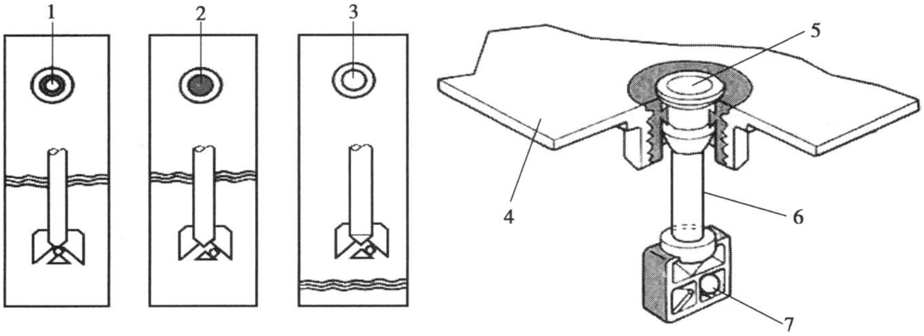

1－绿色（充电程度为 65% 或更高）；2－黑色（充电程度低于 65%）；
3－浅黄色（蓄电池有故障）；4－蓄电池盖；5. 观察窗；6－光学的荷电状况指示器；7－绿色小球

图 2-1-8　蓄电池技术状态指示器结构原理

蓄电池每组极板产生的电动势约 2 V，通常将多组极板串联起来，就能得到更高的电动势，因此在制造蓄电池外壳时，将一个外壳内分隔成若干个单格，每个单格内装一组极板，所以，12 V 蓄电池有 6 个单格，24 V 蓄电池有 12 个单格。

6.免维护蓄电池结构特点

免维护蓄电池又称 MF 蓄电池，其主要结构与普通蓄电池相同，但也有自己的特点。免维护是指在汽车合理使用期间（约四年），不需要对蓄电池进行加注蒸馏水、检测电解液液面高度、检测电解液密度等维护作业。免维护蓄电池有如下特点：

栅架材料采用钙锶合金代替铅锑合金，既提高了栅架的机械强度，又减少了蓄电池的耗水量和自放电；采用了袋式聚氯乙烯隔板，将正极板装在隔板袋内，使结构更加紧凑，解液贮存量增多；蓄电池内部安装有电解液密度计（电眼），如图 2-1-8 所示，可自动显示蓄电池的存电状态和电解液液面的高低；采用了新型安全通气装置和气体收集器，在孔盖内部设置了一个氧化铝过滤器，可阻止水蒸气和硫酸气体通过，同时又可以使氢气和氧气顺利逸出。通气塞中装有催化剂钯，可促使氢、氧离子重新结合成水回到蓄电池中。

二、蓄电池工作过程

铅酸蓄电池的工作过程是相同的，其基本工作状态是放电和充电，放电即是向用电器提供电能，充电就是将电能转化为电能存储起来。

充电和放电是可逆的，是通过极板上的活性物质与电解液发生电化学反应而实现的，可以反复进行。

1.放电过程

蓄电池与外电路接通后，在极板电动势作用下，电流就会从蓄电池的正极经外电路流向蓄电池的负极，这一过程称为放电。放电过程中，正极板活性物质由二氧化铅转变为硫酸铅，负极板上活性物质由纯铅也转变为二氧化铅，电解液中的硫酸被消耗生成水，电解液密度下降。

2.充电过程

如果把放电后的蓄电池接上直流电源，使蓄电池正极接上直流电源的正极，蓄电池的负极接直流电源的负极。当外加电源电压高于蓄电池电动势（开路电压）时，电流将以放电电流相反的方向流过蓄电池，使蓄电池正、负极发生与放电相反的化学反应，这一过程称为充电。充电时，正极板上的活性物质由硫酸铅转变为二氧化铅，负极板上的活性物质由硫酸铅转变为纯铅，电解液水被消耗，生成硫酸，电解液密度上升。只要充电过程在进行，上述电化学反应就不断进行，直到活性物质全部转变完成，充电过程结束。这时，过剩的充电电流将电解水，生成氢气和氧气，有气泡逸出。因此，铅蓄电池需要定期补充蒸馏水。

三、蓄电池的正确使用

1. 起动时，避免大电流长时间放电。因放电电流过大，会使蓄电池容量迅速下降，且易损坏蓄电池。因此，每次起动时间不应超过 5 s，连续两次起动的间隔时间不应小于 10 s。

2. 在寒冷地区注意蓄电池保温。温度降低时，电解液黏度增加，流动性变差，渗入极板困难，活性物质不能充分与电解液反应，使蓄电池放电容量下降，所以冬季寒冷地区应注意蓄电池的保温。

3. 根据不同季节调节电解液密度。若电解液密度过大，将导致黏度增加，内阻增大，使蓄电池端电压和容量降低，蓄电池自放电速度加快，并加剧极板和栅架的腐蚀，缩短使用寿命。若电解液密度过小，也会导致容量和端电压下降，且低温地区易结冰。铅蓄电池的电解液密度应根据用户所地区气候条件不同而异。实践证明，冬季使用的电解液，在不至于结冰的情况下，尽可能采用密度偏低的电解液，有利于提高放电电流和容量，同时也有利于延长蓄电池的使用寿命。

4. 保持电解液的纯度。电解液应用化学纯硫酸和蒸馏水配制。电解液中有害杂质腐蚀栅架，沉附在极板上的杂质形成局部电池产生自放电。如电解液中含有 1% 的铁，蓄电池将在 12 h 内放完电。所以不能用冷开水、井水、河水、矿泉水等纯度不高的水代替蒸馏水，会缩短蓄电池的使用寿命。因此，在急需时，可用干净的雨水、雪水代替蒸馏水。

5. 要经常检查蓄电池的电解液和蓄电池的放电情况，如发现电解液不足或蓄电池充电不足，要及时进行补充和充电。

6. 出现蓄电池极柱腐蚀时，应拆下电缆，用砂布清除杂质，安装后，按规定力矩拧紧螺栓，并在接线柱上涂上适量的润滑脂。

四、认识铅酸蓄电池的型号

铅蓄电池的型号分为三部分：如型号 6 – QA – 60 代表 6 个单格，额定电压 12 V、额定容量 60 A · h 的起动用干荷电铅蓄电池。其他型号的铅酸蓄电池型号含义见表 2-1-3。

表 2-1-3　铅酸蓄电池型号含义

第一部分	第二部分		第三部分	
串联的单格电池数	蓄电池的类型	蓄电池的特征	蓄电池的额定容量	蓄电池的特殊性能
用阿拉伯数字表示	用大写的汉语拼音字母表示 如:Q－起动用铅蓄电池 N－内燃机车用蓄电池 M－摩托车用蓄电池	用大写的汉语拼音字母表示 如:A－干荷电铅蓄电池 H－湿荷电铅蓄电池 W－免维护铅蓄电池 B－薄型极板 无字母－普通铅蓄电池	20 h 率放电率的额定容量，单位为 A·h,单位略去不写。	用大写的汉语拼音字母表示 如:G－高起动率 D－低温性能好 S－塑料槽蓄电池

五、蓄电池的技术状况检测

电解液相对密度(25 ℃时)见表 2-1-4,表中是 25 ℃的电解液密度,记为 $\rho_{25\,℃}$,实测密度 ρ_T 与 $\rho_{25\,℃}$ 的关系是:

$$\rho_{25\,℃}=\rho_T+0.000\,7(T-25)$$

式中:T 为测量时的温度

表 2-1-4　蓄电池 25 ℃时电解液的密度(g/cm^3)

气　温	充足电时电解液密度	夏　季			
		放电 25%	放电 50%	放电 75%	全放电
冬季气温低于－40 ℃地区	1.31	1.27	1.23	1.19	1.15
冬季气温高于－40 ℃地区	1.29	1.25	1.21	1.17	1.13
冬季气温高于－20 ℃地区	1.27	1.23	1,19	1.15	1.11
冬季气温高于 0 ℃地区	1.24	1.20	1.16	1.12	1.09

注意: 实测电解液的相对密度 ρ_T,应换算为 25 ℃时电解液的相对密度。即环境温度每升高 1 ℃,应在测得的密度计读数上加 0.000 7,每降低 1 ℃,应在测得的密度计读数上减去 0.000 7。

蓄电池电压与存电状态的关系见表 2-1-5。

表 2-1-5　蓄电池电压与存电状态对照表

存电状态(%)	100	75	50	25	0
蓄电池开路端电压(V)	12.6 以上	12.4	12.2	12	11.7 以下
高率放电检测蓄电池电压(V)	11.6～10.6	9.6～10.6		9.6 以下	
高率计检测(100 A)单格电压(V)	1.7～1.8	1.6～1.7	1.5～1.6	1.4～1.5	1.3～1.4

1.外部检查

(1)检查蓄电池封胶有无开裂和损坏,极柱有无破损,壳体有无泄露,否则应修理或者更换。

(2)疏通加液孔盖的通气孔。

(3)清洁蓄电池外壳,可先用苏打水溶液清洗极柱和电缆卡子,并及时清除极柱和电缆卡子上的氧化物,涂抹一层凡士林或润滑脂,并确定蓄电池极柱上的电缆连接是否牢固。如图 2-1-9 所示。

小提示: 清洗蓄电池之前,要拧紧加液孔盖,防止苏打水进入蓄电池内部。

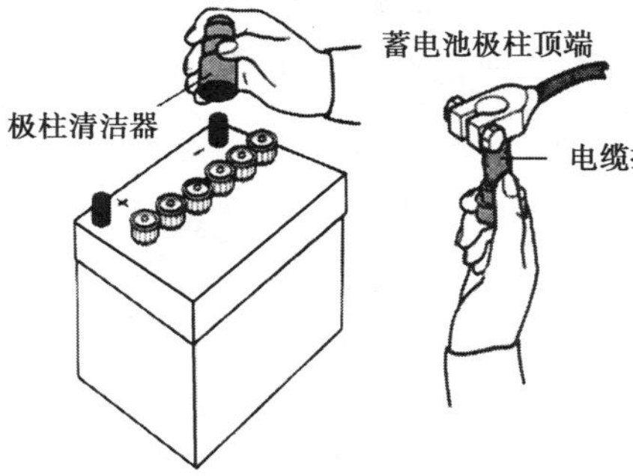

图 2-1-9 清洁检查蓄电池极柱

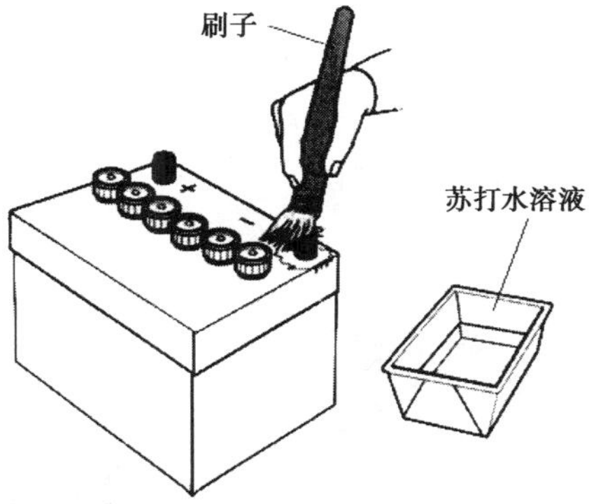

图 2-1-10 用肥皂水清洗壳体图波器

(4)清洗整个蓄电池时,最好从车上拆下蓄电池,用苏打水溶液冲洗整个壳体(如图 2-1-9、2-1-10 所示),然后用清水冲洗蓄电池并用纸巾擦干。对蓄电池托架,可先用腻子刀刮净厚腐蚀物,然后用苏打水溶液清洗托架,如 2-1-11 所示,之后用水冲洗并干燥。托架干燥后,漆上防腐漆。

2.检测蓄电池电解液液面高度

(1)用玻璃管测量法。如图 2-1-12 所示,适用不透明壳体的蓄电池。工具:内径为 3 ~ 5 mm的玻璃管。液面高度标准值为 10 ~ 15 mm。

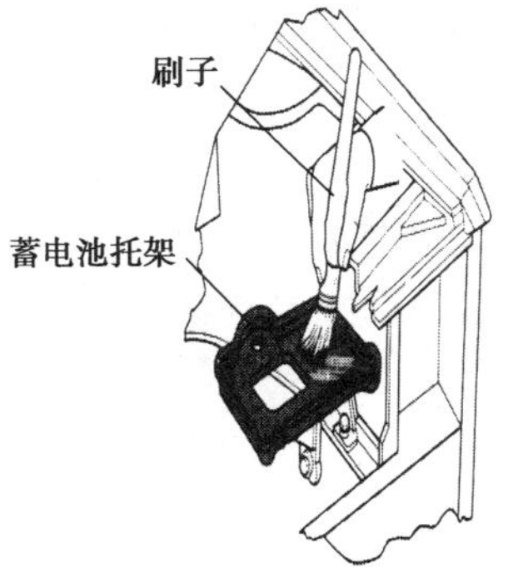

图 2-1-11 用肥皂水清洗蓄电池托架

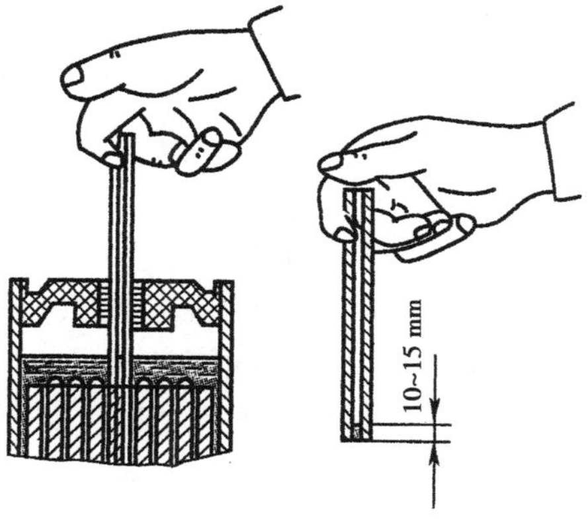

图 2-1-12 不透明壳体电解液高度检查法

(2)观察液面高度指示线法。如图 2-1-12 所示,适用于透明壳体的蓄电池,正常液面高度应介于两根刻线之间,液面过低时,应加入蒸馏水补充。当确认是因电解液损失而使液面降低,才能添加电解液。

图 2-1-13　透明壳体电解液检查法

3.蓄电池电压检测

(1)蓄电池开路电压的测量

测量蓄电池开路电压时,蓄电池应处于稳定状态,蓄电池充、放电或加注蒸馏水后,应静置半小时后再测量。蓄电池开路电压可用万用表的电压挡测量,将万用表的正、负表笔分别与蓄电池的正、负极相接即可。如图 2-1-13 所示。蓄电池端电压可以反应蓄电池的存电程度,它们之间的关系见表 2-1-5。

(2)负荷试验检测

负荷试验前必须满足的条件:被测蓄电池至少存电 75% 以上,若电解液密度低于 1.22 g/cm^3,用万用表测得静止电动势不到 12.4 V,应先充足电,再作测试。

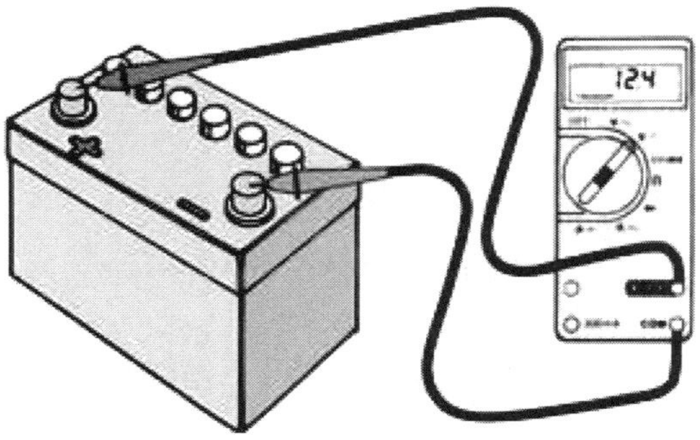

图 2-1-14　用万用表测蓄电池开路电压

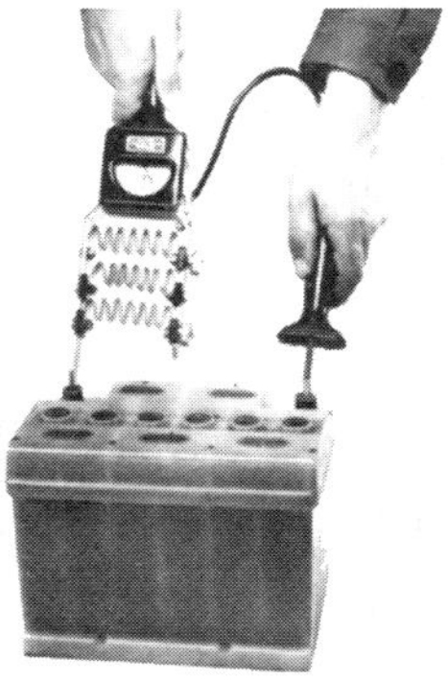

图 2-1-15　用高率放电计测试负荷电压

①使用高率放电计检测

图 2-1-14 所示为大众汽车维修专业高率放电计的使用方法。高率放电计是检测蓄电池容量的仪表。由于在检测时,蓄电池对负载电阻的放电电流可达 100 A 以上,所以,能比较准确判定蓄电池的容量和基本性能,是模拟接入起动机负荷,测量蓄电池在大电流放电时的端电压,用以判定蓄电池的端电压和起动能力。是目前普遍使用的检测仪表。

3 V 高率放电计,由一个电压表和一个电阻组成,如图 2-1-15(a)所示。它适用于单格外露式蓄电池的测量,测量时将两端紧压在单格电池的正、负极上,保持 5 s 左右,观察蓄电池所能保持的电压。若电压在 1.5 V 以上,说明技术状况良好;若能保持在 1.5 V 不下降,说明需要充电;若电压迅速下降到 1.5 V 以下,或各单元格电压相关 0.1 V 以上时,说明蓄电池损坏,应进行修理或更换。

目前广泛使用的干荷电蓄电池或免维护蓄电池,单格极柱密封在蓄电池盖内,只有正负极两个接线柱,使用 12 V 高率放电计直接检测蓄电池的负载电压,其结构如图 2-1-15(b)所示。

使用方法与 3 V 高率放电计相似,将高率放电计的正、负放电针分别压在蓄电池的正、负极柱上,保持 15 s,若电压保持在 9.6 V 以上,说明性能良好,但存电不足,需要充电;若稳定在 10.6 ~ 11.6 V,说明存电充足,技术状况良好;若电压迅速下降到 9.6 V 以下,说明蓄电池已经损坏,应维修或更换。

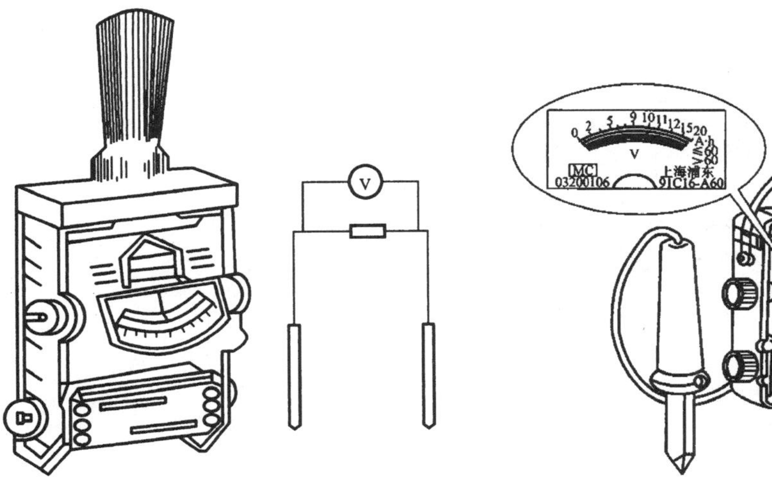

(a)3 V高率放电计　　(b)12 V高率放电计

图 2-1-16　测量蓄电池负荷电压的高率放电计

警告： 此项测量不能连续进行，必须间隔 1 分钟后才可以再次检测，以防止蓄电池损坏。

②随车起动测试

在起动系正常的情况下，以起动机作为试验负荷。拔下分电器中央高压线并搭铁，将万用表置于直流电压 20 V 挡，红、黑表笔分别接在蓄电池正、负极柱上，接通起动机 15 s，读取电压表读数，对于 12 V 蓄电池，应不低于 9.6 V。若电压迅速下降，说明蓄电池已经损坏。

警告： 此项测量不能连续进行，必须间隔 1 分钟后才可以再次检测，以防止蓄电池损坏。

4.检测蓄电池电解液密度

电解液密度的大小，是判断蓄电池容量的重要标志。测量蓄电池电解液密度时，蓄电池应处于稳定状态。蓄电池充、放电或加注蒸馏水后，应静置半小时后再测量。

用吸式密度计测量电解液密度，其测量过程，见图 2-1-17。测得的密度值换算为标准温度(+25 ℃)的相对密度值，同时测量电解液温度。通过对各个单格电池电解液密度的测量，可以确定蓄电池是否失效。如果单格电池之间的密度相差 0.05 g/cm^3，则该电池失效。一般规定，蓄电池冬季放电达到 25%，夏季放电达到 50% 时，不宜再使用，应及时充电，否则会因极板硫化而提前报废。

吸入电解液不能过多或过少，要使密度计芯管被浮起，又不能顶住上端，芯管不能与玻璃管壁接触，以保证测量的准确性，读数时，视线应与电解液液位持平，该平面与密度计芯管相交的刻度线就是电解液实际测量的密度值，换算成标准温度时的密度后，与上次充电完成时的密度相比较，来判断蓄电池存电状况(或放电程度)。

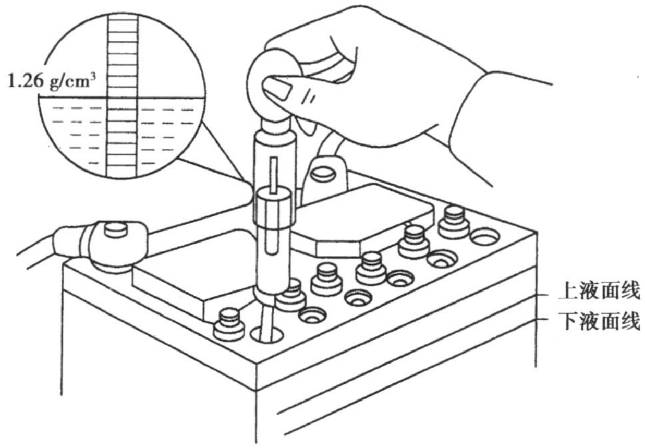

图 2-1-17　测量电解液密度

六、蓄电池的拆装

拆装、移动蓄电池时，应轻搬轻放，严禁在地上拖拽；蓄电池型号和车型应相符，蓄电池的额定电压、电解液密度和高度应符合规定；安装时，蓄电池固定在托架上，塞好防振垫；极柱涂上凡士林或润滑油，防腐防锈。极柱卡子与极柱要接触良好；蓄电池搭铁极性必须与发电机一致；接线时先接正极后接负极，拆线时相反，以防金属工具搭铁，造成蓄电池短路。

七、蓄电池充电

无论是启用新的蓄电池和修复的蓄电池，还是装在车上使用的蓄电池以及存放的蓄电池都须对其进行充电，这对蓄电池的寿命有很大影响。

（一）充电设备

在车上是用发动机、整流器和电压调节器对蓄电池充电；在实训室用硅整流或电子整流充电机充电，如图 2-1-18；在生产厂或大型维修站充电室里多采用硅整流充电机、晶闸管整流充电机和智能充电机等，如图 2-1-19 所示。

图 2-1-18　实训室用硅整流充电器

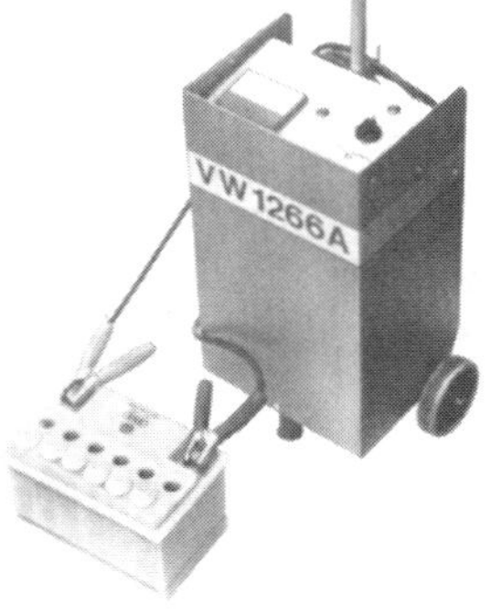

图 2-1-19　维修站专用充电设备

（二）充电方法

蓄电池的常规充电方法有定电流充电和定电压充电两种，非常规充电有脉冲快速充电。

1.定电流充电

蓄电池在充电过程中,使其充电电流保持恒定不变,随着蓄电池电动势的逐渐提高,逐步增加充电电压的方法叫定电流充电。当蓄电池单格电压上升至2.4 V(电解液开始冒气泡)时,再将充电电流减小一半后保持恒定,直到蓄电池完全充足。

一般使用充电机在充电工作间对蓄电池进行充电,常采用这种定电流充电法。因为它有较大适用性,可任意选择和调整电流,适应各种不同条件(新蓄电池的初充电,使用中的电池补充充电以及去硫充电等)下的蓄电池充电,其主要特点是充电时间长。

2.定电压充电

在充电过程中,加在蓄电池两端的充电电压保持恒定不变的充电方法,称为定电压充电。

汽车上的发电机对蓄电池的充电即为定电压充电。其特点是充电开始,充电电流很大,随着蓄电池电动势的不断增高,充电电流逐渐减小。充电终了,充电电流将自动减小至零,因而不需要人照管。同时由于定电压法充电速度快,4~5 h内蓄电池就可获得本身容量的90%~95%,比定电流充电时间的大大缩短。所以特别适合对具有不同容量的蓄电池进行充电。

在定电压充电过程中,充电电压对充电的效果影响很大,如果充电电压合适,蓄电池充足电后,充电电流可自动减小到0。如果充电电压低,蓄电池将永远也充不满电,对蓄电池的使用寿命会产生很大的影响。如果充电电压过高,在蓄电池充满电后还会继续充电,此时的充电即为过充电,过充电将会消耗电解液中的水分,也会影响蓄电池的使用寿命。

3.脉冲快速充电法

脉冲快速充电,亦为分段充电法。整个充电过程为:正脉冲充电、停充(25 ms)、负脉冲(瞬间)放电或反充、再停充一再正脉冲充电。

该充电方法显著的特点是充电速度快,即充电时间大大缩短。一次初充电只需5 h左右,补充充电仅需1 h左右。采用这种方法充电,还可以使蓄电池容量增加,使极板"去硫化"明显。但其缺点是充电速度快,析出的气体总量虽减少,可其出气率高,对极板活性物质的冲刷力强,故易使活性物质脱落,因而对蓄电池的使用寿命会有一定影响。

(三)充电种类

1.初充电

新蓄电池或修复后的蓄电池(更换极板)在使用之前的首次充电为初充电。具体操作步骤如下:

(1)检查铅蓄电池外壳已破裂,拧下加液口盖的螺塞,检察通气孔是否畅通。

(2)按照不同季节和气温选择电解液密度,将选择好的温度低于35 ℃的电解液从加液孔处缓缓加人蓄电池内,液面要高出极板上沿15 mm。

(3)蓄电池加人电解液后,静止6~8 h,让电解液充分浸渍极板。若液面下降,应再加人电解液把液面调整到规定值。待电池内温度低于30 ℃时,将充电机的正极接到蓄电池的正极,充电机的负极接到蓄电池的负极,准备充电。

小提示: 充电过程中,放开加液孔盖,观察电流并及时调整,每隔2~3 h测量一次电解液的密度和温度。观察充电现象,及时转为第二阶段,经常测量温度,控制温度不超过45 ℃。

2.补充充电

蓄电池在使用中,如果发现有以下情况,必须进行补充充电:

(1)起动机运转无力,灯光比平时暗淡;(2)电解液密度下降至1.15 g/cm^3 以下(或冬季放电超过25%,夏季放电超过50%);(3)贮存不用已近一个月的蓄电池。另外,由于汽车上使用的蓄电池进行的是定电压充电,不一定能使蓄电池充足,为了有效防止硫化,最好每2~3个月进行一次补充充电。

补充充电具体步骤如下:

(1)从汽车上拆下蓄电池,清除蓄电池盖上的脏污,疏通加液孔盖上的通气小孔,消除极柱和导线接头上的氧化物。

(2)检查电解液的密度和液面高度,如果密度不符合规定要求,用蒸馏水或密度为1.4 g/cm^{3}的稀硫酸调配,电解液液面应高出极板上缘15 mm。

(3)将蓄电池正极接充电机正极,蓄电池负极接充电机负极,补充充电也应按充电规范进行,一共分二个阶段:第一阶段的充电电流约为蓄电池额定容量的1/10,充至单格电压为2.3~2.4 V;第二阶段的充电电流约为容量的1/20,充至单格电压为2.5~2.7 V,电解液达到规定值,并且在2~3 h内基本不变,蓄电池内产生大量气泡,电解液呈“沸腾”状态,此时表示电池电已充足,时间大约为15 h。

(4)将加液口盖拧紧,擦净蓄电池表面,便可使用。

3.充电注意事项

(1)严格遵守各种充电方法的充电规范。

(2)不得向蓄电池内添加井水、河水、自来水、矿泉水以代替蒸馏水。

(3)蓄电池大电流放电或添加蒸馏水后,不能马上测电解液密度。

(4)初充电时应连续进行,不能长时间间断。

(5)配制和灌入电解液时,要严格遵守安全操作规则和器皿的使用规则。

(6)充电时蓄电池上部有易燃易爆气体,要通风良好,并要严禁在附近吸烟、使用明火或制造火花。

八、蓄电池常见故障

蓄电池常见故障有极板硫化、存电不足、不能存电和电解液消耗过快等,故障现象及排除方法见表2-1-6。

表2-1-6　蓄电池故障征兆表

故障现象	故障可能部位	排除方法
极板硫化(极柱处有粗大白色晶粒出现)	①发电机及调节器故障	检修
	②蓄电池本身	检修或更换
经常存电不足(观察孔绿色模糊或黑色)	①发电机	检修或更换
	②调节器	更换
	③线束	检修
不能存电(观察孔透明或黄色)	蓄电池本身	更换
电解液密度消耗过快	①调节器	更换
	②蓄电池本身	检修或更换

（续表）

故障现象	故障可能部位	排除方法
蓄电池自行放电（未接通任何电路，但电量减少）	蓄电池本身	更换
活性物质胶落（电解液泛红）	蓄电池本身	更换

【任务实施】

一、实施内容

蓄电池的检测、更换及充电。

二、准备工作

1.所需设备

整车（常用大众车、丰田、长安轿车等）、蓄电池、交流发电机、工作台等。

2.工具和材料

汽车电工工具套装、干净的抹布、力矩可调式扭力扳手（5～50 N·m）、汽车数字万用表、电解液密度计、钢丝刷、玻璃棒及管、盛水容、导线、试灯、导线夹、汽车维修手册、汽车电路图册等。

3.安全防护用品

标准作业装、安全鞋、线手套等。

4.汽车信息收集

车牌号码：＿＿＿＿＿＿＿＿＿＿＿，车辆型号：＿＿＿＿＿＿＿＿＿＿＿，

VIN 码：＿＿＿＿＿＿＿＿＿＿＿＿，行驶里程：＿＿＿＿＿＿＿＿＿＿＿，

维修接待意见：＿＿＿＿＿＿＿＿＿＿＿＿＿＿＿＿＿＿＿＿＿＿＿＿＿＿＿＿＿＿＿＿＿。

三、技术规范与注意事项

1. 使用万用表时就选择正确挡位，禁止用低电阻挡位去测量电压，以免降低测量精度或损坏万用表。

2. 使用维修手册和电路图时，要注意避免残缺不全，资料应与使用车辆型号相对应。

3. 一般情况下，汽车蓄电池开路电压为 12 V（柴油机多为 24 V），发电机正常输出电压不超过 14 V（柴油机为 28 V）。

4. 为了防止电气线路在操作过程中的短路，每次拆装、检测电气设备时，应先断开蓄电池搭铁线，完成后，最后安装搭铁线。

5. 要遵守维修手册规定的其他技术和安全要求。

四、实施步骤及方法

(一)检修作业的准备及预检

1.一般准备工作

(1)与小组成员共同清洁场地　　□任务完成

(2)清点所需工量具数量和种类　　□任务完成

(3)检查设备、工量具性能是否良好　　□任务完成

2.安全防护准备工作

(1)安装车轮挡块阻挡车轮　　□任务完成

(2)使用空挡和驻车制动　　□任务完成

(3)安装好前栅格布及护套　　□任务完成

3.发动机机舱预检

①检查发动机冷却液液面　　□正常　□不正常

②检查发动机机油液面　　□正常　□不正常

③检查制动液液位　　□正常　□不正常

(二)蓄电池的拆卸

拆卸、检修蓄电池前应仔细阅读使用说明书,熟悉相关安全规程。

小提示: 应断开蓄电池负极(-)电缆之前,对ECU等元件内保存的信息作一个记录,这些信息包括:DTC(故障诊断码)、选择的收音机频道、座椅位置(带有记忆系统)、方向盘位置(带有记忆系统)等。

1.关于铅酸蓄电池的警告提示和安全规定

铅酸蓄电池安全警示标志含义如下:

儿童不得靠近:指儿童应远离酸和蓄电池;

当心酸液腐蚀危险:蓄电池酸液有强腐蚀性,因此应戴上防护手套;

遵守电气设备维修参阅说明书:使用时注意手册和使用说明中关于蓄电池的提示内容;

禁止烟火:不允许有火花、明火和吸烟情况存在,因此应避免在处理导线和电气装置时因为静电放电而产生火花,避免短路(不允许将任何工具置于蓄电池之上);

戴防护镜:进行蓄电池维修工作时必须带护目镜,防止酸液溅入眼睛;

当心爆炸气体:蓄电池充电时将会形成一种高爆炸性的混合气体,应在通风良好处充电;

废弃物处理:旧蓄电池必须由专业部门处置,绝对不能将旧蓄电池作为生活垃圾进行处理!

2.拆卸蓄电池

从车上拆卸蓄电池步骤:

(1)关闭点火开关和所有用电器具;(2)拉动蓄电池手柄打开蓄电池盖(有的车型为金属夹和螺栓固定);(3)拆下蓄电池负极线;(4)拆下蓄电池正极线;(5)从车上取下蓄电池。

警告：任何时候都不得将蓄电池翻倒放置。

3.蓄电池的检查

观察你正在检查的蓄电池，并填写相关信息。该蓄电池类型是：□干荷电　□免维护　□普通型，其型号是__________；额定容量为__________ Ah，额定电压为__________ V。

（1）外部检查。你的检查结果是：□正常　□有裂纹　□通气孔堵塞。

（2）电解液液面高度检测。你检查的结果是：□正常　□液面过高　□液面过低。蓄电池电解液液位过低，应添加：□硫酸　□蒸馏水　□自来水。标出该蓄电池正常液面位置，如图 2-1-12 所示。

（3）测量蓄电池开路电压。你检查的结果是__________；该蓄电池开路电压：

□正常　□需要充电　□不能继续使用。

（4）电解液密度检测。如图 2-1-16 所示，用密度计检测电解液密度，根据表 2-1-4，判断蓄电池的放电程度（或存电多少）。你检查的结果是：□存电充足　□需要充电　□蓄电池已损坏，该蓄电池电解液密度：□正常　□需要添加蒸馏水　□需要添加浓硫酸　□蓄电池不能继续使用。

对于免维护蓄电池根据指示器的颜色判定电解液密度，你检查的情况是观察孔呈：□蓝色　□绿色　□白色。该蓄电池存电量：□正常　□不足　□不存电。该蓄电池：□可继续使用　□充电后可继续使用　□报废。

（5）负荷试验检测。①高率放电计测试，你检查的电压是__________ V，该蓄电池端电压：□正常　□过低　□过高。

②车上起动测试。将万用表接在蓄电池正、负极柱上，接通起动机__________ s，此时蓄电池电压 应不低于__________ V。你检查的电压是__________ V，该蓄电池车上起动电超高压：□正常　□过低　□过高。该蓄电池状态是：□可继续使用　□报废　□性能良好但存电不足。

4.蓄电池的充电

描述对蓄电池进行补充充电的步骤：

____

____

____

____

5.蓄电池的更换

描述蓄电池更换的步骤：

____

____

____

____

【评价与反馈】

班级:________________ 姓名:________________ 指导教师:________________

序号	考核项目	项目分值	考核内容		配分	考核标准	得分
1	出勤纪律	5	出勤		2	违规一次不得分	
			行为规范		3	违规一次不得分	
2	安全防护环保	20	着装		4	违规一次不得分	
			个人防护		4	违规一次不得分	
			“5S”/“EHS”		4	违规一次不得分	
			设备使用安全		4	违规一次不得分	
			操作安全		4	违规一次不得分	
3	知识	20	知识测试成绩		20	按测验成绩的20%计	
4	技能考核	40	准备	清点工量具,清理工位	1	未做不得分	
				检查电源开关	1	未做不得分	
				蓄电池安装位置查看	2	未做不得分	
			蓄电池拆卸	从车上拆卸步骤	2	操作不正确扣1~2分	
				从汽车上拆卸方法	3	方法不正确扣1~3分	
			蓄电池充电、检测及安装	蓄电池清洁	3	操作不正确扣1~3分	
				蓄电池外观检查	3	检查不正确扣1~3分	
				蓄电池开路电压检测	3	操作不正确扣1~3分	
				电解液液位检测	3	检查不正确扣1~3分	
				电解液密度检测	3	操作不正确扣1~3分	
				蓄电池起动测试	3	操作不正确扣1~3分	
				蓄电池充电方法	3	检查不正确扣1~3分	
				定压充电时充电电流的选择	3	选择不正确扣1~3分	
				蓄电池的安装	3	操作不正确扣1~3分	
				故障分析	4	分析不正确扣1~4分	
5	学习能力	10	工单填写,工艺计划制定		4	未做不得分	
			组内活动情况		4	酌情扣分	
			资料查询和收集		2	未做不得分	
6	任务拓展	5	知识拓展任务		2	未做不得分	
			技能拓展任务		3	未做不得分	
7	总分	100					

【教师评估】

序号	优点	存在问题	解决方案
教师签字：			

任务二　发电机与调节器检修

【任务目标】

目标类型	目标要求
1. 认知目标	(1)正确描述发电机的基本结构及主要部件功能； (2)正确描述电压调节器的基本类型及基本工作原理。
2. 技能目标	(1)能正确拆装交流发电机并用万用表对其元件进行检测； (2)能正确检测判断内外搭铁电压调节器； (3)会进行电源系统电路的连接； (4)能用正确方法诊断发电机常见的简单故障并排除。
3. 情感目标	使学生养成严谨认真的科学态度和求实的学习习惯。

【任务描述】

一辆长安 CS1010 微车，装有 JL465Q 发动机，行驶中，发现前照灯亮度随发动机转速变化而明显变化，并且灯丝很容易烧断，经维修人员诊断后发现是电压调节器损坏，不能对交流发电机的输出电压进行有效控制。更换调节器后，一切恢复正常。

【知识准备】

一、发电机的作用及构造

汽车用交流发电机是一个由三相同步交流发电机及用硅二极管组成的整流器组成，是汽车的主电源，发动机正常运转时，向除起动机以外的所有用电设备供电，同时向蓄电池充电。交流发电机有二极管整流电路，将交流电整流为直流电，所以，汽车交流发电机输出的是直流电。

三相同步交流发电机由转子、定子、电刷与电刷架、风扇、皮带轮、前后端盖等组成。如图 2-2-1 所示。

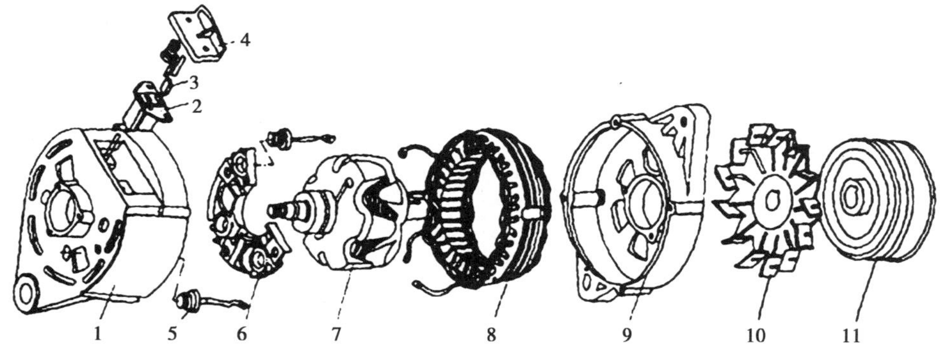

1－后端盖；2－电刷架；3－电刷；4－电刷弹簧压盖；5－硅二极管；
6－元件板；7－转子；8－定子；9－前端盖；10－风扇；11－皮带轮

图 2-2-1　JF132 型交流发电机分解图

（一）转子

转子是交流发电机的磁场部分，用来产生磁场。主要由两块爪极、励磁绕组、滑环、转子轴等组成，如图 2-2-2 所示。

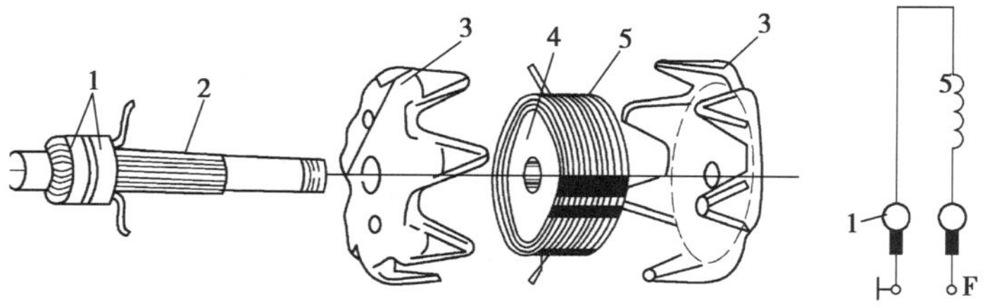

1－集电环；2－转子轴；3－爪极；4－磁场绕组与铁芯

图 2-2-2　交流发电机转子分解图

转子上励磁绕组（又称磁场绕组或转子线圈）两端分别焊接在与转子轴绝缘的两个滑环（又称集电环）上，滑环与装在后端盖上两个电刷接触，两个电刷通过引线分别与两个接线柱相连，这两个接线柱就是“F”和“E”（搭铁）。当两电刷与直流电源接通时，两滑环将电流引入励磁绕组中，电流产生相互交错的磁极。如图 2-2-3 所示。当转子转动时，就形成了旋转的磁场。

(二)定子

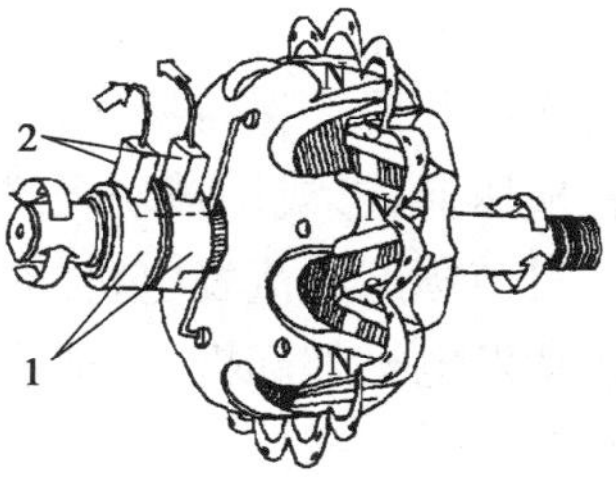

1－滑环;2－电刷
图 2-2-3　交流发电机转子总成

定子的功用是产生交流电。

定子由定子铁芯和定子绕组(线圈)组成,如图 2-2-4 所示。

定子铁芯由内圈带槽、互相绝缘的圆环状硅钢片叠成。嵌线槽内嵌入三相对称的定子绕组。三相绕组的连接有星形(Y)接法和三角形(Δ)接法两种,都能产生三相交流电。一般采用星形接三相绕组的首端分别与整流器的硅二极管相连,每相绕组的尾端接在一起,形成中性点 N,如图 2-2-5 所示。

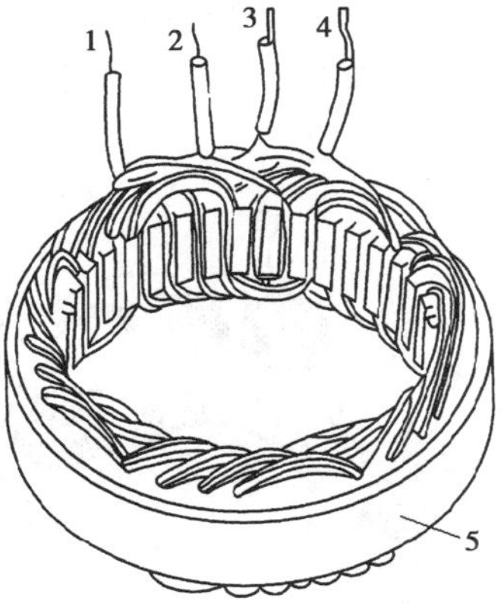

1、2、3－三相绕组首端;4－中性线;5－定子铁芯
图 2-2-4　定子

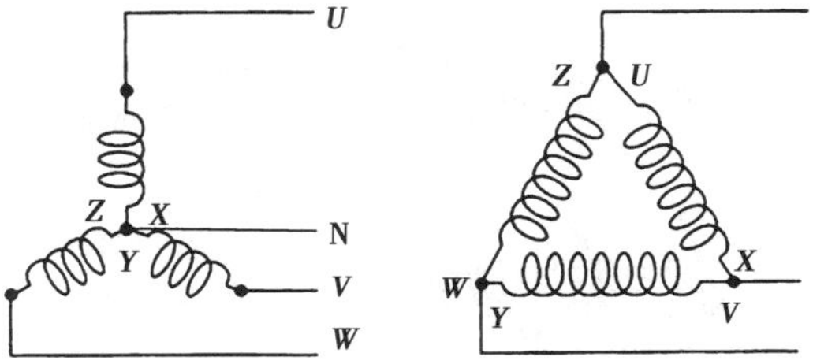

(a)星形接法　　(b)三角形法
图 2-2-5　定子绕组的接法

(三)电刷与电刷架

电刷组件由电刷、电刷架和电刷弹簧组成,如图 2-2-6 所示。

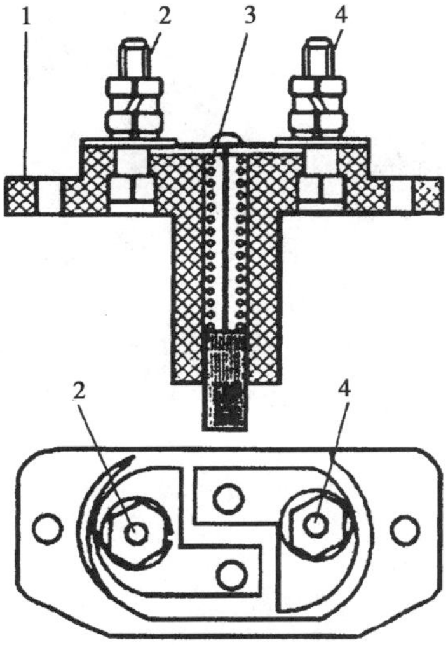

1－电刷架;2、4－“磁场”端子;
3－电刷弹簧;5－电刷
图 2-2-6　电刷组件子图

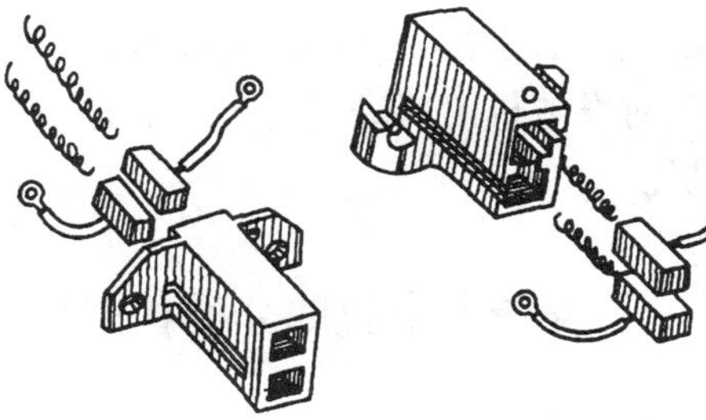
(a)外装式　　(b)内装式
图 2-2-7　电刷和电刷架

电刷的作用是将电源通过滑环引入励磁绕组。两个电刷分别装在电刷架的孔内，借助弹簧压力与滑环保持接触，用于给发电机转子绕组提供磁场电流。电刷架由酚醛玻璃纤维塑料模压而成，或用玻璃纤维增强尼龙制成，安装在发电机的后端盖上。

目前国产交流发电机的电刷架有两种结构，如图 2-2-7 所示。一种是外装式电刷，可以直接从发电机外部拆装，更换和维修方便；另一种是内装式电刷，如需更换电刷，还需将发电机拆开，比较费时费力，故这种结构将逐渐被淘汰。

（四）整流器

整流器如图 2-2-8 所示，其功用是将定子绕组的三相交流电变为直流电。一般由散热板和 6 只整流二极管组成，整流二极管有正极管（引出线为正极）和负极管（引出线为负极）之分，分别压装（或焊装）在相互绝缘的两块板上组成的，其中一块为正极板（带有输出端螺栓），另一块为负极板，负极板和发电机外壳直接相连（搭铁）。安装二极管的极板统称元件板，如图 2-2-9 所示，元件板还有散热的作用。

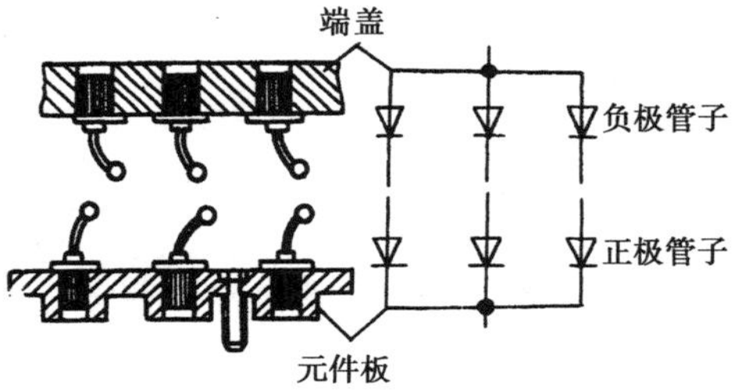

图 2-2-8　整流二极管的安装

图 2-2-9　元件板

（五）前后端盖

前、后端盖都是由非导磁材料铝合金制成的，具有漏磁少，轻便、散热性好等优点，在后端盖上装有电刷装置和整流装置。

（六）风扇与皮带轮

图 2-2-10　交流发电机皮带轮

交流发电机的前端装有带轮和风扇，由发动机通过传动带驱动发电机的转子轴和风扇一起旋转，如图 2-2-10 所示。在皮带轮后面的发电机内部（也有外装式风扇）装有叶片式风扇，前、后端盖上分别装有进风口和出风口，当发动机带动发电机高速旋转时，可使流动的空气对发电机内部进行冷却。有的发电机装有两个风扇（前后各一个）。如丰田轿车的发电机。

二、交流发电机的分类和型号

（一）分类

1.按总体结构分

（1）普通交流发电机。这种发电机即无特殊装置，也无特殊功能特点，使用时需要配装电压调节器（外装式调节器）。

(2)整体式交流发电机。发电机和调节器制成一个整体的发电机(内装式调节器)。

(3)带泵的交流发电机。发电机带有真空泵,为汽车制动系统真空助力泵提供真空源。

(4)无刷交流发电机,不需要电刷的发电机。

(5)永磁交流发电机,转子磁极为永久磁铁制成的发电机,现多用于摩托车发电机。

几种不同结构类型的发电机如图 2-2-11 所示。

(a)JF1522A 型交流发电机　(b)捷达 JF1813 型交流发电机　(c)带泵的交流发电机

图 2-2-11　交流发电机结构外形图

2.按整流器结构分

(1)六管交流发电机。整流器由六只硅二极管组成三相桥式全波整流电路的交流发电机。如解放 CA1091 载重汽车用 JF1522A、JF1518、JF 1526 型 14 V55W 交流发电机。如图 2-2-12 所示。

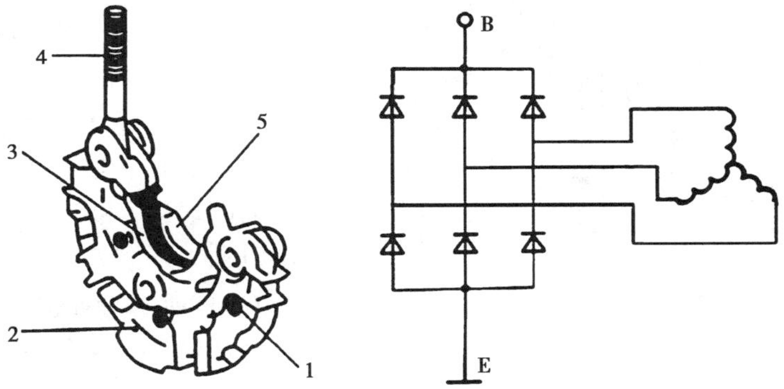

1－二极管;2－散热片;3－正极板;4－B 端子(与正极板相通);5－负极板(与搭铁相通)

图 2-2-12　六管交流发电机及其整流器外形

(2)八管交流发电机。即整流器由六只三相全波整流二极管,加两只中性点整流二极管组成的交流发电机。如天津夏利 TJ7100、TJ7130 微型轿车用 JFZ1542 型 14 V45A 交流发电机。实践证明:加装中性点二极管后可提高功率 10% ~15%。如图 2-2-13 所示。

(3)九管交流发电机。由六只三相全波整流二极管和三只励磁二极管组成的交流发电机。例如斯太尔(STEYR)汽车用 JFZ2518A 型"28V　27A"交流发电机和猎豹(PAJERO)汽车维修 G64 型发动机用"14V　75A"交流发电机。如图 2-2-14 所示。

(4)十一管交流发电机。由六只三相全波整流二极管,三只励磁二极管和两只中性点二极管组成的交流发电机,如图 2-2-15 所示。如一汽捷达和上海桑塔纳用的 JFZ1913Z 型"14V　90A"发电机和东风 EQ2102 越野车用 JFW2621 型"28V　45A"整体式发电机。

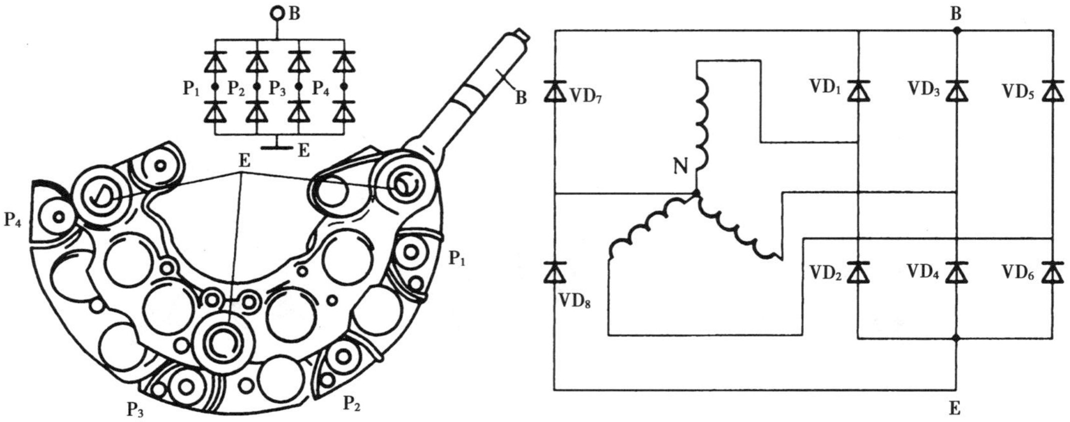

图 2-2-13　八管交流发电机示意图

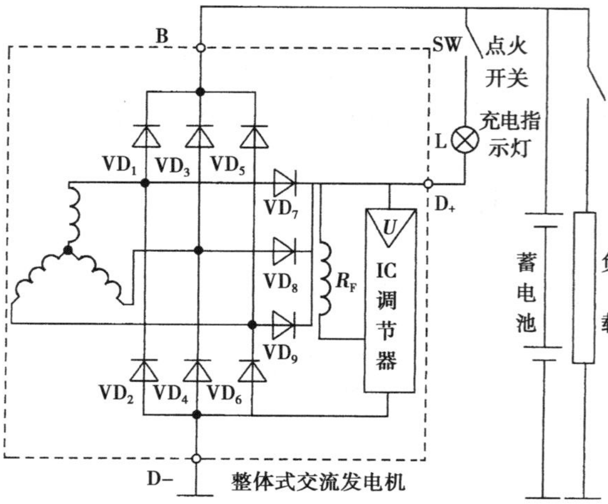

图 2-2-14　九管交流发电机充电系统

3.按励磁绕组搭铁形式分

（1）内搭铁型交流发电机。励磁绕组的一端经负电刷（E）引出后和后端盖直接相连（直接搭铁）的发电机称为内搭铁型交流发电机，如图图 2-2-16（a）所示。如长安 JL465Q 发动所用 JF158 发电机，东风 EQ1090 型汽车用 JF132N 型交流发电机。

（2）外搭铁型交流发电机：励磁绕组的两端（F_1 和 F_2）均和端盖绝缘的发电机称为外搭铁型交流发电机，如图 2-2-16（b）所示。如捷达、桑塔纳轿车用 JFZ1913Z 型“14V　90A”发电机，解放 CA1091 汽车用 JF1522A 发电机。目

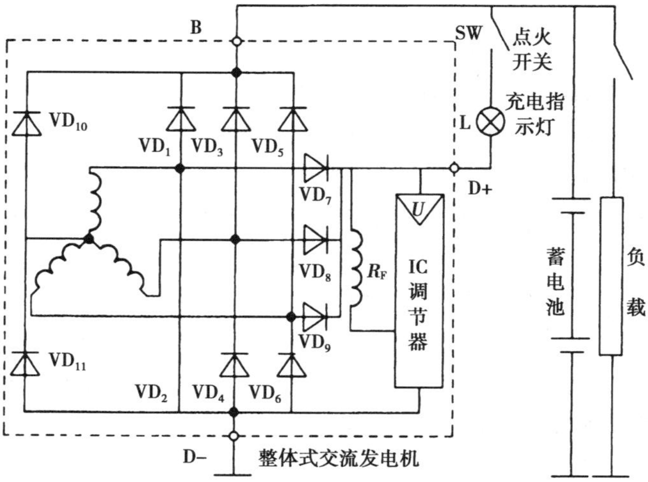

图 2-2-15　十一管交流发电机充电系统

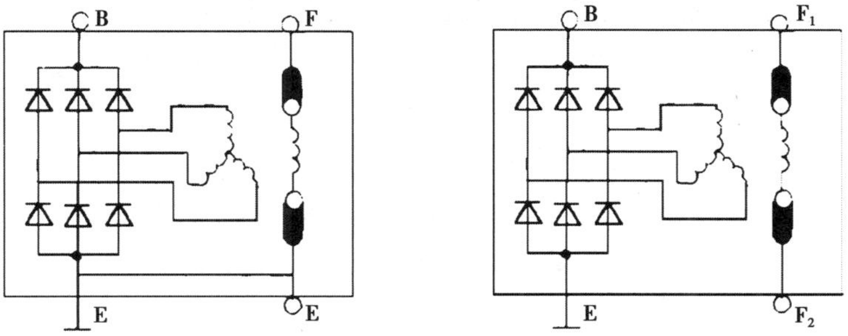

(a) 内搭铁　　(b) 外搭铁

(a) 内搭铁　(b) 外搭铁

图 2-2-16　交流发电机磁场绕组的搭铁形式

前，大多数汽车采用外搭铁交流发电机。

小提示： 交流发电机搭铁形式不同，所配用的调节器及接线方法不同，充电系故障检查方法也不同，使用时应予注意，否则发电机不发电，调节器不工作。

(二) 交流发电机的型号

汽车交流发电机型号由产品代号、电压等级代号、电流等级代号、设计序号、变型代号五部分组成，如图 2-2-16 所示。

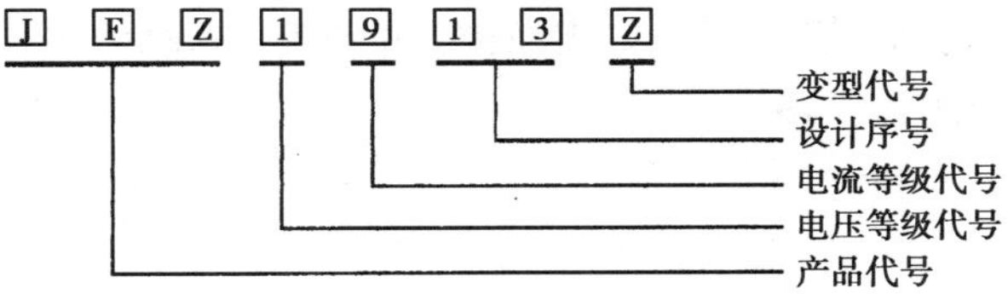

图 2-2-17　交流发电机型号

发电机产品代号由拼音的第一个大写字母组成，如表 2-2-1 所示。

表 2-2-1　发电机产品代号

产品名称	代　号	说　明
普通交流发电机	JF	J 表示“交”，F 表示“发”
整体式交流发电机	JFZ	J 表示“交”，F 表示“发”，Z 表示“整”
带泵交流发电机	JFB	J 表示“交”，F 表示“发”，B 表示“泵”
无刷交流发电机	JFW	J 表示“交”，F 表示“发”，W 表示“无”

电压等级代号和电流等级代号，分别用一位阿拉伯数字表示，其含义分别见表 2-2-2 和表 2-2-3。

表 2-2-2　发电机电压等级代号

电压等级代号	1	2	3	4	5	6
电压等级(V)	12	24	–	–	–	6

表 2-2-3　发电机电流等级代号

电流等级(A)产品名称	1	2	3	4	5	6	7	8	9
普通交流发电机	10 ~ 19	20 ~ 29	30 ~ 39	40 ~ 49	50 ~ 59	60 ~ 69	70 ~ 79	80 ~ 89	≥90
普通交流发电机									
整体式交流发电机									
带泵交流发电机									
无刷交流发电机									

设计序号按产品设计先后顺序,用阿拉伯数字表示。

变型代号是表示交流发电机调整臂位置代号。从驱动端看,在中间不加标,在右边时用 Y 表示,在左边时用 Z 表示。

小练习:解释桑塔纳轿车用 JFZ1913Z 发电机型号的含义。

三、交流发电机的工作原理

1. 发电原理

如图 2-2-18 所示,当外加直流电流由接线柱经过电刷进入励磁线圈时,在转子中产生轴向磁场,两块爪形磁极被磁化,形成了 6 对相间排列的磁极,其磁力线穿过转子与定子之间的气隙、定子铁芯后形成闭合磁路。

当转子旋转时,磁力线和定子绕组之间产生相对运动,由电磁感应原理可知,在三相绕组中产生交流电动势。由于三相绕组是对称分布的,所以产生的三相电动势也是对称的。如图 2-2-19 所示。

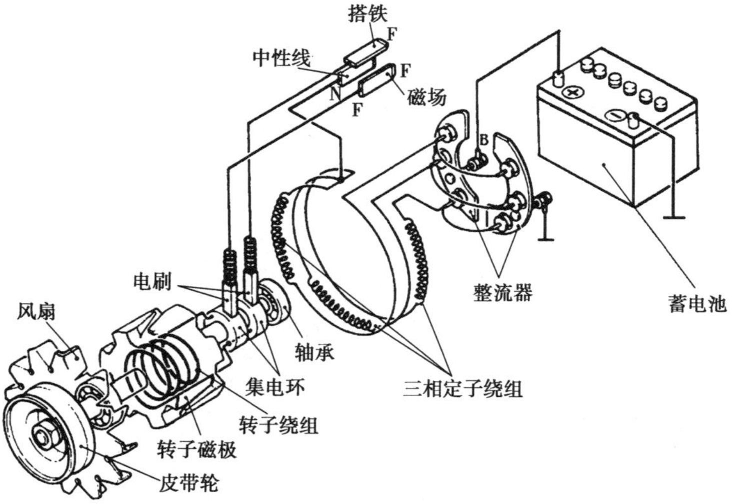

图 2-2-18　交流发电机磁场的产生

每相绕组产生电动势的有效值大小与发电机转速 n、磁极的磁通量 Φ 成正比。即

$$E_{\Phi} = C_1 n \Phi$$

式中:E_{Φ}——相电动势的有效值;

C_1——电机常数;

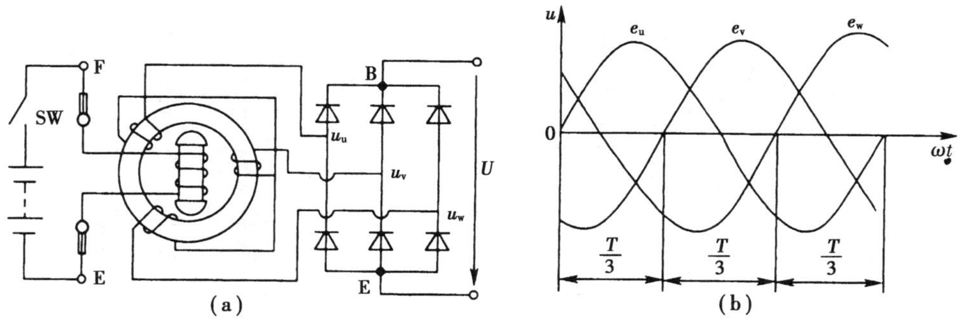

图 2-2-19 三相交流发电机工作原理

n——转子的转速；

Φ——磁极磁通。

2.整流原理

汽车的电器在工作时需要直流电，蓄电池充电时也要使用直流电。交流发电机发出三相交流电流，若不变成直流电，则汽车的充电系统就不能应用。利用二极管的单向导电性，可把交流电变为直流电。

汽车交流发电机产生的交流电是靠 6 只二极管组成的三相桥式全波整流电路变为直流电的。

（1）二极管的导通原则

由于 3 只正二极管（VD_1、VD_3、VD_5）的正极分别与发电机三相绕组的始端（U、V、W）相连接，它们的负极连接在一起，所以三只正二极管导通原则是：在某一瞬间正极端电位最高者导通。

由于 3 只负二极管（VD_2、VD_4、VD_6）负极分别与发电机三相绕组的始端相连接，它们的正极端连接在一起，所以三只负二极管导通的原则是：在某一瞬间负极端电位最低者导通。三相整流电路如图 2-2-20 所示。

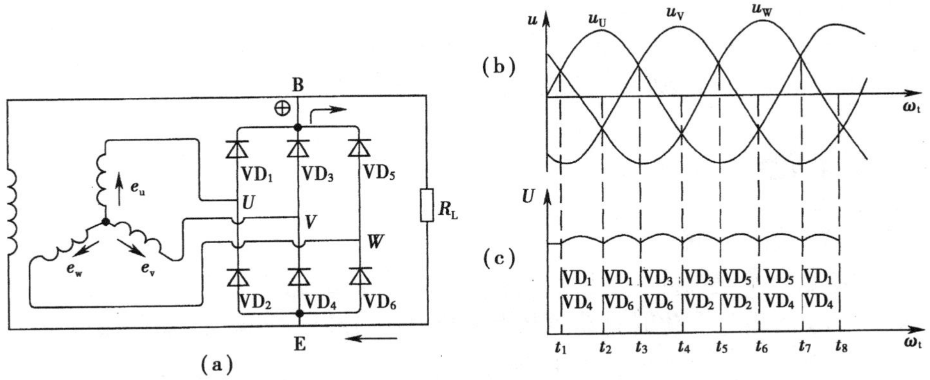

（a）整流电路 （b）三相绕组电压波形 （c）整流后的输出波形

图 2-2-20 交流发电机整流原理

整流过程中，同时导通的二极管管子总是两个，正、负管子各一个，如图 2-2-21 所示。由图中看到，从每个线圈流到二极管的电流在三个导线处不断改变方向。但是从二极管出来的电流方向将固定不变。从而形成正（ + ）极和负（ - ）极（即直流电）。

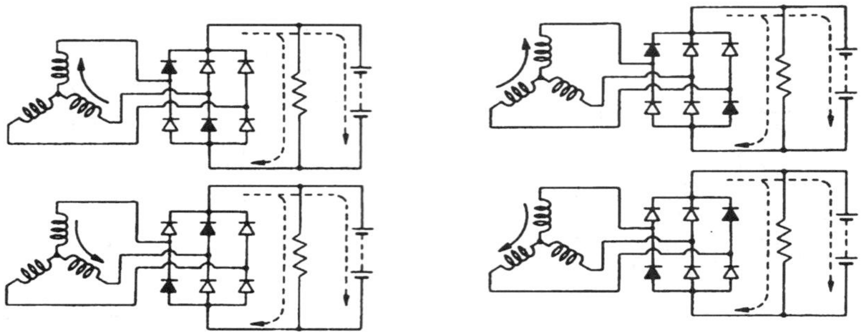

图 2-2-21　整流过程

(2)发电机的励磁方式

交流发电机开始发电时,由于二极管死区电压的存在,需由蓄电池供给励磁电流。当发电机电压达到蓄电池电压时,即由发电机自己供给励磁电流,也就是由他励转变为自励。

由于交流发电机转子的爪极剩磁较弱,不能使发电机电压迅速建立起来。汽车上发电机必须与蓄电池并联,开始由蓄电池向励磁绕组供电,使发电机电压很快建立起来并转变为自励状态,正常发电后,还给蓄电池充电,有利于蓄电池的使用。

3.电压调节原理

硅整流发电机的输出直流电压 U 与感应电动势 E_Φ 成正比,而感应电动势 E_Φ 又与发电机转速 n 和磁通 Φ 成正比,磁通又与励磁电流 I_f 成正比。即:

$$U \propto E_\Phi \propto n \cdot \Phi \propto n \cdot I_f$$

发电机的空载电压 U 会随着发电机转速 n 变化而在很大范围内变化。如果要在转速 n 变化时维持发电机电压恒定,就必须相应的改变磁极磁通 Φ。因为磁极磁通 Φ 取决于磁场电流的大小,所以在发电机转速变化时,只要自动调节磁场电流 I_f,就能使发电机电压保持恒定。电压调节器就是利用自动调节磁场电流使磁极磁通改变这一原理来调节发电机电压的。

电磁振动式电压调节器(已经淘汰)调节磁场电流的方法是通过触点开闭,使磁场电路的电阻改变来调节磁场电流;电子式电压调节器调节磁场电流的方法是利用功率管的开关特性,使磁场电流接通与切断来调节磁场电流,从而调节输出电压。

四、电压调节器

(一)电压调节器的作用

电压调节器是把发电机输出电压控制在规定范围内的调节装置,其功用是在发电机转速和发电机上的负载发生变化时自动控制发电机电压,使其保持恒定,防止发电机电压过高而烧坏用电设备和导致蓄电池过量充电,同时也防止发电机电压过低而导致用电设备工作失常和蓄电池充电不足。

(二)电压调节器的分类

随着电子技术的发展,目前交流发电机几乎全部采用电子调节器。其优点是:电压调节精度高,且不产生火花,还具有重量轻、体积小、寿命长、可靠性高、电波干扰小等优点。

电子调节器有晶体管调节器和集成电路调节器两种。如图 2-2-22 所示。

电子调节器按所匹配的交流发电机搭铁类型可分为内搭铁型调节器和外搭铁型调节器

(a) 外接式晶体管调节器　　(b) 外接式集成电路调节器　　(c) 内置式集成电路调节器

图 2-2-22　晶体管调节器和集成电路调节器

两种，分别适用于内搭铁型交流发电机和外搭铁型交流发电机，它们与交流发电机的连接如图 2-2-23 所示。

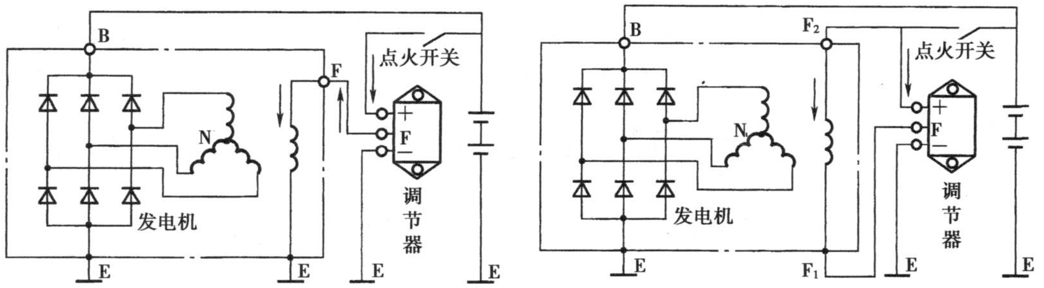

(a) 内搭铁调节器与发电机的连接　　(b) 外搭铁调节器与发电机的连接

图 2-2-23　不同搭铁形式调节器与发电机的连接

小提示： 对于晶体管调节器，在使用过程中，最好使用汽车说明书中指定的调节器，如果采用其他型号替代，标称电压和搭铁形式必须与原调节器相同，功率应等于或大于原调节器的标称功率。

（三）常见电压调节器工作过程

1.电子调节器

电子调节器是三极管的开关特性制成的，即将三极管作为一只开关串联在发电机的磁场电路中，根据发电机输出电压的高低，控制三极管的导通和截止，调节发电机的磁场电流，使发电机输出电压稳定某一规定范围（13.5～14.8 V）内。

如图 2-2-24 所示为内搭铁型电子调节器基本电路原理。通常由功率开关三极管、信号

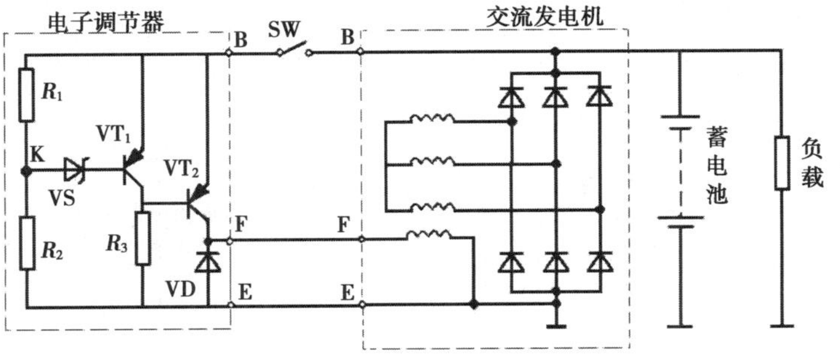

图 2-2-24　内搭铁电子调节器的基本电路

控制和放大电路、电压信号的检测电路和保护电路四大部分组成。其特点是晶体管 VT_1、VT_2 采用 PNP 型，发电机的励磁绕组连接在 VT_2 的集电极和搭铁端之间。

当合上点火开关 SW 后，蓄电池电压便加在 B、E 两端，R_1 上的分电压 U_{BK} 通过三极管 VT_1 的发射极加在稳压管 VS 的两端，由于蓄电池的电压低于发电机规定的电压值，所以稳压管 VS 两端的电压低于其反向击穿电压，稳压管截止，三极管 VT_1 截止。VT_2 由 R_3 提供偏置电流而处于饱和导通状态，蓄电池便经过 VT_2 给励磁绕组提供电流，产生磁场，发电机可正常发电。当发电机输出电压超过规定值(14.2 V)时，VS 导通，VT_1 导通，使 VT_2 的发射极被断路，VT_2 截止，发电机磁场电路被切断，发电机输出电压迅速下降，如此反复，电压被控制在规定范围内。

续流二极管 VD 作用是防止磁场绕组中因电流变化而产生自感电动势击穿三极管 VT_2 造成损坏，起保护作用。

外搭铁电子调节器基本电路如图 2-2-25 所示，工作原理与内搭铁相似，只是大功率三极管 VT_2 是 NPN 型，且串联在磁场绕组和搭铁 E 之间。

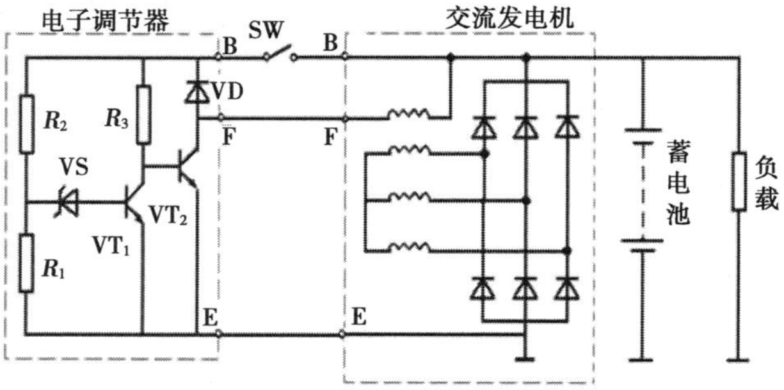

图 2-2-25　外搭铁电子调节器的基本电路

2.多功能电子调节器

多功能调节器除具有电压调节功能外，还具有充电指示控制、发电机故障检测和指示等多种功能。

如图 2-2-22(c)所示，为天津夏利 TJ7100、TJ7100U 微型轿车的发电机用单片式集成电路调节器的外形。共有 6 个接线柱，其中“B”、“F”、“P”、“E”四个接线柱用螺钉直接与发电机相连，接线插座内的“IG”、“L”两个接线柱用导线引出。该调节器具有控制发电机电压、充电指示灯、发电机故障检测功能，并在发电机输出端与蓄电池正极断开时，能起保护作用，不致造成电压失控。

(三)电压调节器的型号

根据 QC/T73930《汽车电气设备产品型号编制方法》规定，发电机调节器的产品型号编制方法如图 2-2-26 所示。

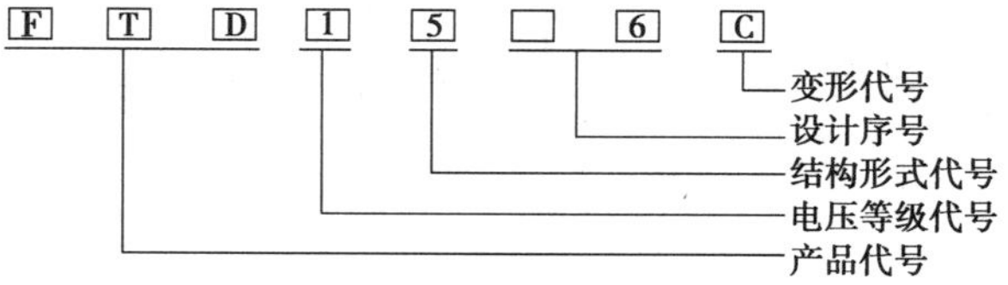

图 2-2-26　电压调节器型号编制方法

1. 产品代号：电压调节器的新产品代号有 FT 和 FTD 两种，分别表示发电机调节器和发电机电子调节器（字母 F、T、D 分别为发、调、电的汉语拼音第一个字母）。

2. 电压等级代号：该代号与发电机相同。

3. 结构形式代号：用一位阿拉伯数字表示，见表 2-2-4。

表 2-2-4　发电机电压调节器的结构形式代号

结构形式代号	1	2	3	4	5
发电机调节器	单联	双联	—	—	—
电子调节器	—	—	—	晶体管式	集成电路式

4. 设计代号：按产品设计先后次序，用 1 位或 2 位数字表示。

5. 变形代号：用大写字母 A、B、C……表示（不能用 0 和 1）。例如，FTD148C 表示 12 V 晶体管电子调节器，第 8 次设计，第 C 次改型。

五、交流发电机与电压调节器的使用与检修

（一）交流发电机及调节器使用注意事项

交流发电机的结构简单，维护方便。若正确使用，则不仅故障少而且寿命长；若使用不当，则会很快损坏。因此在使用和维护中应特别注意以下几点：

1. 汽车交流发电机均为负极搭铁，蓄电池搭铁极性必须与此相同，否则，蓄电池将使整流二极管立即烧坏。

2. 发电机运转时，不能用试火花的方法检查发电机是否发电，否则容易损坏二极管。

3. 一旦发现发电机不发电或充电电流很小时，就应及时找出故障并予以排除。因为如果一只二极管短路，发电机就不能正常输出电压，并会导致其他二极管或定子绕组被烧坏，同时还会造成蓄电池充电不足。

4. 整流器的 6 只二极管与定子绕组连接时，绝对禁止用兆欧表（摇表）或用 220 V 交流电压检查发电机的绝缘情况，否则将使二极管击穿而损坏。

5. 发电机熄火时，应将点火开关断开，否则蓄电池将长期经磁场绕组和调节器放电。

6. 发电机正常工作时，与蓄电池之间的导线要连接可靠，切不可任意拆卸连接线，否则会产生瞬时过高电压，易损坏电子元器件。

7. 调节器的电压等级与搭铁形式必须与发电机一致，否则电源系统不能正常工作。

8. 交流发电机的功率不得超过调节器的功率，否则调节器会因超负荷工作而使用寿命大为缩短，

9. 线路连接必须正确。目前，国家对调节器的接线位置及方式等尚无统一规定。各公司（厂家）生产的调节器的接线位置各有不同，使用时必须根据使用说明书所给出的接线图或有关说明正确连接充电系统线路，否则充电系统不能正常工作，甚至会损坏调节器和发电机等电器部件。

10. 调节器必须受点火（或电源）开关控制。汽车停驶时，应将点火（或电源）开关断开，否则调节器中控制磁场电流的大功率管始终导通工作，会使电子调节器使用寿命大为缩短且导致蓄电池亏电。

(二)交流发电机及调节器的检修

1.交流发电机的就车检查

交流发电机在使用中,应按规定检查以下项目:

(1)检查发电机驱动皮带。

①检查皮带外观。目测皮带有开裂纹或严重磨损,如图 2-2-27(a),若有应更换皮带。发电机 V 形带与带轮的配合情况,如图 2-2-27(b)所示为正确,如果安装后如图图 2-2-27(c)所示情况,表明 V 带已严重磨损,应更换新的皮带。

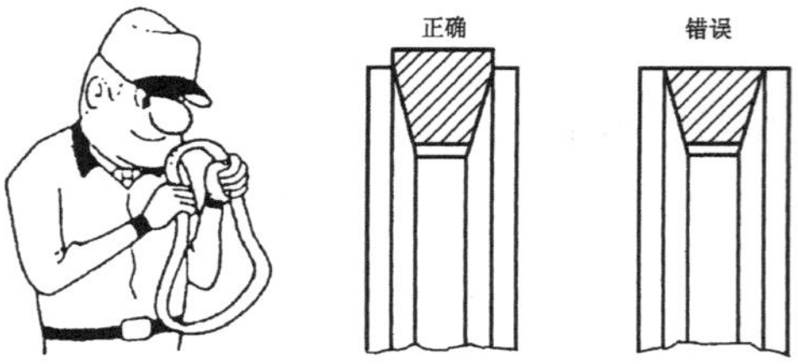

(a)检查外观　(b)安装正确　(c)安装错误

图 2-2-27　检查发电机 V 形带外观

图 2-2-28　检查驱动带的挠度

②经常检查调整发电机 V 形带的张紧程度(挠度)。检查 V 形带张紧度的方法如图 2-2-28所示,用拇指以 100 N 将 V 形带压紧,其应符合规定值,一般在新带 5 ~ 7 mm、旧带 10 ~ 14 mm 为合适。

图 2-2-29　发电机形带的挠度调整

具体指标应以各车型的维修手册规定为准,如不符合规定应进行调整,调整方法如图2-2-29所示,先用扳手松开固定螺母,然后用撬棍撬动发电机外壳进行 V 带松紧度(张力)的调整,符合要求后再拧紧固定螺母。

小提示: 拆下发电机驱动皮带前,应做好标记,以确保安装方向正确,否则会损坏皮带。

(2)检查导线的连接。

①检查各导线端的连接是否正确。主要是磁场电路、充电指示灯路和对蓄电池充电电路的连接。

②检查发电机输出端子“B”是否加弹簧垫圈并锁紧。

③采用插接器连接的发电机,其插座与插头的连接必须锁紧,不得有松动现象。

(3)检查运转时有无噪声。

长期使用的发电机,有可能出现轴承松旷、破损,转子轴弯曲等到故障,会导致发电机工作时产生异常噪声。检查时逐渐加大节气门开度,提高发电机转速,同时监听有无异常噪声,若有应拆下发电机并解体维修。

(4)检查发电机是否正常发电。

检查方法如下:先用万用表测量蓄电池的静态端电压,并记录。再测量发动机怠速时的电压,此电压若高于蓄电池静态端电压,表明发电机能发电,若低于或等于蓄电池静态电压,表明发电机未发电,应对发电机、调节器和充电线路进行检修。

(5)检查蓄电池是否有过充电现象。

检查蓄电池在不亏电的情况下,充电电流是否仍在 10 A 以上,电解液是否损耗过快。

2.发电机的拆卸和安装

从车上拆下发电机步骤:断开蓄电池负极→脱开发电机电缆和连接器→拆下传动皮带→旋下紧固螺母,发电机即可拆,如图 2-2-30 所示。安装发电机时可按拆卸相反的顺序进行。

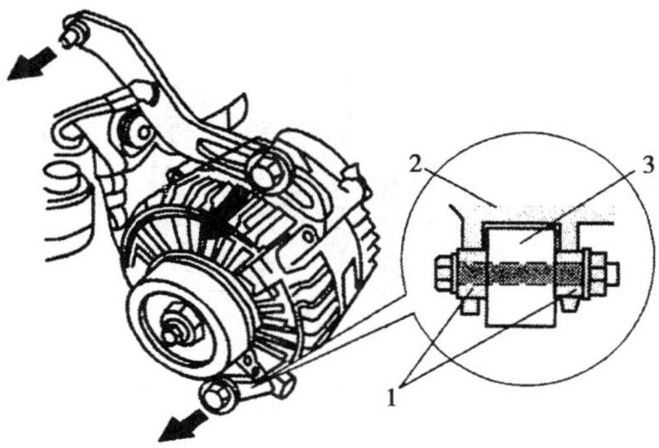

图 2-2-30　拆卸发电机

3.发电机分解

(1)拆下前端盖连接螺栓,分解前端盖、带轮、转子、后端盖、整流调压器。

(2)拆下定子绕组端头,从后端盖上取出定子。

(3)拆下电刷架,取出电刷总成、二极管、整流子及电容器。

(4)拆下带轮固定螺母,取下带轮、半圆键、风扇、轴套,使转子和前端盖分离。

4.发电机主要部件检修

(1)检查定子

①检测定子绕组是否断路或短路。如图 2-2-31(a)所示,用数字万用表检查三相绕组引线两两之间,应导通,正常电阻值应小于 1 Ω 且相等。若万用表不导通(电阻无穷大),说明断路;过小(接近 0),则说明短路。两种情况均应更换定子。

②定子绕组是否搭铁。即检查定子绕组与铁芯的绝缘情况,如图 2-2-31(b)所示,用用数字万用表电阻最大挡测量,若电阻≥隐若现 100 kΩ 则说明有搭铁故障,否则应更换定子。

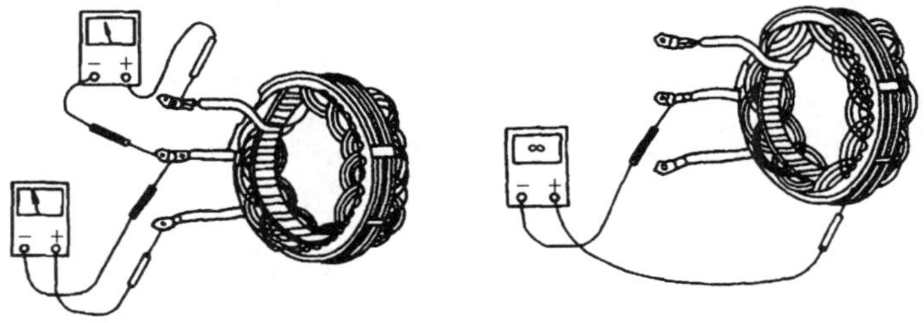

(a)检测定子绕组断路故障　　(b)检测定子绕组搭铁故障

图 2-2-31　定子绕组的检测

(2)检查转子

①检查转子绕组是否断路及短路。如图 2-2-32(a)所示,用万用表 $R\times1\ \Omega$ 检查两集电环之间的电阻,其数值应为规定值范围内。大于此值,表明有断路故障;小于些值,说明有短路故障。一般 12 V 发电机转子绕组电阻约为 3.5 ~6 Ω,24 V 的约为 15 ~24 Ω。

②转子绕组是否搭铁。如图图 2-2-32(b)所示,用万用表检查集电环与转子之间的电阻,其数值应为∞,否则为有搭铁故障。对于有故障的转子应更换,有条件的可对集电环或线圈进行修理。

③转子轴与集电环的检修。转子轴的径向圆跳动可用百分表检测,如图 2-2-32 检测磁

场绕组断路短路故障所示,其径向圆跳动不得超过 0.1 mm(弯曲度不超过 0.05 mm),否则应予以校正。集电环表面如烧蚀严重或失圆,可用车床进行修整,其最大偏摆量应不超过 0.05 mm,最后用细砂布抛光并吹净粉屑。

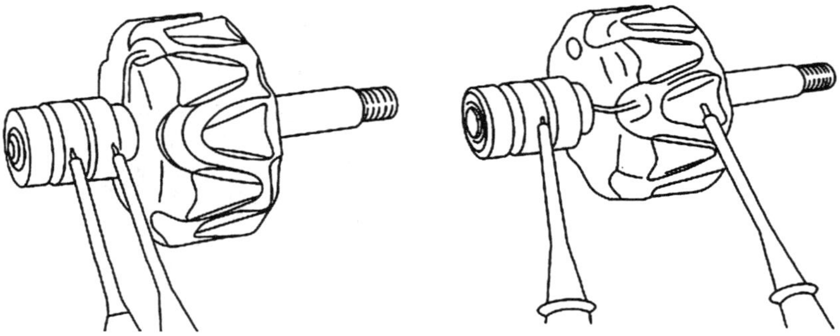

(a)检查磁场绕组电阻　　(b)检查磁场绕组搭铁

图 2-2-32　检测磁场绕组断路短路故障

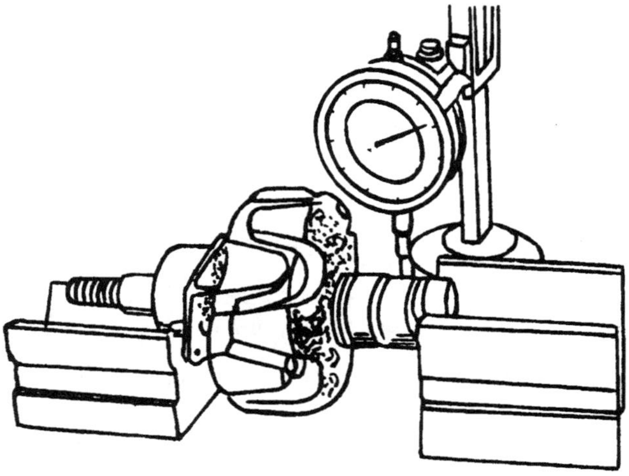

图 2-2-33　检测转子轴的径向圆跳动

(3)检查二极管

①普通整流器的检测 。如图 2-2-34 所示。将二极管的引线与其他连接分离,用指针万用表的两个表笔分别接到二极管的引线与壳体上,测二极管的正向与反向电阻。二极管的正向电阻应符合标准值,反向电阻应在 10 kΩ 以上。正、反向电阻值差异越大,质量越好。若正、反向电阻均为 0,说明短路;若均为∞,说明断路。

②整体结构的整流器检测。整体结构整流器的整流板,正、负硅二极管全部焊装在一起,不可分解。图 2-2-35 为本田汽车交流发电机的整流器。

检测正极管时,将指针万用表的红表笔接 B,黑表笔依次接 P_1、P_2、P_3、P_4,均应导通;交换两表笔后再测,均应为无穷大,否则有正二极管损坏,需更换整流器总成。

检测负极管时将指针万用表的黑表笔接 E,红表笔依次接 P_1、P_2、P_3、P_4,均应导通;交换两表笔后再测,均应为无穷大,否则有负二极管损坏,需更换整流器总成。

(4)检查调节器

①调节器的工作状态的检查。调节器的好坏,可用一个可调直流稳压电源(0~30 V,3 A)、

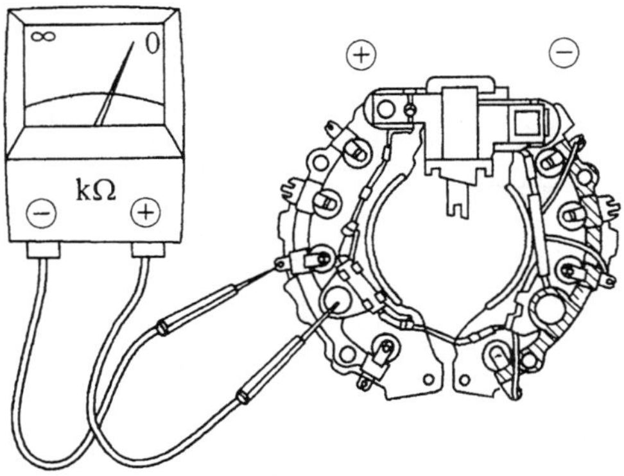

(a)检测正极管正向电阻

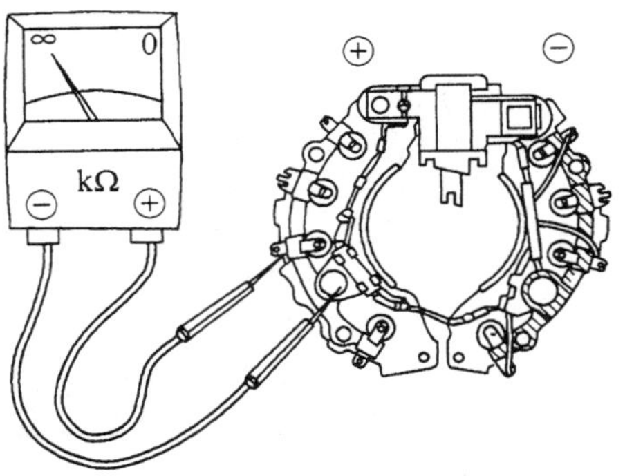

(b)检测正极管反向电阻

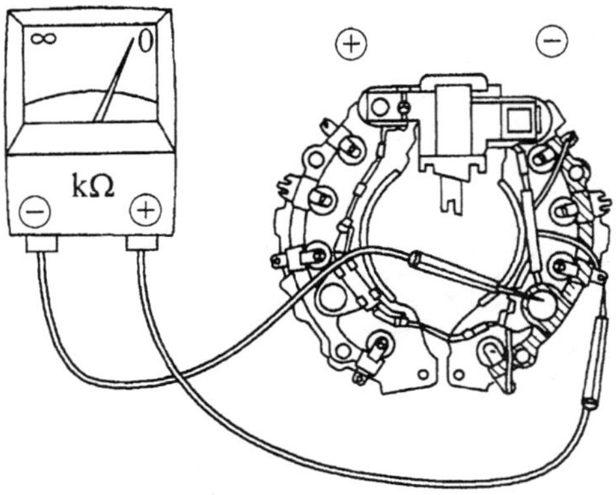

(c)检测负极管正向电阻

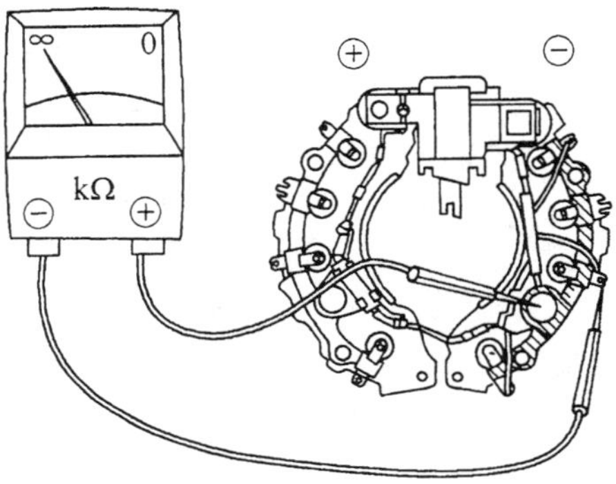

(d)检测负极管反向电阻

图 2-2-34　整流二极管的检测

一个汽车用直流灯泡(12 V,20 W)代替发电机磁场绕组,按图 2-2-36 接线后试验。调节直流稳压电源,当其电压从零逐渐升高时,灯泡的亮度逐渐增加,当电压升高到调节电压(14 ±0.2 V,28 ±0.5 V)时,灯泡突然熄灭。当电压超过调节电压值,灯泡不熄灭或一直不亮,都说明调节器有故障,应更换调节器。

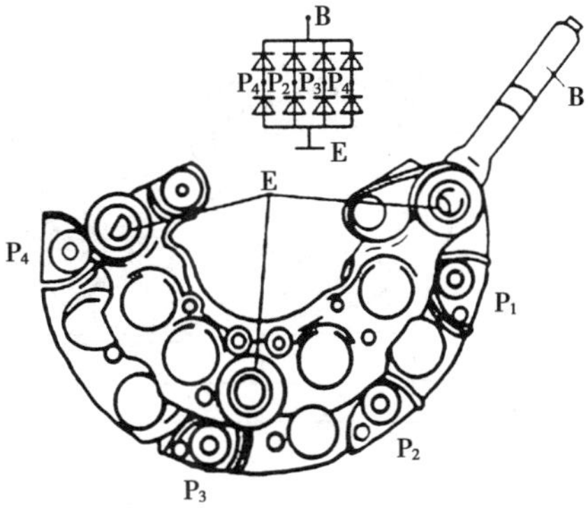

图 2-2-35　本田发电机的整流器

(5)检查电刷及电刷架

①电刷高度的检查。新电刷的长度就在规定值范围内,磨损后允许长度为原长的 2/3,超过极限值时应予更换。如图 2-2-37 所示。电刷表面如有油污应用布擦拭干净,电刷在电刷架内应滑动自如。电刷架不得有裂纹、弹簧折断或锈蚀现象,否则应更换。

②电刷弹簧压力的检测。电刷弹簧弹力的检测方法如图 2-2-38 所示,当电刷从电刷架中露出长度为 2 mm 时,天平秤上指示的读数即为电刷弹簧压力,其值应为 2 ~3N,弹簧弹力过小时,应更换新电刷。

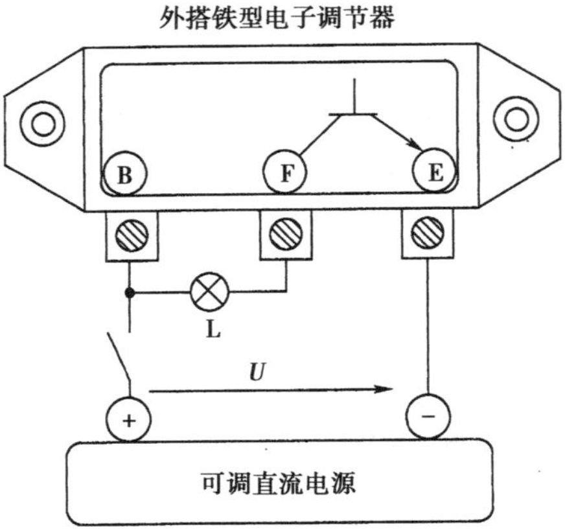

(a)外搭铁调节器

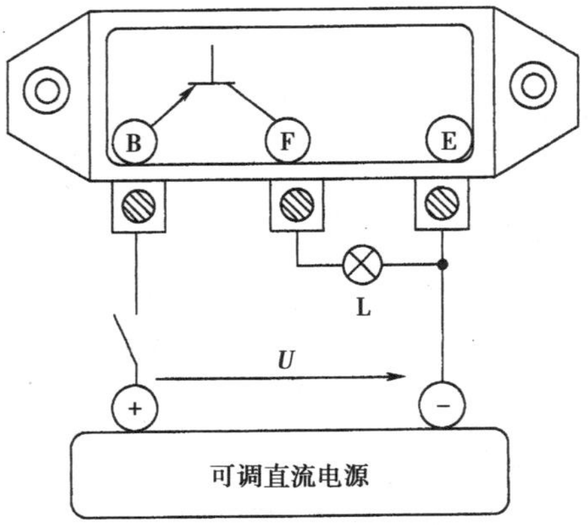

(b)内搭铁调节器

图 2-2-36　电子调节器检测接线

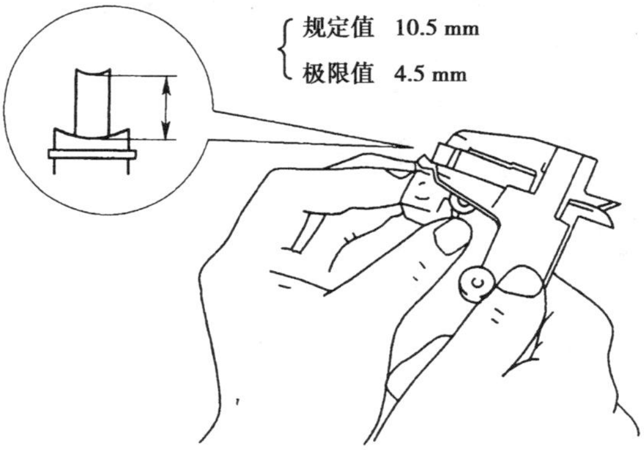

图 2-2-37　电刷长度的测量

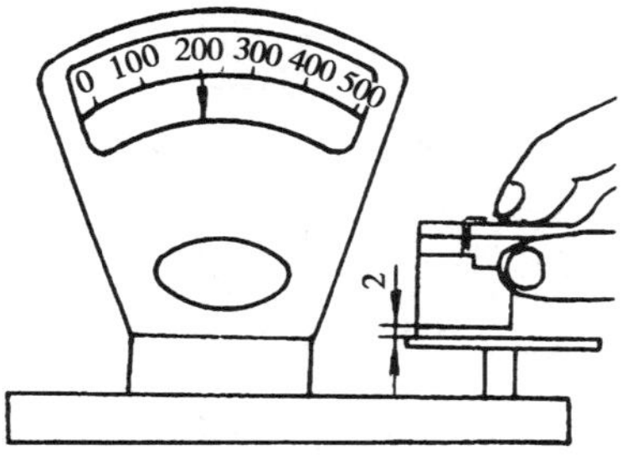

图 2-2-38　检测电刷弹簧弹力

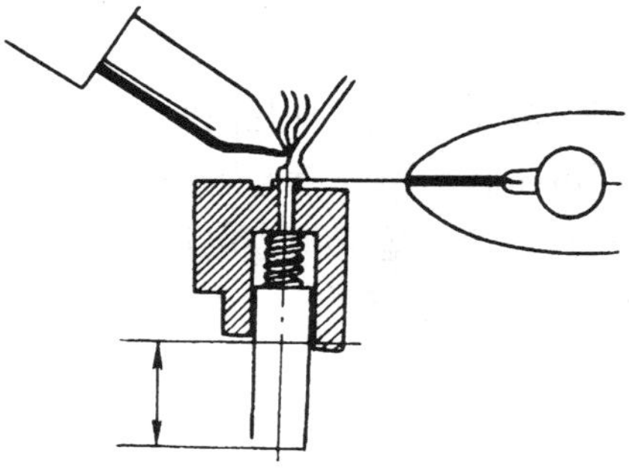

图 2-2-39　焊接式电刷的更换方法

③电刷的更换。更换电刷可按图 2-2-39 所示进行,先将电刷弹簧和新电刷装入电刷架内,然后用钳子夹住电刷引线,使电刷露出高度符合规定数值(13 mm),再用电烙铁将电刷引线与电刷架焊牢即可。

六、发电机装复与试验

发电机可按分解的相反顺序装复, V 带紧固螺母应按规定的力矩拧紧。发电机装复后应进行单机静态测试和发电试验。

（一）单机静态测试

是在发电机不解体时，用万用表测量发电机各端子电阻值，如图2-2-40所示。通过所测得的电阻来判断发电机两接线柱之间部件或线路是否有故障。其方法是用万用表 $R\times1\ \Omega$ 挡测量发电机“F”与“E”之间电阻值，发电机“B”与“E”之间电阻值，正常电阻值符合表2-2-5所示数值。

表 2-2-5　交流发电机各接线柱之间的电阻值

交流发电机型号		“F”与“E”间电阻值/Ω	“B”与“E”间电阻值		“N”与“E”间电阻值	
			正向电阻值/Ω	反向电阻值/kΩ	正向电阻值/Ω	反向电阻值/kΩ
有刷	JF11、JF13、JF15、JF21、JF132N	4～7	40～50	≥10	10～15	≥10
	夏利 JFZ1542	2.8～3.0	40～50	≥10	10～15	≥10
	桑塔纳 JFZ1913	2.8～3.0	65～80	≥10	10～15	≥10
无刷	JFW14	3.5～3.8	40～50	≥10	10～15	≥10
	JFW28	15～16	40～50	≥10	10～15	≥10

（二）手动旋转发电机试验

如图2-2-41所示，将3～6 V试灯或万用表接在B、E接线柱之间，将蓄电池的两极分别接到发电机磁场绕组的两接线柱上，然后用力转动皮带轮，试灯发亮或有电压显示3～6 V，表明发电机良好，否则说明有故障。N、E接线柱之间电压应为前者的2/3。此方法无需试验设备，简单易行。

（三）交流发电机的就车测试

发电机装车后还可进行测试。拆下蓄电池搭铁线（防止操作中短路），将0～40 A电流表串联到发电机相线“B”接线柱与原导线之间，再把0～50 V电压表并联到“B”与“E”之间，再恢复搭铁线的连接。关闭所有用电设备（空载试验），起动发动机，并提高转速，当发电机转速（不是发动机转速）为2 500 r/min时，电压应在14 V或28 V以上，电流应为10 A以上。此时打开前照灯、刮水器、空调风机等用电设备（负载试验），电流在20 A左右，表明发电机良好。

【任务实施】

一、实施内容

交流发电机的检修，包括发电机拆装、主要部件的检测、整机性能测试和发电机就车检测。

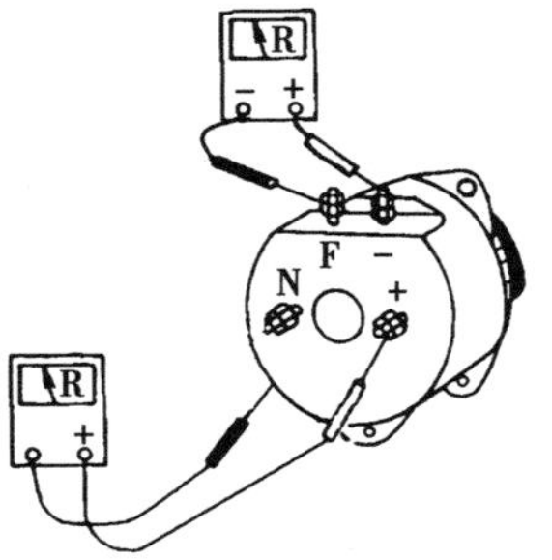

N－中性线接柱　F－磁场接柱

B(＋)－电枢接柱　E(－)－搭铁接柱

图 2-2-40　发电机整机测试

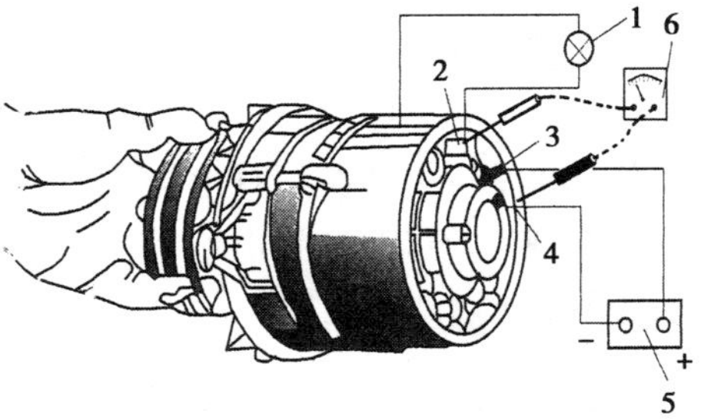

1－试灯;2－电枢接柱;3－磁场接柱;

4－搭铁接柱;5－蓄电池;6－万用表

图 2-2-41　装复后的手动发电试验

二、准备工作

1.所需设备

整车(常用大众车、丰田轿车)、蓄电池、交流发电机、工作台等。

2.工具和材料

汽车电工工具套装、干净的抹布、汽车用数字万用表、导线、试灯、导线夹、汽车维修手册、汽车电路图册等。

3.安全防护用品

标准作业装、安全鞋、线手套等。

4.汽车信息收集

车牌号码:______________________,车辆型号:______________________,

VIN 码:______________________,行驶里程:______________________,

维修接待意见:____。

三、技术规范与注意事项

1. 使用万用表时应选择正确挡位,禁止用低电阻挡位去测量电压,以免降低测量精度或损坏万用表。

2. 使用维修手册和电路图时,要注意避免残缺不全,资料应与使用车辆型号相对应。

3. 一般情况下,汽车蓄电池开路电压为 12 V(柴油机多为 24 V),发电机正常输出电压不超过 14 V(柴油机为 28 V)。

4. 为了防止电气线路在操作过程中的短路,每次拆装、检测电气设备时,应先断开蓄电池搭铁线,完成后,安装搭铁线。

5. 要遵守维修手册规定的其他技术和安全要求。

四、实施步骤及方法

(一)检修作业的准备及预检

1.一般准备工作

(1)与小组成员共同清洁场地　　　　□任务完成

(2)清点所需工量具数量和种类 □任务完成
(3)检查设备、工量具性能是否良好 □任务完成

2.安全防护准备工作

(1)安装车轮挡块阻挡车轮 □任务完成
(2)使用空挡和驻车制动 □任务完成
(3)安装好前栅格布及护套 □任务完成

3.发动机机舱预检

(1)检查发动机冷却液液面 □正常 □不正常
(2)检查发动机机油液面 □正常 □不正常
(3)检查制动液液位 □正常 □不正常

(二)交流发电机的就车检查

1.检查驱动皮带

(1)检查外观。

如图 2-2-27 所示。①有无裂纹:□有 □无;②有无严重磨损:□有 □无;③根据检查结果,你的处理意见是:□更换 □维修 □继续使用。

(2)检查挠度。

图 2-2-28 所示,①你检查和皮带挠度是__________ mm;②该皮带是:□新带 □旧带。

③皮带的标准挠度是(查阅维修手册):□5 ~7 mm □10 ~14 mm;④你检查后判断该皮带松紧程度是:□松紧合适 □太松 □太紧;⑤你对皮带的处理意见是:□更换新带 □调整挠度期 □继续使用。

⑥若挠度不符规定,应予以调整,调整步骤是:先用扳手松开____________,然后用撬棒____,符合要求后再拧紧紧固螺母。

2.检查导线的连接

(1)检查各导线端头的连接部位是否正确。□连接正确 □连接错误。

(2)你检查的导线端头名称是:□B □E □F □N。

(3)你检查的各端头导线颜色是:B 端是__________色,E 端是__________色,F 端是__________色,N 端是__________色。

(4)导线的直径是__________ mm。

(5)导线端头松紧情况是:□正常 □不正常

(6)发电机输出端(B)是否加有弹簧垫圈紧固? □是 □否

(7)采用插头连接的发电机,其插座与线束插头的连接必须锁紧,不得有松动现象。你检查的导线连接情况是:□锁紧 □松动;你的处理意见是:□更换新插接器 □锁紧有效,继续使用 □修理插接器。

3.检查发电机有无噪声

①你检查到的情况是:□有 □无。

②你处理意见是:□维修 □更换 □继续使用。

4.检查发电机能否发电

①未起动发动机时,测量蓄电池基准电压。你选择的万用表的挡位是__________。用黑表笔接发电机的__________端子,红表笔接发电机的__________端子。你测得的蓄电池

基准电压为__________ V。

②起动发动机，并使转速大于怠速转速，此时万用表指示的电压为__________ V。说明发电机状况是：□能发电　　□不能发电

（三）交流发电机的不解体检测

用万用表检测发电机各接线柱之间的电阻值，判断发电机两接线柱之间的部件或线路是否存在故障。根据检测数据完成表 2-2-6。

表 2-2-6　交流发电机各接线柱间电阻检测情况

交流发电机型号	"F"与"E"间电阻值/Ω	"B"与"E"间电阻值		"N"与"E"间电阻值	
		正向电阻值/Ω	反向电阻值/Ω	正向电阻值/Ω	反向电阻值/Ω
JF __________					
检查结果（正常/不正常/其他故障）					
故障原因					

注意： 万用表的型号不同、所选择的挡位不同，测量的结果也不完全相同。

（四）发电机解体后的检测

1.检查定子

（1）定子绕组短路与断路检查，如图 2-2-31（a）所示，图中定子绕组属于：□三角形连接　□星形连接。

三个端子中每两个之间电阻分别为__________ Ω、__________ Ω、__________ Ω，由此判定这个定子绕组：□正常　□短路　□断路；你的处理意见是：□更换发电机　□更换定子绕组　□继续使用。

（2）定子绕组搭铁检查，如图 2-2-31（b）所示。三端子与定子铁芯间电阻应该为：□∞　□0 Ω　□其他. 你测量的值分别是__________ Ω、__________ Ω、__________ Ω，由此判断定子绕组是：□正常　□短路　□断路。

若有故障，你的处理措施是：□更换发电机　□更换定子绕组　□继续使用。

将测量数据填入表 2-2-7 中。

表 2-2-7　定子绕组检测表

定子绕组					
U 相	测试结果	V 相	测试结果	V 相	测试结果
	结论		结论		结论
绝缘性能测试					
U 相	测试结果	V 相	测试结果	V 相	测试结果
	结论		结论		结论

2.检查转子

(1)励磁绕组短路与断路检查,如图图 2-2-32(a)所示,你检查的励磁绕组电阻正常值应该为__________ Ω,你实际检测电阻是__________ Ω。你的处理意见是:□更换发电机 □更换励磁绕组 □继续使用。

(2)励磁绕组搭铁检查,图 2-2-32(b)你检查的励磁绕组电阻正常值应该为__________ Ω,你实际检测电阻是__________ Ω,若是有故障,你的处理意见是:□更换发电机 □更换励磁绕组 □继续使用。

3.滑环(集电环)的检查

你检查的情况是:□正常 □不正常。

你的处理意见是:□更换发电机 □更换励磁绕组 □继续使用。

4.检修整流器

(1)普通二极管的检修。如图 2-2-34 所示,一般选用数字万用表的__________挡,测量二极管的正反向电阻,完成表 2-2-8。

表 2-2-8 二极管测试情况表

正极管		负极管	
正向电阻		正向电阻	
反向电阻		反向电阻	
结论		结论	

(2)整体式整流器的检修。

图 2-2-35 为本田轿车交流发电机整体式整流器。你检测的情况是:□两次测试均导通 □两次测试均不导通 □一次导通,一次不导通;你的处理意见是:□更换整个调节器总成 □更换已损坏的二极管 □更换发电机总成。

5.电刷组件的检修

(1)电刷高度的测量。电刷高度是指露出电刷架的高度,技术规范要求电刷磨损不得超过原长的__________。你的检查结果是:____。

根据测量结果,作出你的处理意见是:□更换电刷 □维修电刷 □继续使用 □更换发电机总成。

(2)电刷弹簧力的检查。你检查的情况是:□正常 □弹力不足 □弹力太大。

你的处理处理意见是:□更换电刷弹簧 □更换电刷及电刷架总成 □继续使用。

【评价与反馈】

班级：________________ 姓名：________________ 指导教师：________________

序号	考核项目	项目分值	考核内容		配分	考核标准	得分
1	出勤纪律	5	出勤		2	违规一次不得分	
			行为规范		3	违规一次不得分	
2	安全防护环保	20	着装		4	违规一次不得分	
			个人防护		4	违规一次不得分	
			“5S”/“EHS”		4	违规一次不得分	
			设备使用安全		4	违规一次不得分	
			操作安全		4	违规一次不得分	
3	知识	20	知识测试成绩		20	按测验成绩的20%计	
4	技能考核	40	准备	清点工量具，清理工位	1	未做不得分	
				清洁对象外观	1	未做不得分	
				检查电源开关	1	未做不得分	
			发电机拆卸	检查万用表等工具	1	未做不得分	
				从汽车上拆下	3	操作不正确扣1~3分	
				解体发电机	3	操作不正确扣1~3分	
				拆卸顺序	3	操作不正确扣1~3分	
			发电机检修与故障分析	表笔测试点的确定	3	操作不正确扣1~3分	
				发电机的就车检查	3	检查不正确扣1~3分	
				不解体检查	3	检查不正确扣1~3分	
				定子检查	3	检查不正确扣1~3分	
				转子检查	3	检查不正确扣1~3分	
				整流器检查	4	检查不正确扣1~4分	
				调节器检查	4	检查不正确扣1~4分	
				故障分析	4	分析不正确扣1~4	
5	学习能力	10	工单填写，工艺计划制定		4	未做不得分	
			组内活动情况		4	酌情扣分	
			资料查询和收集		2	未做不得分	
6	任务拓展	5	知识拓展任务		2	未做不得分	
			技能拓展任务		3	未做不得分	
7	总分	100					

【教师评估】

序号	优点	存在问题	解决方案
教师签字：			

任务三　电源系统电路的检修

【任务目标】

目标类型	目标要求
1. 认识目标	(1)能正确叙述电源系统的组成； (2)能概括电源系统线路连接及电流走向； (3)知道充电系线路的连接应符合原车技术要求。
2. 技能目标	(1) 会进行电源系统电路的连接； (2)会正确检修电源电路； (3) 会通过现象分析系统电路故障； (4)会排除常见故障。
3. 情感目标	(1)熄火后一定要取下点火开关钥匙，防止蓄电池向发电机磁场绕组放电，导致亏电。线路连接要正确，否则会损坏电子元件。

【任务描述】

一辆丰田卡罗拉轿车，装有1ZR发动机，行驶中，充电指示灯突然点亮，在维修站人员对该车进行全面系统的检测后，找到了故障的原因及部位，并排除了故障，路试检验后，故障指示完全恢复正常。

【知识准备】

一、汽车电源系统概述

为了驾乘汽车更加安全和舒适，现代汽车上装有许多电气装置。因此汽车电源系统有蓄电池作为电源，并有充电系统，通过发动机运行来发电。充电系统向所有的电器设备供电并对蓄电池充电。

汽车电源系统主要包括：发电机、调节器（装在发电机内）、蓄电池、充电指示灯、点火开关等，如图 2-3-1 所示。

现代汽车大部分都用充电指示灯来表示电源系统的工作情况，是故障警告指示装置，当发电机正常工作时，灯熄灭，当发电机或调节器出现故障时，灯点亮。也有用电流表和充电指示灯共用的，如东风 EQ1092 和解放 CA1092。

电源系统的电路包括主供电电路、发电机励磁电路和充电指示灯控制电路。主供电电路是指由发电机和蓄电池共同向全车用电设备供电电路。

电源系统的线路连接如图 2-3-2 所示。前两种电路，前面已经介绍过，这里主要介绍充电指示灯控制电路。

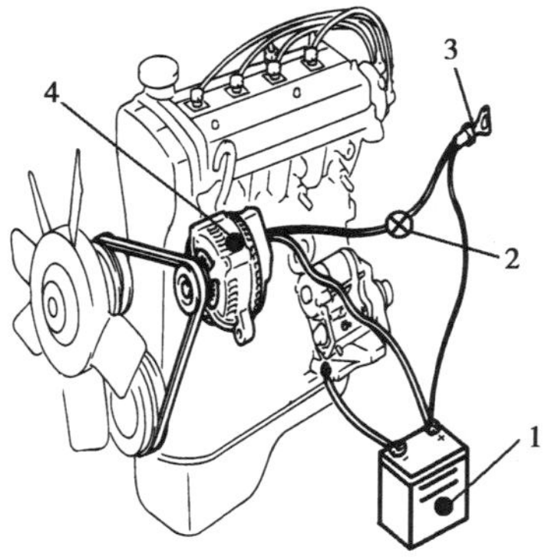

1－蓄电池；2－充电指示灯；
3－点火开关；4－交流发电机

图 2-3-1　电源系统整体图

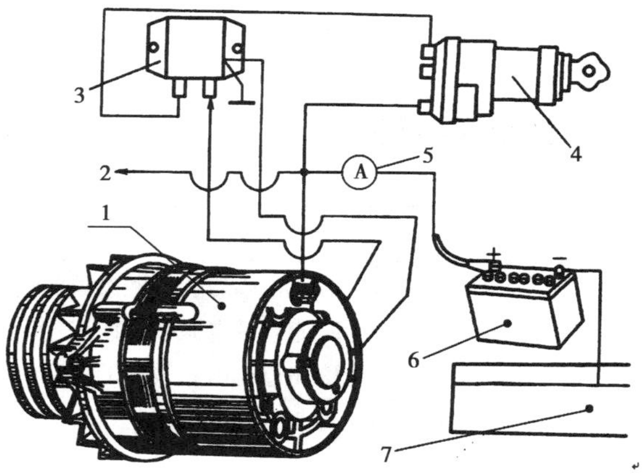

1－发电机；2－接用电设备；3－调节器；4－点火开关；
5－电流表；6－蓄电池；7－车架

图 2-3-2　充电系统线路连接

二、充电指示灯控制电路

控制充电指示灯的方法常用有三种：第一种，利用交流发电机中性点电压，通过继电器或电子控制器进行控制；第二种，利用交流发电机输出端电压，通过电子控制器进行控制；第三种，利用九管交流发电机进行控制。

用来自动接通和断开蓄电池充电指示灯电路的继电器，称为放电指示继电器。由于放电指示继电器一般都与电压调节器制作在一起，因此称为带放电指示继电器的调节器。

带有集成电路调节器的整体式交流发电机与外部（蓄电池、线束）连接端子通常用“B＋”（或“＋B”、“BATT”）、“IG”、“L”、“S”（或“R”）和“E”（或“—”）等符号表示，这些符号通常在发电机端盖上标出，其代表的含义如下：

"B+"（或"+B"、"BATT"）为发电机输出端子，用一根粗导线连接至蓄电池正极或起动机上。"IG"通过线束连接至点火开关，在有的发电机上无此端子；"L"为充电指示灯连接端子，通过线束接充电指示灯或充电指示继电器；"S"（或"R"）为调节器的电压检测端子，通过导线直接连接蓄电池的正极。"E"为发电机和调节器的搭铁端子。

1.利用中性点电压，通过充电指示继电器控制

如图2-3-3所示，是日产、丰田汽车发电机调节器，利用中性点电压和继电器控制充电指示灯。图中Q为继电器线圈，它承受发电机中性点电压，K_1为继电器常闭触点，搭铁，K_2为继电器常开触点，静触点接发电机电压输出端B处，HL为充电指示灯，亮表示不充电，熄灭表示充电。其工作过程如下：

（1）接通点火开关，电流从蓄电池"+"极→点火开关S→充电指示灯HL→充电指示继电器常闭触点K_1→搭铁→蓄电池负极。充电指示灯亮，表示不充电。

同时，电流从蓄电池"+"极→点火开关→电阻→继电器常闭触点→磁场接线柱"F"→发电机励磁绕组→搭铁→蓄电池"—"极，构成回路。发电机他励发电。

（2）当发动机起动后，发电机电压升高，由他励转为自励，当达到充电电压时，在发电机中性电压作用下，线圈Q有电流通过，K_1触点断开，K_2闭合，充电指示灯两端电压相同，熄灭，表示开始充电。当电压再升高时X线圈中电流增大，带动触点断开，磁场绕组断电，使电压下降。调节器根据发电机电压高低自动调节输出电压使其稳定在一定范围内。

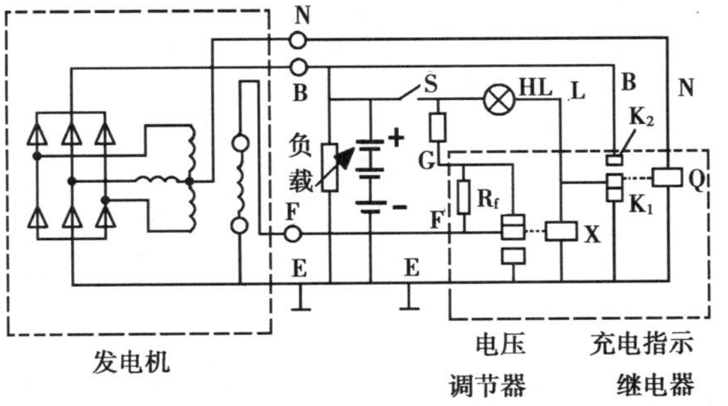

图2-3-3 利用中性点电压和继电器控制充电指示灯

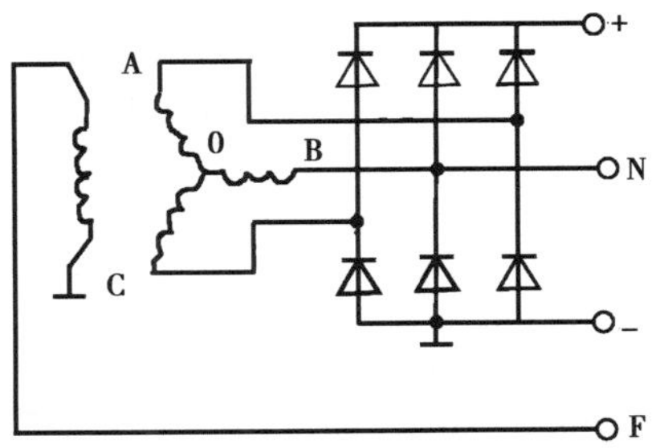

图2-3-4 利用一相绕组控制充电指示灯

2.利用三相绕组的一相火线控制

天津大发微型车采用这种控制方式。如图2-3-4所示。

只需在N点接一个指示灯即可。值得注意的是交流发电机工作正常时，充电指示灯亮，表示充电。若充电指示灯突然熄灭，则表示充电系统有故障。

3.利用九管发电机控制

九管发电机发电机控制充电指示灯电路如图2-3-5所示。

接通点火开关，电流从蓄电池"+"极→点火开关S→充电指示灯HL→调节器火线接线柱"+"→磁场接线柱"F"→发电机励磁绕组→搭铁→蓄电池"-"极，构成回路。充电指示灯亮，表示不充电。

当发动机起动后，充电指示灯受蓄电池电压和励磁二极管输出端的电压"D_+"的差值所控制。随发电机转速的升高，D_+处电压升高，充电指示灯两端的电位差减小，灯就会自动变暗与熄灭。此后"B_+"与"D_+"等电位（都高于蓄电池电动势）充电指示灯一直熄灭，表示发电机对蓄电池充电。

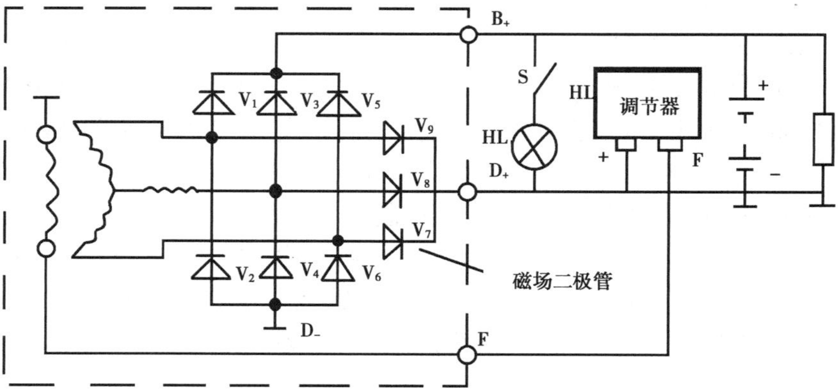

图 2-3-5　利用九管发电机控制

三、常见车型电源电路分析

(一)桑塔纳 2000 电源系统电路

充电系统线路及其连接关系，桑塔纳及桑塔纳 2000 系列轿车充电系统线路如图 2-3-6 桑塔纳 2000 电源系统电路所示。

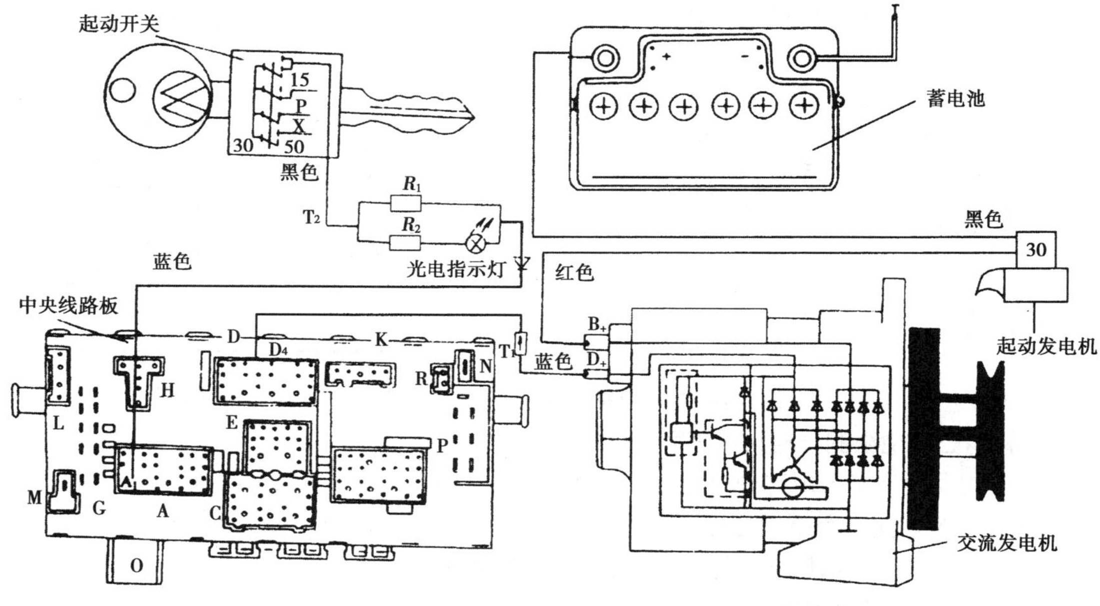

图 2-3-6　桑塔纳 2000 电源系统电路

采用整体式交流发电机，内装外搭铁式电压调节器，充电指示灯电路由磁场二极管控制。其主电路由 3 只正极管与 3 只负极管组成一个三相桥式全波整流电路，称为输出电流整流电路。其输出端“B_+”用红色导线与起动机“30”端子连接。3 只磁场二极管与 3 只负极管也组成一个三相桥式全波整流电路，称为磁场电流整流电路。其输出端“D_+”用蓝色导线经蓄电池旁边的单端子连接器 T_1 后与中央线路板 D 插座的 D_4 端子连接，再经中央线路板内部线路与 A 插座的 A_{16}端子相连。点火开关“30”端子用红色导线经中央线路板上的单端子插座 P 与蓄电池正极连接，点火开关“15”端子用黑色导线与仪表盘左下方 14 端子黑色插座的 14 端子连接(图中未画出,可参见原版线路图),经仪表盘印刷电路上的电阻 R_1、R_2 和充电指示灯(R_2 和充电指示灯串联后再与 R_1 并联)和二极管接回到 14 端子黑色插座 12 端子,再用蓝色导线与中央线路板 A 插座的 A_{16}。端子连接。

由桑塔纳轿车原版线路图和充电系统电路图可见,充电指示灯及发电机磁场绕组线路为:

蓄电池正极端子→中央线路板单端子插座 P 端子→中央线路板内部线路→中央线路板单端子插座 P 端子→点火开关“30”端子→点火开关→点火开关“15”端子→组合仪表盘下方 14 端子连接器的“14”端子→电阻 R_2 和充电指示灯(发光二极管)→二极管→中央线路板 A_{16}端子→中央线路板内部线路→中央线路板 D_4 端子→单端子连接器 T_1(蓄电池旁边)→交流发电机“D_+”端子→发电机的磁场统组→电子调节器功率管→搭铁→蓄电池负极

(二)福特汽车充电系统电源分析

如图 2-3-7 所示,美国福特汽车充电系统电路分析如下:

1.充电电路

发电机“B”→易熔线 D→G100、G103 搭铁点→发电机搭铁点。

2.励磁线圈的电路

蓄电池正极→“J”熔丝→发电机调节器“A”插脚→电压调节器→“磁场”线圈→电压调节器“E”→发电机搭铁点。

3.控制充电指示灯电路

(1)电压调节器与电源的连接电路

蓄电池正极→“J”熔丝→发电机调节器“A”插脚→电压调节器。

(2)相电压检测电路

发电机“S”插脚→电压调节器“S”插脚。

(3)控制充电指示灯的电路

蓄电池正极→“P”熔丝→点火开关“RUN”挡→组合仪表“C254”插脚→电阻→充电指示灯→电压调节器“1”插脚。

(三)夏利轿车电源系统电路

天津夏利 TJ7100、TJ7130 系列采用 8 管外搭铁型交流发电机,其内装集成电路 IC 调节器。充电指示灯受 IC 调节器控制。如图 2-3-8 夏利轿车电源系统电路

它的“IG”端经点火开关 S 接至蓄电池,用于检测蓄电池和发电机电压,从而控制三极管 VT_1 的导通与截止(发电机磁场电路)。它的 P 端接至发电机定子绕组某一相上,该点电压为交流发电机直流输出电压的一半。单片集成电路调节器从 P 端检测到交流发电机的电压,从而控制三极管 VT_2 的导通与截止(充电指示灯电路)。

当点火开关接通,发电机未转动,蓄电池电压经点火开关加到发电机“IG”端和调节器的“IG”端,调节器的电源就被接通,调节器电源电路为:蓄电池正极→易熔线(60 A)→点火开关“B”端子→点火开关触点→点火开关“IG”端子→发动机熔断器(15 A)→发电机线束连接器“IG”端子→IC 调节器内部电路→搭铁端子“E”→蓄电池负极。

单片集成电路检测出这个电压,使 VT_1 导通,于是磁场电路接通:磁场电路为:蓄电池正极→60 A 易熔线→点火开关电源端子“B”→发电机输出端子“B”→磁场绕组→调节器磁场端子“F”→调节器功率管→ VT_1→调节器搭铁端子“E”→蓄电池负极。

此时,交流发电机未运转不发电,P 端电压为零,单片集成电路检测出该电压使 VT_2 导通,于是充电指示灯亮,指示蓄电池放电,其电路为:蓄电池正极→易熔线(60 A)→点火开关

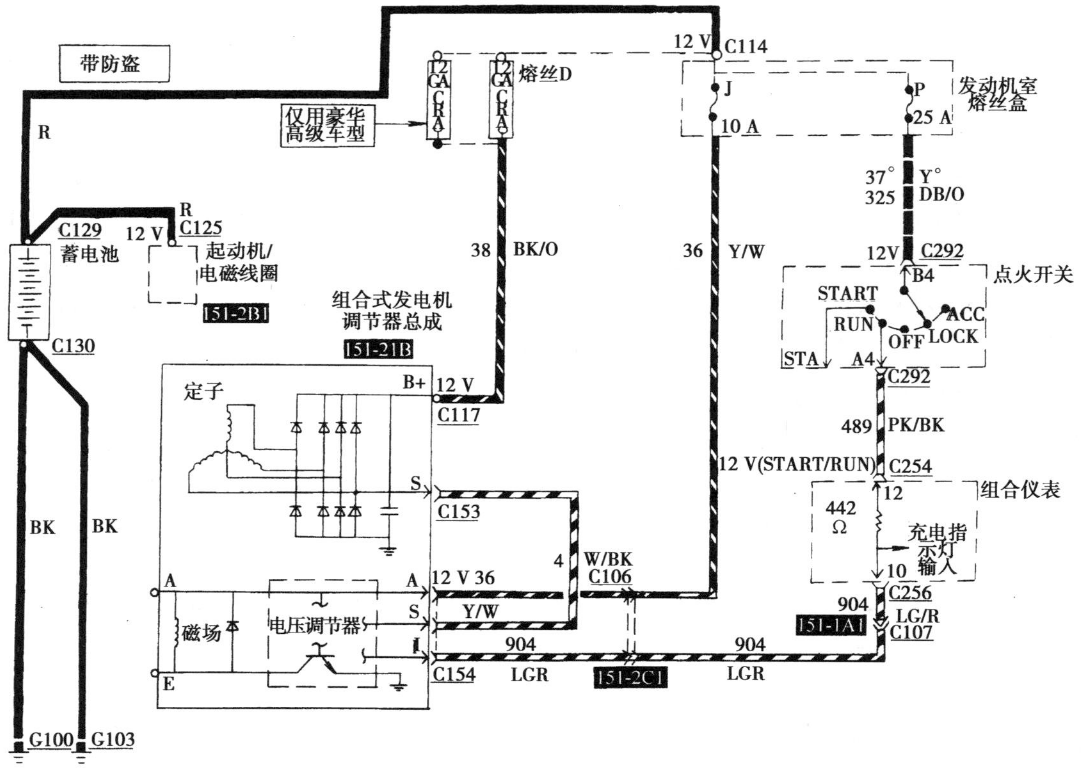

图 2-3-7　福特汽车充电系统电路

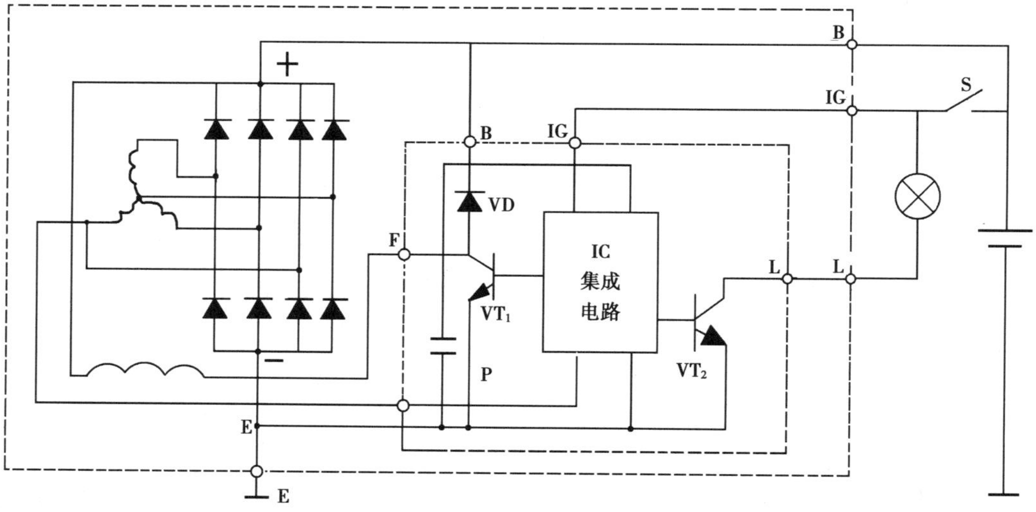

图 2-3-8　夏利轿车电源系统电路

"B"端子→点火开关触点→点火开关"IG"端子→仪表熔断器(10 A)→充电指示灯→发电机线束连接器"L"端子→IC 调节器功率管　VT_2→搭铁端子"E"→蓄电池负极。

四、电源系的常见故障诊断与排除

电源系的故障主要是以是否充电来表现，主要有不充电、充电电流过小和充电电流过大等故障。

(一)不充电

1.故障现象

(1)发动机中高速运转,充电指示灯不熄灭;(2) 开前照灯,电流表指示放电。

2.故障原因

(1)线路的接线断开或短路;(2) 电流表的接线错误;(3)发电机故障;(4) 调节器调整不当或有故障。

3.判断步骤与方法

(1)检查发电机皮带的状况。①检查发电机皮带的松紧度;用手指压下皮带的中部,若压下量过大,说明发电机皮带过松,应调整;②检查发电机皮带是否打滑。

(2)检查充电线路各导线和接头有无断裂或松脱,检查发电机的接线是否正确。

(3)打开点火开关,但不起动发动机,用试灯将其一端接在发电机的磁场接线柱上,另一端搭铁,观察试灯:①若试灯不亮,说明故障在调节器;② 若试灯亮,则拆下发电机"电枢"接线柱上的导线并悬空,用试灯将其一端接在发电机"电枢"接线柱上,另一端搭铁,若试灯不亮或灯光发红,说明故障在发电机。

(4)检查发电机。若发电机有故障,可用万用表测量各接线柱之间的电阻值,粗略判断故障所在,测量前,拆下发电机各接线柱上的导线,将万用表置于 $R\times1$ 挡测量各接住间的电阻值,其阻值应符合规定,若不符合规定,应对发电机进行拆检。

(5)检查调节器。若调节器有故障, 对于晶体管调节器,应更换; 对于触点式调节器,检查低速触点有无烧蚀或脏物,若有,应用砂纸或砂布条研磨或清洁;检查高速触点能否分离,若不能分离应修复。

(二)充电电流过小

1.故障现象

(1)蓄电池在亏电情况下,发动机中速以上运转时,电流表显示充电电流过小; (2)蓄电池经常存电不足; (3)打开大灯,灯光暗淡,按动电喇叭声音小。

2.判断步骤与方法

(1)外观检查。①检查发电机皮带的松紧度,用手指按下皮带的中部,若压下量过大,说明发电机皮带过松,应调整;②检查充电线路各导线接头是否接触不良或锈蚀脏污。

(2)拆下发电机"+"和"F"接线柱的导线,用试灯的两根接线分别触及"+"和"F"接线柱,起动发动机,并逐渐提高转速,同时观察试灯:①若试灯亮度不变或变化很小,说明故障在发电机;②若试灯随发动机转速增加而亮度增加,说明故障在调节器。

(3)对于装有晶体管调节器的充电系统,可起动发动机,并使其略高于怠速运转,然后连接调节器的"F"与"-"接线柱(外搭铁)或"F"与"+"(内搭铁),逐渐提高发动机转速,观察电流表:①若电流表指示的充电电流增大,说明故障在调节器;②若电流表指示无变化,说明故障在发电机。

(4)若是故障在发电机,应进行解体检查。

(5)若是故障在调节器,对于晶体管调节器,应更换;对于触点式调节器,应拆下调节器盖进行检查。

（三）充电电流过大

1.故障现象

（1）在蓄电池不亏电的情况下，充电电流仍在 10 A 以上。

（2） 蓄电池电解液损耗过快。

（3）分电器断电器触点经常烧蚀，各种灯泡经常烧坏。

2.判断步骤与方法

充电电流过大的故障，一般都是调节器失调所致，所以在检查时，主要是对调节器进行检查。

（1） 对于装有晶体管调节器的充电系统，应检查发电机与调节器的额定功率、额定电压、是否匹配，如果无匹配问题，则应更换调节器。

（2）对于装有触点式调节器的充电系统，应进行弹簧弹力及衔铁间隙的调整，使之符合要求。

五、桑塔纳2000GSI轿车的电源系统故障诊断方法和步骤实例

（一）点火开关接通时，交流发电机的指示灯不亮

1.检查条件

（1）发电机 V 形带的张力正常；（2）蓄电池电充足；（3）发电机的搭铁线接触良好。

2.故障诊断与排除

点火开关接通时，交流发电机的指示灯不亮故障的诊断与排除，如图 2-3-9 所示。

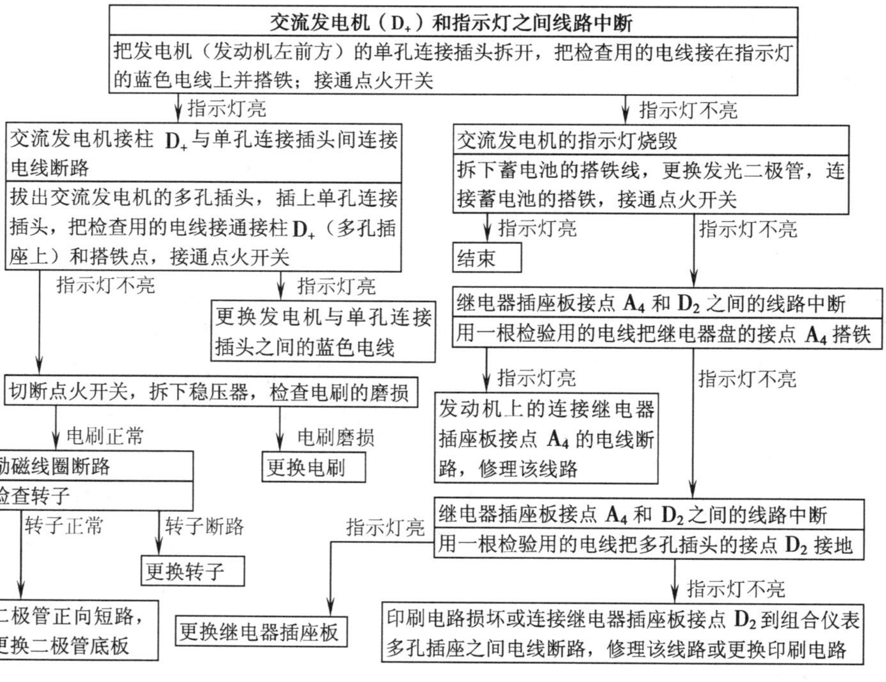

图 2-3-9 点火开关接通时交流发电机的指示灯不亮故障的诊断与排除流程图

（二）转速增高时，交流发电机指示灯不熄灭

转速增高时，交流发电机指示灯不熄灭故障诊断与排除，如图 2-3-10 所示。

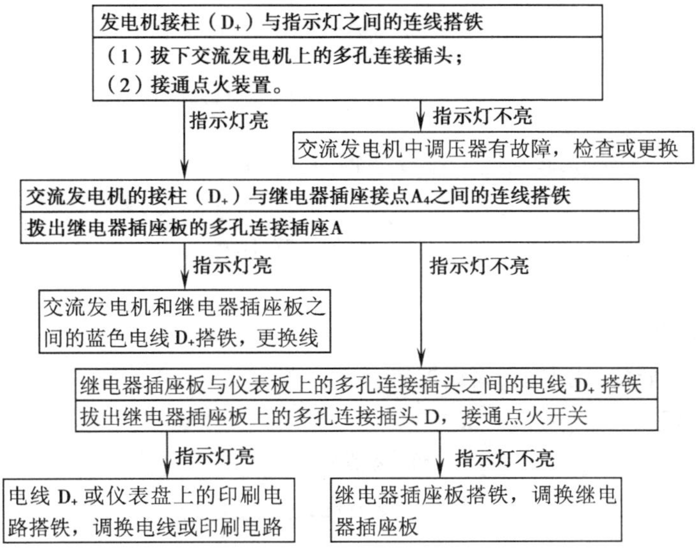

图 2-3-10　转速增高时，交流发电机指示灯不熄灭故障诊断与排除流程图

六、交流发电机充电系常见故障部位

交流发电机充电系常见故障部位如图 2-3-11 所示。

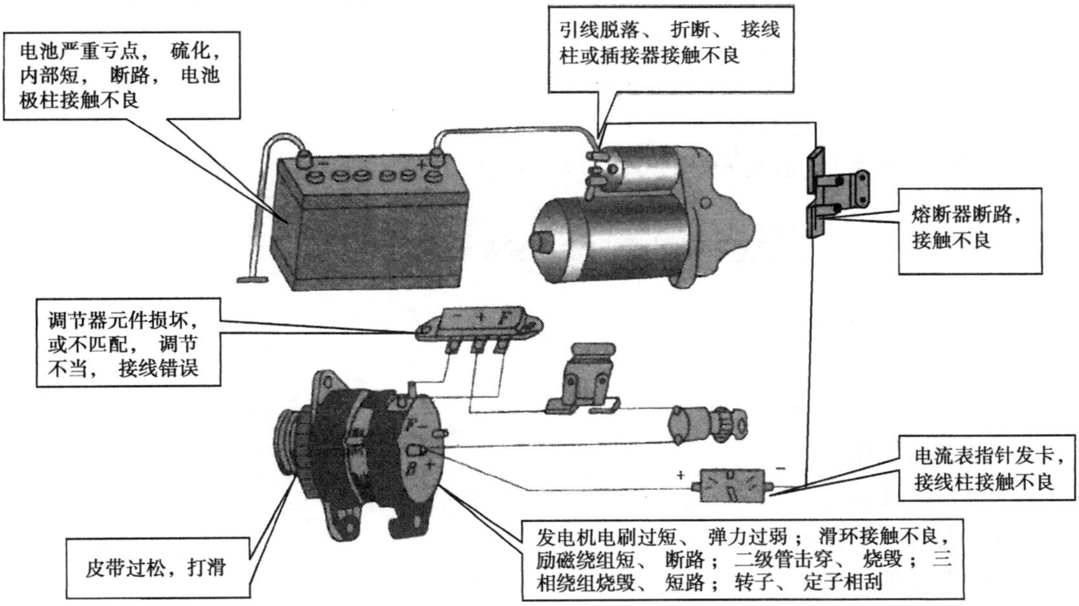

图 2-3-11　交流发电机充电系统常见故障部位

【任务实施】

一、实施内容

电源电路主要零部件的检修、充电系统故障检修。

二、准备工作

1.所需设备

整车(常用本田、大众轿车)、尾气排放装置、基本拆装工具、工作台、手电筒等。

2.工具和材料

汽车电工工具套装、干净的抹布、汽车用数字万用表、导线、试灯、导线夹、汽车维修手册、汽车电路图册等。

3. 安全防护用品

标准作业装、安全鞋、线手套、灭火器等。

4.汽车信息收集

车牌号码:____________________,车辆型号:____________________,

VIN 码:______________________,行驶里程:____________________,

维修接待意见:____。

三、技术规范与注意事项

1. 严禁违章操作。

2. 使用维修手册和电路图时,要注意避免残缺不全,资料应与使用车辆型号相对应。

3. 注意防止操作失误造成人员和财产损失。

4. 为了防止电气线路在操作过程中的短路,每次拆装、检测电气设备时,应先断开蓄电池搭铁线,完成后,安装搭铁线。

5. 发动机熄火后应关闭点火开关,并取下钥匙,防止蓄电池继续向发电机放电,造成亏电。

6. 要遵守维修手册规定的其他技术和安全要求。

四、实施步骤及方法

(一)检修作业的准备及预检

1.一般准备工作

(1)与小组成员共同清洁场地　　□任务完成

(2)清点所需工量具数量和种类　　□任务完成

(3)检查设备、工量具性能是否良好　　□任务完成

2.安全防护准备工作

(1)安装车轮挡块阻挡车轮　　□任务完成

(2)使用空挡和驻车制动　　□任务完成

(3)安装好前栅格布及护套　　□任务完成

3.发动机机舱预检

(1)检查发动机冷却液液面　　□正常　　□不正常

(2)检查发动机机油液面　　□正常　　□不正常

(3)检查制动液液位　　□正常　　□不正常

(二)电源系统的检修

以本田雅阁、桑塔纳轿车的电源系统检修为例进行介绍,回答相关问题并做好记录。

1.本田雅阁轿车电源电路就车检查

本田雅阁电源系统各元件在车上分布位置如图 2-3-12 所示。

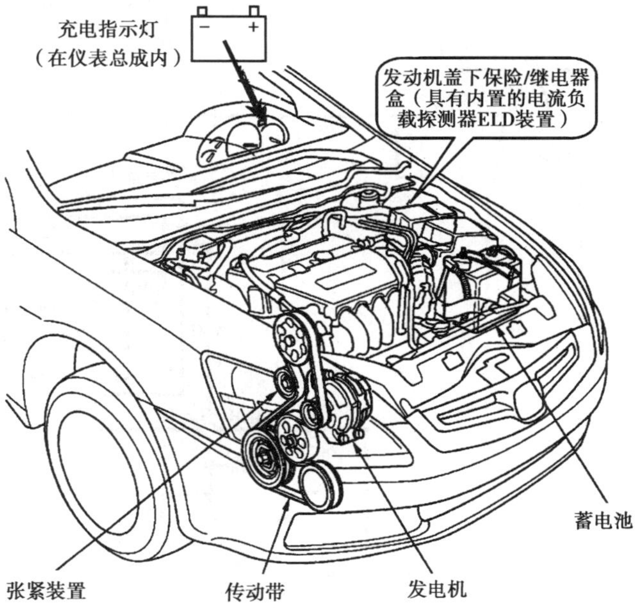

图 2-3-12 本田雅阁轿车电源系统各元件的分布

(1)检查蓄电池电解液液位,如果电解液液位偏低,则应该:□更换蓄电池 □添加蒸馏水,并检查充电系统。

(2)检查蓄电池电解液密度。即检查免维护蓄电池电眼的颜色。绿色为良好,暗需要充电,清晰或淡黄色需要更换,如图 2-3-13 所示。你观察到的颜色是:□绿色 □暗 □清晰或淡黄色 □其他颜色。表示蓄电池的技术状况为:□良好 □需要充电 □需要更换。

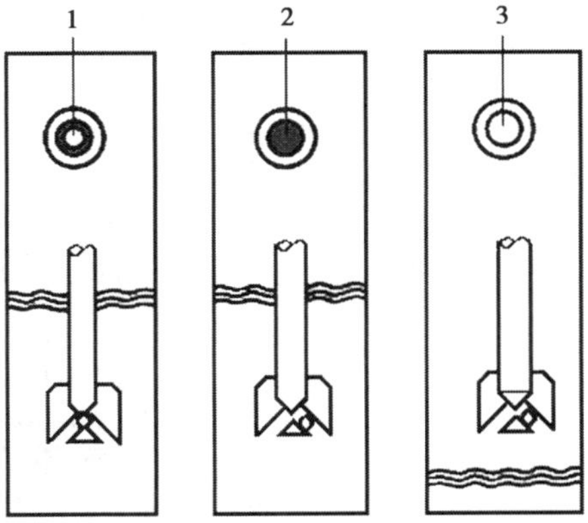

1 – 绿色;2 – 暗;3 – 淡黄色

图 2-3-13 免维护蓄电池电眼

(3)检查蓄电池电压。①在车辆停驶或发动机停转 20 min 之内,将点火开关置于 ON 位置并打开用电设备(前照灯、鼓风机电机、后除雾器等)60 S,以去除蓄电池表面电荷。②关闭点火开关和用电设备。③用万用表测量蓄电池正、负极之间的电压。标准电压:20 ℃时为 12.5 ~ 12.9 V。如果低于标准值,应该给蓄电池充电。④你测得的蓄电池电压是__________ V,判断蓄电池的技术状态为:□正常 □需要充电 □需要更换。

(4)检查电源系统导线的连接和传动情况。如图 2-3-14,本田雅阁车辆的电压调节器采用了新型数字技术,发电机导线连接与普通车型不同。根据检查结果填写下表:

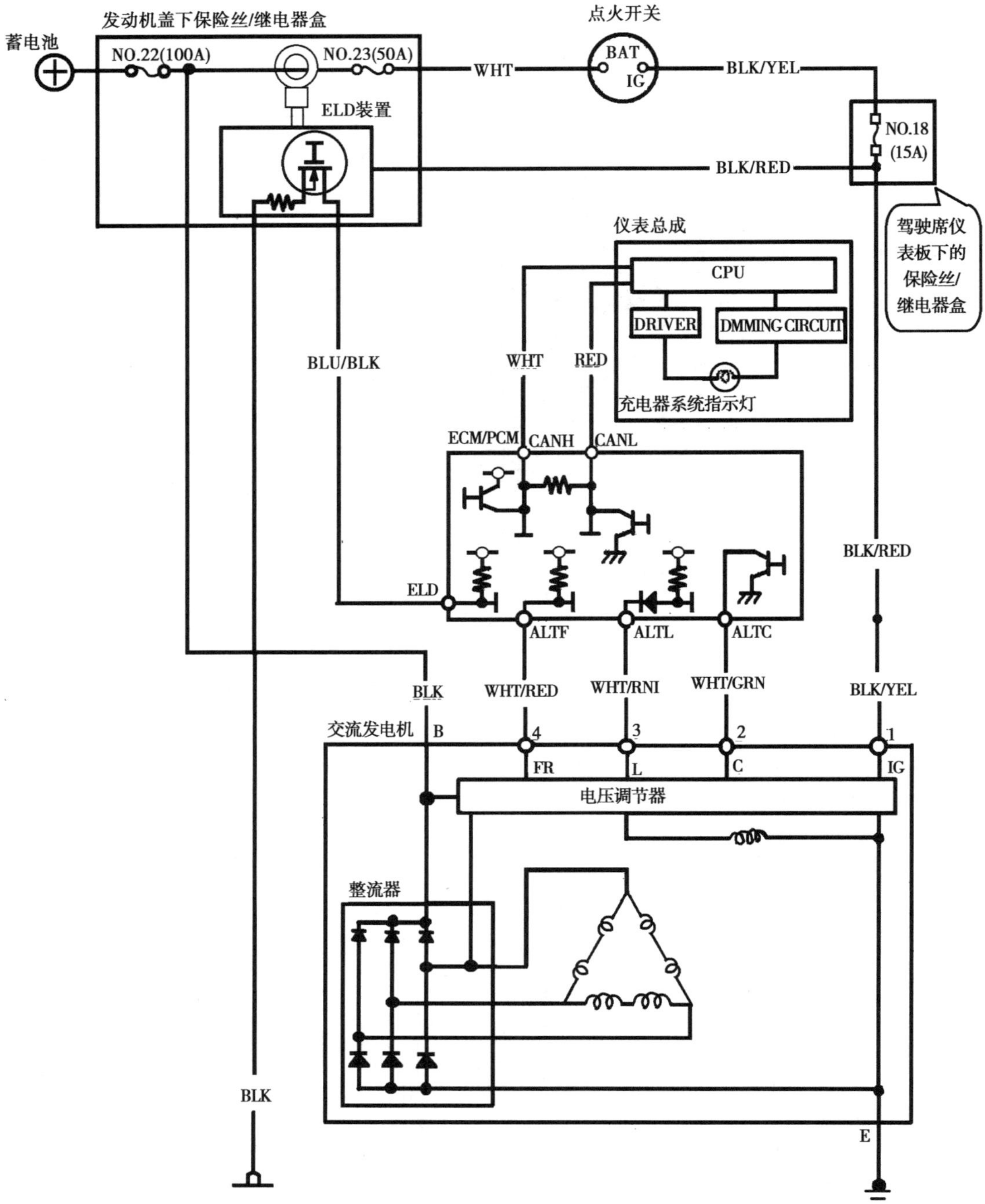

图 2-3-14　本田雅阁轿车电源电路

表 2-3-1　电源系统线路连接和传动检查情况表

检查内容	检查结果	检查内容	检查结果	处理意见
发电机搭铁形式	□内搭铁 □外搭铁	各导线连接是否牢固	□牢固 □松动	□紧固 □更换 □不作处理
发电机结构类型	□整体式 □普通式	检测各熔断器电阻值	NO. 18 ________ Ω NO. 22 ________ Ω NO. 23 ________ Ω	□继续使用 □更换 □用细导线代替
发电机绕组连接形式	□星形 □三角形	蓄电池端子有无腐蚀	□正常 □有腐蚀	□清洁端子 □更换 □不作处理
发电机输出端导线	□红色 □黑色	检查导线是否处于良好状态	□良好 □绝缘老化 □破损	□更换 □包扎绝缘材料 □不需处理
电源系统搭铁线颜色	□红色 □黑色□	各端子连接是否正确	□正确 □有连接错误	□照图连接 □不作处理
发电机共有几个对外接线端子	□4 个 □5 个 □6 个	检查传动皮带	□有磨穿裂纹 □有线芯露出 □凸肩侧有局部脱落现象	□更换 □维修 □继续使用
EDL 装置是	□电源负载管理装置 □保险丝盒	皮带与皮带轮是否匹配	□过宽 □过窄 □正常	□更换 □维修 □继续使用
点火开关的导线颜色	□红　□白 □黑/黄 □黑/红	检查皮带张紧度	□过松 □过紧 □正常	□更换 □调整 □不作处理
发电机有几个二极管	□6 个 □9 个 □7 个 □11 个	发电机异响	□有异响 □无异响	□检查更换轴承 □检查更换皮带轮 □检查更换发电机 □不作处理
电压调节器插头有几个针脚	□3 个 □4 个 □5 个	观察充电指示灯	□亮 □灭 □暗	□检查发电机 □检查线路 □不作处理
发电机导线端子个数	□3 个 □4 个 □5 个			

(5)检查充电指示灯(又称充电不足警告灯)电路。①将点火开关置于 ON 位置,检查充电指示灯是否点亮,检查的结果是:□亮 □灭。②发动机正常起动后检查充电指示灯是否

按规定熄灭，如果没有熄灭，应检查充电指示灯电路进行故障排除。

你检查的结果为：□亮　□灭。

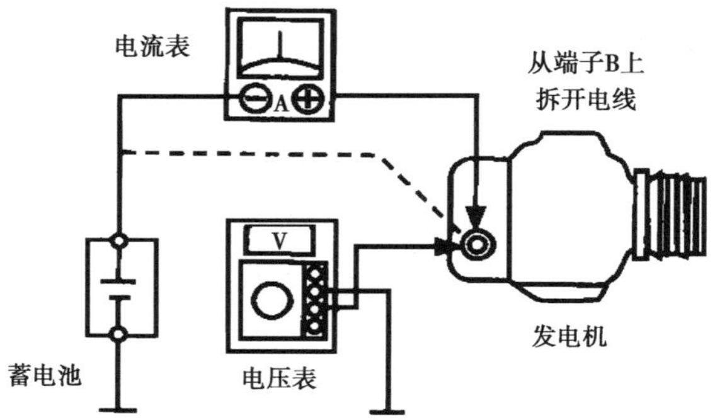

图 2-3-15　不加负载检测充电电路

（6）检查充电电路

主要是检查充电电流和充电电压。空载检测时，须断开发电机 B 端子配线；部分负载或满负载检测时，须将电流表串联在发电机 B 端子和拆下的原导线之间；接入电流表和电压表的方法如图 2-3-15 所示。检查数据记录表 2-3-2 中。

表 2-3-2　充电电路检查情况记录表

检查项目	检测条件	标准值		测量值		是否正常	措施
		电流（A）	电压（V）	电流（A）	电压（V）		
空载充电电路	发动机怠速运转	—	—				
部分负载电路（打开雨刮、后除雾器）	发动机转速 2 000 r/min	≤10	13.2～14.8				
负载电路（打开前照灯，鼓风机开关置于 HI 位置）	发动机转速 2 000 r/min	≥30	—				

2.桑塔纳 2000GSI 轿车电源系统检查

桑塔纳 2000GSI 轿车电源系统如图 2-3-16 所示、仪表电路（含充电指示灯）电路如图 2-3-17所示。

（1）电源系统的基本检查

①用万用表检查蓄电池电压，其电压为________ V，初步判断蓄电池为：□正常　□存电不足　□无电。

蓄电池桩头连接：□紧固　□松动　□有腐蚀。若有问题，应采取恰当措施恢复一正常情况。

②打开点火开关，观察仪表上的充电不足警告灯是否点亮，你观察的结果是：□点亮　□熄灭。若点亮，则说明充电不足警告指示灯电路为：□正常　□断路　□短路。此时起动发动机，再观察充电不足警告指示灯，你观察到的情况是：□点亮　□熄灭，说明充电不足警告指示灯电路为：□正常　□断路　□短路；若灯不亮，说明充电不足警告指示灯电路为：□正常　□断路　□短路。

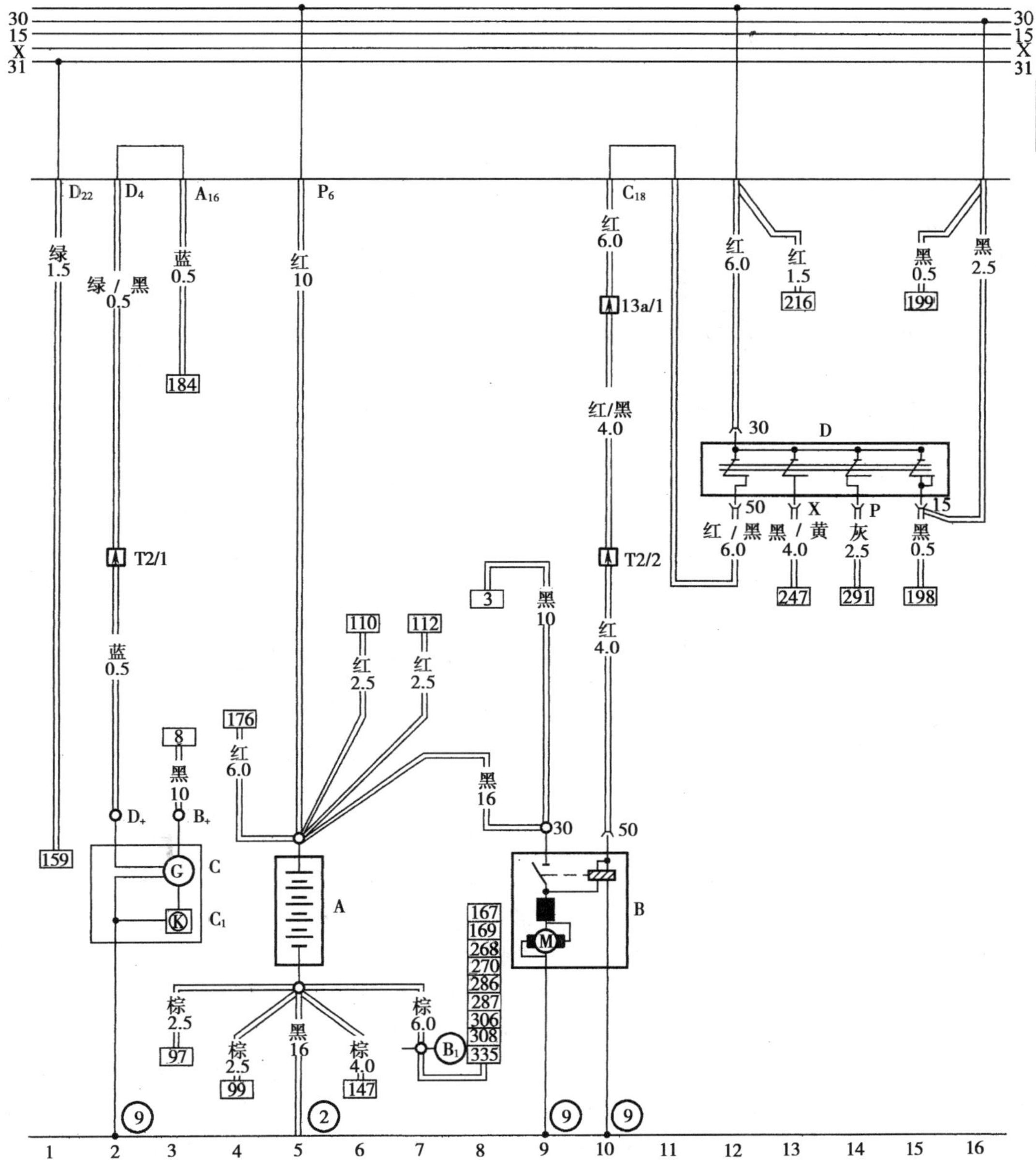

A－蓄电池;C－交流发电机;C_1－调节器 ;②－搭铁点(在蓄电池支架上) ;⑨－自身搭铁

图 2-3-16　桑塔纳 2000GSI 轿车电源、点火系统电路

(2)电源电路故障诊断

当检查到充电不足警告灯不亮的故障时,应进一步诊断。

①拆下发电机上 D_+ 插接器,用一根导线接在 D_+ 和搭铁之间,打开点火开关,观察仪表上

的充电指示灯是否被点亮;之前没亮,现在被点亮,说明故障在:□发电机　□电路上　□仪表内部　□其他。之前不亮,现在还是不亮,说明除发电机外,还有:□其他故障　□其他正常。

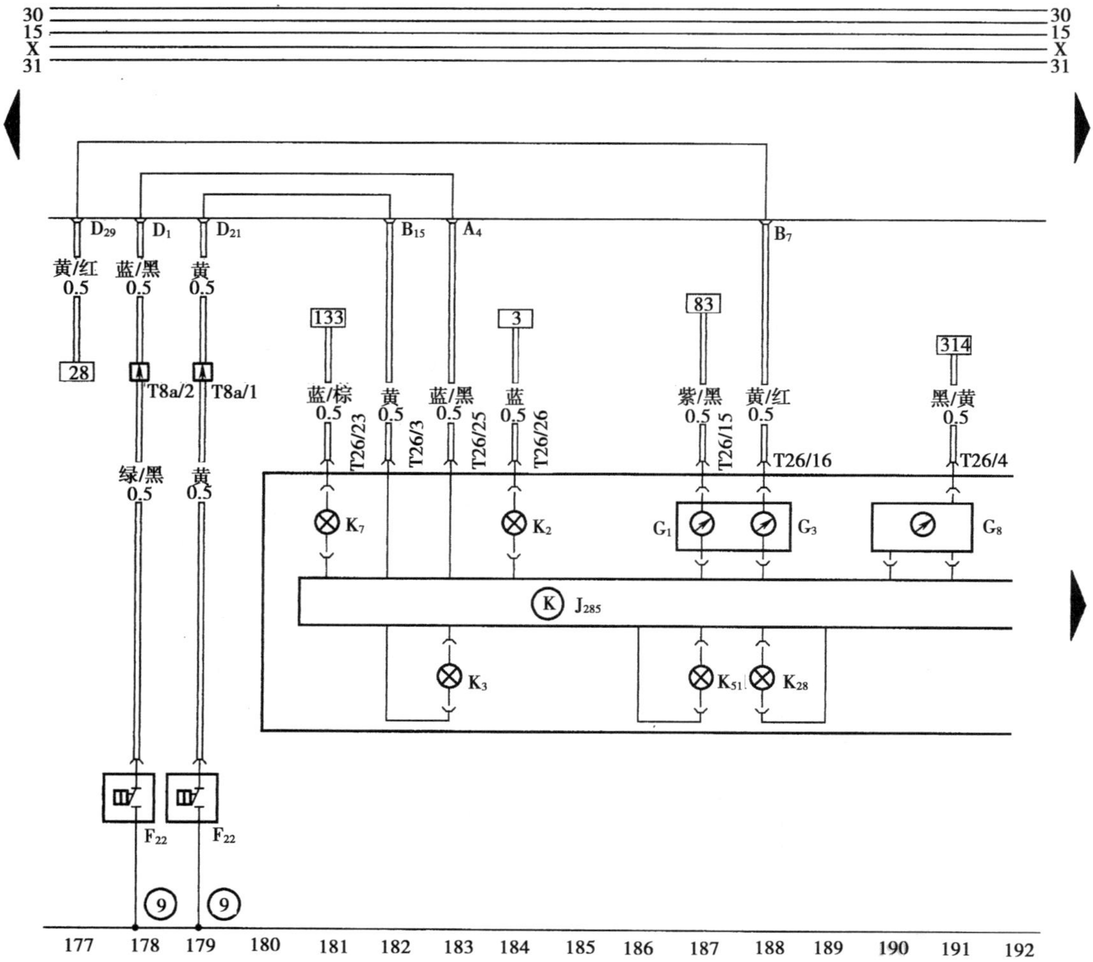

F22－油压开关(0.25bar);G3－水温表;G8－车速里程表;J285－组合仪表控制器;

K2－充电不足警告灯;K3－油压报警灯;K7－制动液位警告灯;K28－冷却液温度报警灯;

K51－燃油不足报警灯;⑨－自生搭铁

图 2-3-17　桑塔纳 2000GSI 轿车仪表电路图

②当确定故障在发电机之外时,可以首先诊断在 D_+ 与 T26/26 之间是否有断路情况,若故障在 D_+ 与 T26/26 之间,进一步确定是在 D_+ 与中央接线板 D_4 之间,还是在中央线路板 D_4 与 A_{16} 间,或是在 A_{16} 与 T26/26 之间。断开 D_+,用万用表检查 D_+ 与 D_4 间是否导通,若导通则说明 D_+ 与 D_4 间导线无断路,此情况属于:□正常　□有故障;若不导通,则说明 D_+ 与 D_4 间断路,此情况属于:□正常　□有故障;用万用表检查 D_+ 与搭铁间是否导通,若导通则说明 D_+ 与搭铁间导线无断路,此情况属于:□正常　□有故障;若不导通,则说明 D_+ 与搭铁间无短路,此情况属于:□正常　□有故障。

【评价与反馈】

班级:________________ 姓名:________________ 指导教师:________________

序号	考核项目	项目分值	考核内容		配分	考核标准	得分
1	出勤纪律	5	出勤		2	违规一次不得分	
			行为规范		3	违规一次不得分	
2	安全防护环保	20	着装		4	违规一次不得分	
			个人防护		4	违规一次不得分	
			“5S”/“EHS”		4	违规一次不得分	
			设备使用安全		4	违规一次不得分	
			操作安全		4	违规一次不得分	
3	知识	20	知识测试成绩		20	按测验成绩的20%计	
4	技能考核	40	准备	清点工量具,清理工位	1	未做不得分	
				清洁对象外观	1	未做不得分	
				检查电源开关	1	未做不得分	
			电源电路测试	检查万用表等工具	1	未做不得分	
				从车上拆装蓄电池、发电机	3	操作不正确扣1~3分	
				拆装充电指示灯	3	操作不正确扣1~3分	
				拆卸顺序	3	操作不正确扣1~3分	
			蓄电电路检修与故障分析	表笔测试点的确定	3	操作不正确扣1~3分	
				检查电源电路组成	3	检查不正确扣1~3分	
				检查电源电压情况	3	检查不正确扣1~3分	
				检查指示灯情况	3	检查不正确扣1~3分	
				检查线路连接	3	检查不正确扣1~3分	
				检查各相应接线端子	4	检查不正确扣1~4分	
				故障分析	4	检查不正确扣1~4分	
				故障排除	4	分析不正确扣1~4分	
5	学习能力	10	工单填写,工艺计划制定		4	未做不得分	
			组内活动情况		4	酌情扣分	
			资料查询和收集		2	未做不得分	
6	任务拓展	5	知识拓展任务		2	未做不得分	
			技能拓展任务		3	未做不得分	
7	总分	100					

【教师评估】

序号	优点	存在问题	解决方案
教师签字：			

项目三
起动系统构造与检修

任务一　起动机结构与工作原理

【任务目标】

目标类型	目标要求
1. 认知目标	(1)了解起动机的分类； (2)描述起动机结构与工作原理。
2. 技能目标	达到汽车维修中级工如下要求： (1)熟悉几种典型起动机的结构特点； (2)查询维修资料，对起动机进行拆装和零件测量。
3. 情感目标	(1)注意不要受到起动机机械伤害； (2)养成良好的作业习惯。

【任务描述】

一辆2008款丰田卡罗拉轿车，行驶到90 000 km后出现接通点火开关起动挡时，发动机只发出“嗒”的一声响声，而起动机却不转动的故障。经分析可能是接触盘与主触点之间的工作面烧蚀严重，将两只触头修磨平整，装复试验，故障排除。

【知识准备】

一、发动机起动原理

要使发动机由静止状态过渡到工作状态，必须用外力转动发动机的曲轴，使气缸内吸入(或形成)可燃混合气并燃烧膨胀，工作循环才能自动进行。曲轴在外力作用下开始转动到发动机开始自动地怠速运转的全过程，称为发动机的起动。

发动机起动的方法很多，汽车发动机常用的电动机起动是用电动机作为机械动力，当将电动机轴上的齿轮与发动机飞轮周缘的齿圈啮合时，动力就传到飞轮和曲轴，使之旋转。电动机本身又用蓄电池作为能源。目前绝大多数汽车发动机都采用电动机起动。

二、起动机基本组成

起动机一般由直流电动机、电磁开关和传动机构三部分组成，如图 3-1-1 所示。

1. 直流电动机，其作用是产生转矩。

2. 传动机构(或称啮合机构)，其作用是：在发动机起动时，使起动机驱动齿轮啮入飞轮齿环，将起动机转矩传给发动机曲轴；而在发动机起动后. 使驱动齿轮打滑与飞轮齿环自动脱开。

3. 控制装置(电磁开关). 用来接通和切断起动机与蓄电池之间的电路。在有些汽车上，还具有接入和隔除点火线圈附加电阻的作用。

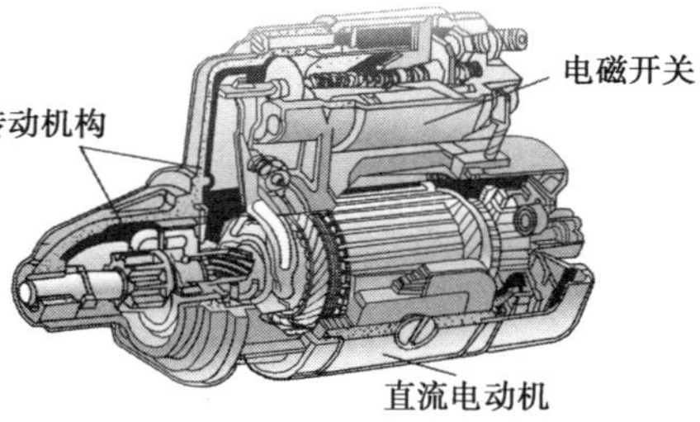

图 3-1-1　直流电动机

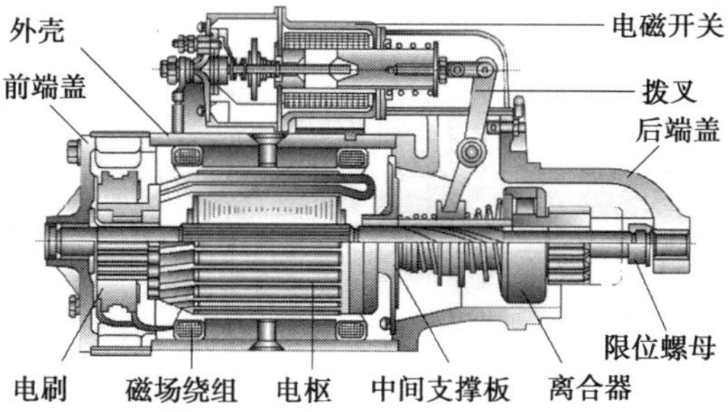

图 3-1-2　起动机具体构造

三、起动机的具体构造及特点

起动机主要由外壳、转子(电枢)、定子、磁场绕组、电磁开关、单向离合器、前端盖、后端盖(支架)、电刷、拨叉等组成，如图 3-1-2 所示。

1. 磁场部分。由磁极、磁场绕组和外壳等组成，如图 3-1-3 所示。

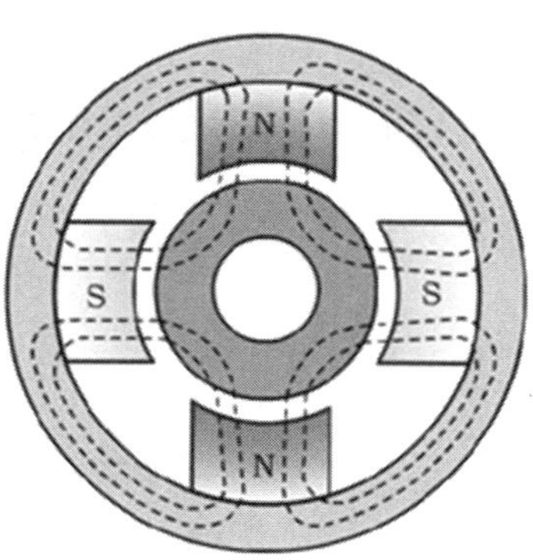

图 3-1-3　磁场

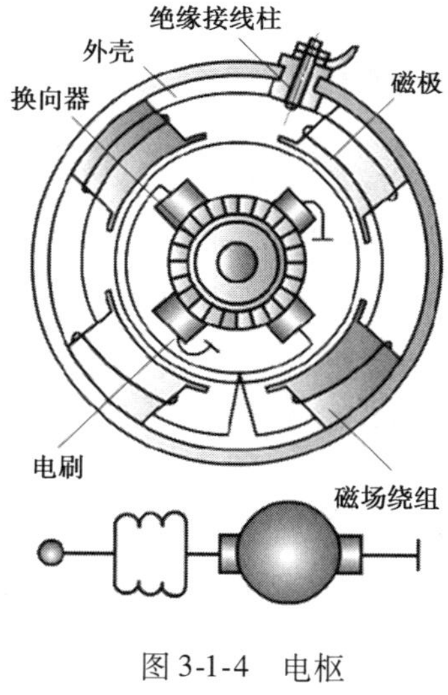

图 3-1-4　电枢

2. 电枢部分。由电枢线圈及铁芯、电枢轴、换向器等组成，如图 3-1-4 所示。

3. 换向器。由电刷和电枢轴上的整流装置组成，用来连接磁场绕组与电枢绕组，如图 3-1-5所示。

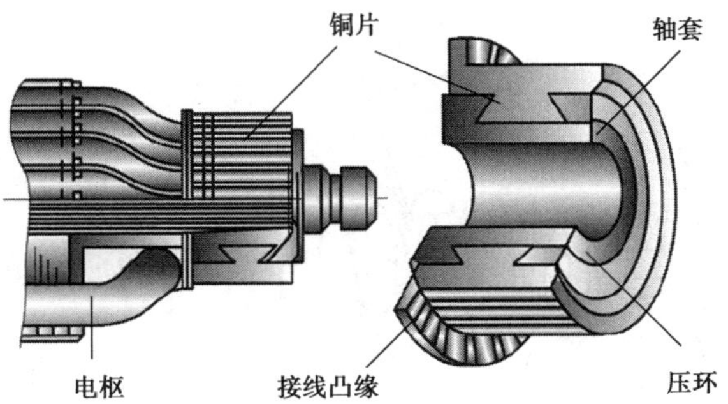

图 3-1-5　换向器

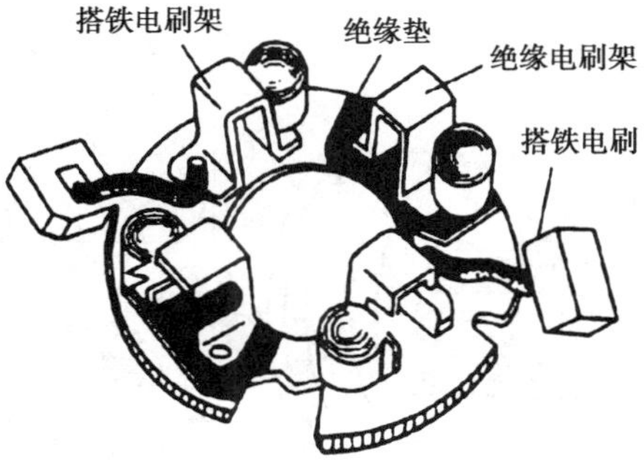

图 3-1-6　电刷及电刷架

4. 电刷装置。由铜粉（80% ~90%）和石墨粉（10% ~20%）压制而成。四电刷起动机两个正电刷与端盖绝缘，两个负电刷直接搭铁，如图 3-1-6 所示。

3-1-7　拨叉

图 3-1-8　单向离合器和驱动齿

5. 传动机构。传动机构主要由单向离合器、驱动齿轮和拨叉组成。直流电动机通电后产生的电磁转矩是靠传动机构输送到发动机的飞轮的。如图 3-1-7、图 3-1-8 所示。

对起动机传动机构的要求是：

（1）发动机起动时，使起动机的驱动齿轮与发动机的飞轮进入啮合，啮合要平稳，不能发生冲击现象。

（2）发动机起动后，使起动机的驱动齿轮与发动机的飞轮脱离啮合。

6. 滚柱式单向离合器。滚柱式单向离合器结构简单，在中小功率的起动机上被广泛应用。但在传递较大转矩时，滚柱易变形卡死，因此滚柱式单向离合器不适用于功率较大的起动机上。

滚柱式单向离合器结构如图 3-1-9 所示，它的驱动小齿轮与外壳制成一体，外壳内装有十字块、滚柱、压帽和弹簧。十字块与花键套筒固连，壳底与外壳相互扣合密封。其工作原理如图 3-1-10 所示。

四、起动机的分类

在起动机的三个组成部分中，电动机部分一般没有本质的差别，按照所用直流电动机的形式可分为普通起动机和永磁起动机；控制装置和传动机构则有很大差异，因此一般是按控制装置和传动机构的不同来分类的。

1.按控制装置分类

（1）直接操纵式起动机。它是由脚踏或手拉杠杆联动机构直接控制起动机的主电路开

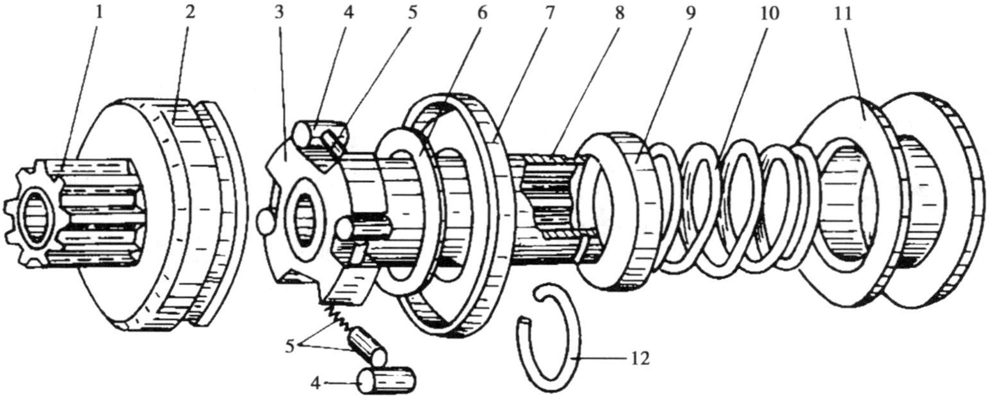

1－起动机驱动齿轮;2－外壳;3－十字块;4－滚柱;5－压帽与弹簧;6－垫圈;
7－护盖;8－花键套筒;9－弹簧座;10－缓冲弹簧;11－移动衬套;12－卡簧

图3-1-9　滚柱式单向离合器结构图

关来接通或切断主电路,也称机械式起动机。这种方式虽然结构简单、工作可靠,但由于要求起动机、蓄电池靠近驾驶室,而受安装布局的限制,而且操作不便,已很少采用;

(2)电磁操纵式起动机 。它是由按钮或点火开关控制继电器,再由继电器控制起动机的主开关来接通或切断主电路,也称电磁控制式起动机。这种方式可实现远距离控制,工作方便,在现代汽车上广泛采用。

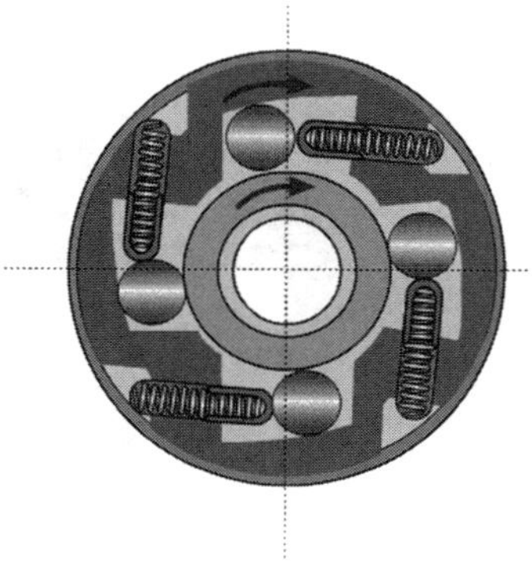

图3-1-10　滚柱式单向离合器原理图

2.按传动机构的啮合方式分类

(1)惯性啮合式起动机。起动机旋转时,其啮合小齿轮靠惯性力自动啮入飞轮齿环。起动后,小齿轮又借惯性力自动与飞轮齿环脱离。这种啮合机构结构简单,但不能传递较大的转矩,而且可靠性较差,已很少采用。

(2)电枢移动式起动机。接通点火开关起动发动机时,驱动齿轮靠杠杆机构的作用沿电枢轴移出与飞轮环齿啮合,使发动机起动;发动机起动后,切断起动开关,外力的作用消除后,驱动齿轮在复位弹簧的作用下退回,脱离与飞轮环齿的啮合。这种起动机结构复杂,仅用于一些大功率柴油车上。

(3)强制啮合式起动机。起动机不工作时,起动机的电枢与磁极错开。接通起动开关起动发动机时,在磁极磁力的作用下,整个电枢连同驱动齿轮移动与磁极对齐的同时,驱动齿轮与飞轮环齿啮合。发动机起动后,切断起动开关,磁极退磁,电枢轴连同驱动轮退回,脱离与飞轮的啮合。这种起动机结构简单、工作可靠、操作方便,所以被现代汽车广泛采用。

3.按定子磁场分类

(1)电磁式起动机。磁场由固定在起动机外壳上的电磁线圈提供,由于电磁线圈绝缘层易磨损导致短路,限制了起动机的使用寿命,这种起动机正在淘汰。

(2)永磁式起动机。磁场由固定在外壳上的永磁体构成,由于永磁体使用周期长不易损坏,大幅度提升了使用寿命也使结构更简单,正被广泛使用。

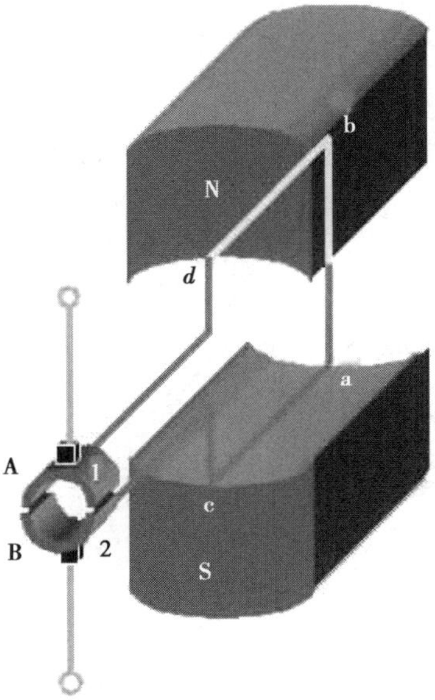

图 3-1-11 直流电机工作原理

五、起动机的工作原理

起动机的工作原理可以通过其中主要部件直流电动机的工作原理来说明。直流电动机是将电能转变为机械能的设备,它是根据带电导体在磁场中受到的电磁作用的这一原理为基而制成的。其工作原理如图 3-1-11 所示。

由于一个线圈所产生的力矩太小,而且转速不稳定,因此实际上电动机的电枢上绕有很多线圈,换向片数也随线圈的增加相应增加。从而保证产生足够大的转矩和稳定的转速。

六、起动机的检修

(一)起动机的拆卸和安装

拆卸起动机时,应首先拆下蓄电池搭铁线,然后再拆下起动机的各连接线。

起动机通过安装支架与发动机相连。安装时先将支架套在起动机上,装上垫片、弹簧垫和螺母(M5),并用力旋紧,然后将支架连同起动机一起装在发动机上。

检查起动机的外壳两个螺栓(M5)是否能在支架槽孔中活动,必要时用锉刀加工,调整起动机到最佳位置,最后以 20 N · m 的力矩拧紧紧固螺母。

(二)起动机的分解

1.起动机的分解

(1)如 3-1-12 所示,用扳手旋下电磁开关的接线柱“30”及“50”的螺母,取下导线。

(2)如图 3-1-13 所示,旋下起动机贯穿螺钉和衬套螺钉,取下衬套座和端盖,取出垫片组件和衬套。

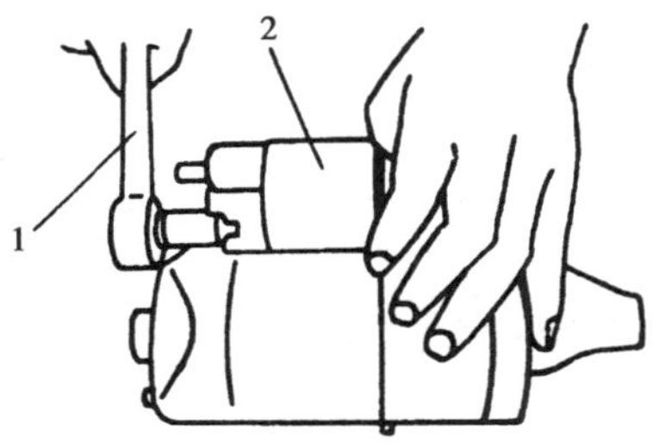

1 – 起动机;2 – 衬套座;3 – 端盖

图 3-1-12 起动机导线的拆卸

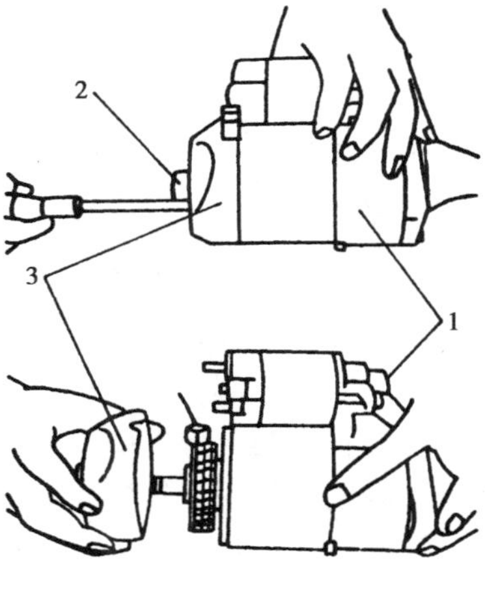

1 – 扳手;2 – 电磁开关

图 3-1-13 起动机衬套及端盖的拆卸

(3)如图 3-1-14 所示,用尖嘴钳将电刷弹簧抬起,拆下电刷架及电刷。

(4)如图 3-1-15 所示,取下励磁绕组后,用扳手旋下螺栓,从驱动端端盖上取下电磁开关总成。

(5)如图 3-1-16 所示,在取出转子后,从端盖上取下传动叉,然后取出驱动齿轮与单向离合器,再取出驱动齿轮端衬套。

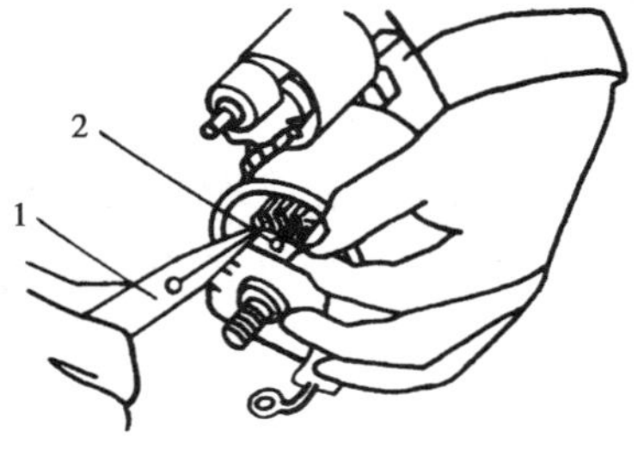

1－尖嘴钳;2－电刷弹簧

图 3-1-14　起动机电刷的拆卸

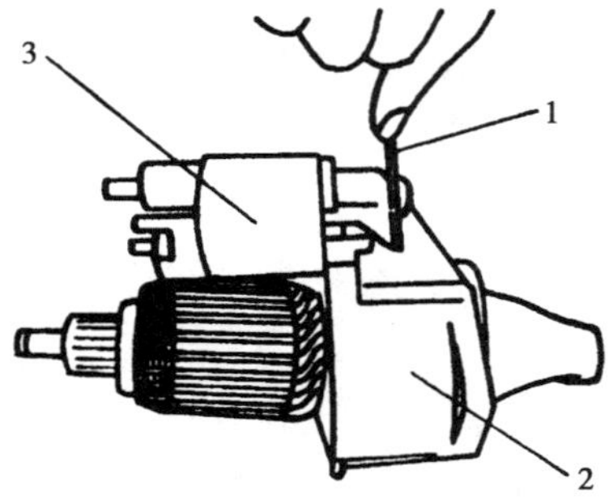

1－扳手;2－驱动端盖;3－电磁开关

图 3-1-15　起动机电磁开关的拆卸

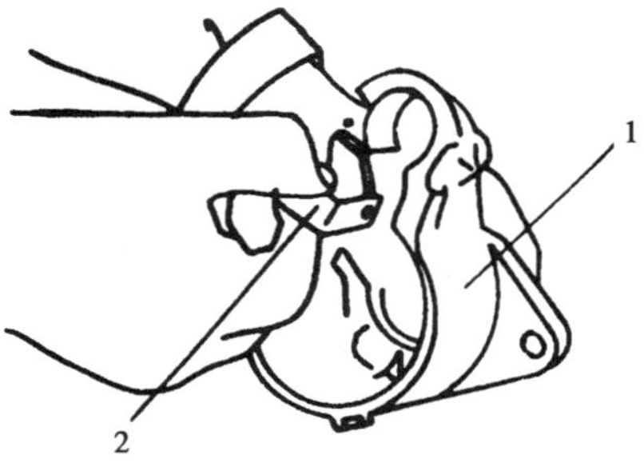

1－端盖;2－传动叉

图 3-1-16　起动机传动叉的拆卸

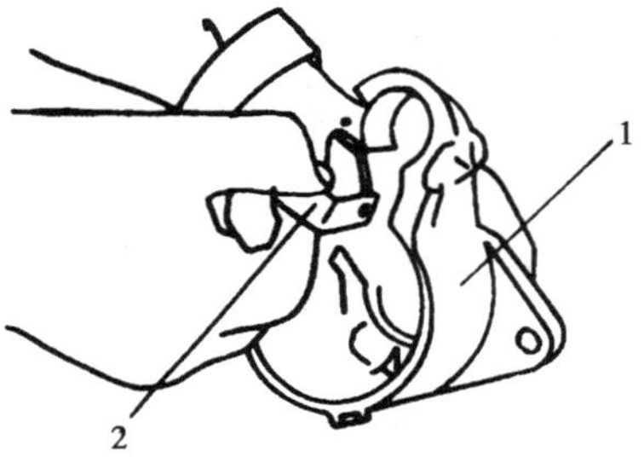

1－止推垫圈;2－驱动齿轮;3－驱动齿轮轴向间隙

图 3-1-17　起动机驱动齿轮轴向间隙的调整

2.起动机的组装

起动机的组装可按起动机的分解相反顺序进行,但应注意以下事项:

(1)安装时,衬套中应涂上润滑脂。

(2)如图 3-1-17 所示,用止推垫圈调整驱动齿轮的轴向间隙(推到极限位置),标准值为 0.3～1.5 mm。

(三)起动机零件的检修

1.电枢轴的检修

用千分表检查起动机电枢轴是否弯曲,如图 3-1-18 所示。若摆差超过 0.1 mm,应进行校正。电枢轴上的花键齿槽严重磨损或损坏,应进行修复或更换。

电枢轴轴颈与衬套的配合间隙,不得超过 0.15 mm。间隙过大,应更换新套,进行铰配。

2.整流子的检查

检查整流子有无脏污和表面烧蚀,若出现此情况,用 400 号砂纸或在车床上修整。

检查整流子的径向圆跳动量,如图 3-1-19 所示。将整流子放在 V 形铁上,用百分表测量圆周上径向跳动量,最大允许径向圆跳动量为 0.05 mm。若径向圆跳动量大于规定值,应

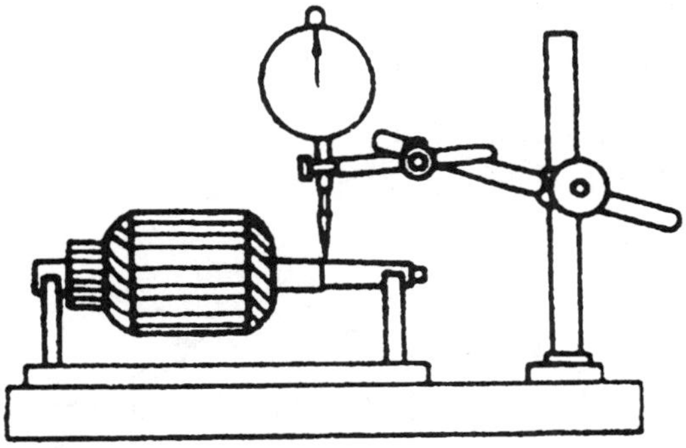

图 3-1-18　电枢轴弯曲度的检查

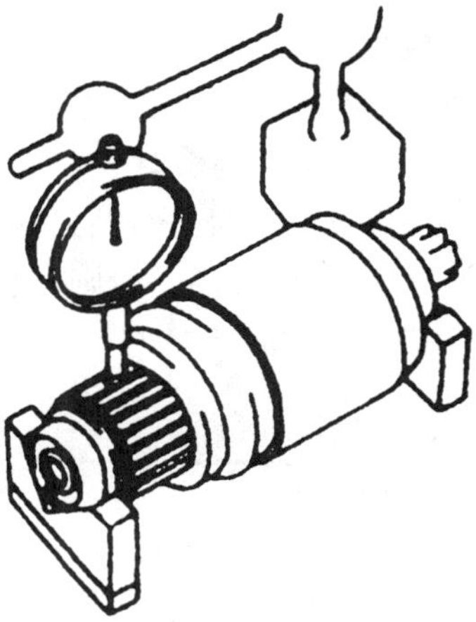

图 3-1-19　检查整流子径向圆跳动量

在车床上校正。

用游标卡尺测量整流子的直径，如图 3-1-20 所示。其标准值为 30.0 mm，最小直径为 29.0 mm。若直径小于最小值，应更换电枢。

检查底部凹槽深度。应清洁无异物，边缘光滑。测量如图 3-1-21 所示。标准凹槽深度为 0.6 mm，最小凹槽深度为 0.2 mm。若凹槽深度小于最小值，用手锯条修正。

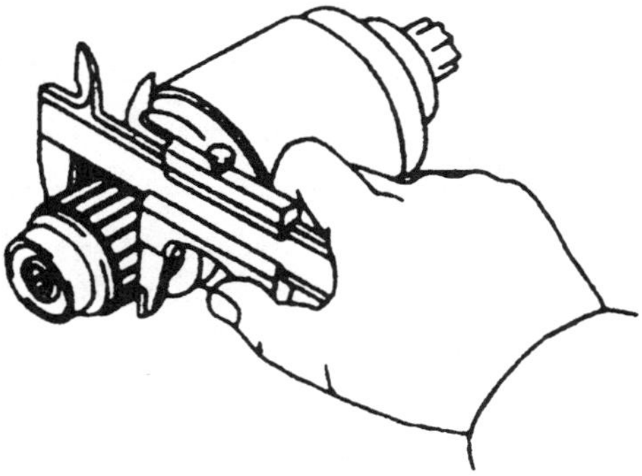

图 3-1-20　检查整流子直径

图 3-1-21　检查整流子底部凹槽深度

3.电枢绕组的检修

检查整流子是否断路，如图 3-1-22 所示。用欧姆表检查整流子片之间的导通性，应导通。若整流子片之间不导通，应更换电枢。

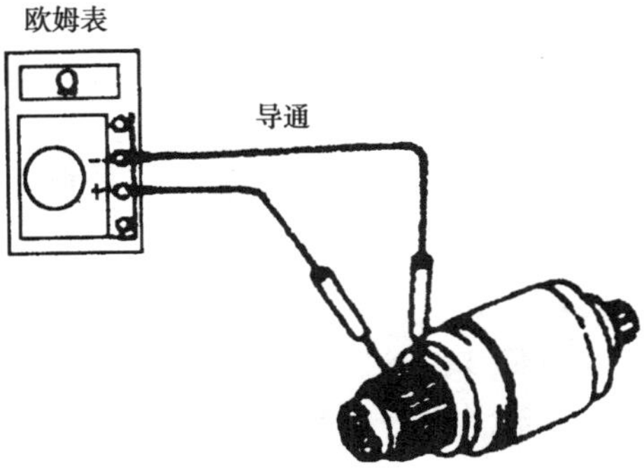

图 3-1-22　检查整流子是否断路

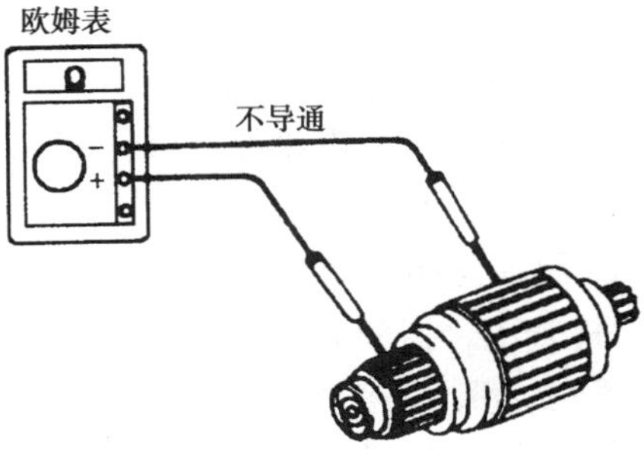

图 3-1-23　检查整流子是否搭铁

检查整流子是否搭铁，如图 3-1-23 所示。用欧姆表检查整流子与电枢绕组铁芯之间的导通性，应不导通。若导通，应更换电枢。

4.励磁绕组的检查

检查励磁绕组是否断路，如图 3-1-24 所示。用欧姆表检查引线和磁场绕组电刷引线之间的导通性，应导通。否则，更换磁极框架。检查磁场绕组是否搭铁。用欧姆表检查磁场绕组末端与磁极框架之间的导通性，应不导通，如图 3-1-25 所示。若导通，修理或更换磁极框架。

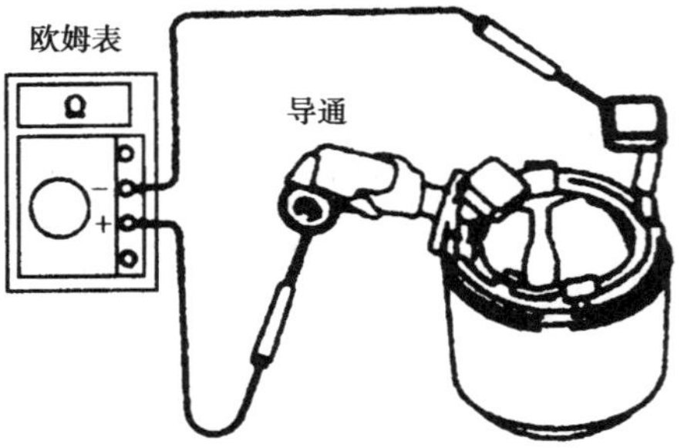

图 3-1-24　检查磁场绕组是否断路

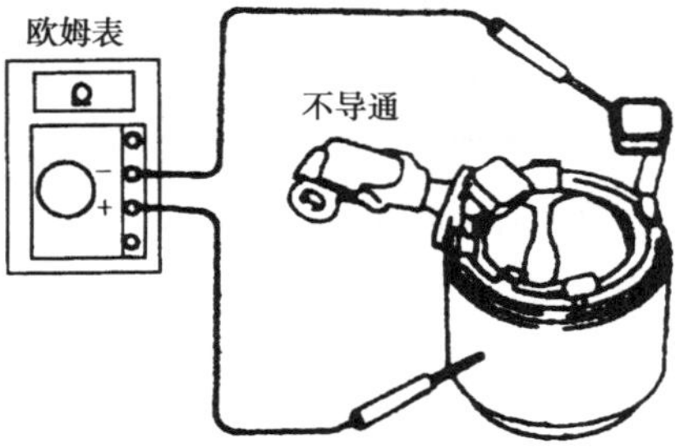

图 3-1-25　检查磁场绕组是否搭铁

5.电刷弹簧的检修

检修电刷弹簧，可按如图 3-1-26 所示，读取电刷弹簧从电刷分离瞬间的拉力计读数。标准弹簧安装载荷为 17～23 N，最小安装载荷为 12 N。若安装载荷小于规定值，应更换电刷弹簧。

图 3-1-26　检查电刷弹簧载荷

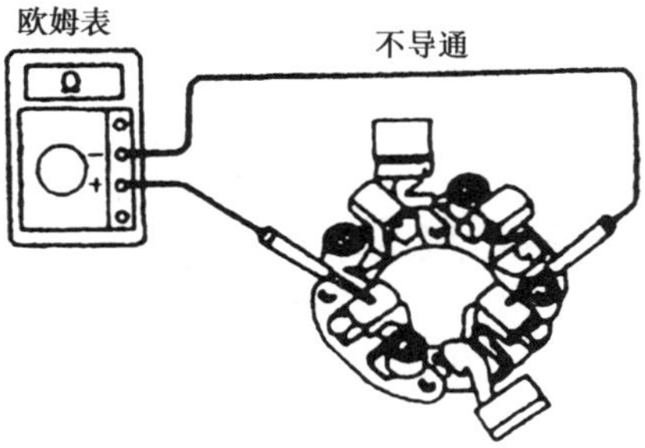

图 3-1-27　检查电刷架绝缘情况

6.电刷架的检修

用欧姆表检查电刷架正极（+）与负极（－）之间的导通性，应不导通，如图 3-1-27 所示。若导通，修理或更换电刷架。

7.离合器和驱动齿轮的检修

检查离合器和驱动齿轮是否严重损伤或磨损。如有损坏，应进行更换。

检查起动机离合器是否打滑或卡滞，如图 3-1-28 所示。将离合器驱动齿轮夹在台虎钳上，在花键套筒中套入花键轴，将扳手接在花键轴上，测得力矩应大于规定值（24～26 N·m），否则说明离合器打滑。反向转动离合器应不卡滞，否则应修理或更换离合器总成。

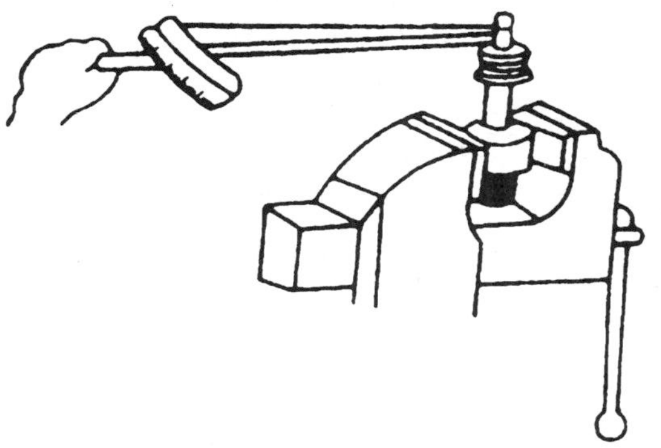

图 3-1-28　检查起动机离合器工作是否正常

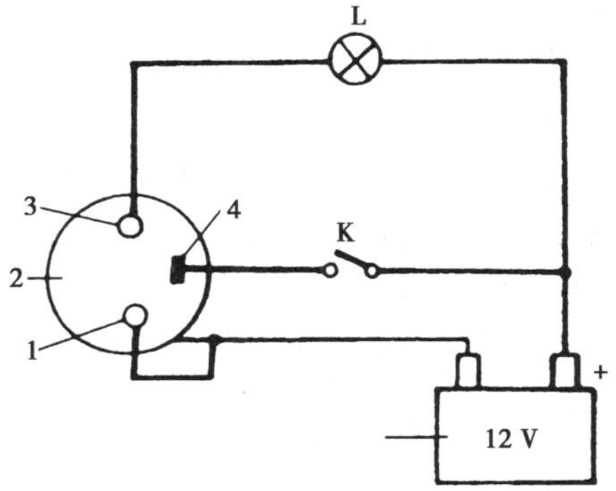

1 - 磁场线圈接线柱；2 - 起动机开关；
3 - 蓄电池接线柱；4 - 点火开关接线柱；
5 - 蓄电池

图 3-1-29　电磁开关的检查

8.电磁开关的检修

检查电磁开关内部线圈断路、短路或搭铁故障，可用万用表测线圈电阻后与标准值比较进行判断。

按照图 3-1-29 所示连接好线路，接通开关 K 后应能听到活动铁芯动作的声音，同时试灯 L 应被点亮；开关 K 断开后，试灯 L 应立即熄灭。否则应更换电磁开关或更换起动机总成。

（四）起动机的性能试验

1.空载性能试验

修复后的起动应对电磁开关和电动机进行性能试验。试验时，先将蓄电池充足电，每项试验应在 3 ~ 5 s 内完成，以防线圈被烧坏。

如图 3-1-30 所示线路将起动机与蓄电池和电流表（量程为 0 ~ 100 A 以上的直流电流表）连接。蓄电池正极与电流表正极连接，电流表负极与起动机“30”端子连接，蓄电池的负极与起动机外壳连接。

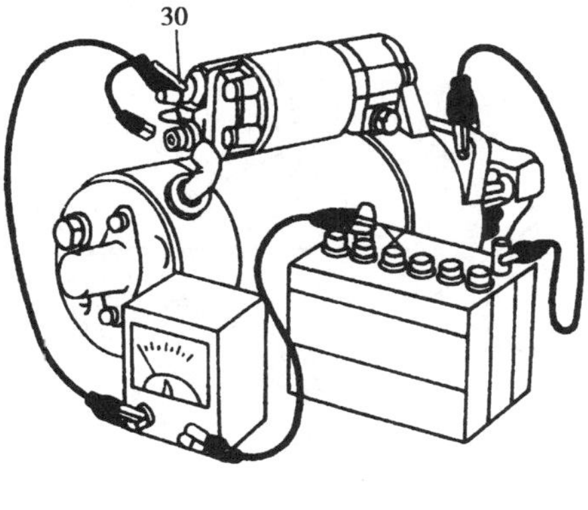

图 3-1-30　起动机的空载试验

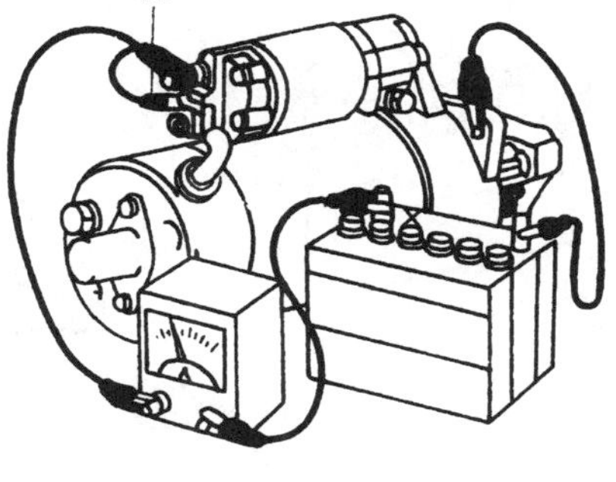

图 3-1-31　接通“50”端子进行试验

如图 3-1-31 所示，用带夹电缆将“30”端子与“50”端子连接起来，此时驱动齿轮应向外伸出，起动机应平稳运转。当蓄电池电压大于或等于 11.5 V 时，消耗电流应不超过 50 A，用转速表测量电枢轴的转速应不低于 5 000 r/min。

如电流大于 50 A 或转速低于 5 000 r/min,说明起动机装配过紧或电枢绕组和磁场绕组有短路或搭铁故障。如电流和转速都低于标准值,说明电动机电路接触不良,如电刷与换向器接触不良或电刷弹簧弹力不足等。

2.电磁开关试验

(1)吸拉动作试验。将起动机固定到台虎钳上,拆下起动机端子“C”上的磁场绕组电缆引线端子,用带夹电缆将起动机“C”端子和电磁开关壳体与蓄电池负极连接,如图 3-1-32 所示。用带夹电缆将起动机“50”端子与蓄电池正极连接,此时驱动齿轮应向外移动。如驱动齿轮不动,说明电磁开关有故障,应予修理或更换。

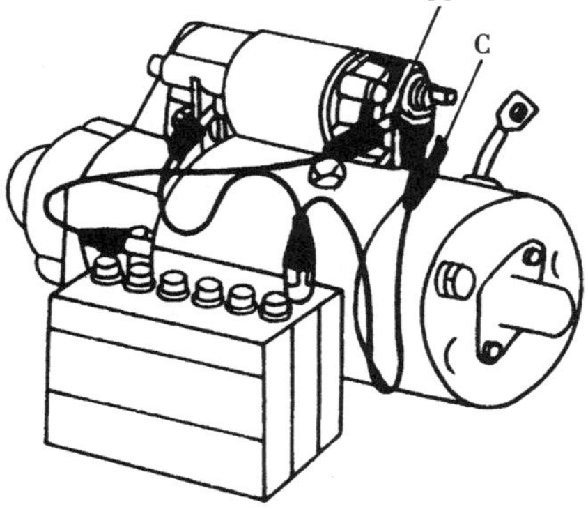

图 3-1-32　吸拉动作试验线路

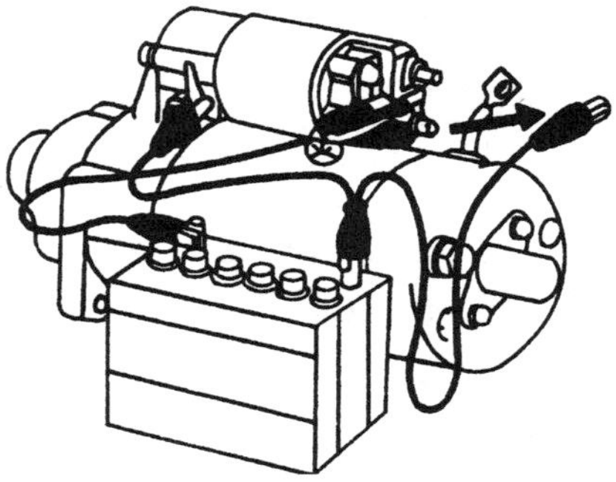

图 3-1-33　保持动作试验方法

(2)保持动作试验。在吸拉动作基础上,当驱动齿轮保持在伸出位置时,拆下电磁开关“C”端子上的电缆夹,如图 3-1-33 所示,此时驱动齿轮应保持在伸出位置不动。如驱动齿轮回位,说明保持线圈断路,应予修理。

(3)回位动作试验。在保持动作的基础上,再拆下起动机壳体上的电缆夹,如图 3-1-34 所示,此时驱动齿轮应迅速回位。如驱动齿轮不能回位,说明回位弹簧失效,应更换弹簧或电磁开关总成。

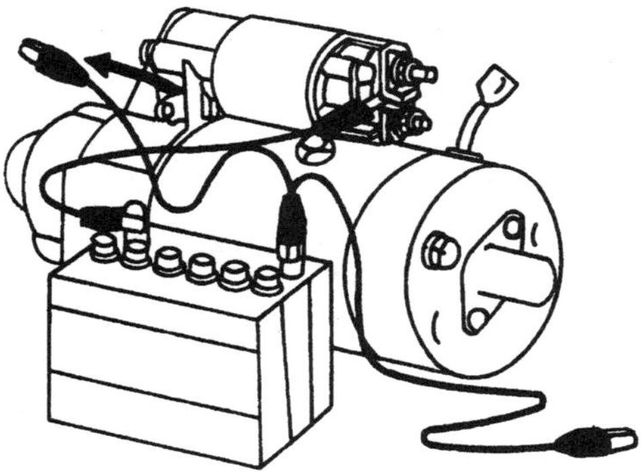

图 3-1-34　回位动作试验方法

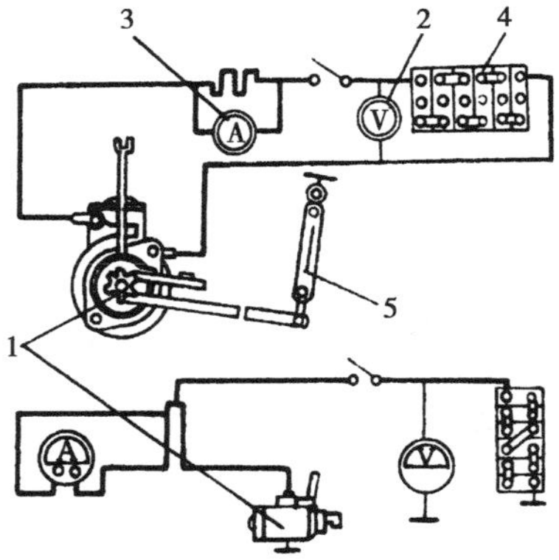

1－起动机；2－电压表;3－电流表;
4－蓄电池;5－弹簧秤

图 3-1-35　起动机的全制动试验

3.全制动试验

如图 3-1-35 所示,将起动机放在测矩台上,用弹簧秤测出其发出的力矩,当制动电流小于 480 A 时,输出最大力矩不小于 13 N · m。

【任务实施】

一、实施内容

起动机的拆装与检测。

二、准备工作

1.所需设备

整车(常用大众、丰田、长安轿车等)、起动机、工作台等。

2.工具和材料

汽车电工工具套装、干净的抹布、力矩可调式扭力扳手(5~50N·m)、汽车数字万用表、拆装工具、蓄电池、润滑油、游标卡尺、导线、导线夹、汽车维修手册、汽车电路图册等。

3.安全防护用品

标准作业装、安全鞋、线手套等。

4.汽车信息收集

车牌号码:____________________,车辆型号:____________________,

VIN 码:______________________,行驶里程:____________________,

维修接待意见:____。

三、技术规范与注意事项

1. 使用万用表时就选择正确挡位,禁止用低电阻挡位去测量电压,以免降低测量精度或损坏万用表。

2. 使用维修手册和电路图时,要注意避免残缺不全,资料应与使用车辆型号相对应。

3. 一般情况下,汽车蓄电池开路电压为 12 V(柴油机多为 24 V),发电机正常输出电压不超过 14 V(柴油机为 28 V)。

4. 为了防止电气线路在操作过程中的短路,每次拆装、检测电气设备时,应先断开蓄电池搭铁线,完成后,最后安装搭铁线。

5. 要遵守维修手册规定的其他技术和安全要求。

四、实施步骤及方法

(一)检修作业的准备及预检

1.一般准备工作

(1)与小组成员共同清洁场地 □任务完成

(2)清点所需工量具数量和种类 □任务完成

(3)检查设备、工量具性能是否良好 □任务完成

2.安全防护准备工作

(1)安装车轮挡块阻挡车轮 □任务完成

(2)使用空挡和驻车制动 □任务完成

(3)安装好前栅格布及护套 □任务完成

3.发动机机舱预检

(1)检查发动机冷却液液面 □正常 □不正常

(2)检查发动机机油液面 □正常 □不正常

(3)检查制动液液位 □正常 □不正常

(二)起动机的拆装和检测

1.拆卸的准备

工作台铺垫片 □任务完成

检查工具 □任务完成

清洁工具 □任务完成

清洁工作台 □任务完成

2.起动机的拆卸步骤

(1)第一步拆卸:________________________,所使用的工具:__________。

(2)第二步拆卸:________________________,所使用的工具:__________。

(3)第三步拆卸:________________________,所使用的工具:__________。

(4)第四步拆卸:________________________,所使用的工具:__________。

3.起动机装配步骤

____

____

4.起动机主要零件的检测

检查电枢线圈有无短路 □有 □无

检查电枢线圈有无开路 □有 □无

换向器凹槽深度__________ mm

电枢轴直径__________ mm

后端盖铜套直径__________ mm

定子磁场检查 □无裂痕 □无破损 □无损坏 □磁力良好

【评价与反馈】

班级:______________ 姓名:______________ 指导教师:______________

序号	考核项目	项目分值	考核内容	配分	考核标准	得分
1	出勤纪律	5	出勤	2	违规一次不得分	
			行为规范	3	违规一次不得分	
2	安全防护环保	20	着装	4	违规一次不得分	
			个人防护	4	违规一次不得分	
			“5S”/“EHS”	4	违规一次不得分	
			设备使用安全	4	违规一次不得分	
			操作安全	4	违规一次不得分	

（续表）

序号	考核项目	项目分值	考核内容		配分	考核标准	得分
3	知识水平	20	知识测试成绩		20	按测验成绩的 20% 计	
4	技能考核	40	准备	清点工量具，清理工位	1	未做不得分	
				检查电源开关	1	未做不得分	
				蓄电池安装位置查看	2	未做不得分	
			起动机拆卸	从车上拆卸步骤	2	操作不正确扣 1～2 分	
				从汽车上拆卸方法	3	方法不正确扣 1～3 分	
			起动机拆装及检测	起动机清洁	3	操作不正确扣 1～3 分	
				起动机检查	3	检查不正确扣 1～3 分	
				起动机分解	3	操作不正确扣 1～3 分	
				电枢线圈短路检查	3	检查不正确扣 1～3 分	
				电枢线圈开路检查	3	操作不正确扣 1～3 分	
				换向器凹槽深度测量	3	测量不正确扣 1～3 分	
				电枢轴直径测量	3	测量不正确扣 1～3 分	
				后端盖铜套直径测量	3	测量不正确扣 1～3 分	
				定子磁场检查	3	操作不正确扣 1～3 分	
				装配	4	操作不正确扣 1～4 分	
5	学习能力	10	工单填写，工艺计划制定		4	未做不得分	
			组内活动情况		4	酌情扣分	
			资料查询和收集		2	未做不得分	
6	任务拓展	5	知识拓展任务		2	未做不得分	
			技能拓展任务		3	未做不得分	
7	总分	100					

【教师评估】

序号	优点	存在问题	解决方案
教师签字：			

任务二　起动机的正确使用与电路检修

【任务目标】

目标类型	目标要求
1. 认知目标	(1)认识起动机型号； (2)起动机的正确使用与维护。
2. 技能目标	达到汽车维修中级工如下要求： (1)典型车型起动系统电路分析； (2)起动系统常见故障诊断与排除。
3. 情感目标	(1)遵守汽车电工的操作规程； (2)养成良好的作业习惯。

【任务描述】

一辆08款丰田卡罗拉型轿车行驶到8万公里后出现了起动钥匙开关不在START起动挡起动机转动的故障。通过对起动控制电路的仔细分析、检测，发现是起动继电器触点烧结，更换继电器，故障消失。

【知识准备】

一、起动机的型号

起动机的型号为：

1. 产品代号。Q表示“起”，D表示“动”。QDJ表示减速起动机；QDY表示永磁起动机(包括永磁减速起动机)，J、Y分别表示“减”“永”。

2. 分类代号(电压等级)。起动机以电压等级作为分类代号，分类代号“1”表示电压等级为12 V；分类代号“2”表示电压等级为24 V。

3. 分组代号(功率等级)，如表3-2-1所示。

表3-2-1　起动机分组代号

功率等级代号	1	2	3	4	5	6	7	8	9
功率(KW)	1	1～2	2～3	3～4	4～5	5～6	6～7	7～8	>8

例如，QD124表示的是额定电压为12 V，功率为1～2 kW，第4次设计的起动机。

二、起动系统的正确使用与维护

为了提高起动转速、延长起动机和蓄电池的使用寿命，在使用中应注意作好如下工作：

1. 尽量保持蓄电池处于充足电状态，并注意作好蓄电池的保温工作，提高蓄电池电动势、减小内电阻。

2. 起动线路连接要牢固、可靠，避免松动和氧化锈蚀等，减小接触电阻。

3. 起动线路导线长度、面积和材料要符合要求，减小导线电阻。

4. 起动机要定期维护，减小起动机内部电阻和摩擦阻力矩。

5. 起动前，尽量对发动机进行充分预热，降低润滑油黏度，加强润滑，对一些柴油机，还要利用其减压装置，尽可能地减小发动机的阻力矩。

6. 起动过程中，应关掉所有与起动无关的用电设备，并踩下离合器，以减小蓄电池的内部压降和发动机的阻力矩。

7. 发动机起动后，尽快断开起动开关，停止起动系统的工作，减少起动机不必要运转造成的磨损和电能消耗。

8. 起动机每次连续工作时间一般不超过 5 s，若起动转速较高时可以不超过 10 s，若重复起动，两次起动之间的间隔时间要在 10 s 以上。

三、起动系统的控制电路

采用电磁操纵起动机的汽车起动系统，按其控制电路的不同分为开关直接控制、起动继电器控制和复合继电器控制三种形式。下面分别结合实例对有关起动系统的组成和工作过程进行介绍。

1.开关直接控制

开关直接控制是指起动机由钥匙开关或起动按钮直接控制，起动系统由蓄电池、起动机、起动开关、连接导线组成，主要特点是线路简单、检查方便。许多柴油车和部分起动机功率较小的汽油车如桑塔纳轿车、奥迪 100 型轿车等都采用这种起动系统。

桑塔纳轿车起动系统线路图，起动系统工作由钥匙开关（点火开关）直接控制，工作过程如图 3-2-1。

点火开关置于起动挡，吸拉线圈和保持线圈即被接通。

吸拉线圈的电流路径为：蓄电池正极→红色导线 4→中央线路板单端子插座 P→中央线路板内部电路→中央线路板单端子插座 P→红色导线 2→点火开关“30”端子→点火开关“50”端子→红/黑色导线 3→中央线路板 B_8 接点→中央线路板内部线路→中央线路板 C_{18} 接点→红/黑色导线 6→起动机“50”端子→吸拉线圈→磁场绕组→绝缘电刷→电枢绕组→搭铁电刷→搭铁→蓄电池负极。

保持线圈的电流电路径为：蓄电池正极→红色导线 4→中央线路板单端子插座 P→中央线路板内部电路→中央线路板单端子插座 P→红色导线 2→点火开关“30”端子→点火开关“50”端子→红/黑色导线 3→中央线路板 B_8 接点→中央线路板内部线路→中央线路板 C_{18} 接点→红/黑色导线 6→起动机“50”端子→保持线圈→搭铁→蓄电池负极。

当驱动齿轮与飞轮齿圈接近完全啮合时，起动机主电路接通，其电流路径为：蓄电池正

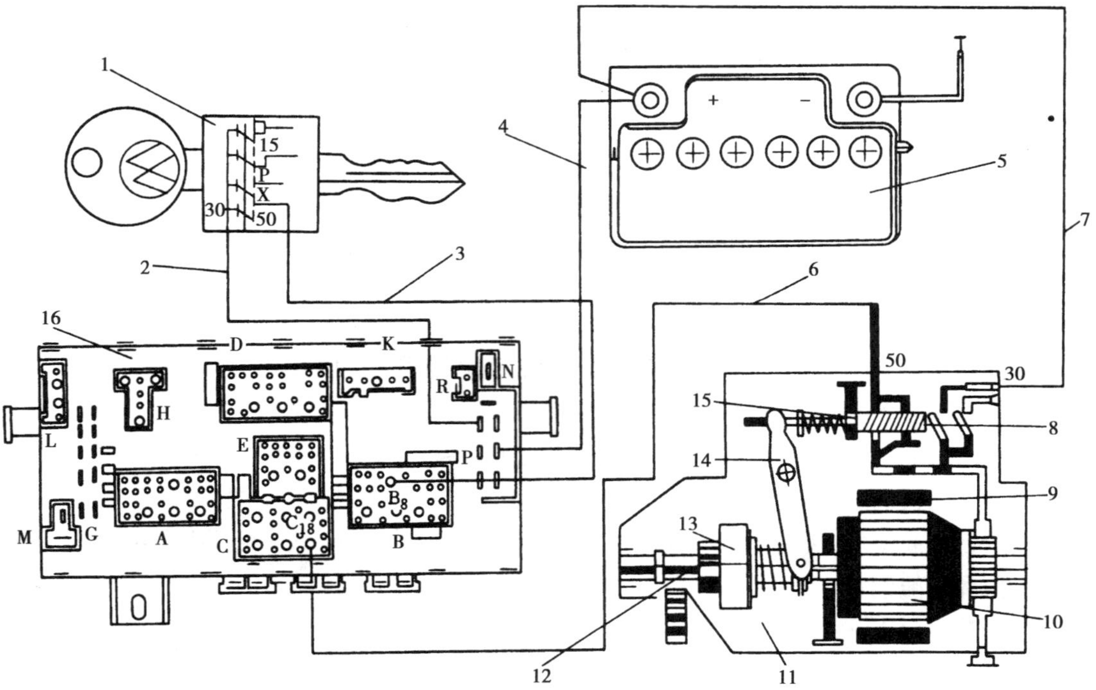

1－点火开关;2－红色线;3－红/黑色线;4－红色线;5－蓄电池;6－红/黑色线;
7－黑色线;8－电磁开关;9－磁极;10－电枢;11－起动机;12－驱动齿轮;
13－单向离合器;14－拨叉;15－回位弹簧;16－中央线路板

图 3-2-1　桑塔纳轿车起动系统线路图

极→黑色电缆 7→起动机“30”端子(主接线柱)→起动机主开关→磁场绕组→绝缘电刷→电枢绕组→搭铁电刷→搭铁→蓄电池负极。

起动机主电路接通后,吸拉线圈被短接,电磁开关的工作位置靠保持线圈的电磁力来维持,同时电枢轴产生足够的电磁力矩,带动曲轴旋转而起动发动机。

发动机起动后:放松点火开关,点火开关将自动转回一个角度(至点火位置),切断起动系统的控制电路,吸拉线圈和保持线圈变为串联关系,吸拉线圈和保持线圈的电流路径改为:蓄电池正极→黑色电缆 7→起动机“30”端子(主接线柱)→接触盘→吸拉线圈→起动机“50”端子→保持线圈→搭铁→蓄电池负极。

此时,吸拉线圈电流及磁通方向与起动时相反,而保持线圈的电流及磁通方向与起动时相同,因此,两线圈产生的电磁力相互削弱。在回位弹簧 15 的作用下,活动铁芯左移复位,起动机主电路切断;与此同时,拨叉带动单向离合器向右移动,使驱动齿轮与飞轮齿圈分离,起动过程结束。

2.起动继电器控制

普通继电器控制是指起动机由钥匙开关通过普通起动继电器进行控制,起动系统比开关直接控制增加了起动继电器。主要特点是起动继电器触点控制起动机电磁开关的通断,减小了起动时钥匙开关的电流,有利于延长钥匙开关的使用寿命,因此应用最广泛。因为直接用钥匙开关控制电磁开关线圈时,由于电磁开关线圈的电流很大(一般为 35 ~50 A),容易使钥匙开关损坏。随着钥匙开关控制的电路增多,这种起动系统应用更加广泛。

图 3-2-2 是普通继电器控制的汽车起动系统典型线路图，起动继电器是由一对常开触点 1、一个线圈 2 和四个接线柱等组成的。

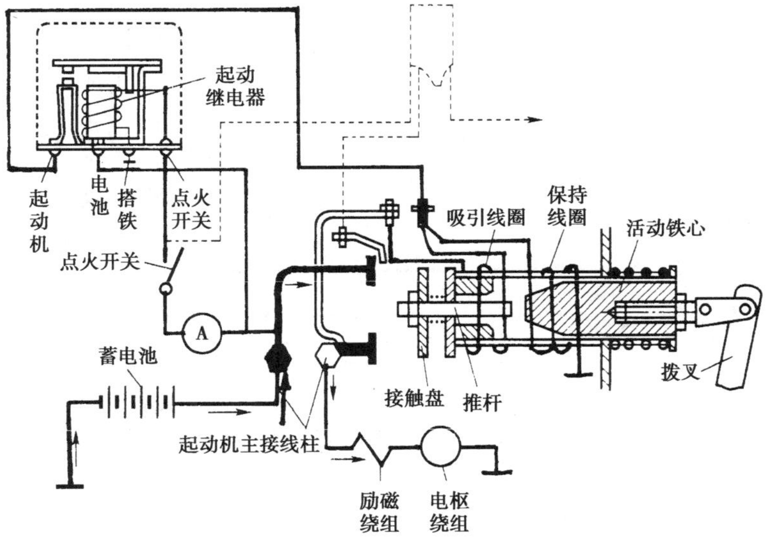

图 3-2-2　普通继电器控制的汽车起动系统

起动时，将点火开关 3 置于起动位置，起动继电器的线圈通电，起动继电器线圈电流路径为：蓄电池正极→主接线柱 4→电流表→点火开关→起动继电器“点火开关”接线柱→线圈→起动继电器“搭铁”接线柱→搭铁→蓄电池负极。

起动继电器的线圈通电后产生的电磁吸力使触点闭合，蓄电池经过起动继电器触点 1 为起动机电磁开关线圈供电。起动机电磁开关线圈的电路电流路径为：蓄电池正极→起动机主接线柱 4→起动继电器“电池”接线柱→触点 1→起动继电器“起动机”接线柱→ 接线柱 9→(吸拉线圈 13→导电片 7→主接线柱 5→电动机)/(保持线圈 14) →搭铁→蓄电池负极。

起动机主电路接通时，电流路径为：蓄电池正极→起动机主接线柱 4→接触盘 10→起动机主接线柱 5→磁场绕组→绝缘电刷→电枢绕组→搭铁电刷→搭铁→蓄电池负极。

起动机主电路接通后，吸拉线圈被短接，电磁开关的工作位置靠保持线圈的电磁力来维持，同时电枢轴产生足够的电磁力矩，带动曲轴旋转而起动发动机。

发动机起动后：放松点火开关，点火开关将自动转回一个角度(至点火位置)，切断起动继电器线圈电流，起动继电器触点打开，吸拉线圈和保持线圈变为串联关系，产生的电磁力相互削弱。在回位弹簧 16 的作用下，活动铁芯右移复位，起动机主电路切断；与此同时，拨叉带动单向离合器向左移动，使驱动齿轮与飞轮齿圈分离，起动过程结束。

3.复合继电器控制

复合继电器控制实质是一种具有起动保护功能的起动继电器控制形式。

复合继电器由起动继电器和保护继电器两部分组成(如图 3-2-3)，保护继电器有一对受交流发电机中性点电压控制的常闭触点，该触点串联在起动继电器线圈的电路中。当交流发电机中性点电压高于一定值时，保护继电器触点打开切断起动继电器线圈电路，保护起动机。

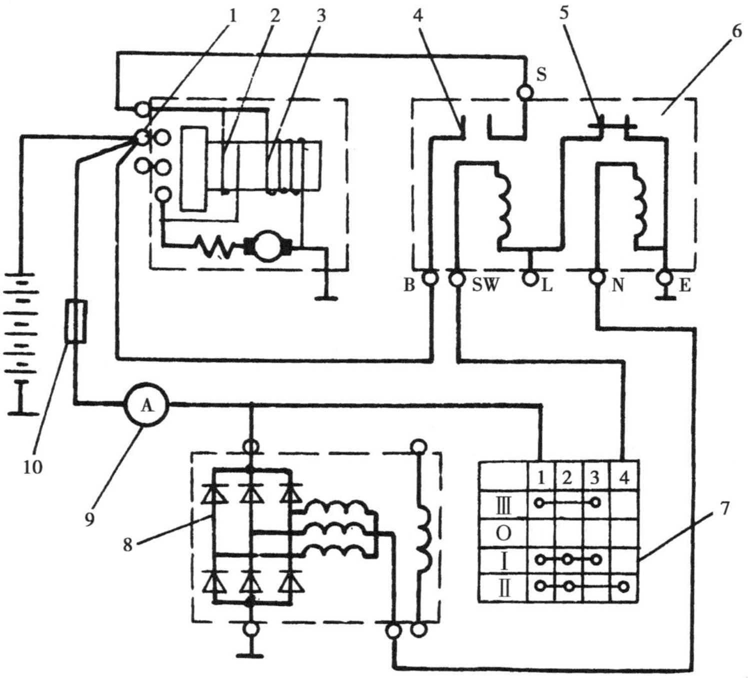

图 3-2-3　复合继电器控制的汽车起动系统

起动时，将点火开关置于起动位置，复合继电器的起动继电器线圈电路接通，电流路径为：蓄电池正极→起动机主接线柱 1→熔断器 10→电流表→点火开关 7→组合继电器“SW”接线柱→起动继电器线圈→保护继电器触点→组合继电器“E”接线柱→搭铁→蓄电池负极。

发动机起动后，放松点火开关，点火开关将自动退出起动位置，切断起动继电器线圈电流，起动机主电路切断，拨叉带动单向离合器向左移动，使驱动齿轮与飞轮齿圈分离，起动过程结束。

发动机起动后，若点火开关仍处于起动挡，起动机将会自动停止运转。这是因为发动机正常运转后，交流发电机电压已经建立起来，发电机中性点电压加在保护继电器的线圈上，保护继电器线圈产生的电磁吸力使其常闭触点打开，切断了起动继电器线圈的电路，于是起动继电器的触点打开，电磁开关的线圈断电，起动机停止工作。

发动机正常工作过程中，由于保护继电器的触点已经打开，使起动继电器线圈无法搭铁。所以，即使由于误操作而将点火开关转至起动位置，起动机电磁开关也不会通电，起动机主电路就不能接通，从而防止了起动机齿轮和飞轮齿圈的撞击，对起动机起到保护作用。

四、起动系统故障诊断与排除

（一）起动机不转的故障诊断与排除

1.检查条件

（1）电磁开关接线柱与搭铁线良好。

（2）发动机与车身之间必须紧固，而且不能氧化。

（3）蓄电池电充足（用伏特表测试蓄电池端电压）。

2.故障诊断与排除

起动机不转故障的诊断与排除方法见图 3-2-4 所示。

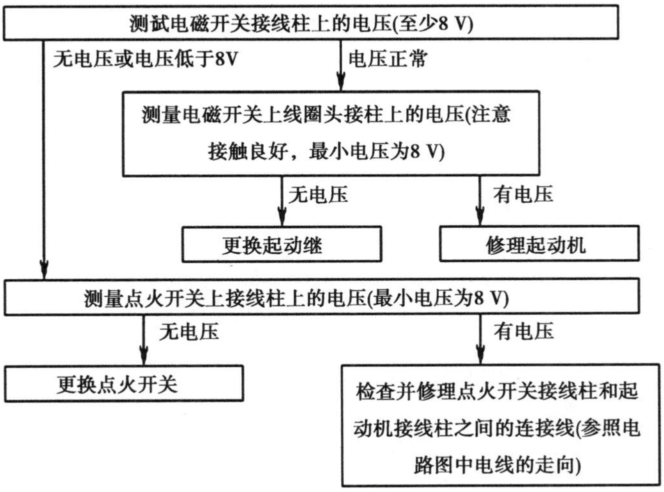

图 3-2-4　起动机不转故障诊断与排除流程图

(二)起动机转得太慢,不能起动发动机故障诊断与排除

1.检查条件

(1)在冬季所使用的发动机润滑油要与外界温度相适应。

(2)发动机 V 形带的张力正常。

2.故障诊断与排除

起动机转得太慢,不能起动发动机故障的诊断与排除,如图 3-2-5 所示。

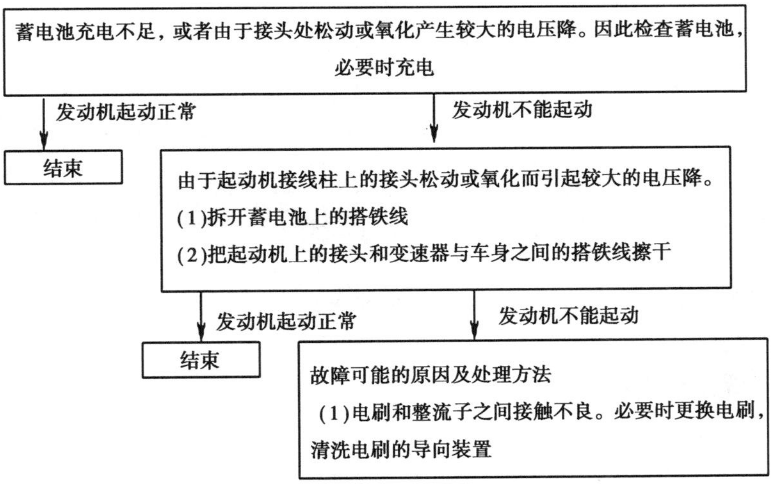

图 3-2-5　起动机转得太慢,不能起动发动机故障诊断与排除流程图

【任务实施】

一、实施内容

起动机电路的检修。

二、准备工作

1.所需设备

整车(常用大众、丰田、长安轿车等)、起动机、工作台等。

2.工具和材料

汽车电工工具套装、干净的抹布、力矩可调式扭力扳手(5~50 N·m)、汽车数字万用表、拆装工具、汽车维修手册、汽车电路图册、万用表、LED 试灯等。

3.安全防护用品

标准作业装、安全鞋、线手套等。

4.汽车信息收集

车牌号码:____________________,车辆型号:____________________,

VIN 码:______________________,行驶里程:____________________,

维修接待意见:____。

三、技术规范与注意事项

1. 使用万用表时就选择正确挡位,禁止用低电阻挡位去测量电压,以免降低测量精度或损坏万用表。

2. 使用维修手册和电路图时,要注意避免残缺不全,资料应与使用车辆型号相对应。

3. 一般情况下,汽车蓄电池开路电压为 12 V(柴油机多为 24 V),发电机正常输出电压不超过 14 V(柴油机为 28 V)。

4. 为了防止电气线路在操作过程中的短路,每次拆装、检测电气设备时,应先断开蓄电池搭铁线,完成后,最后安装搭铁线。

5. 要遵守维修手册规定的其他技术和安全要求。

四、实施步骤及方法

(一)检修作业的准备及预检

1.一般准备工作

(1)与小组成员共同清洁场地　　□任务完成

(2)清点所需工量具数量和种类　　□任务完成

(3)检查设备、工量具性能是否良好　　□任务完成

2.安全防护准备工作

(1)安装车轮挡块阻挡车轮 □任务完成

(2)使用空挡和驻车制动 □任务完成

(3)安装好前栅格布及护套 □任务完成

3.发动机机舱预检

(1)检查发动机冷却液液面 □正常 □不正常

(2)检查发动机机油液面 □正常 □不正常

(3)检查制动液液位 □正常 □不正常

(二)检测和诊断起动电路的基本情况

1. 所使用的车型:________________。

2. 所诊断的起动电路类型:________________。

3. 起动系统所出现的故障:________________。

(三)起动电路故障诊断

1. 检查起动电源。蓄电池电压:________ V,蓄电池连接桩头有无松动、腐蚀:________________,起动控制电路熔断器是否正常:________,从蓄电池正极到熔断器之间的线路有无断路:________________,检查前面内容所用到的工具量具是:____。

通过前面的操作可以判断:________________。

2. 点火开关的检测。检测点火开关起动挡用的工具是:________,点火开关的其他挡位是否正常:________。

通过上诉检测和操作可以判断:________________。

3. 测试起动机。直接给起动机电磁开关端子“50”供电,有什么现象________________,用导线短接端子“30”和端子“C”时发现直流电动机有什么现象:________________。通过上述操作,可以判断:________________。

(四)故障处理措施

1. 通过前面的故障诊断,其故障原因是:________________。

2. 所采取的措施是:________________。

3. 处理后的效果:________________。

4. 备注:________________。

(五)起动电路检修的注意事项

1. ________________。

2. ________________。

【评价与反馈】

班级:________________ 姓名:________________ 指导教师:________________

序号	考核项目	项目分值	考核内容		配分	考核标准	得分
1	出勤纪律	5	出勤		2	违规一次不得分	
			行为规范		3	违规一次不得分	
2	安全防护环保	20	着装		4	违规一次不得分	
			个人防护		4	违规一次不得分	
			"5S"/"EHS"		4	违规一次不得分	
			设备使用安全		4	违规一次不得分	
			操作安全		4	违规一次不得分	
3	知识水平	20	知识测试成绩		20	按测验成绩的20%计	
4	技能考核	40	准备	清点工量具,清理工位	1	未做不得分	
				检查电源开关	1	未做不得分	
				蓄电池安装位置查看	2	未做不得分	
			基本情况	起动机型号	2	操作不正确扣1~2分	
				故障现象	3	方法不正确扣1~3分	
			起动电路故障诊断	蓄电池电压	4	操作不正确扣1~4分	
				蓄电池连接桩	4	检查不正确扣1~4分	
				熔断器检查	4	操作不正确扣1~4分	
				故障查找	4	检查不正确扣1~4分	
				电路图的使用	4	操作不正确扣1~4分	
				故障总结	4	操作不正确扣1~4分	
				根据故障处理	4	操作不正确扣1~4分	
				测试维修结果	3	操作不正确扣1~3分	
5	学习能力	10	工单填写,工艺计划制定		4	未做不得分	
			组内活动情况		4	酌情扣分	
			资料查询和收集		2	未做不得分	
6	任务拓展	5	知识拓展任务		2	未做不得分	
			技能拓展任务		3	未做不得分	
7	总分	100					

【教师评估】

序号	优点	存在问题	解决方案
教师签字：			

项目四
汽车点火系统结构与检修

任务一　点火系统的检修

【任务目标】

目标类型	目标要求
1. 认知目标	(1)描述点火系的组成及工作原理； (2)描述点火系统主要部件的结构及作用； (3)认识点火提前角。
2. 技能目标	达到汽车维修中级工如下要求： (1)点火系统的故障诊断与排除； (2)点火系统主要零部件的检测。
3. 情感目标	(1)遵守汽车维修职场管理规定； (2)养成良好的作业习惯。

【任务描述】

一辆桑塔纳2000GSi型轿车出现发动机冷机起动困难故障。检查发现起动系统工作正常。经过分析，故障原因可能是火花塞过度损耗或者点火电路电阻过大。经检查，发现火花塞积炭严重，更换火花塞后故障排除。

【知识准备】

将汽车电源供给的低压电转变为高压电，并按发动机的做功顺序和点火时间要求，配送至各缸的火花塞，在其间隙处产生火花，点燃可燃混合气。常见的点火系统有触点式点火系统、电子点火系统、电控点火系统以及无分电器点火系统，大多数点火系统的基本工作原理都是类似的。

一、传统点火系统

传统点火系统包括蓄电池、点火线圈、分电器(断电器、配电器、电容器、点火提前调节装置)、火花塞、附加电阻、点火开关和高低压线,如图 4-1-1 所示。

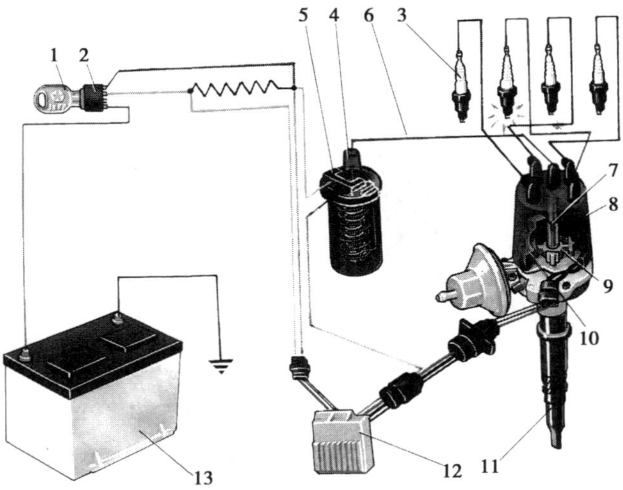

图 4-1-1 传统点火系统组成

1. 分电器

引导高压电按预设的顺序从点火线圈传送至每一个气缸。分电器总成包括断电器、配电器、电容器和点火提前调节装置 4 个部分,如图 4-1-2 所示。

(1)断电器。接通和切断初级绕组的电路,使其电流发生变化,以便在次级绕组中产生高压电(如图 4-1-3)。

(2)配电器。配电器安装在断电器的上方,由胶木制成的分电器盖和分火头等组成,将高压电按点火顺序分配至火花塞。

(3)电容器。当断电器触电断开时,抑制大部分电弧,这可以使初级电流迅速切断,从而可引起点火线圈磁场的迅速收缩,产生更高的输出电压。

(4)点火提前调节装置。发动机的最佳点火提前角应随着发动机的转速和负荷的变化而变化,在使用的燃油牌号变化时,也需要对点火提前角做相应的调整。

点火提前角调节装置包括离心式点火提前调节装置和真空式点火提前调节装置。

离心式点火提前调节装置是根据发动机的转速改变点火正时,随转速的升高,增大点火提前角。

提前角无需调整时,离心调节器处于不工作位置,两离心块在弹簧力作用下抱向心轴;发动机转速升高时,两离心块在离心作用下甩开,离心块上的销钉拨动拨板和信号发生器转子,顺着分电器轴的旋转方向相对于轴转动一个角度,提前产生点火信号,使点火提前角增大。

真空点火提前调节器能根据发动机负荷(气门开度)的变化自动调节点火提前角,使点火提前角随发动机负荷的增大而减小,其结构和工作原理如图 4-1-4 所示。

发动机负荷较小时,节气门开度也小,节气门下方及管道的真空度增大,真空吸力吸引膜片压缩弹簧而拱曲,通过拉杆拉动底板带着信号发生器的定子逆着分电器轴旋转方向转动一定角度,提前产生点火信号,使点火提前角增大;反之,负荷变大则点火提前角减小。

想一想: 在图 4-1-4(a)、(b)、(c)中,哪个的点火提前角最大? 哪个最小?

2.火花塞

火花塞的作用是将点火线圈产生的高压电引入发动机的燃烧室内,通过本身的间隙产

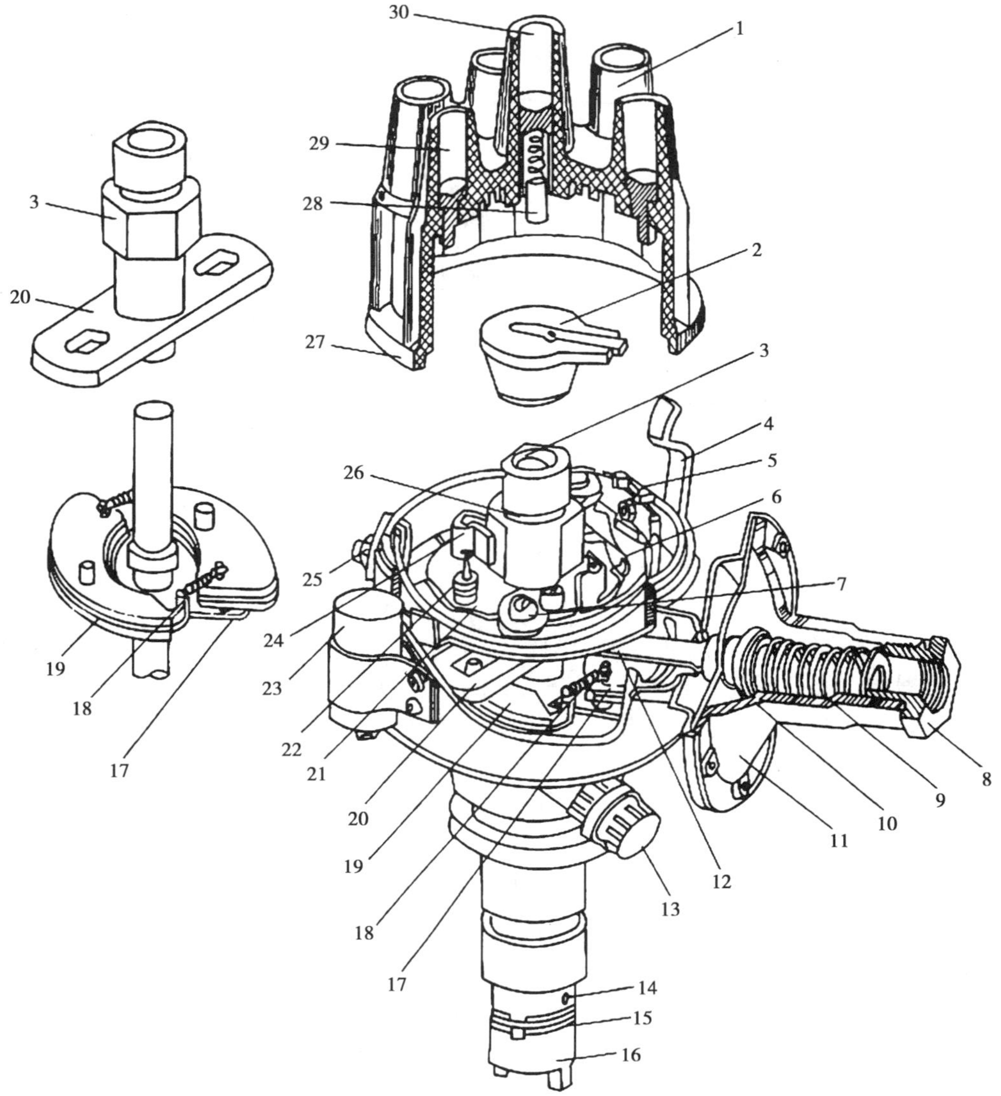

1－分电器盖；2－分火头；3－断电器凸轮带离心调节器横板；4－分电器盖弹簧夹；
5－断电器活动触点臂弹簧及固定夹；6－活动触电及支架；7－固定触点；8－接头；9－弹簧；
10－真空调节器膜片；11－真空调节器外壳；12－拉杆；13－油杯；14－固定销用联轴节；
15－联轴节钢丝；16－扁尾联轴节；17－离心调节器板；18－重块弹簧；19－离心调节器重块；20－横板；
21－断电器底板；22－真空调节器拉杆销及弹簧；23－电容器；24－油毡；25－断电器接线柱；
26－分电器轴；27－分电器外壳；28－炭精柱；29－侧接线插孔；30－中央接线插孔

图 4-1-2　分电器结构

生火花放电，点燃混合气。高压线的作用是将点火线圈的高压电引到火花塞。

火花塞的工作条件极为恶劣，它受到气缸内高温、高压气体的作用，同时还受到燃烧产物强烈的腐蚀作用，因此火花塞必须耐高压力、高电压和高温。火花塞结构如图 4-1-5 所示。

3.点火线圈

以磁场能的形式储存能量，并将高压电通过高压线供至分电器。点火线圈主要由初级线圈和次级线圈组成，如图 4-1-6 所示。

4.点火开关

为驾驶员提供点火系统的控制，同时控制起动电路、发电机励磁电路、仪表电路及其他辅助电气设备的电路，是重要的控制开关。

5.附加电阻

在起动期间附加电阻被短路，以获得更大的点火能量，在高速时也能改善点火性能。

6.传统点火系统的工作原理

传统点火系统中，蓄电池或发电机供给 12 V 低电压，经点火线圈和断电器转变为高电压，再经配电器分送到各缸火花塞，使火花塞电极间产生电火花。

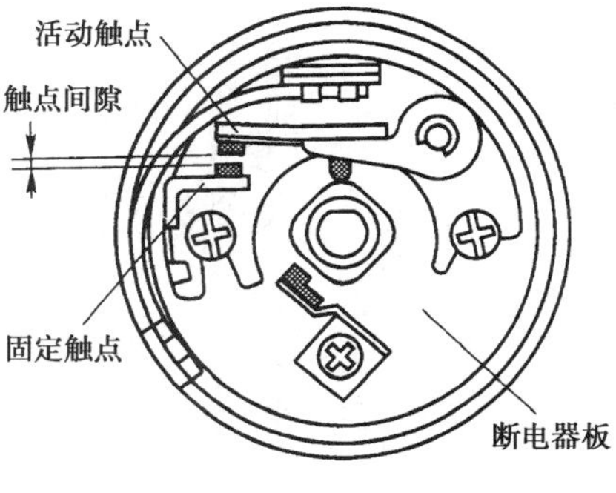

图 4-1-3　断电器结构图

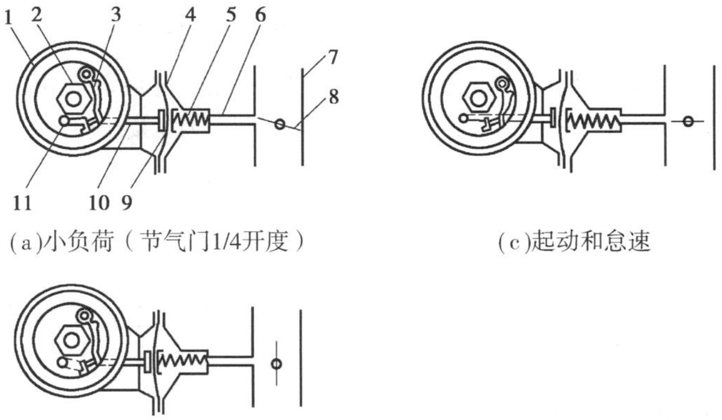

(a)小负荷（节气门1/4开度）　(c)起动和怠速

(b)大负荷

1－ 分电器外壳；2－断电器凸轮；3－ 断电器触点；4－真空点火提前调节器外壳；5－弹簧；6－连接管；7－化油器；8－节气门；9－膜片；10－拉杆；11－固定销

图 4-1-4　真空点火提前机构工作原理

发动机工作时，断电器轴连同凸轮一起在发动机凸轮轴的驱动下旋转。断电器凸轮转动时，断电器触点交替地闭合和打开，因此传统点火系统的工作原理可分为三个阶段：触点闭合，初级电流增长；触点断开，次级绕组产生高压；火花塞电极间火花放电。传统点火系统的工作原理如图 4-1-7 所示。

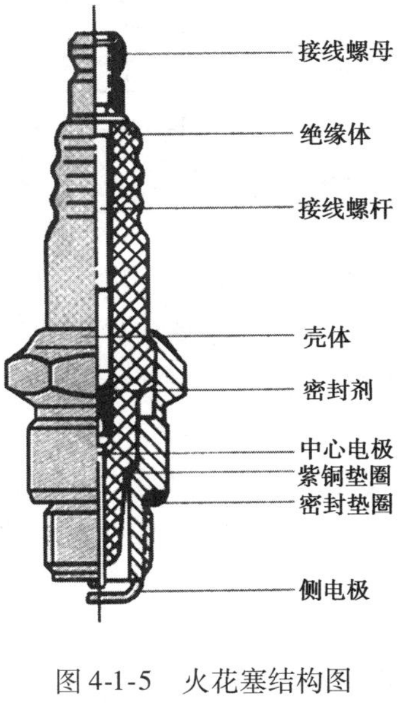

图 4-1-5　火花塞结构图

二、电子点火系统

电子点火系统的电路和基本工作原理与传统点火系统大致相同，所不同的是电子点火系统将传统点火系统的触点改成了可以起到相同开关作用的三极管。利用触发信号使三极管接通或切断，产生初级电流的变化从而产生点火的高压，如图 4-1-8 所示。三极管开关特性的特点，使得点火系统具有点火能量高、高低速点火

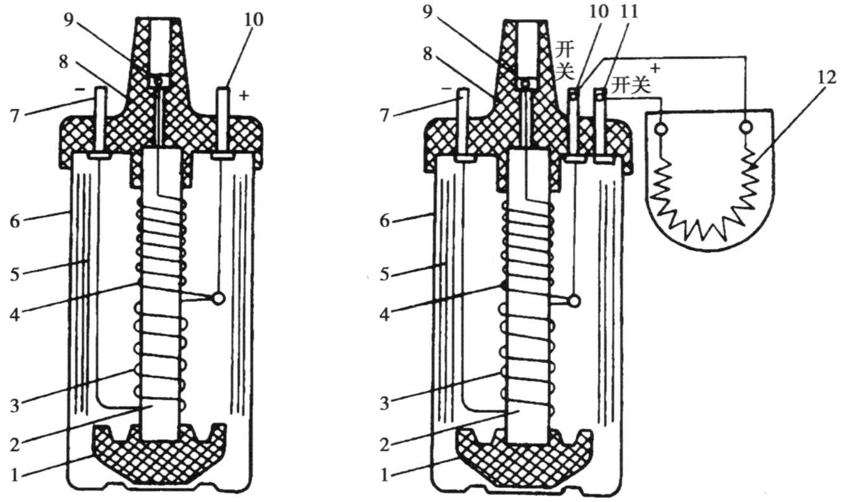

1－绝缘座；2－铁芯；3－一次绕组；4－二次绕组；5－导磁钢套；6－外壳；
7－低压接线柱“－”；8－胶木盖；9－高压接线桩；10－低压接线柱“＋”或“开关”；
11－低压接线柱“＋开关”；12－附加电阻器

图 4-1-6　点火线圈结构图

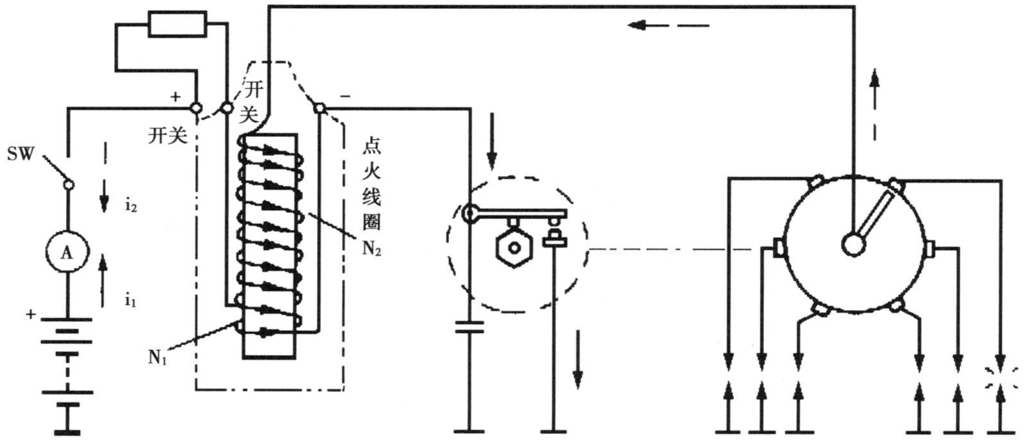

图 4-1-7　传统点火系统工作原理

系统稳定、次级电压上升快、对火花塞积碳不敏感、故障少、寿命长、受无线电干扰少等优点。

由于信号发生器所发出的信号不能直接控制三极管的导通与截止，因此在实际的点火电路中往往还有信号放大电路、整形电路、直流放大器及大功率三极管等单独做成一个整体，称为点火模块（点火器）。

点火系统工作时，信号发生器产生出点火电压信号，将信号送入点火模块，点火模块将点火信号放大、整形、直流放大，控制大功率三极管的导通与截止。接通与切断初级电路，完成点火功能。现代的点火系统还可以在点火模块中添加有关电路，实现闭合角控制、爆燃控制等，使点火性能更加完善。

电子点火系统低压电路与传统点火系统相比，基本组成除了点火开关、点火线圈以外，还包括了点火信号发生器和点火模块（点火器）两个主要部分，下面分别予以介绍。

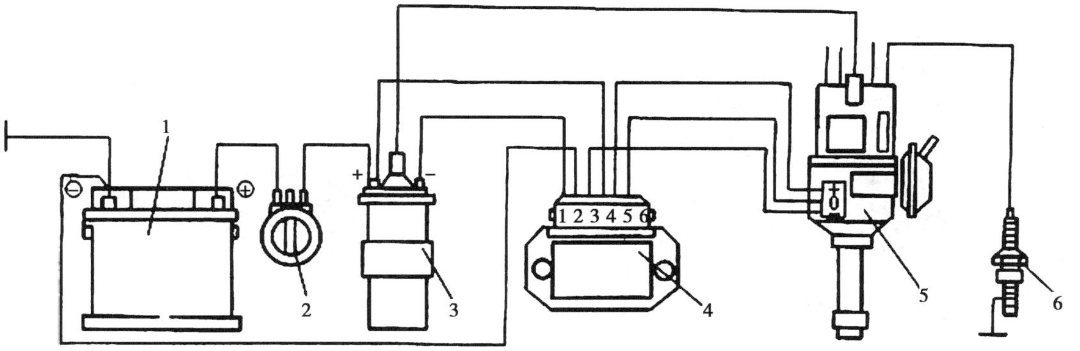

1－蓄电池；2－点火开关；3－点火线圈；4－点火器；5－带信号发器和分电器；6－火花塞

图 4-1-8 电子点火系统

1.点火信号发生器

目前常用的点火信号发生器的类型有电磁感应式、霍尔效应式和光电式，其中前两种的应用较为广泛。

（1）电磁感应式信号发生器。电磁感应式信号发生器的基本结构如图 4-1-9 所示，主要包括信号转子、永久磁铁、感应线圈和支座等，信号转子上有与发动机气缸数相同的凸起。当信号线圈中的磁通发生变化时，便会产生感应电动势。

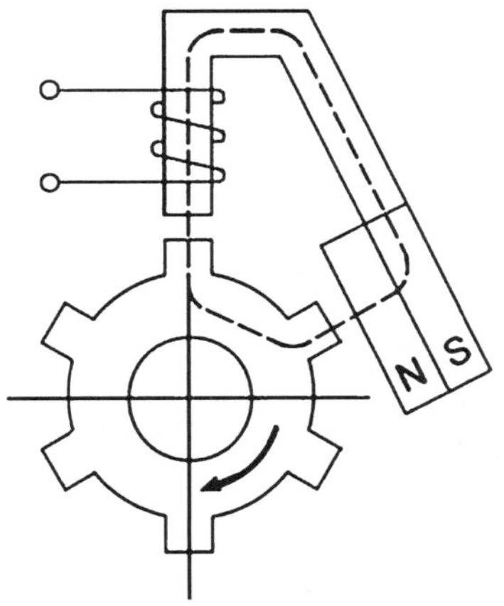

图 4-1-9 电磁感应式信号发生器的基本结构

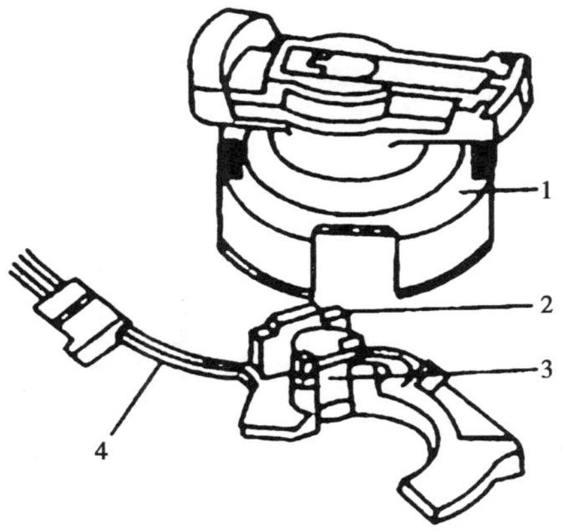

1－分火头与触发叶轮；2－霍尔元件；
3－永久磁铁；4－线束

图 4-1-10 霍尔式点火信号发生器组成

（2）霍尔效应式信号发生器。给一块放在磁场中的半导体基片通以电流时，在垂直于磁场和电流的方向上便会产生一个与电流和磁通密度成正比的电压，即霍尔电压。在电流一定的情况下，只要改变磁通密度，就可以改变霍尔电压的大小，这便是霍尔效应。霍尔信号发生器的结构如图 4-1-10 所示。

（3）光电感应式信号发生器。光电式信号发生器由信号转子、光源和光接收器等组成，如图 4-1-11 所示。光源是一个钾化镓发光二极管，发射接近红外线频率的不可见光束经其前面的半球形透镜聚集，限制了光线的宽度。通过一个光敏二极管作为光接收器接收发光二极管发射的光源。

工作原理如图 4-1-12 所示，信号转子由分电器轴驱动，其上的叶片（遮光片）数与发动

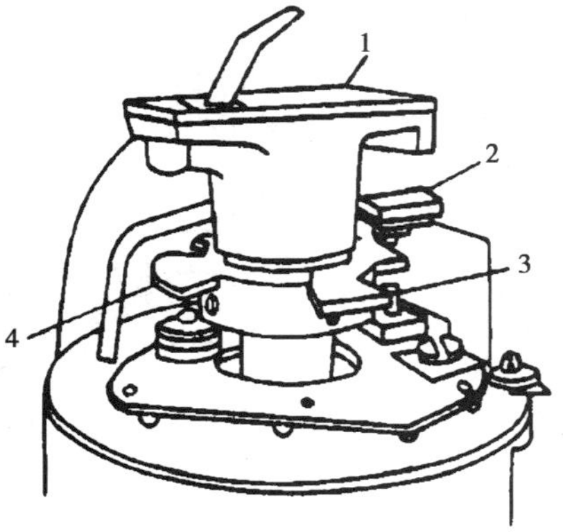

1－分火头;2－发光二极管;
3－发光二极管;4－光敏晶体管

图 4-1-11　光电式信号发生器结构图

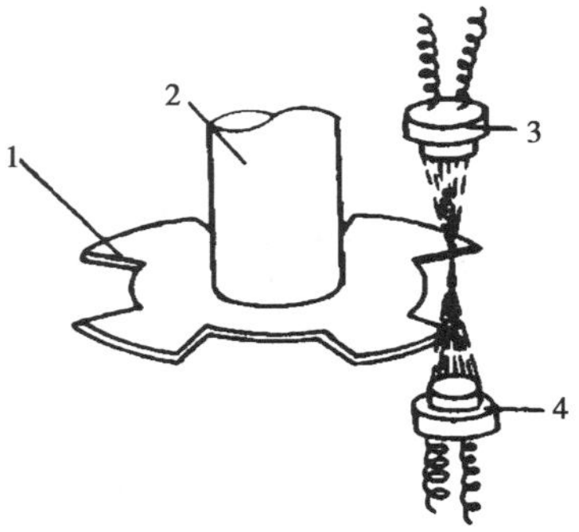

1－转子;2－转子轴;
3－光敏晶体管;4－转子

图 4-1-12　光电式信号发生器原理图

机的气缸数相等。当信号转子随分电器轴旋转时,叶片和缺口不断地经过光源和光敏二极管之间,光敏管在光源照射下,输出低电平,在没有光源的情况下,输出高电平,故产生脉冲信号,经过电子控制器处理后,输出点火信号。

2.点火模块(点火器)

点火器的作用是控制初级电路通断,控制初级电流大小,控制闭合角大小;停电保护,过压保护,反向保护,慢恢复控制。

上海大众桑塔纳的点火器外形如图 4-1-13 所示,安装在前挡风玻璃的右前方。

图 4-1-13　桑塔纳轿车的点火器

三、微机控制的点火系统

微机控制的点火系统通过各种传感器把发动机的工作状态信号,采集到内存 RAM 中。然后微机不断检测基准脉冲,微机收到基准信号后,开始对曲轴转角脉冲的计数,同时检测此时的发动机转速和负荷,并修正到标准工况;并根据此标准工况对存储器进行二维查询,找到发动机在该工况下的最佳点火时刻。该点火系统主要由传感器、电子控制器(ECU)、点火线圈和火花塞等组成,如图 4-1-14。

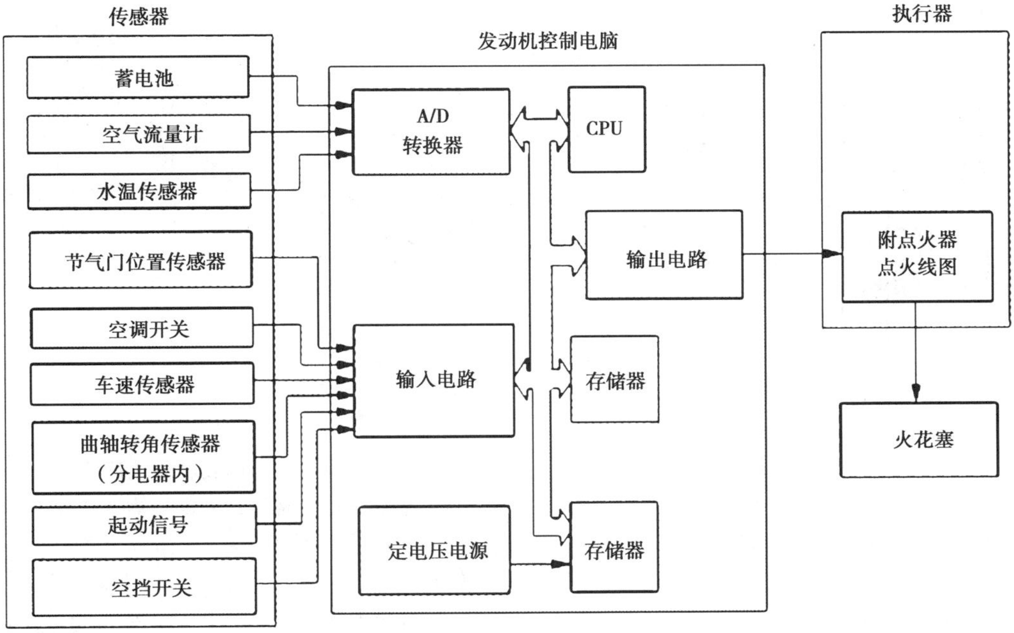

图 4-1-14 微机控制点火系统的组成

1.传感器

传感器是检测发动机工况信号的装置。传感器的结构形式和装配数量因车而异,主要有曲轴位置传感器、空气流量传感器、节气门位置传感器、爆震传感器、冷却水温度传感器、进气温度压力传感器、车速传感器等。

(1)磁感应式曲轴位置传感器

磁感应式曲轴位置传感器是用螺钉固定曲轴箱内靠近离合器一侧的左侧发动机缸体上,其结构如图 4-1-15 所示。它主要出磁感应式传感器 3 和信号转子 4 组成。磁感应式传感器由永久磁铁、传感线圈和线束插头组成。传感线圈又称信号线圈,永久磁铁上带有一个磁头,磁头正对安装在曲轴上的齿盘式信号转子,磁头与磁轭(导磁板)连接而构成导磁回路。在齿盘式信号转子的圆周上间隔均匀地制有 58 个凸齿、57 个小齿缺和一个大齿缺,大齿缺为基准信号标记,对应于 1 缸或 4 缸上止点前一定角度。大齿缺所占的弧度相当于两个凸齿和三个小齿缺所占的弧度。每个凸齿和小齿缺所占的曲轴转角均为 3°,大齿缺所占的曲轴转角为 15°。

(2)凸轮轴位置传感器

凸轮轴位置传感器的功用是采集进气凸轮轴的位置信号,输送给控制单元 ECU,以便 ECU 识别出 1 缸压缩上止点,从而进行顺序喷油控制、点火时刻控制和爆燃选择控制。另外,凸轮轴位置传感器还用于发动机起动时识别出第一次点火时刻。因为凸轮轴位置传感器能够识别出是哪一缸活塞即将到达上止点,所以称为判缸传感器。桑塔纳 2000GSI 轿车采用的是霍尔式凸轮轴位置传感器。

(3)霍尔式凸轮轴位置传感器的结构

霍尔式凸轮轴位置传感器的结构,如图 4-1-16 所示。主要由霍尔式传感器 2 和信号转子 5 组成。信号转子又称为触发叶轮,安装在进气凸轮轴上,用定位螺钉和座圈定位。信号转子的隔板又称为叶片,在隔板上制有一个窗口,窗口对应产生的信号为低电平信号,叶片

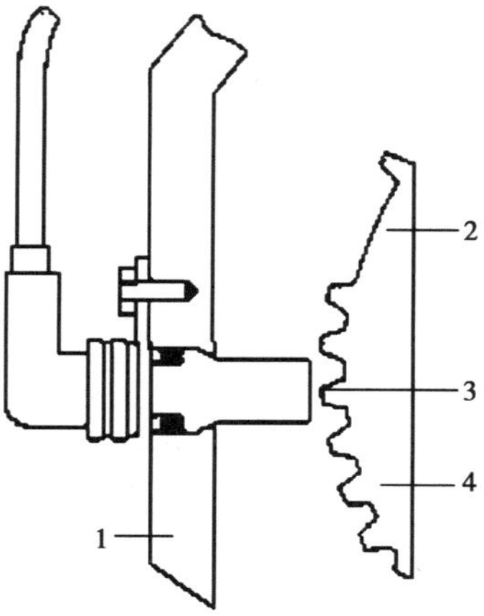

1－缸体;2－齿缺(基准标记);
3－磁感应式传感器;4－信号转子座
图 4-1-15　曲轴位置传感器的结构

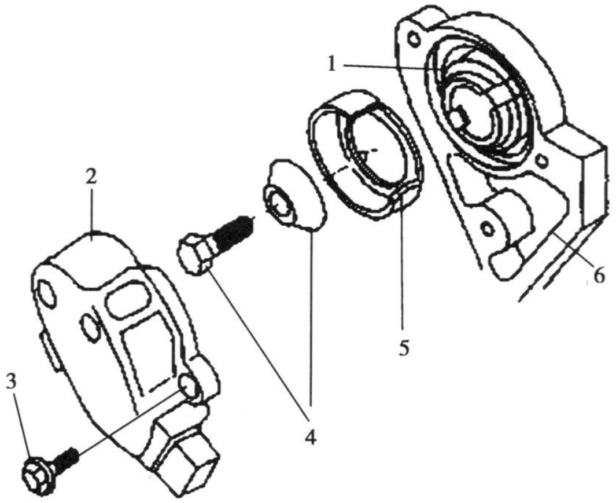

1－进气凸轮轴;2－凸轮轴位置传感器;
3－传感器固定螺钉;4－定位螺栓与座;
5－信号转子;6－发动机缸盖
图 4-1-16　霍尔式凸轮轴位置传感器的结构

对应产生的信号为高电平信号。霍尔式传感器主要由霍尔集成电路 IC、永久磁铁和导磁钢片等组成。霍尔集成电路由霍尔元件、放大电路、稳压电路、温度补偿电路、信号变换电路和输出电路等组成。霍尔元件目前用硅半导体材料制成,霍尔元件与永久磁铁之间留有 1 mm 左右的间隙,当信号转子随进气凸轮轴一同转动时,隔板和窗口便从霍尔元件与永久磁铁之间的气隙中转过。

2.电子控制单元

电子控制器用 ECU 表示。ECU 是发动机的控制核心。电子控制器的名称并不统一,生产厂家或公司不同,生产年代和控制内容不同,采用的名称也不尽相同。电子控制器主要包括输入回路、输出回路、模数 A/D 转换器或模数 D/A 转换器、单片微型计算机和电源电路等。由于电子控制器的核心部件是单片微型计算机,通常将电子控制器称为微机或电脑。电子控制器的作用是根据发动机各传感器输入的信息和微机内存数据,通过运算处理和逻辑判断,然后输出指令信号,控制有关执行器工作。

四、故障实例分析

(一)案例 1

1.故障现象

一辆 94 款 2.2 L 雅阁轿车怠速状态下工作时自动熄火,而且抖动,急加速时瞬间反转 5～6圈,然后熄火。但故障检查灯 ENGINE CHECK 并没有亮。因此无法使用自诊断系统,不能调出该车的故障码进行常规分析。

2.检修过程

根据熄火现象,判断可能是燃油系统出现问题。从燃油系统的检测得知系统油压低于 0.2 MPa(正常油压 0.28～0.35 MPa)。检查油压调节器和汽油滤清器无问题。拆下汽油泵,测量其输出压力为 0.3 MPa(正常值 0.55 MPa),说明汽油泵有故障。更换汽油泵后,油压正常,怠速状态良好,但其他问题并没有解决。

发动机抖动的原因大多是由于缺缸造成的，须检查各缸是否正常工作。拆下各缸的火花塞，发现1、4缸的火花塞发黑有油，从而证实1、4缸没有工作，导致发动机抖动。更换这两个缸的火花塞后，故障依旧，说明不是火花塞的问题。再检查高压线，发现1、4缸高压线连接火花塞端不跳火，而分电盘端的这两缸高压均跳火，从而断定这两缸的高压线断路。更换后，故障排除。

急加速时，发动机反转，则一般说明点火顺序混乱。怠速状态工作正常，说明电脑没有问题。又检查各传感器均无问题，故障则可能是由于分电盘引起的。拆下分电盘，打开外壳后，发现固定分火头塑料绝缘座的一侧被烧蚀，而且此塑料座的搭铁螺丝也被烧蚀，说明分火头对这个螺丝有放电现象。分析原因是出在1、4缸的高压线上，由于高压线断路，当分火头转到这两缸的任一缸时，无法通过高压电流传递出去，而且高压已经产生，能量很大，又距离固定分火头座的搭铁螺丝很近，因此高压电流将固定分火头的塑料座隔板击穿，对搭铁螺丝放电。当急加速时，由于点火线圈瞬间提供给分火头的高压能量很大，分火头则向搭铁螺丝放电，而分火头再对各缸点火时，使点火顺序混乱，导致发动机反转。更换分电盘后，发动机工作恢复正常。

(二)案例2

东风EQ1092汽车的电子点火装置采用专用的器件如分电器为JFD667、电子点火控制器为JKF667、点火线圈为JDQ667型。只要电源电压在6～16 V之间，且各部连接导线及触点接触良好，一般不会出故障。如有故障则按下列方法判断排除。

1.故障现象

(1)发动机不能发动，无发动征兆。

(2)打开点火开关，摇转曲轴，电流表指示3～5 A，做摆动。

(3)打开点火开关，摇转曲轴，电流表指示3～5 A，不做摆动。

2.故障原因

(1)打开点火开关，摇转曲轴，电流表指示3～5 A，做摆动，故障原因有：

①分电器盖漏电。

②分火头漏电。

③分高压线损坏。

④火花塞漏电、积碳、短路。

⑤点火线圈高压线圈损坏。

(2)打开点火开关，摇转曲轴，电流表指示3～5 A，不做摆动，故障原因有：

①点火线圈初级线圈坏、线圈断、线圈未接入。

②点火控制器坏。

③信号传感器坏。

④搭铁不良、线路故障。

3.故障判断与排除

(1)若打开点火开关，摇转曲轴，电流表指示3～5 A，做摆动，则拔出点火线圈中心高压线试火。有火，说明点火线圈工作正常，故障原因在①～④点；如无火，且检查各接线良好，则为点火线圈坏，应更换点火线圈。

(2)若打开点火开关，摇转曲轴，电流表指示3～5 A，不做摆动，则说明点火线圈未工作，应作进一步检查：

①测量点火线圈“+”端电压，此电压与蓄电池电源电压差值不得超过1 V。如超过1 V，则为蓄电池“+”端与点火线圈“+”极间有电阻。如此电压正常，再检查点火线圈“-”极与蓄电池“+”端电压差，同样不应超过1 V。

此电压不正常时，进一步拆开点火控制器与点火线圈连接，再测点火线圈“-”极对地电压，如此电压与蓄电池电源电压差值小于1 V，则说明点火线圈良好；其差值大于1 V，则说明点火线圈有故障应更换。

如果点火线圈“+”极对地电压正常，再检查点火线圈“-”极对地电压，此电压与蓄电池电压差值也不能超过1 V。

②如果上述检查也是正常的，则检查电子点火控制器的接地与汽车搭铁螺钉之间是否有电压差。如果有电压差说明点火控制器搭铁不良，无电压差或此电压差小于0.1 V为正常，再进一步检查点火控制器的工作性能：用1.5 V干电池作模拟信号，输入点火控制器的信号出入端，再做高压试火，如有火，说明点火控制器工作正常，故障在信号发生器；如无火，则点火控制器坏或相应连接线路有故障。点火控制器坏，应更换。

③检查点火信号传感器，用万用表欧姆挡测量点火信号传感器的电阻，如果在500～800 Ω之间为正常，如果电阻为无穷大，则为传感器坏，应更换。

④再检查传感器气隙，应在0.2～0.6 mm之间，如果不正常，应调整恢复。

(三)案例总结

当汽车发生不着车故障时，应如何检查呢？首先要确定是否为点火系统故障，可以用传统的跳火方法来判断，基本操作为：先拔下分电器盖上中央高压线，再拆下一只火花塞，接上中央高压线后搭铁，最后起动发动机，查看有无高压火花(注意：对于霍尔式电子点火系统，严禁使用中央高压线直接跳火试验。因为如操作不当，就有可能造成反向电动势击穿点火电子组件)。若无火花，则说明点火系统有故障，可按以下步骤进行检查。

1. 检查低压电路是否有故障。具体方法是：在点火开关接通时，用万用表直流25 V挡测量点火线圈“+”接柱电压和点火控制组件4号脚电压，其正常值为12 V；再拔下分电器上的信号线束，用万用表正负表棒分别连接其两端2个接头，此处电压正常值为10.5 V；然后测量点火电子组件5号脚与2号脚之间的电压，其正常值为10.5 V，如无此电压值，说明点火电子组件可能有故障。

2. 检查点火线圈和中央高压线是否正常。具体方法是：先用万用表10 Ω挡测量点火线圈初级绕组电阻，其正常值为0.6～0.7 Ω；再用万用表10 kΩ挡测量点火线圈次级绕组电阻，其正常值为2.5～3.5 kΩ；然后测量中央高压线的电阻，其正常值为0～2.8 kΩ。如无上述正常电阻值，则说明被测件内部可能存在有故障，要注意视情修理。

3. 若经上述测量后均正常，表明上述装置内部和供电线路正常，即可按原样装复后再检查点火电子组件是否正常。此时，先断开点火开关，用万用表(拨至直流25 V挡)正表棒接点火线圈“+”接柱，负表棒接点火线圈“-”接柱，然后拔下分电器上信号线束，再接通点火开关，接着应密切注意万用表指针变化。正常时，万用表指针先指示电压约为10.5 V，之后迅速回落至0。也可以在点火开关接通时，拔下分电器上的信号线束，在其中间接头处接上一根导线，将此导线迅速搭铁后马上松开，以给点火电子组件一个模拟点火信号，这时万用表指针也应有上述那样的反应。如有上述反应，证明点火电子组件无故障。这时若汽车仍发动不着，则故障在点火信号发生器。点火信号发生器和点火电子组件出现故障时只能更换，无需修理。

检查点火控制组件和点火信号发生器时，也可以不用万用表测量，采用将中央高压线插上一只火花塞搭铁后试火的方法。若在接通点火开关瞬间就能见到跳火或点火开关接通情况下将信号线迅速搭铁并马上松开时能见到跳火，说明点火电子组件和点火信号发生器均为正常，否则就是点火电子组件或点火信号发生器有故障。

【任务实施】

一、实施内容

微机控制无分电器单独点火系统的检修。

二、准备工作

1.所需设备

整车（常用大众车、丰田、长安轿车等）、起动机、工作台等。

2.工具和材料

汽车电工工具套装、干净的抹布、汽车数字万用表、拆装工具、汽车维修手册、汽车电路图册、万用表、LED 试灯等。

3.安全防护用品

标准作业装、安全鞋、线手套等。

4.汽车信息收集

车牌号码：____________________，车辆型号：____________________，

VIN 码：______________________，行驶里程：____________________，

维修接待意见：____。

三、技术规范与注意事项

1. 使用万用表时就选择正确挡位，禁止用低电阻挡位去测量电压，以免降低测量精度或损坏万用表。

2. 使用维修手册和电路图时，要注意避免残缺不全，资料应与使用车辆型号相对应。

3. 一般情况下，汽车蓄电池开路电压为 12 V（柴油机多为 24 V），发电机正常输出电压不超过 14 V（柴油机为 28 V）。

4. 为了防止电气线路在操作过程中的短路，每次拆装、检测电气设备时，应先断开蓄电池搭铁线，完成后，最后安装搭铁线。

5. 要遵守维修手册规定的其他技术和安全要求。

四、实施步骤及方法

（一）检修作业的准备及预检

1.一般准备工作

（1）与小组成员共同清洁场地　　□任务完成

（2）清点所需工量具数量和种类　　□任务完成

(3)检查设备、工量具性能是否良好　□任务完成

2.安全防护准备工作

(1)安装车轮挡块阻挡车轮　□任务完成

(2)使用空挡和驻车制动　□任务完成

(3)安装好前栅格布及护套　□任务完成

3.发动机机舱预检

(1)检查发动机冷却液液面　□正常　□不正常

(2)检查发动机机油液面　□正常　□不正常

(3)检查制动液液位　□正常　□不正常

(二)资讯

1. 发动机型号:____________________。

2. 该发动机点火系统的类型:____________________。

3. 该发动机点火系统由____________________组成。

4. 查阅资料,画出该发动机点火控制系统原理图,说明点火系统工作原理。

5. 请分析发动机不点火的原因有哪些?____________________

(三)决策与计划

请根据故障现象和任务要求,确定所需要的检测仪器、工具,并对小组成员进行合理分工,制定详细的诊断和修复计划。

1.小组成员分工

____

2.需要的检测仪器、工具____________________

3.诊断和修复计划____

____

____

(四)实施

1. 故障症状描述____。

读取故障码____。

读取数据流____。

2. 火花塞试火:拆下火花塞,观察其状态____________;断开喷油器,火花塞试火,火花状态____________。

3. 检查点火线圈:初级线圈电阻为__________,次级线圈电阻为__________。

4. 检查点火器:检查点火器电源线是否正常__________;检查点火器搭铁线是否正常__________;检查 PCM 输入给点火器的点火控制信号是否正常__________;检查点火器输出给 PCM 的点火反馈信号是否正常__________;检查点火器输出给点火线圈的控制信号是否正常__________。

5. 检查曲轴位置传感器:测量曲轴位置传感器信号电压,发动机怠速时为__________,检查曲轴位置传感器线路是否正常__________,曲轴位置传感器是否正常__________。

6. 检查凸轮轴位置传感器:测量凸轮轴位置传感器信号电压,发动机怠速时为__________,检查凸轮轴位置传感器线路是否正常__________,凸轮轴位置传感器是否正常__________。

7. 检查爆震传感器:发动机怠速,用万用表测量爆震传感器的信号电压为__________,用万用表测量爆震传感器的电阻为__________。

(五)检查

检查发动机修复质量____

【评价与反馈】

班级:____________ 姓名:____________ 指导教师:____________

序号	考核项目	项目分值	考核内容	配分	考核标准	得分
1	出勤纪律	5	出勤	2	违规一次不得分	
			行为规范	3	违规一次不得分	
2	安全防护环保	20	着装	4	违规一次不得分	
			个人防护	4	违规一次不得分	
			“5S”/“EHS”	4	违规一次不得分	
			设备使用安全	4	违规一次不得分	
			操作安全	4	违规一次不得分	

（续表）

序号	考核项目	项目分值	考核内容		配分	考核标准	得分
3	知识	20	知识测试成绩		20	按测验成绩的 20% 计	
4	技能考核	40	准备	清点工量具，清理工位	1	未做不得分	
				检查电源开关	1	未做不得分	
				蓄电池安装位置查看	2	未做不得分	
			基本信息	点火系统类型	2	操作不正确扣 1 ~ 2 分	
				点火系统原理图	3	方法不正确扣 1 ~ 3 分	
			点火系统的选择	发动机型号	3	操作不正确扣 1 ~ 3 分	
				仪器工具选择	3	选择不正确扣 1 ~ 3 分	
				诊断修复计划	3	操作不正确扣 1 ~ 3 分	
				故障描述	3	检查不正确扣 1 ~ 3 分	
				曲轴位置传感器检查	4	操作不正确扣 1 ~ 4 分	
				凸轮轴位置传感检查	4	操作不正确扣 1 ~ 4 分	
				爆燃传感器检查	4	操作不正确扣 1 ~ 4 分	
				结论及修复	4	测量不正确扣 1 ~ 4 分	
				检查维修结果	3	操作不正确扣 1 ~ 3 分	
5	学习能力	10	工单填写，工艺计划制定		4	未做不得分	
			组内活动情况		4	酌情扣分	
			资料查询和收集		2	未做不得分	
6	任务拓展	5	知识拓展任务		2	未做不得分	
			技能拓展任务		3	未做不得分	
7	总分	100					

【教师评估】

序号	优点	存在问题	解决方案
教师签字：			

任务二　点火系统主要元件的检修

【任务目标】

目标类型	目标要求
1. 认知目标	(1)了解点火系的组成及工作原理； (2)了解点火系统主要部件的结构及作用。
2. 技能目标	达到汽车维修中级工如下要求： (1)掌握点火系统的各个元件的工作原理； (2)掌握点火系统主要零部件的检测方法。
3. 情感目标	1. 遵守汽车维修职场管理规定； 2. 养成良好的作业习惯。

【任务描述】

一辆桑塔纳2000GSi型轿车出现发动机冷机起动困难故障。检查发现起动系统工作正常。经过分析，故障原因可能是火花塞过度损耗或者点火电路电阻过大。经检查，发现火花塞积碳严重，更换火花塞后故障排除。

【知识准备】

点火系统电器元件的检修主要包括点火线圈、配电器、信号发生器、点火控制模块等。

一、点火线圈的检修

以桑塔纳2 000 GL轿车为例，用欧姆表测量点火线圈的电阻。初级绕组的电阻应为1.2～1.4 kΩ，次级绕组的电阻应为6～8 kΩ。若测量的电阻不符合规定，则需要更换点火线圈。同时应保证点火线圈绝缘盖板清洁、干燥，防止漏电。其他车型点火线圈电阻值应在表4-2-1所示范围内。

表4-2-1　点火线圈电阻检测值

检查项目	仪器	接柱	阻值
初级绕组	万用表	“+”与“-”	十几欧
次级绕组	万用表	“+”与“中心插孔”	几千欧至几十千欧
附加电阻	万用表	“+”与“点火开关”	1～3 Ω

二、附加电阻

作用:维持初级电流的恒定。发动机起动时,绕过附加电阻,保证足够大的初级电流。

三、配电器

(一)作用

将高压电分配给各缸的火花塞

(二)结构

分电器盖、分火头

(三)检查

1. 分电器盖的检查:无脏污、无裂纹。

2. 分火头的检查:将分火头平放机体上,使金属导电片搭铁,高压线距 7 ~8 mm 跳火,若有火,表明分火头漏电。

四、火花塞

火花塞实物如图 4-2-1 所示。

图 4-2-1　火花塞实物图

(一)火花塞的热特性

1. 热型火花塞:裙部长,约为 16 mm。用于低速、低压缩比、小功率的发动机。

2. 冷型火花塞:裙部短,约 8 ~ 10 mm。用于高速、高压缩比、大功率的发动机。

3. 标准型火花塞:裙部长度位于二者之间,12 ~ 14 mm。

(二)火花塞的故障及检修

1.火花塞间隙的检查

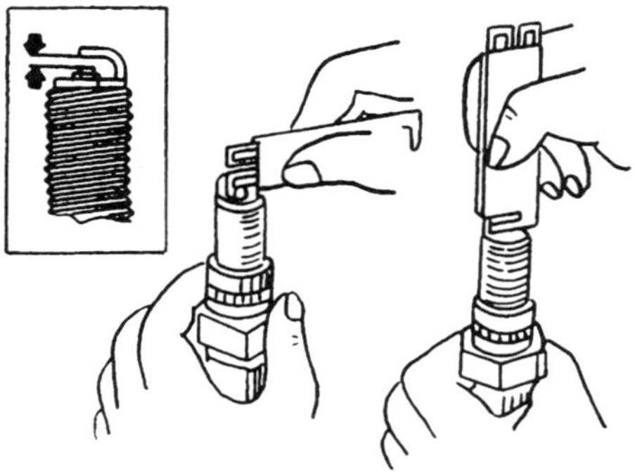

图 4-2-2　火花塞电极间隙的检查

电控发动机火花塞间隙正常应为 0.9 ~1.2 mm,传统发动机火花塞间隙约为 0.6 ~0.8 mm。检测方法如图 4-2-2 所示。

想一想： 火花塞间隙为什么不能过大或过小？

查一查： 测量火花塞间隙采用的是什么量具？

2.火花塞颜色的检查

正常应呈棕褐色。若呈黑色，表明火花塞积炭或积油。原因：热特性太冷，燃烧效果差，混合气过浓，滑油过多。危害：导致漏电或淹死火花塞，致使发动机起动困难或间歇断火。若呈灰白色：火花塞过热。原因：热特性太热，绝缘体裂缝、密封垫圈损坏等。危害：易出现炽热点火。

3.测量火花塞绝缘电阻

用兆欧表测量火花塞绝缘电阻（如图 4-2-3 所示），电阻值应为 10 MΩ 或更大。

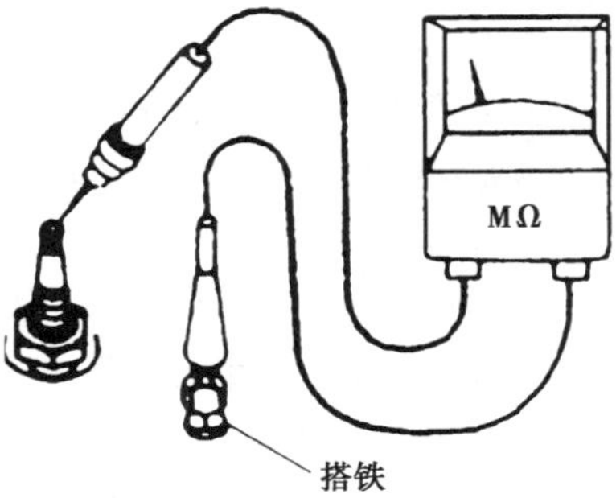

图 4-2-3　测量火花塞绝缘电阻

五、信号发生器

作用：产生对应于气缸数及曲轴位置的电压信号，用以触发点火控制器，使点火线圈产生高电压供火花塞跳火。

(一)磁感应式信号发生器

1.结构与特点

磁感应式点火信号发生器实物结构如图 4-2-4 所示。其主要特点是信号电压高，低速工作可靠，抗振能力高。

图 4-2-4　磁感应式信号发生器

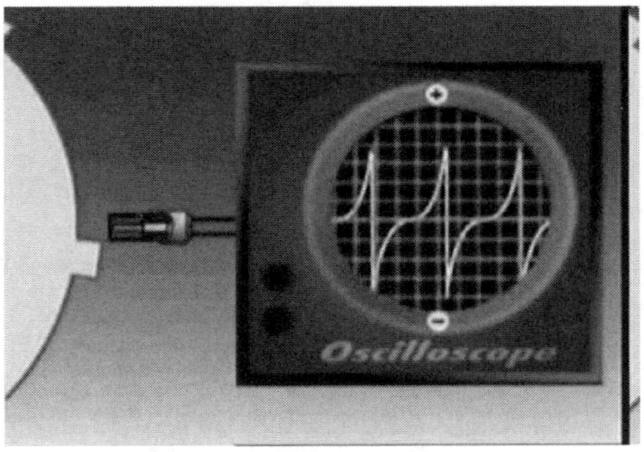

图 4-2-5　电磁感应式信号发生器示意图

2.磁感应式点火信号发生器的检修

磁感应式信号发生器的常见故障有：信号感应线圈短路、断路、转子与铁芯之间的气隙不当。

(1)传感线圈电阻的测量。一般在 250 ~ 1 500 Ω 范围内。

(2)输出信号(交流电压)的测量。如图 4-2-5 所示，在发动机转动时(或用起子断续插入气隙间)，应有电压输出(一般应在 0.3 V 以上)。

小提示： 由于信号电压的大小与转子的转速成正比，转速太低测不出。

(3)气隙的检查

当信号转子的凸齿与传感线圈的铁芯对齐时，插入塑料塞尺进行检查，一般为 0.2 ~ 0.4 mm(禁止用一般的钢塞尺检查)。

(二)霍尔式信号发生器

1.结构与特点

霍尔式信号发生器的实物结构如图 4-2-6、图 4-2-7 所示。其主要特点是点火正时精度

图 4-2-6　霍尔式信号发生器

图 4-2-7　霍尔式信号发生器结构

高,耐久性好,不受灰尘、油污的影响,且霍尔电压与转速无关,低速性好。

2.霍尔效应式信号发生器的检修

常见故障是:内部集成块烧坏、线路断脱或接触不良等。

(1)触发线圈的检查。有万用表检查电源端子与信号端子的阻值均应为∞。

(2)检测信号电压。方法1:脱开信号端子电插,转动信号转子,测量信号电压,应有交替变化的信号(直流电压)。

小提示: 由于反转电路的作用,当霍尔电压为 0 时,输出电压为接近蓄电池电压(输出高电平);当产生霍尔电压时,输出电压则降至0.4 ~0.5 V(输出低电平)。(不同的车型,具体的电压摆动幅度稍有不同)。

方法2:不脱开电插进行测量(点火控制器向信号发生器提供一个参考电压)。

(三)光电式信号发生器

1. 结构与特点

光电式点火信号发生器结构如图 4-2-8、图 4-2-9 所示。其主要特点是信号和闭合角不受转速的影响,点火正时长久不变,但是受灰尘影响较大,密封性要求高。

图 4-2-8　光电式信号发生器

图 4-2-9　光电式信号发生器信号盘

2.光电式信号发生器的检修

常见故障是:发光元件、光敏元件玷污或损坏,内部电路断路或接触不良。

(1)外观检查。检查发光、光敏元件表面是否脏污,线路连接是否良好。

(2)检测信号电压。方法与霍尔式信号发生器的检查相同,但应有两个信号,且电压摆动的范围不同。

六、点火控制器

(一)作用

按照信号发生器的电压信号接通和断开初级电路,使点火线圈次级绕组产生高压。

(二)电子点火器的检修

常见故障为:内部电子元件的短路、断路、漏电等而造成点火线圈初级电流减小或断流。

1.模拟信号法

用1.5 V的干电池一节正接和反接于点火控制器的信号输入端模拟点火信号,测点火线圈“-”接线柱的对地电压。如果两次测得的电压分别为0(或1~2 V)和12 V左右,则说明点火控制器良好;如果正反接干电池测得点火线圈“-”对地电压均高(为点火控制器不能通路)、均低(为点火控制器地击穿短路)、电压变化幅度小都说明点火控制器已损坏,需更换。

注:对采用磁感应式信号发生器的较实用。

2.高压试火法

如果已确定信号发生器良好,可以直接用高压试火法来检验点火器。高压试火的方法有如下几种:

(1)将分电器中央高压线拔出,使高压线端距离发动机缸体5~8 mm左右,起动发动机,看是否跳火。如果跳火且火花强,则说明电子点火器良好;否则,电子点火器可能是有故障。

(2)如果是磁感应式点火信号发生器,可打开分电器盖,用起子将导磁转子与铁芯间作瞬间短路,看高压线端(或放电器)是否跳火。如果跳火,说明电子点火器良好。

(3)如为光电式或霍尔式点火信号发生器,则可在拆下分电器后,用手转动分电器轴(或对信号线作断续性通断)时看高压线端的跳火情况或测量点火线圈对地电压(应在0~12 V间跃变)来判断点火是否良好。

七、高压回路部件的检修

用万用表测量高压回路部件的电阻,若部件的电阻不在规定范围之内,应更换新件。

1. 检查分火头电阻,其电阻值应为(1 ±0.4)kΩ。
2. 检查火花塞插头电阻,其电阻值应为(1 ±0.4)kΩ。
3. 检查防干扰接头电阻,其电阻值应为(1 ±0.4)kΩ。
4. 检查高压导线电阻,中央高压线应为0~2.8 kΩ、高压分线应为0.6~7.4 kΩ。

小提示: 不同车型高压回路各部件电阻电阻值略有不同。

【任务实施】

一、实施内容

传统点火系统发动机不能起动的故障检修。

二、准备工作

1.所需设备

整车(常用大众车、丰田、长安轿车等)、起动机、工作台等。

2.工具和材料

汽车电工工具套装、干净的抹布、汽车数字万用表、拆装工具、汽车维修手册、汽车电路图册、万用表、LED 试灯等。

3.安全防护用品

标准作业装、安全鞋、线手套等。

4.汽车信息收集

车牌号码:________________________,车辆型号:________________________,

VIN 码:__________________________,行驶里程:________________________,

维修接待意见:____。

三、技术规范与注意事项

1. 使用万用表时应选择正确挡位,禁止用低电阻挡位去测量电压,以免降低测量精度或损坏万用表。

2. 使用维修手册和电路图时,要注意避免残缺不全,资料应与使用车辆型号相对应。

3. 桑塔纳轿车点火组件的主要参数见表 4-2-2。

表 4-2-2　桑塔纳 2000GLi 轿车点火组件参数

组　件	额定值
火花塞型号	BOSCH W8DC 或 W9DC
火花塞电极间隙	0.7 ~ 0.8 mm
火花塞拧紧力矩	25 N · m
分火头电阻	1.1 kΩ
点火线圈初级绕组电阻	1.2 ~ 1.4 kΩ
点火线圈次级绕组电阻	6 ~ 8 kΩ
中央高压线	1.2 ~ 2.8 kΩ
高压分线	4.6 ~ 7.6 kΩ

4. 为了防止电气线路在操作过程中出现短路,每次拆装、检测电气设备时,应先断开蓄电池搭铁线,完成后,最后安装搭铁线。

5. 要遵守维修手册规定的其他技术和安全要求。

四、实施步骤及方法

(一)检修作业的准备及预检

1.一般准备工作

(1)与小组成员共同清洁场地 □任务完成

(2)清点所需工量具数量和种类 □任务完成

(3)检查设备、工量具性能是否良好 □任务完成

2.安全防护准备工作

(1)安装车轮挡块阻挡车轮 □任务完成

(2)使用空挡和驻车制动 □任务完成

(3)安装好前栅格布及护套 □任务完成

3. 发动机机舱预检

(1)检查发动机冷却液液面 □正常 □不正常

(2)检查发动机机油液面 □正常 □不正常

(3)检查制动液液位 □正常 □不正常

(二)资讯

1. 发动机型号________________________________。

2. 该发动机点火系统的类型________________________________。

3. 该发动机点火系统由哪些元件组成________________________________。

4. 查阅资料,画出该发动机点火控制系统原理图,说明点火系统工作原理。

5. 请分析发动机不点火的原因有哪些?________________________________

____

____

(三)决策与计划

请根据故障现象和任务要求,确定所需要的检测仪器、工具,并对小组成员进行合理分工,制定详细的诊断和修复计划。

1.小组成员分工

____

____

2.需要的检测仪器、工具

____

____

3.诊断和修复计划

____

____

(四)实施

1.确认故障现象

故障症状描述:______________________________。

读取故障码:______________________________。

读取数据流:______________________________。

2.检查蓄电池电压

用万用表测量蓄电池无负载电压__________V。　□正常　□不正常

3.判断故障在低压电路还是在高压电路

接通点火开关,将中央高压线从分电器上拔下,使其端部距离发动机的机体______mm,然后起动发动机,观察高压火的情况,如果无火花或火花很弱,说明故障发生在□低压电路、□高压电路;如果火花很强,呈亮蓝色火花,则说明故障发生在□低压电路、□高压电路。

4.高压电路故障检查

(1)分火头的检查

拔下分电器上面的中央高压线,打开分电器盖,使中央高压线端头距分火头______mm,并用手分开断电器触点。若无火花产生,则表示分火头__________,若有火花,则表明分火头绝缘□良好、□损坏。

(2)若分火头良好,则逐一将各缸高压线拔下试火。

如果各缸分高压线的火花强烈,说明分电器盖和分高压线都□良好、□损坏。

如果分高压线无火花,说明分电器盖和分高压线□良好、□有故障。

(3)检测各缸分高压线

检查高压线是否正常可以通过测量电阻的方法,经测量1、2、3、4缸高压线电阻分别为________Ω、________Ω、________Ω、________Ω,如电阻不符合要求,应更换高压线;若高压线正常,则应更换分电器盖。

5.低压电路故障的检查

接通点火开关,转动发动机曲轴,同时观察电流表指针:

(1)电流表指针在"0"位不动,说明低压电路□短路、□断路、□搭铁,即__________和__________之间有__________故障。

(2)若电流表指针指示放电3~5A,但不摆动,说明初级线圈到断电器触电臂之间有搭铁故障或电容器□短路、□断路、□搭铁,亦或是断电器触点不能打开。

(3)若电流表指示10A以上不动,说明低压电路有□短路、□断路、□搭铁故障。如点火开关、点火线圈电源接线柱间__________。

6. 如果各缸分高压线的火花很强，则检查火花塞。将火花塞从气缸上拆下：

检查绝缘情况。 □正常 □损坏

测量电极间隙为__________ mm。 □正常 □不正常

检查有无积碳和油污等。 □有 □没有

如有不正常，需对火花塞进行清理或更换。

7. 最后检查点火正时。 □正常 □不正常

如果点火正时不正常，重新调整点火正时。

结论：____

____。

(五)检查

检查发动机点火系统修复质____

____。

【任务拓展】

在教师指导下，用示波器测取并画出信号波形：

次级点火电压波形	PCM 的点火控制信号	PCM 的点火反馈信号
爆震传感器	曲轴位置传感器	凸轮轴位置传感器

【评价与反馈】

班级：________________ 姓名：________________ 指导教师：________________

序号	考核项目	项目分值	考核内容	配分	考核标准	得分
1	出勤纪律	5	出勤	2	违规一次不得分	
			行为规范	3	违规一次不得分	
2	安全防护环保	20	着装	4	违规一次不得分	
			个人防护	4	违规一次不得分	
			“5S”/“EHS”	4	违规一次不得分	
			设备使用安全	4	违规一次不得分	
			操作安全	4	违规一次不得分	

续表

<table>
<tr><th>序号</th><th>考核项目</th><th>项目分值</th><th colspan="2">考核内容</th><th>配分</th><th>考核标准</th><th>得分</th></tr>
<tr><td>3</td><td>知识水平</td><td>20</td><td colspan="2">知识测试成绩</td><td>20</td><td>按测验成绩的 20% 计</td><td></td></tr>
<tr><td rowspan="15">4</td><td rowspan="15">技能考核</td><td rowspan="15">40</td><td rowspan="4">准备</td><td>清点工量具,清理工位</td><td>1</td><td>未做不得分</td><td></td></tr>
<tr><td>检查电源开关</td><td>1</td><td>未做不得分</td><td></td></tr>
<tr><td>安装各种防护套</td><td>1</td><td>未做不得分</td><td></td></tr>
<tr><td>发动机机舱预检</td><td>4</td><td></td><td></td></tr>
<tr><td rowspan="2">基本信息卸</td><td>点火系统类型</td><td>2</td><td>操作不正确扣 1 ~ 2 分</td><td></td></tr>
<tr><td>点火系统原理图</td><td>3</td><td>方法不正确扣 1 ~ 3 分</td><td></td></tr>
<tr><td rowspan="7">点火系统的选择</td><td>确认故障详细</td><td>3</td><td>判断不正确扣 1 ~ 3 分 7</td><td></td></tr>
<tr><td>检查蓄电池电压</td><td>3</td><td>选择不正确扣 1 ~ 3 分</td><td></td></tr>
<tr><td>判断故障在高压还是低压电路</td><td>4</td><td>操作不正确扣 1 ~ 5 分</td><td></td></tr>
<tr><td>高压电路故障检查</td><td>5</td><td>检查不正确扣 1 ~ 5 分</td><td></td></tr>
<tr><td>低压电路故障检查</td><td>5</td><td>操作不正确扣 1 ~ 5 分</td><td></td></tr>
<tr><td>火花塞的检查</td><td>4</td><td>操作不正确扣 1 ~ 4 分</td><td></td></tr>
<tr><td>点火正时的检查</td><td>4</td><td>操作不正确扣 1 ~ 4 分</td><td></td></tr>
<tr><td rowspan="3">5</td><td rowspan="3">学习能力</td><td rowspan="3">10</td><td colspan="2">工单填写,工艺计划制定</td><td>4</td><td>未做不得分</td><td></td></tr>
<tr><td colspan="2">组内活动情况</td><td>4</td><td>酌情扣 1 ~ 4 分</td><td></td></tr>
<tr><td colspan="2">资料查询和收集</td><td>2</td><td>未做不得分</td><td></td></tr>
<tr><td rowspan="2">6</td><td rowspan="2">任务拓展</td><td rowspan="2">5</td><td colspan="2">知识拓展任务</td><td>2</td><td>未做不得分</td><td></td></tr>
<tr><td colspan="2">技能拓展任务</td><td>3</td><td>未做不得分</td><td></td></tr>
<tr><td>7</td><td>总分</td><td>100</td><td colspan="2"></td><td></td><td></td><td></td></tr>
</table>

【教师评估】

序号	优点	存在问题	解决方案
教师签字:			

项目五 汽车照明、信号与仪表系统结构与检修

任务一 汽车照明系统的组成与检修

【任务目标】

目标类型	目标要求
1. 认知目标	(1)简单叙述汽车照明系统的组成与功用； (2)简单叙述前照灯结构特点、配光原理； (3)正确描述前照灯防眩目原理； (4)简单叙述照明系统电路分析与故障排除的方法。
2. 技能目标	(1)能够识别照明系统各部件的安装位置； (2)会分析照明系统的电路； (3)能够安装和调整前照灯； (4)能够诊断和排除照明系统的常见故障。
3. 情感目标	(1)养成任何电路作业都必须先切断电源的习惯； (2)通过扩展理论知识，提高学习兴趣。

【任务描述】

如图5-1-1所示，一辆丰田卡罗拉汽车的右近光灯不亮，急需维修。作为汽车维修人员，应该进行哪些相关的操作，才能彻底排除故障呢？汽车照明系常见故障有灯泡不亮、灯泡发光昏暗和灯泡过亮等，出现这些情况，要采取切实可行的维修措施进行修复，确保汽车安全行驶。

图5-1-1 右近光灯不亮的丰田卡罗拉

【知识准备】

汽车照明系统是汽车夜间行驶必不可少的照明设备，为了提高汽车夜间行驶速度和行驶安全，汽车上装有各种照明装置。不同汽车的照明系统是不完全相同的，除了美观和实用外，还必须满足两个要求：保证运行安全和符合交通法规。

一、汽车照明系统的组成及作用

汽车的照明系统主要由照明装置、电源和控制电路三部分组成，照明装置根据安装位置和用途不同，一般可分为外部照明装置和内部照明装置，如图 5-1-2 和图 5-1-3 汽车内部照明所示；根据不同种类，汽车照明装置又可分为前照灯、防雾灯、后照灯、牌照灯、顶灯、仪表灯和工作灯等。汽车照明灯的种类、特点及用途见表 5-1-1。

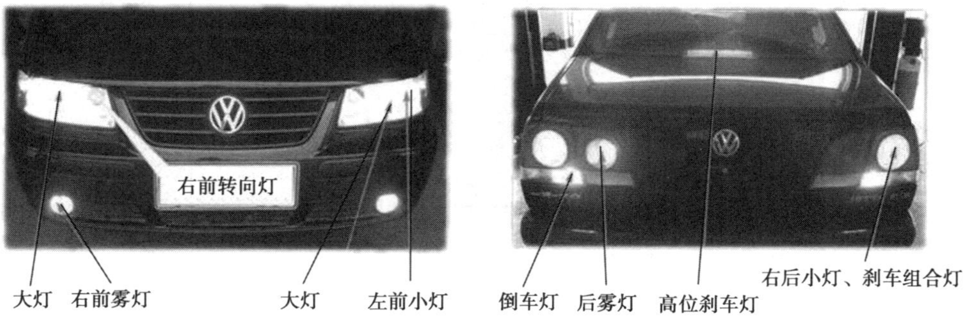

图 5-1-2　汽车外部照明

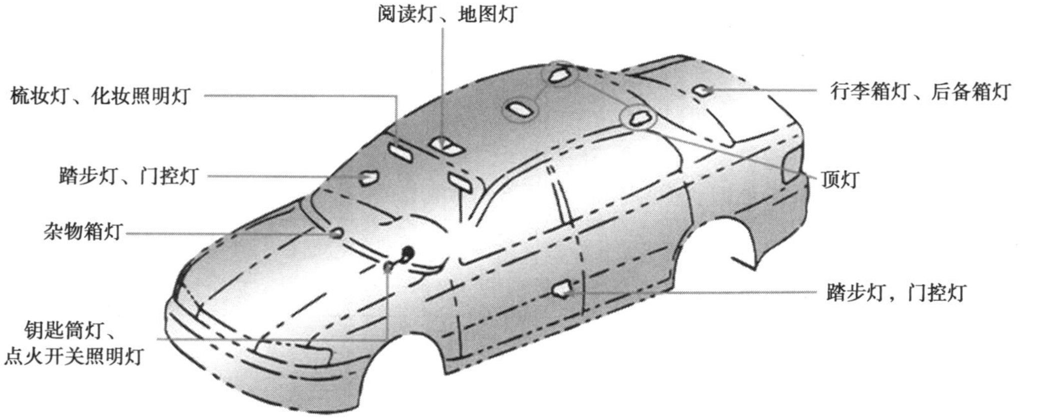

图 5-1-3　汽车内部照明

想一想： 除了以上照明灯外，汽车上还有那些照明装置？

二、汽车前照灯

(一) 前照灯的照明要求

1. 要求前照灯应保证汽车前有明亮而均匀的照明，使驾驶员能辨明车前 100 m 内道路上的障碍物，随着汽车行驶速度的提高，现代汽车要求前照灯的照明距离应达到 200 ~ 250 m。

2. 前照灯同时还应具有防眩目装置，以免夜间两车迎面相遇时，使对方驾驶员炫目，而造成交通事故。

表 5-1-1　照明灯种类、特点及用途

照明位置	名称	位置	功率/W	用途	光色
外照明灯	前照灯	汽车头部两侧	远光灯:40～60 近光灯:20～35	夜间行驶照明	白色常亮远近光变化
	雾灯	汽车头部和尾部	前雾灯:45 后雾灯:21 或 6	雨雪雾天保证有效的照明及提供信号	黄色或者白色单丝常亮
	牌照灯	汽车尾部牌照上方	5～10	夜间照明牌照	白色
内照明灯	顶灯	驾驶室顶部	5～15	驾驶室内照明	白色
	仪表照明灯	仪表板上	2	用于夜间观察仪表时的照明	白色
	行李箱灯	汽车行李箱内	5	用于夜间拿取行李物品时照明	白色
	阅读灯	乘客座位前部或顶部	—	供乘客阅读时使用	白色

(二)前照灯的结构

汽车前照灯一般由灯泡、反射镜和配光镜三部分组成。

1. 灯泡。目前汽车上使用的前照灯灯泡有充气灯泡、卤钨灯泡和高压放电氙灯等几种类型,图 5-1-4 是普通前照灯灯泡结构。

充气灯泡从玻璃泡抽出空气,再以 86% 的氩和 14% 的氮的混合惰性气体。灯泡通电后,灯丝发热,惰性气体受热膨胀而产生较大的压力,可以减少钨的升华,延长灯泡的使用寿命。

卤钨灯泡是在充入的惰性气体中渗入某种卤族元素,如碘、溴等,利用卤钨再生循环作用防止钨丝升华。一般充气灯泡虽然充入混合惰性气体,仍然不能避免钨丝受热后升华,升华出来的钨沉积在灯泡上,使灯泡变黑,光线变暗。

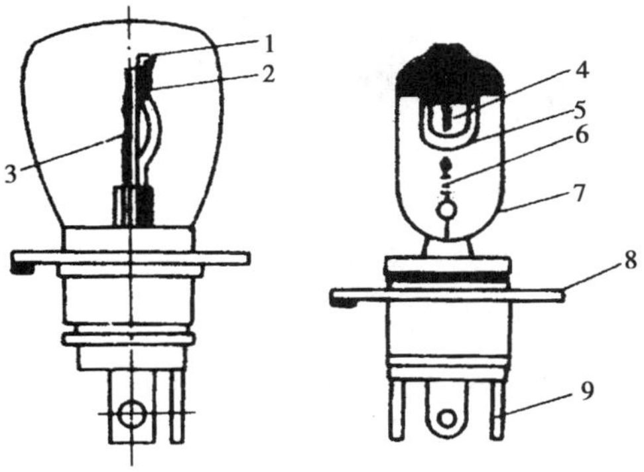

(a)普通充气灯泡　(b)卤钨灯泡

1、7－配光屏;2、4－近光灯丝;3、5－远光灯丝;6－定焦盘;8－灯泡;9－插接片

图 5-1-4　普通前照灯灯泡

高压放电氙灯是现代前照灯发展的趋势,它由弧光灯组件、电子控制器和升压器三部分组成。灯泡发出的光色和日光灯非常相似,亮度是目前卤素灯泡的 3 倍左右,寿命可达卤素气体灯泡的 5 倍。克服了传统钨灯的缺陷,几万伏的高压使得其光亮强度增加,完全满足了汽车夜间高速行驶的需要。

2. 反射镜。反射镜的表面形状呈旋转抛物面,如图 5-1-5 所示,一般由 0.6～0.8 mm 的薄钢板冲压而成或由玻璃、塑料制成。其内表面镀银、铝或镀铬,然后抛光处理;目前反射镜内面采用真空镀铝的较多。

反射镜的作用是将灯泡的散射(直射)光反射成平行光束,使光度大大增强,增强几百倍乃至上千倍,以保证汽车前方 150 ~400 m 范围内足够的照明,如图 5-1-6 所示。

图 5-1-5　半封闭式前照灯的反射镜

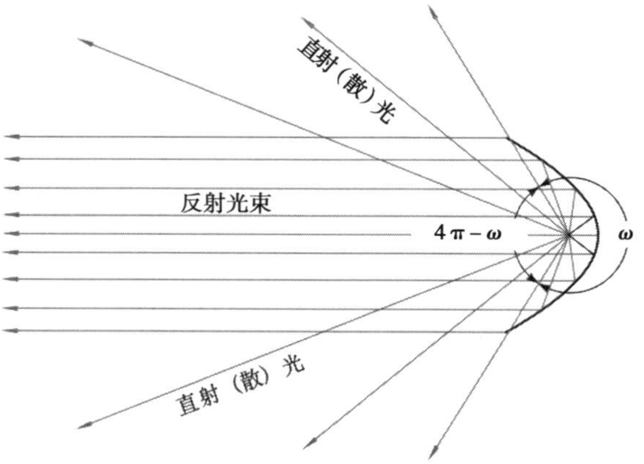

图 5-1-6　反射镜的作用

3. 配光镜。配光镜又称散光玻璃,由透光玻璃压制而成,是多块特殊棱镜和透镜的组合,外形一般为圆形和矩形,如图 5-1-7 所示。配光镜的作用是将反射镜反射出的平行光束进行折射,使车前的路面有良好而均匀的照明,如图 5-1-8 所示。

图 5-1-7　配光镜的结构

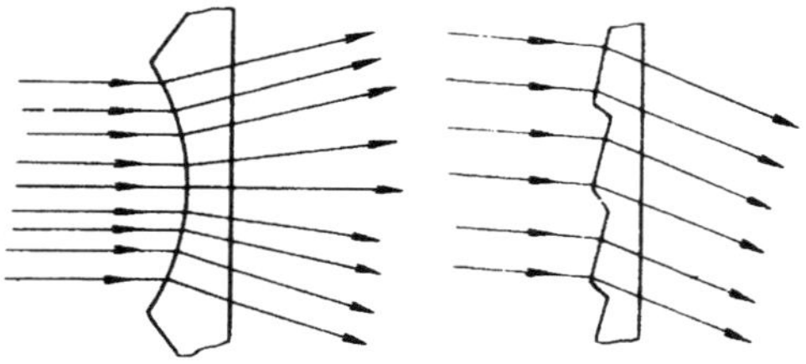

图 5-1-8　配光镜的作用

(三)前照灯的防眩目措施

夜间行驶的汽车在交会时,由于前照灯的亮度较强,会引起对方驾驶员炫目,驾驶员炫目很容易引发交通事故。为防止对方驾驶员炫目,采取了如下措施:

1. 利用交通法规强制约束:我国交通法规规定,夜间会车时,须在距离对面来车 150 m 以外互相关闭远光灯,改为近光灯。

2. 采用双丝灯泡防眩目:所谓双丝灯泡就是灯泡里面有两根灯丝,一根远光灯丝,一根近光灯丝,远光灯丝位于反射镜的焦点上,功率为 45 ~60 W,对面无车时使用;近光灯丝位于反射镜焦点的上方或前方,功率为 20 ~50 W,对面来车时使用。

3. 采用带配光屏的双丝灯泡:为了防止炫目,在近光灯丝的下方装有遮光罩。当使用近光灯时,遮光罩能将近光灯丝射向反射镜下部的光线遮挡住,无法反射,提高防眩目效果。目前广泛使用,如图 5-1-9 所示。

4. 采用非对称光制式防眩灯:即采用非对称式配光,非对称式配光是一种新型的防眩目前照灯,安装时将遮光罩偏转一定的角度,使其近光的光形分布不对称,将近光灯右侧光线倾斜升高 15°,如 5-1-10 所示。

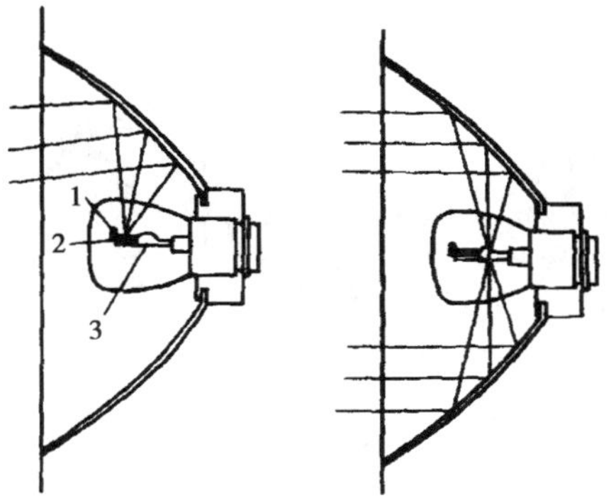

1－近光灯丝；2－配光屏；3－远光灯丝

图 5-1-9　具有配光屏的双灯丝灯泡

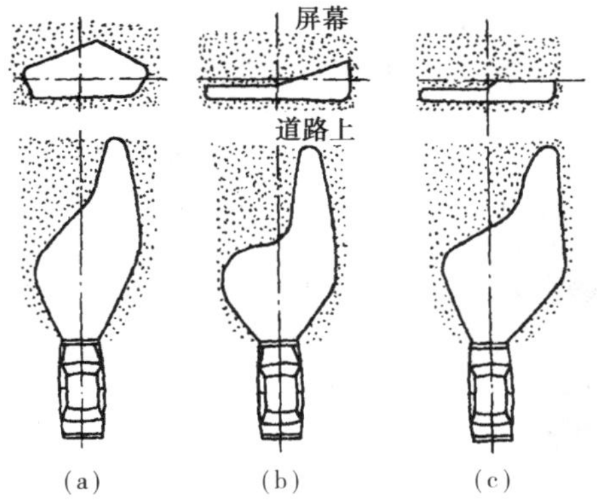

图 5-1-10　非对称式配光

5. 采用自动变光的前照灯：在夜间行驶时，为了防止迎面来车炫目，会车时驾驶员必须频繁使用变光开关，分散了其注意力。大灯自动变光装置，可根据迎面来车的灯光调节大灯的近光和远光。图 5-1-11 为其电路原理图。

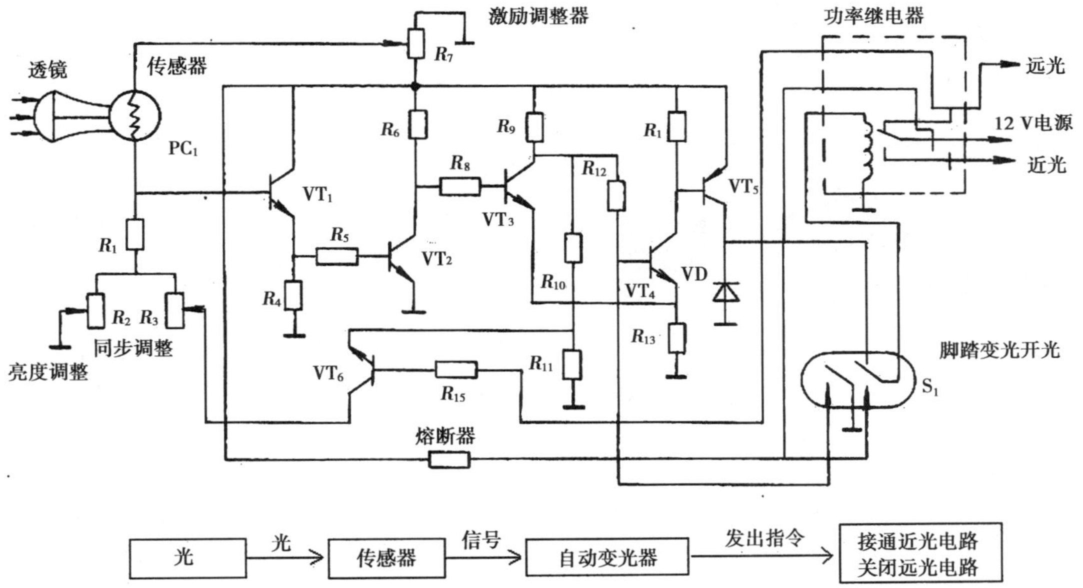

图 5-1-11　自动变光原理电路图

（四）前照灯的类型

汽车前照灯主要分为外装式和内装式、半封闭式和全封闭式。

1. 外装式和内装式前照灯：所谓外装式前照灯，就是散光玻璃靠卷曲反射镜边缘上的牙齿而紧固在反射镜上，并用橡胶圈密封。这种安装方式便于维修，更换灯泡也方便。但有碍汽车的流线型，容易损坏。内装式（又称嵌入式）前照灯一般都安装在翼子板或车头里面，故可以保持车身的流线型，灯具也不易损坏。

2. 全封闭式前照灯：全封闭式前照灯又称为真空灯，它的反射镜和散光玻璃制成一体，里面装有灯丝充入惰性气体。灯丝焊接在反射镜底座上。其典型结构如图 5-1-12 所示。这种结构的优点是可以完全避免反射镜受到污染，当灯丝烧坏后，需要更换前照灯总成，成本较高。

3. 半封闭式前照灯：半封闭式的前照灯结构如图 5-1-13 所示，反射镜与配光镜被密封，灯泡只能从反射镜后端进行拆装，维修方便，因此得到普遍使用。

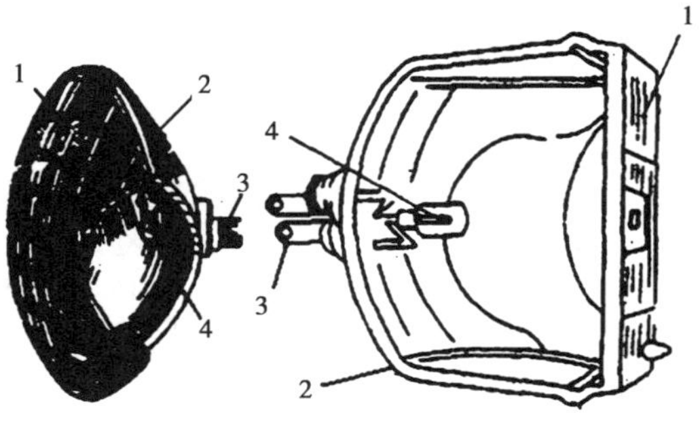

(a)圆形　　(b)矩形

1－配光镜；2－反射镜；3－接头；4－灯丝

图 5-1-12　全封闭式前照灯

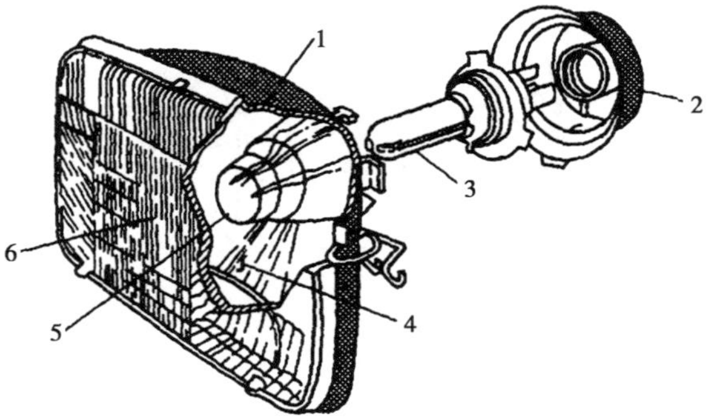

1－灯壳；2－灯泡卡盘；3－灯泡；

4－反射镜；5－玻璃球面；6－配光镜

图 5-1-13　半封闭式前照灯

4. 组合式前照灯：现代汽车为了提高车速，确保夜间照明良好，采用安装四个前照灯的组合式灯具，这种组合式前照灯外观漂亮，安装方便。其典型结构如图 5-1-14 所示。

图 5-1-14　组合式前照灯

三、前照灯电路系统

汽车前照灯电路主要由灯光开关、变光开关、前照灯继电器及前照灯组成。

1.灯光开关

灯光开关的形式有拉钮式、旋转式和组合式等多种，当代汽车上使用较多的是将前照灯、尾灯、转向灯、雾灯及变光开关等制成一体的组合式开关，如图 5-1-15 所示。

2.变光开关

变光开关可以根据需要切换近光和远光，它有组合式开关和脚踏变光开关两种，目前汽车上多采用组合式边关开关，该开关安装在转向盘下方，以便驾驶员操作。普通脚踏式变光开关如图 5-1-16 所示，当用脚踏动按钮时，推杆推动转轮向一个方向转动 60°，从而交替接通近光、远光。

3.前照灯继电器

前照灯工作电流比较大，特别是四灯制的汽车，如果车灯开关直接控制前照灯，车灯开关容易烧蚀，因此在灯光电路中设有灯光继电器。

如图 5-1-17 所示为触点常开式前照灯继电器的结构和引线端子，端子 SW 与前照灯开关相连，端子 E 搭铁，端子 B 与电源相连，端子 L 与变光开关相连。当接通前照灯开关后，继电器铁芯通电，触点闭合，通过变光开关向前照灯供电。因车型不同，继电器控制线路也各有不同。

想一想： 汽车照明系统电路中那些需要使用继电器？为什么呢？

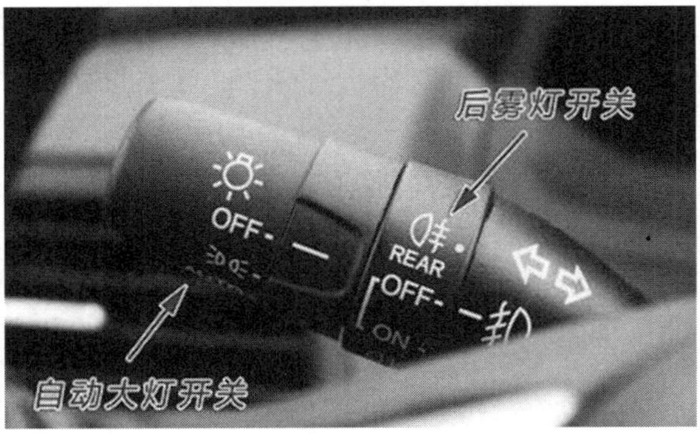

图 5-1-15　组合式开关

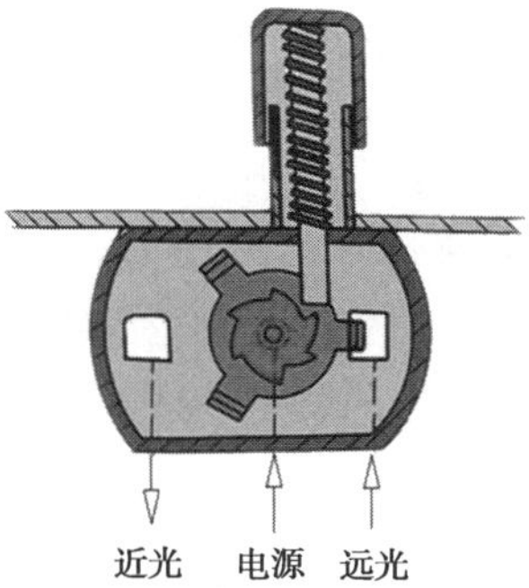

图 5-1-16　脚踏变光开关继电器

图 5-1-17　前照灯继电器

4.照明系统控制电路

为了获得更大的照明度，提高工作可靠性，照明灯具配备了灯光开关、变光开关、雾灯开关，现代汽车还加装了后位灯继电器、前照灯继电器、雾灯继电器等。照明灯均采用并联电路，在每个灯具支路上还安装了熔断器，以确保各支路出现故障时，不会影响其他支路灯具的工作。

汽车灯光系统采用车身搭铁式单线制线路，为了确保灯具的发光强度，现代汽车前照灯及雾灯等灯具的搭铁部位都移动到了发动机、变速器等金属机体上，如图 5-1-18 所示为解放 CA1092 汽车照明系统电路。

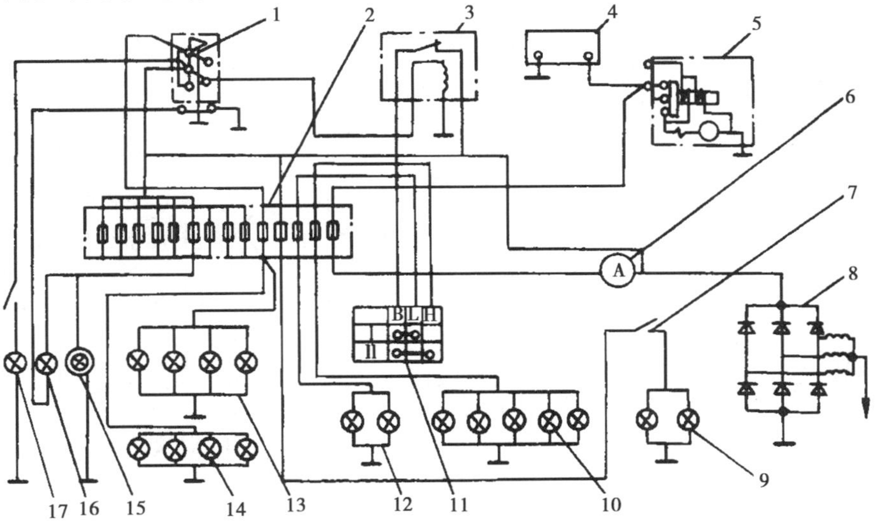

1 – 车灯开关；2 – 熔断器；3 – 前照灯继电器；4 – 蓄电池；5 – 电动机；6 – 电流表；7 – 雾灯开关；
8 – 发电机；9 – 雾灯；10 – 远光灯；11 – 变光开关；12 – 近光灯；13 – 示廓灯；14 – 仪表灯；
15 – 工作灯插座；16 – 顶灯；17 – 工作灯（发动机罩下灯）

图 5-1-18　解放 CA1092 汽车照明系统电路

如图 5-1-19 所示为桑塔纳 2000 型轿车雾灯、照明电路原理图。图中，室内灯 81、阅读灯 74、76 由门控开关或手动开关控制均可。室内灯 81 处于门控状态时，灯亮有一个延时。

灯光照明系统由照明开关 101 控制。它的“58”柱接夜视常亮灯具，如 F14 熔丝下接牌照灯 100、雾灯开关 97（经雾灯继电器 94 控制雾灯 95、96）后雾灯 98、危险警告灯开关 85a 内照明小灯 91、收音机 58 内照明灯。58b 柱是经调光变阻器引出的电线接点，它可以通过旋钮改变仪表板照明灯 103 和透风空调系统控制板的照明灯 104 的亮度。

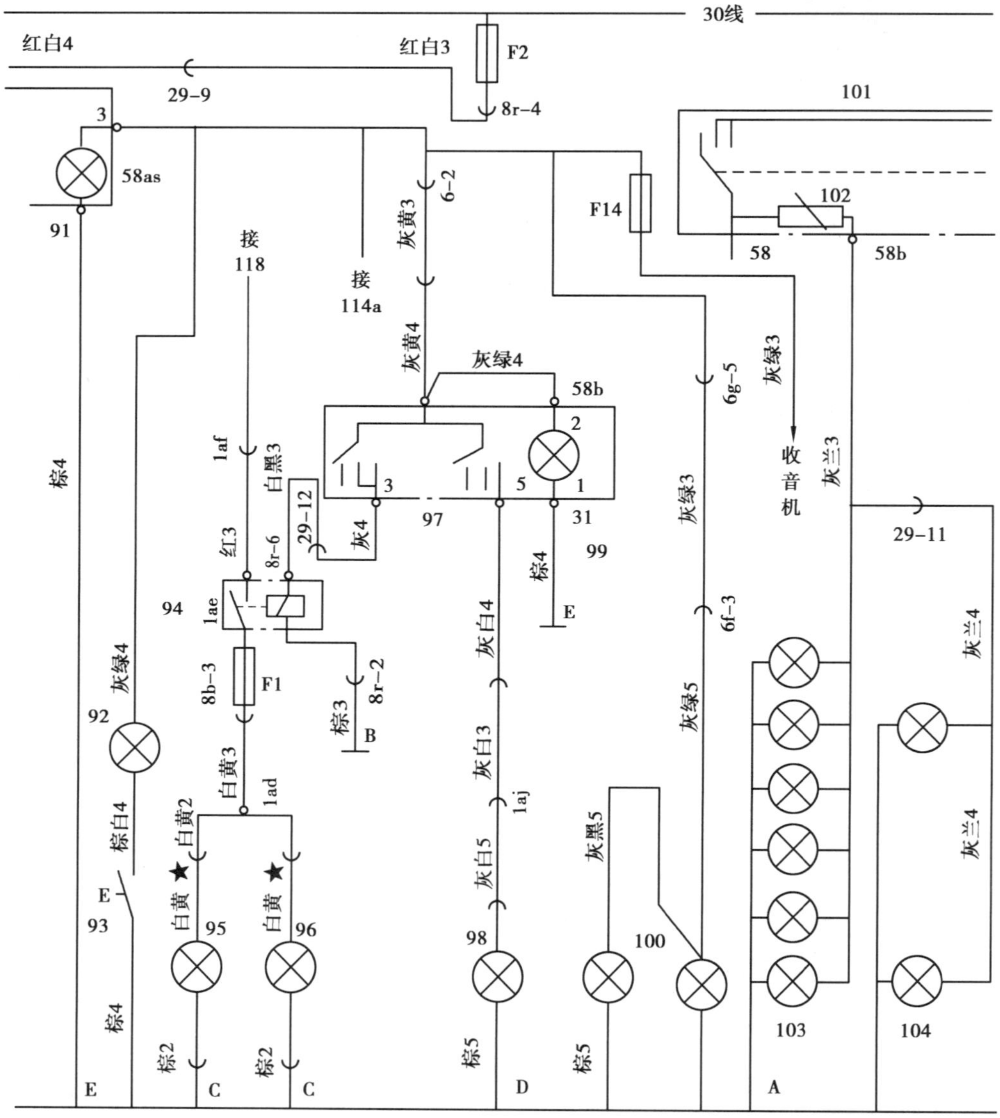

91－报警灯开关内的照明灯；92－工具箱照明灯；93－工具箱灯开关；
94－雾灯继电器；95－雾灯（左）；96－雾灯（右）；97－雾灯开关；
98－雾灯（后）；99－雾灯开关的照明灯 100－牌照灯；101－灯总开关；
102－仪表灯调光电阻器；103－仪表盘照明灯；104－透风调节系统照明灯

图 5-1-19　桑塔纳 2000 型轿车雾灯、照明电路原理图

【任务实施】

一、实施内容

汽车照明系统维护作业，前照灯检测，卡罗拉前照灯检修。

二、准备工作

1.所需设备

整车（丰田卡罗拉）、前照灯检测仪。

2.工具和材料

导线、试灯、导线夹、数字式万用表、保养维修手册、干净的抹布、卡罗拉电路图册等。

3.安全防护用品

标准作业表、安全鞋、线手套。

4.汽车信息收集

车牌号码：______________________________，车辆型号：______________________________，

VIN 码：______________________________，行驶里程：______________________________，

维修接待意见：____。

三、技术规范与注意事项

1. 使用万用表时就选择正确挡位，禁止用低电阻挡位去测量电压，以免降低测量精度或损坏万用表。

2. 使用维修手册和电路图时，要注意避免残缺不全，资料应与使用车辆型号相对应。

3. 一般情况下，汽车蓄电池开路电压为 12 V（汽油机，柴油机多为 24 V），发电机正常输出电压不超过 14 V（汽油机，柴油机为 28 V）。

4. 为了防止电气线路在操作过程中的短路，每次拆装、检测电气设备时，应先断开蓄电池搭铁线，完成后，最后安装搭铁线。

5. 在进行某些作业时必须做好防护措施，如前格栅布和翼子板布的安装等。

6. 安装灯泡时手不要接触玻璃泡，以免手指在玻璃泡上留下油腻痕迹，使玻璃泡模糊。

7. 要遵守维修手册规定的其他技术和安全要求。

四、实施步骤和方法

（一）维护作业的准备和预检

1.一般准备工作

（1）与小组成员共同清洁场地 □任务完成

（2）清点所需工量具数量和种类 □任务完成

（3）检查举升机等设备、工具性能是否良好 □任务完成

2.安全防护准备工作

（1）车辆位置检查 □任务完成

(2)安装车轮挡块 □任务完成

(3)安装各种防护套

①安装座椅套 □任务完成

②安装地板垫 □任务完成

③安装转向盘套 □任务完成

④安装排挡杆套 □任务完成

⑤拉起发动机释放杆并打开发动机机舱盖 □任务完成

⑥安装好前栅格布及护套 □任务完成

3.发动机机舱预检

(1)检查发动机冷却液液位 □正常 □不正常

(2)检查发动机机油液位 □正常 □不正常

(3)检查制动液液位 □正常 □不正常

(4)检查刮水器喷洗器液面 □正常 □不正常

(二)维护作业

1.前照明与信号系统

(1)检查示宽灯点亮 □正常 □不正常

(2)检查前雾灯点亮 □正常 □不正常

(3)检查大灯(近光)点亮 □正常 □不正常

(4)检查大灯(远光)和指示灯点亮 □正常 □不正常

(5)检查大灯闪光开关和指示灯点亮 □正常 □不正常

(6)检查左右转向灯和指示灯点亮 □正常 □不正常

(7)检查危险警告灯点和指示灯亮 □正常 □不正常

(8)检查喇叭正常 □正常 □不正常

2.检查前组合照明灯安装是否牢固 □是 □否

3.后照明与信号系统

(1)检查示宽灯点亮 □正常 □不正常

(2)检查后雾灯点亮 □正常 □不正常

(3)检查牌照灯点亮 □正常 □不正常

(4)检查制动灯点亮(尾灯点亮时) □正常 □不正常

(5)检查倒车灯点亮 □正常 □不正常

(6)检查左右转向灯和指示灯点亮 □正常 □不正常

(7)检查危险警告灯点和指示灯亮 □正常 □不正常

4.检查前组合照明灯安装是否牢固 □是 □否

(三)卡罗拉前照灯的检修

任务引入中提到的丰田卡罗拉汽车右近光灯不亮,可能原因是该车右近光灯电路短路、灯泡烧蚀等,确实的故障原因要通过故障诊断得出。

1.确认故障现象 □有 □无

打开丰田卡罗拉汽车前照灯并不断变光,远光灯和左近光灯均正常,只有右近光灯不亮。启动发动机,在怠速、低俗和高速情况下观察,故障现场仍然存在没有变化。

2.故障诊断

(1)打开前照灯近光开关,拆下右前照灯组合插座,用万用表检查近光灯接线端头,测得电压为__________V。

(2)检查组合插头接触情况。 □正常 □不正常

(3)由(1)和(2)判断故障原因为________________________________。

(4)你的处理意见是________________________________。

3.检修(更换丰田卡罗拉右近光灯)

(1)拆下前照灯背面的大灯罩 □任务完成

(2)拔出近光灯泡的插头 □任务完成

(3)在止动销上,施压弹簧夹,并把它翻转到侧面 □任务完成

(4)从反射罩中取出近光灯泡 □任务完成

(5)安装新灯泡 □任务完成

(6)在安装一只新的近光灯泡之后,应检查前照灯的调整角度 □任务完成

(四)使用前照灯检查仪检查前照灯并调整前照灯

1. 灯光检测仪的调整

(1)检查与调整灯光检测仪垂直位置与汽车保持1 m □任务完成

(2)使用对正校准器对准被测汽车的纵向中心线 □任务完成

(3)对中前照灯中心与检测仪聚光凸透镜中心 □任务完成

2. 检查前照灯的光束亮度

(1)接通前照灯 □任务完成

(2)检查前照灯大灯(远光)光束亮度状况 □正常 □不正常

(3)检查前照灯大灯(远光)光束亮度状况 □正常 □不正常

3. 检查前照灯光束位置

(1)检查前照灯大灯(远光)光束高低位置状况 □正常 □不正常

(2)检查前照灯大灯(远光)光束左右位置状况 □正常 □不正常

4. 调整前照灯光束位置(自动调整或手动调整,如图5-1-21)

(1)调整前照灯大灯(远光)光速左右位置 □任务完成

图5-1-20 前照灯检测仪

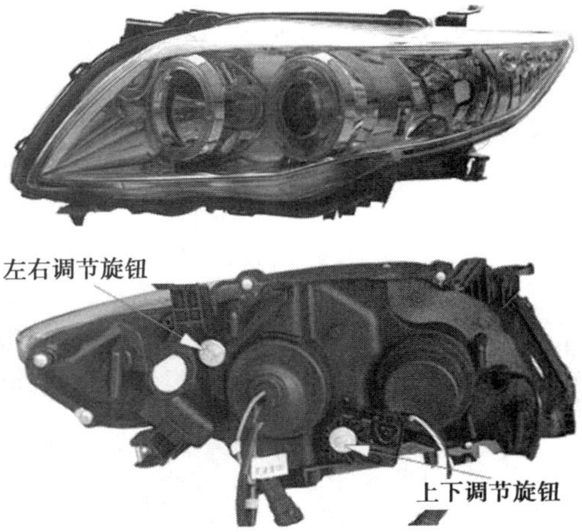

图5-1-21 卡罗拉前照灯调节旋钮位置

(2)检查前照灯大灯(远光)光束上下位置 □任务完成

(3)断开前照灯 □任务完成

(五)车辆复位和清洁

检查制动液、动力转向油液、水箱盖、机油加注扣盖是否拧紧 □任务完成

(1)拆卸防护三件套和防护布套 □任务完成

(2)拆卸车轮挡块 □任务完成

(3)清洁工位 □任务完成

【评价与反馈】

班级:__________ 姓名:__________ 指导教师:__________

序号	考核项目	项目分值	考核内容		配分	考核标准	得分
1	出勤/纪律	5	出勤		2	违规一次不得分	
			行为规范		3	违规一次不得分	
2	安全/防护/环保	20	着装		4	违规一次不得分	
			个人防护		4	违规一次不得分	
			"5S"/"EHS"		4	违规一次不得分	
			设备使用安全		4	违规一次不得分	
			操作安全		4	违规一次不得分	
3	知识水平	20	知识测试成绩		20	按测验成绩的20%计	
4	技能考核	40	准备	清点工量具,清理工位	1	未做不得分	
				清洁对象外观	1	未做不得分	
				检查电源开关	1	未做不得分	
			灯光维护	安装各种防护套	1	未做不得分	
				发动机机舱预检	3	操作不正确扣1~3分	
				前照明与信号系统检查	3	操作不正确扣1~3分	
				后照明与信号系统检查	3	操作不正确扣1~3分	
			前照灯故障诊断与排除	确认故障现象	3	操作不正确扣1~3分	
				故障诊断	3	诊断不正确扣1~3分	
				故障检修	3	检修不正确扣1~3分	
				故障排除	3	排除不正确扣1~3分	
				灯光检测仪调整	3	检查不正确扣1~3分	
				前照灯光束亮度检查	4	检查不正确扣1~4分	
				前照灯光束位置检查	4	检查不正确扣1~4分	
				前照灯调整	4	调整不正确扣1~4分	

（续表）

序号	考核项目	项目分值	考核内容	配分	考核标准	得分
5	学习能力	10	工单填写，工艺计划制定	4	未做不得分	
			组内活动情况	4	酌情扣分	
			资料查询和收集	2	未做不得分	
6	任务拓展	5	知识拓展任务	2	未做不得分	
			技能拓展任务	3	未做不得分	
7	总分	100				

【教师评估】

序号	优点	存在问题	解决方案
教师签字：			

任务二　汽车信号系统的组成与检修

【任务目标】

目标类型	目标要求
1. 认知目标	(1)简单叙述汽车信号系统的组成与功用； (2)正确描述闪光器和电喇叭的工作原理； (3)简单叙述信号系统电路分析与故障排除的方法。
2. 技能目标	(1)能够识别信号部件的安装位置； (2)会分析信号系统的电路； (3)能够安装和调整电喇叭； (4)能够诊断和排除信号系统的常见故障。
3. 情感目标	(1)遵守汽车维修职场管理； (2)养成任何电路作业都必须先切断电源的习惯。

【任务描述】

如图 5-2-1 所示，一辆丰田卡罗拉汽车，无论是向左还是向右打转向灯开关，转向灯均不亮，但是按下危险警告灯开关，所有转向灯同时闪烁发光，试问该故障是由什么原因引起的？如何进行诊断和排除？

【知识准备】

一、信号系统的组成及作用

信号系统主要用于向他人或其他车辆发出警告和示意的信号，其主要信号设备、安装位置和作用如表 5-2-1 所示。

二、转向灯与危险信号报警灯及闪光器

转向灯及危险报警灯电路由闪光器、转向灯开关、报警灯开关、转向灯及转向指示灯等部件组成。转向灯闪烁由闪光器控制。

常见的闪光器有电容式、电热式和晶体管式三类。

1.电容式闪光器

电容式闪光器是利用电容器充、放电延时特性，使继电器的两个线圈产生的电磁吸力时而相同叠加，时而相反削减，从而使继电器产生周期性开关动作，使得转向信号灯及指示灯实现闪烁的。如图 5-2-2 所示为电容式闪光器及其结构工作原理。

表 5-2-1　信号系统主要信号设备表

名　称	位　置	功率/W	作　用	光　色
转向灯、危险报警灯	汽车头部、尾部及两侧	21	使前后车辆及行人知晓车辆的行驶趋向；遇到危险时作为危险报警灯发出报警信号	浅黄色光

（续表）

名　称	位　置	功率/W	作　用	光　色
位　灯	汽车前面、后面和侧面	5	夜间标示汽车的存在和所处文字	前:白色或黄色 后:红色 侧:淡黄色
制动灯	汽车尾部	21	汽车制动和减速时,向车后发出灯光信号,以警示随后车辆及行人	红色光
示廓灯	车的前后左右四角	3 ~ 5	标示车辆轮廓	红色光
驻车灯	车头车尾和两侧	3	标示车辆形状位置,警示车辆和行人注意避让,以防碰撞	前:白色光 后:红色光
倒车灯	汽车尾部	21	照明车辆后侧,同时警告后方的车辆和行人注意安全	白色光
喇　叭	发动机室内	—	发出声响,警告行人和车辆,以确保行车安全	—

2.电热式闪光器

电热式闪光器有电热丝式和翼片式两种,电热式闪光器结构简单、成本低,但闪光频率不稳定,寿命短,信号亮暗不够明显。直热翼片式闪光器结构、工作原理如图 5-2-3 所示。

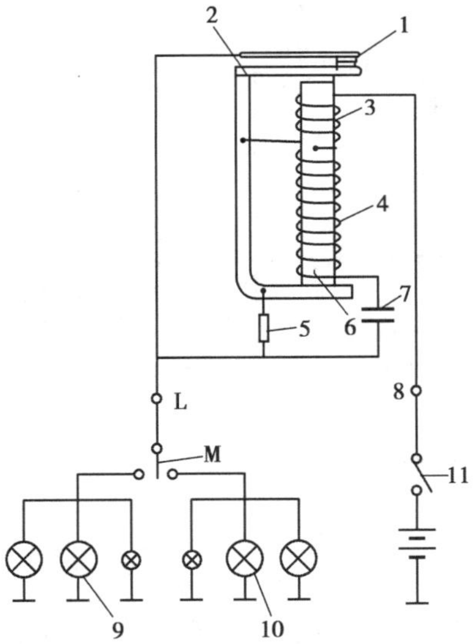

1 – 触点;2 – 弹簧片;3 – 串联线圈;4 – 并联线圈;5 – 灭弧电阻;6 – 铁芯;7 – 电解电容器;
8 – 转向灯开关;9 – 左转向信号灯及指示灯;10 – 右转向信号灯及指示;11 – 电源开关

图 5-2-2　电容式闪光器外形及电路图

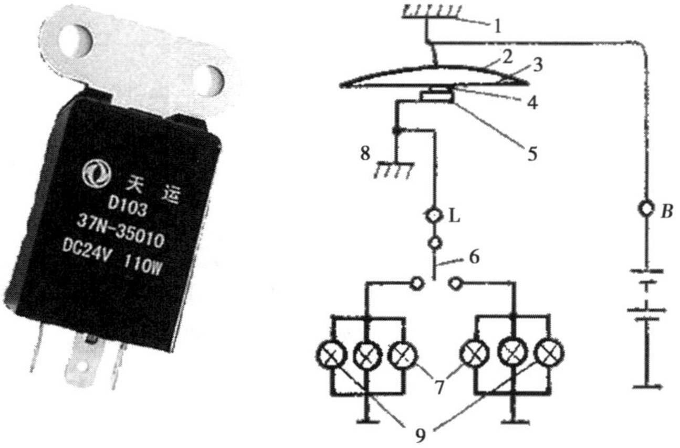

1、8－支架；2－翼片；3－热胀条；4－动触点；5－静触点；
6－转向开关；7－转向指示灯；9－转向信号灯
图 5-2-3　直热翼片式闪光器外形及电路图

3.晶体管式闪光器

晶体管式闪光器具有闪光频率稳定，亮暗分明、清晰，无发热元件，节约电，以及故障报警功能等优点，电子式闪光器分有触点晶体管式和无触点晶体管式两种。如图 5-2-4 和图 5-2-5 所示。

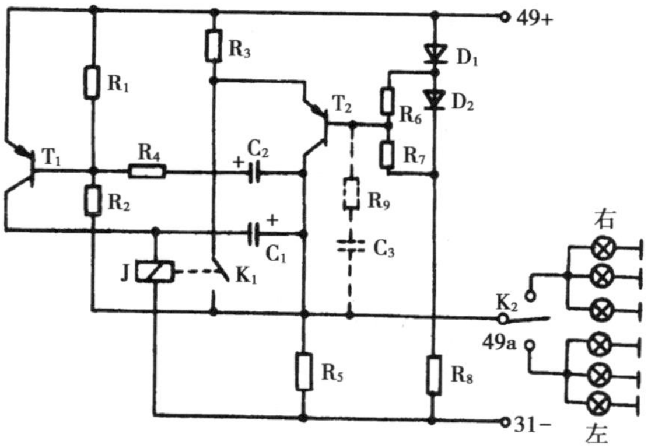

图 5-2-4　有触点式晶体管闪光器图

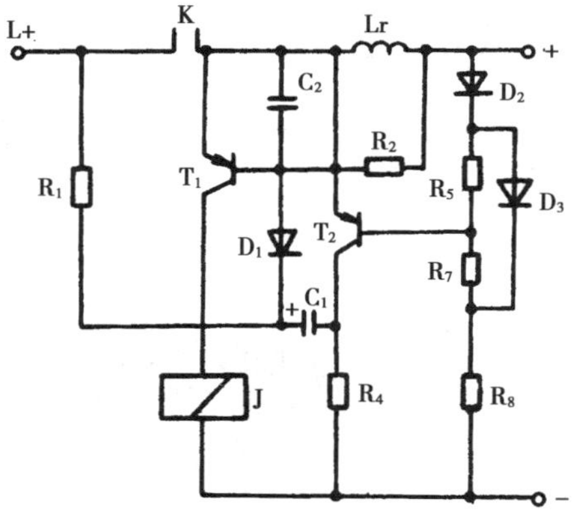

图 5-2-5　无触点晶体管闪光器工作原理图

三、电喇叭

喇叭是汽车的音响信号装置。在汽车的行驶过程中，驾驶员根据需要和规定发出必需的音响信号，警告行人和引起其他车辆注意，保证交通安全，同时还用于催行与传递信号。

（一）喇叭的分类

喇叭按其发音动力有电喇叭和气喇叭之分；按外形分有螺旋形、筒形和盆形三类；按声频可分为高音和低音喇叭；按接线方式可分为单线制和双线制喇叭；按有无触点可分为有触点式（普通式）电喇叭和无触点式（电子式）电喇叭。其中，气喇叭主要用于具有空气制动装置的重型载重车上，电喇叭具有结构简单、体积小、质量轻、声音悦耳且维修方便的特点，因而在中小型车辆中获得了广泛应用。

（二）盆形电喇叭

盆形电喇叭由磁化线圈、活动铁芯、触点、共鸣片、振动膜片、外壳、螺母、按钮等组成，其外形如图 5-2-6 所示。

盆形喇叭的工作过程是：按下喇叭按钮，蓄电池的电流经过电磁线圈、动触点、静触点铁芯、喇叭按钮回蓄电池负极，磁化线圈通电产生电磁吸力，在电磁力的作用下，活动铁芯在电磁力的作用下移撞击下铁芯，产生较低的基本频率，并激励膜片及与膜片联成一体的共鸣板产生共鸣，从而发生比基本频率强得多、分布又比较集中的谐音。在活动铁芯下移时，带动动触点下移，切断磁化线圈的电路，磁化线圈断电，电磁吸力消失，活动铁芯在膜片弹力的作用下上移，触点又重新闭合，磁化线圈又通电产生电磁吸力，重复上述过程。

（三）电喇叭的维护与调整

技术良好的喇叭，发音响亮清晰而无沙哑声，喇叭触点应保持清洁且接触良好。电喇叭的调整包括音调和音量的调整。

1. 音调调整。大多数汽车都装有两个喇叭，两个喇叭采用并联电路，共用一个喇叭开关，两个喇叭中一个的音调应比另一个高。音调的高低取决于膜片的振动频率。减小喇叭上、下铁芯间的间隙，则升高音调，增大间隙则降低音调。

2. 音量调整。电喇叭音量的大小与通过喇叭线圈的电流大小有关，通过的电流越大，音量就越大，反之音量就小，调整触点压力可以改变音量。喇叭音量和音质的调整是互相关联的，因此需要反复调整才能获得最佳声音。

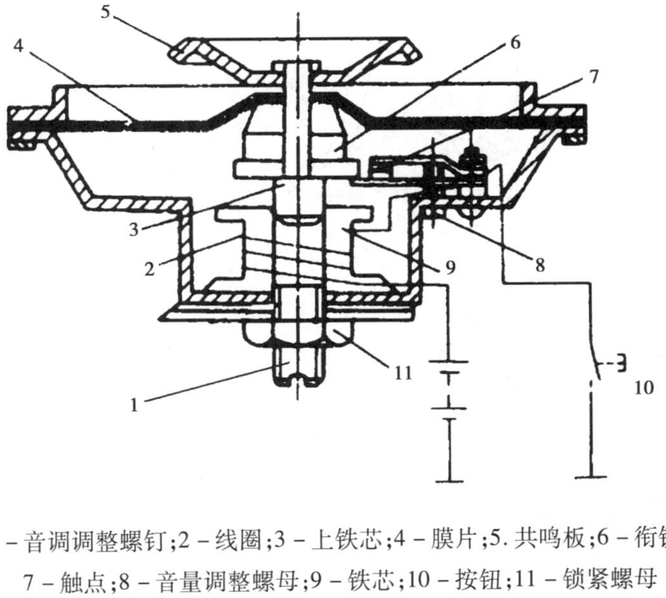

1 – 音调调整螺钉；2 – 线圈；3 – 上铁芯；4 – 膜片；5. 共鸣板；6 – 衔铁；

7 – 触点；8 – 音量调整螺母；9 – 铁芯；10 – 按钮；11 – 锁紧螺母

图 5-2-6　盆形电喇叭

四、倒车信号装置

汽车倒车时，为了警告车后的行人与车辆注意避让，在汽车尾部通常装有倒车信号装置，并由装在变速器上的倒车传感器控制。倒车信号装置的报警方式有三种，第一种是倒车灯亮（光报警）；第二种是蜂鸣器“嘟嘟”（声报警），第三种是扬声器“请注意！倒车！”（语音报警）。倒车报警系统电路图如图 5-2-7 所示。

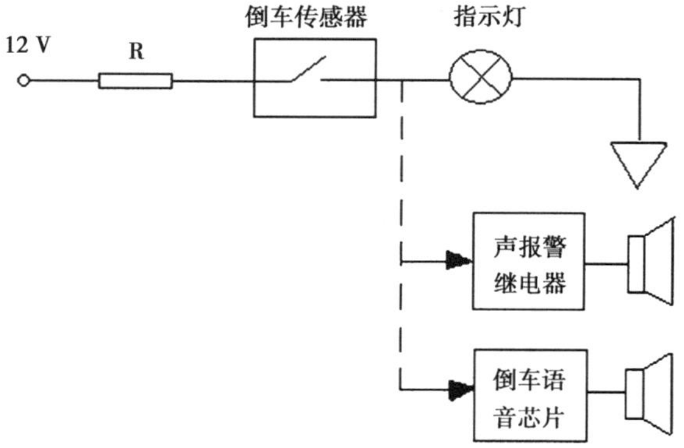

图 5-2-7 倒车报警系统

五、制动信号装置

制动信号装置主要由制动开关和制动信号灯组成，制动信号灯安装在汽车尾部，主要受制动信号灯开关控制，用以通知后面车辆该车正在制动，以避免后面车辆与其后部相撞，制动信号灯开关所在位置和其简化电路如图 5-2-8 所示。

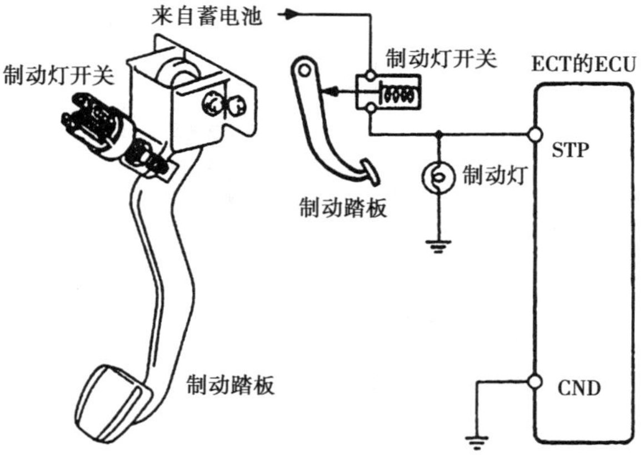

图 5-2-8 制动开关线路图

六、信号系统电路及其故障分析

1.转向信号灯常见故障及排除

汽车转向信号大体上有两种：一是闪烁信号；二是持续信号。常见故障是转向信号灯不亮和转向信号灯不能正常工作。转向信号灯不亮可按前面所述故障排除方法检修。闪光信号灯的其他故障与排除方法见表 5-2-2。

表 5-2-2　转向信号灯工作不正常的原因及排除方法

故障现象	原因	排除方法
两侧转向灯同时亮	转向开关失效	检查转向开关
两侧转向灯闪烁频率不同	(1)两侧灯泡的功率不等 (2)有灯泡坏	检查灯泡型号
转向灯常亮不闪	(1)闪光器损坏 (2)接线错误	检查闪光器及电路接线
闪频过高或过低	(1)灯泡功率不当 (2)闪光器工作不良,触点间隙过大或过小 (3)电源电压过高或过低	检查灯泡 更换闪光器,调整触点 调整电压调节器

2.电喇叭常见故障现象和原因分析

电喇叭常见故障现象有:按下喇叭按钮,喇叭不响;按下喇叭开关时,喇叭声音沙哑、发闷、刺耳或音量小等;喇叭常响;按下或放松喇叭按钮时,只响一声以后不再响等。电喇叭常见故障原因分析如图 5-2-9 所示。

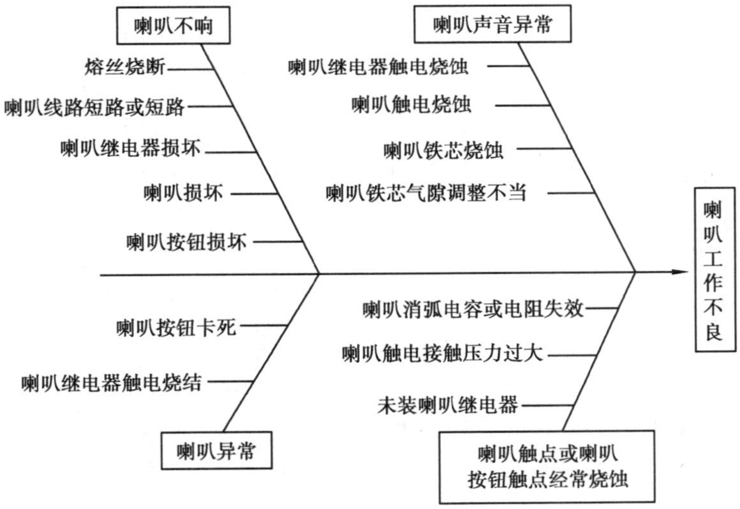

图 5-2-9　电喇叭故障原因分析

3.桑塔纳轿车转向信号灯控制电路

如图 5-2-10 所示的桑塔纳 2000(汽油喷射发动机)轿车照明、前照灯电路原理图中,在点火开关 15 柱控制下的 FI2 接在危险警告信号开关 85 的常闭触点上(15-49),当转向灯开关 87 接通某侧转向灯时,转向闪光器 85 的触点以 80 ± 10 次/分的频率通断,转向一侧的灯闪光。

假如发出危险警告信号(如需别车回避、或向别车呼救或需快速通过)无论点火开关和转向灯开关是否接通,都可以按下危险警告开关的“▲”键,使电流直接经 FZ 熔丝(图 12)从蓄电池正极过来(30-49),并经闪光器 85 的触点(49a)及 L、R 连通开关;使左右两侧转向信号灯(86、86a 和 6b 和 88、89、90)同时闪光。

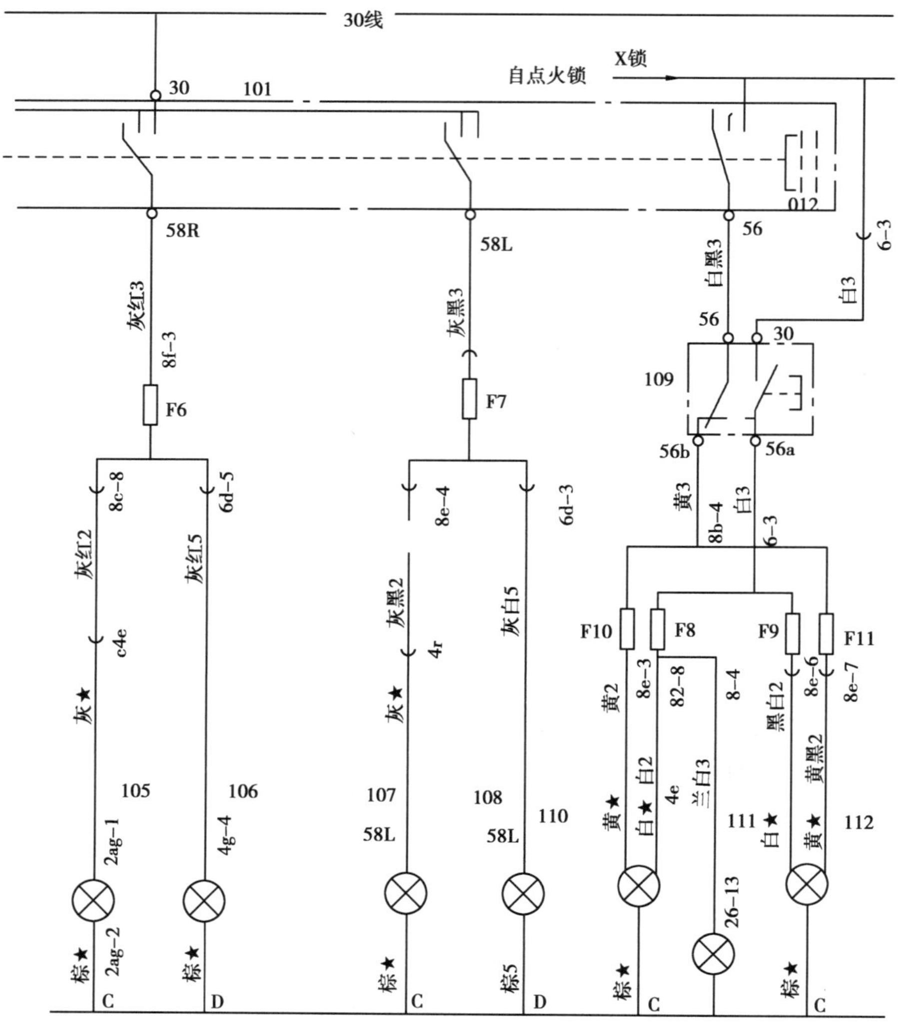

101－灯光总开关；105－右前示宽灯；106－右尾灯；107－左前示宽灯；
108－左尾灯；109－变/超车灯开关；110－右前照灯；111－远光指示灯；112－左前照灯

图 5-2-10　桑塔纳 2000 型轿车照明、前照灯电路原理图

【任务实施】

一、实施内容

卡罗拉转向信号灯检修。

二、准备工作

1.所需设备

整车（丰田卡罗拉）。

2.工具和材料

导线、试灯、导线夹、数字式万用表、保养维修手册、干净的抹布、卡罗拉电路图册等。

3.安全防护用品

标准作业表、安全鞋、线手套。

4.汽车信息收集

车牌号码：____________________________，车辆型号：____________________________，

VIN 码：____________________________，行驶里程：____________________________，

维修接待意见：____。

三、技术规范与注意事项

1. 使用万用表时就选择正确挡位，禁止用低电阻挡位去测量电压，以免降低测量精度或损坏万用表。

2. 使用维修手册和电路图时，要注意避免残缺不全，资料应与使用车辆型号相对应。

3. 一般情况下，汽车蓄电池开路电压为 12 V（汽油机，柴油机多为 24 V），发电机正常输出电压不超过 14 V（汽油机，柴油机为 28 V）。

4. 为了防止电气线路在操作过程中的短路，每次拆装、检测电气设备时，应先断开蓄电池搭铁线，完成后，最后安装搭铁线。

5. 在进行某些作业时必须做好防护措施，如前格栅布和翼子板布的安装等。

6. 安装灯泡时手不要接触玻璃泡，以免手指在玻璃泡上留下油腻痕迹，使玻璃泡模糊。

7. 要遵守维修手册规定的其他技术和安全要求。

四、实施步骤和方法

（一）维护作业的准备和预检

1.一般准备工作

（1）与小组成员共同清洁场地　　□任务完成

（2）清点所需工量具数量和种类　　□任务完成

（3）检查举升机等设备、工具性能是否良好　　□任务完成

2.安全防护准备工作

（1）车辆位置检查　　□任务完成

（2）安装车轮挡块　　□任务完成

（3）安装各种防护套

①安装座椅套　　□任务完成

②安装地板垫　　□任务完成

③安装转向盘套　　□任务完成

④安装排挡杆套　　□任务完成

⑤拉起发动机释放杆并打开发动机机舱盖　　□任务完成

⑥安装好前栅格布及护套　　□任务完成

3.发动机机舱预检

（1）检查发动机冷却液液位　　□正常　　□不正常

（2）检查发动机机油液位　　□正常　　□不正常

（3）检查制动液液位　　□正常　　□不正常

(4)检查刮水器喷洗器液面　　□正常　　□不正常

(二)卡罗拉转向信号灯检修

任务引入中提到的丰田卡罗拉汽车左右转向灯均不亮,但按下危险报警灯开关所有转向灯都能正常闪烁发光,说明4个转向灯及其连线支路正常,故障可能发生在电源到转向开关这一段。

1. 确认故障现象　　□有　　□无

打开丰田卡罗拉汽车左或者右转向灯,左转向灯和右转向灯均不亮,按下危险报警灯所有转向灯闪烁发光亮。启动发动机,在怠速、低俗和高速情况下观察,故障现场仍然存在没有变化。

2. 故障诊断

(1)检查电源和熔断器

①蓄电池电压检测　　□低于10.5 V　　□10.5~12 V　　□高于12 V

②由此可判断蓄电池　　□正常　　□不正常　　□无法判断

③蓄电池桩头　　□松动　　□不松动

④熔断器所在位置:

□发动机舱接线盒　□仪表盘下接线盒　□其他位置　□不知道

⑤拆下熔断器,发现它呈:

□红色　□黄色　□绿色　□蓝色

⑥标示的额定电流是:

□5 A　□10 A　□15 A　□20 A　□30 A　□50 A

⑦用万用表熔断器的通断,发现熔断器:

□正常　□不正常　□无法判断

⑧将正常的熔断器安装到位　　□任务完成

(2)检查转向信号闪光器

①转向信号闪光器的拆卸。如图5-2-11、图5-2-12所示,从仪表盘下接线盒上拆下转向信号灯,该转向器从左至右数位于__________(几位号),该转向闪光器上的文字说明为:__________,它有__________个针脚。

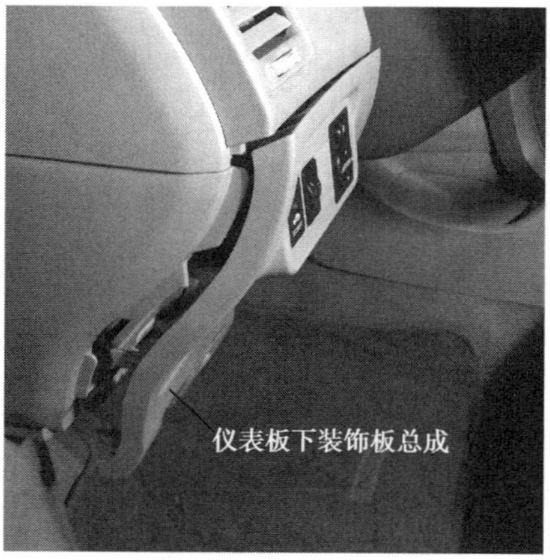

图5-2-11　从仪表盘下装饰板总成拆下闪光器

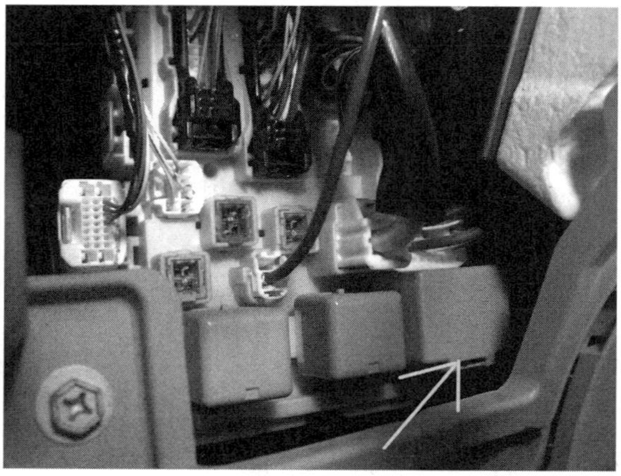

图5-2-12　闪光器位置图

②转向信号闪光器的检测

a. 测量转向信号灯插接器的电压。转向信号灯的插接器的编码如图 5-2-13 所示，按照表 5-2-3 的内容和方法进行电压检查，将检查结果填入空格中。

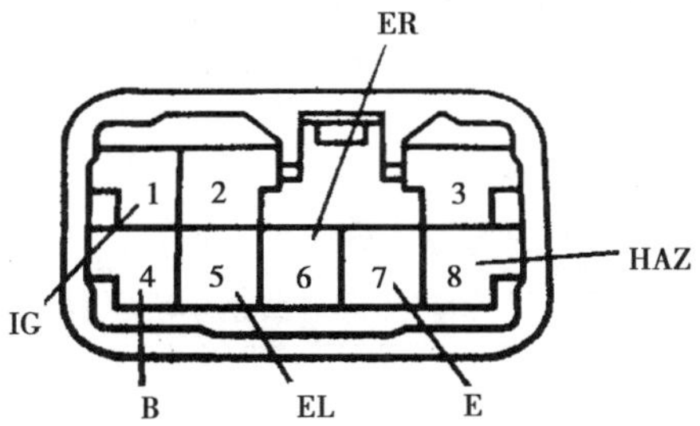

图 5-2-13　转向信号插接器

b. 转向信号开关线路检查。依据转向信号插接器编号，如图 5-2-13 所示，按照表 5-2-4 的内容及方法线路电阻检查，将检查结果填入空格中。如果结果不符合规定，则线束侧有故障。

表 5-2-3　转向信号插接器电压检查

序　号	检测仪连接	条件	规定状态	检查结果
1	4(2)—车身搭铁	始终	11 ~ 14 V	
2	1(IG)—车身搭铁	点火开关置于 OFF 位置	<1 V	
		点火开关置于 ON(IG)位置	11 ~ 14 V	

表 5-2-4　转向信号开关线路检查

序　号	检测仪连接	条件	规定状态	监测结果
1	5(EL)—车身搭铁	点火开关置于 OFF 位置	≥10 kΩ	
		点火开关置于 LH 位置	<1 Ω	
2	6(ER)—车身搭铁	点火开关置于 OFF 位置	≥10 kΩ	
		点火开关置于 RH 位置	<1 Ω	
3	7(E)—车身搭铁	始终	<1 Ω	
4	8(HAZ)—车身搭铁	点火开关置于 OFF 位置	≥10 kΩ	
		点火开关置于 ON 位置	<1 Ω	

③转向信号闪光器安装到仪表板接线盒上　　□任务完成

(3)转向信号就车电压检测

依据转向信号插接器编号，如图 5-2-14 所示，按照表 5-2-5 内容及方法进行线路电压检测，将检测结果填入空格中。

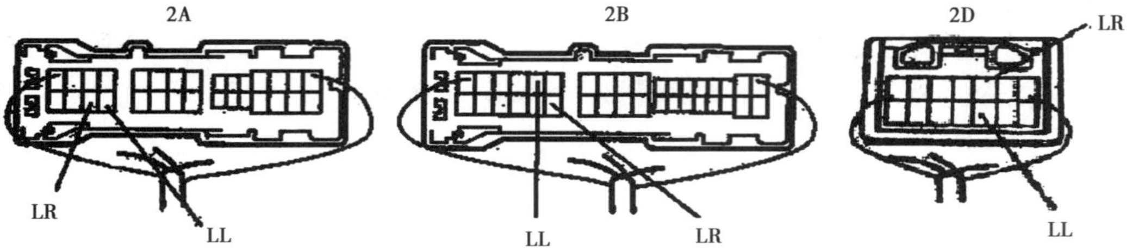

图 5-2-14　各专项信号线路插接器位置及编号

表 5-2-5　转向信号线路就车电压检测

序　号	检测仪连接	开关状态	规定状态	检测结果
1	2A－27(LL)—车身搭铁	转向信号灯开关置于 OFF 位置	<1 V	
		转向信号灯开关置于 LH 位置	11～14 V(60～120 次/min)	
		危险警告开关置于 OFF 位置	<1 V	
		危险警告开关置于 ON 位置	11～14 V(60～120 次/min)	
2	2A－28(LR)—车身搭铁	转向信号灯开关置于 OFF 位置	<1 V	
		转向信号灯开关置于 RH 位置	11～14 V(60～120 次/min)	
		危险警告开关置于 OFF 位置	<1 V	
		危险警告开关置于 ON 位置	11～14 V(60～120 次/min)	
3	2B－14(LL)—车身搭铁	转向信号灯开关置于 OFF 位置	<1 V	
		转向信号灯开关置于 LH 位置	11～14 V(60～120 次/min)	
		危险警告开关置于 OFF 位置	<1 V	
		危险警告开关置于 ON 位置	11～14 V(60～120 次/min)	
4	2B－31(LR)—车身搭铁	转向信号灯开关置于 OFF 位置	<1 V	
		转向信号灯开关置于 RH 位置	11～14 V(60～120 次/min)	
		危险警告开关置于 OFF 位置	<1 V	
		危险警告开关置于 ON 位置	11～14 V(60～120 次/min)	
5	2D－10(LL)—车身搭铁	转向信号灯开关置于 OFF 位置	<1 V	
		转向信号灯开关置于 LH 位置	11～14 V(60～120 次/min)	
		危险警告开关置于 OFF 位置	<1 V	
		危险警告开关置于 ON 位置	11～14 V(60～120 次/min)	
6	2A－3(LR)—车身搭铁	转向信号灯开关置于 OFF 位置	<1 V	
		转向信号灯开关置于 RH 位置	11～14 V(60～120 次/min)	
		危险警告开关置于 OFF 位置	<1 V	
		危险警告开关置于 ON 位置	11～14 V(60～120 次/min)	

（续表）

序　号	检测仪连接	开关状态	规定状态	检测结果
7	2D－10(LL)—车身搭铁	转向信号灯开关置于 OFF 位置	<1 V	
		转向信号灯开关置于 LH 位置	11～14 V(60～120 次/min)	
		危险警告开关置于 OFF 位置	<1 V	
		危险警告开关置于 ON 位置	11～14 V(60～120 次/min)	
8	2A－3(LR)—车身搭铁	转向信号灯开关置于 OFF 位置	<1 V	
		转向信号灯开关置于 RH 位置	11～14 V(60～120 次/min)	
		危险警告开关置于 OFF 位置	<1 V	
		危险警告开关置于 ON 位置	11～14 V(60～120 次/min)	

【评价与反馈】

班级:＿＿＿＿＿＿＿＿　姓名:＿＿＿＿＿＿＿＿　指导教师:＿＿＿＿＿＿＿＿

序号	考核项目	项目分值	考核内容		配分	考核标准	得分
1	出勤纪律	5	出勤		2	违规一次不得分	
			行为规范		3	违规一次不得分	
2	安全防护环保	20	着装		4	违规一次不得分	
			个人防护		4	违规一次不得分	
			“5S”/“EHS”		4	违规一次不得分	
			设备使用安全		4	违规一次不得分	
			操作安全		4	违规一次不得分	
3	知识水平	20	知识测试成绩		20	按测验成绩的 20% 计	
4	技能考核	40	准备	清点工量具,清理工位	1	未做不得分	
				清洁对象外观	1	未做不得分	
				检查电源开关	1	未做不得分	
				安装各种防护套	1	未做不得分	
				发动机机舱预检	3	操作不正确扣 1～3 分	
			卡罗拉转向信号灯检修	确认故障现象	3	未做不得分	
				检查电源和熔断器	4	操作不正确扣 1～4 分	
				转向信号闪光器的拆卸	4	操作不正确扣 1～4 分	
				测量转向信号灯插接器的电压	4	操作不正确扣 1～4 分	
				转向信号开关线路检查	4	操作不正确扣 1～4 分	
				安装转向信号闪光器	4	诊断不正确扣 1～4 分	
				转向信号就车电压检测	10	检修不正确扣 1～10 分	

（续表）

序号	考核项目	项目分值	考核内容	配分	考核标准	得分
5	学习能力	10	工单填写，工艺计划制定	4	未做不得分	
			组内活动情况	4	酌情扣分	
			资料查询和收集	2	未做不得分	
6	任务拓展	5	知识拓展任务	2	未做不得分	
			技能拓展任务	3	未做不得分	
7	总分	100				

【教师评估】

序号	优点	存在问题	解决方案
教师签字：			

任务三　仪表与报警系统结构与检修

【任务目标】

目标类型	目标要求
1. 认知目标	(1)简单叙述汽车各种仪表的结构与工作原理； (2)正确描述汽车各种报警装置的工作原理； (3)简单叙述仪表与报警系统的故障诊断方法。
2. 技能目标	(1)能够识别仪表与报警系统各部件的安装位置； (2)会分析仪表与报警系统电路； (3)能够诊断和排除仪表与报警系统的常见故障。
3. 情感目标	(1)养成任何电路作业都必须先切断电源的习惯； (2)遵守汽车维修职场管理。

【任务描述】

一辆桑塔纳轿车机油压力报警灯出现异常，当打开点火开关不发动时，机油压力报警灯一直闪烁；改变发动机工况（如发动机低速运转、发动机高速运转），报警灯仍然闪烁。这期间，蜂鸣器不响，机油压力正常。汽车报警显示装置常见的故障有报警灯常亮、报警灯不亮、显示装置不工作等。针对这些故障，应该怎样进行检修呢？

【知识准备】

一、汽车仪表与报警系统的组成及作用

为了了解汽车主要部分的工作情况，及时发现和排除出现的故障，汽车上装有各种测量仪表，如机油压力表、冷却液温度表、燃油表、车速里程表及转速表等。

（一）汽车仪表与报警系统的组成

现代汽车广泛采用组合式仪表，如图 5-3-1 所示。组合式仪表将车速里程表、冷却液温度表、燃油表发动机转速表、机油压力表等不同的仪表表芯、指示灯和报警灯等安装在同一外壳内组合而成。

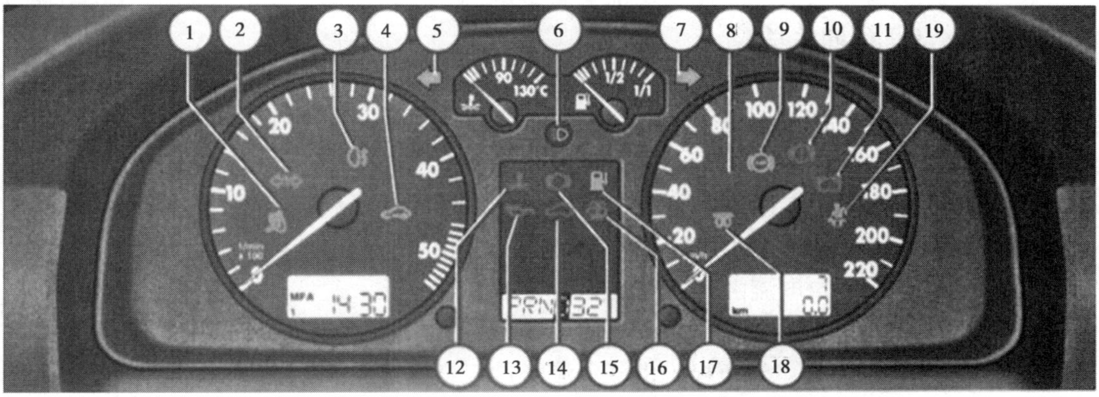

1－安全气囊灯；2－应急灯；3－后雾灯；4－电子防盗灯；5－转向灯（左）；6－远光灯；
7－转向灯（右）；8－空位；9－ABS 防盗灯；10－手制动灯；11－充电指示灯；
12－冷却液液面；13－机油灯；14－后行李箱盖指示灯；15－制动摩擦片指示灯；
16－车窗洗窗液；17－燃油存量；18－预热装置；19－安全带

图 5-3-1 上海帕萨特组合仪表

（二）各种仪表的结构与原理

汽车组合仪表上有仪表装置，如机油压力表、冷却液温度表、燃油表、里程表以及发动机冷却液温度过高、机油压力过高、燃油量不足、制动系统等报警灯和转向、远光、充电指示灯等。

1.机油压力表

机油压力表用来指示发动机机油压力的大小，以便了解发动机润滑系统的工作情况，常用的机油压力表有电热式、电磁式与动磁式三种，国产汽车上多采用电热式机油压力表，它

由装在发动机主油道上的机油压力传感器和仪表板上的机油压力表组成。其典型结构如图5-3-2所示。

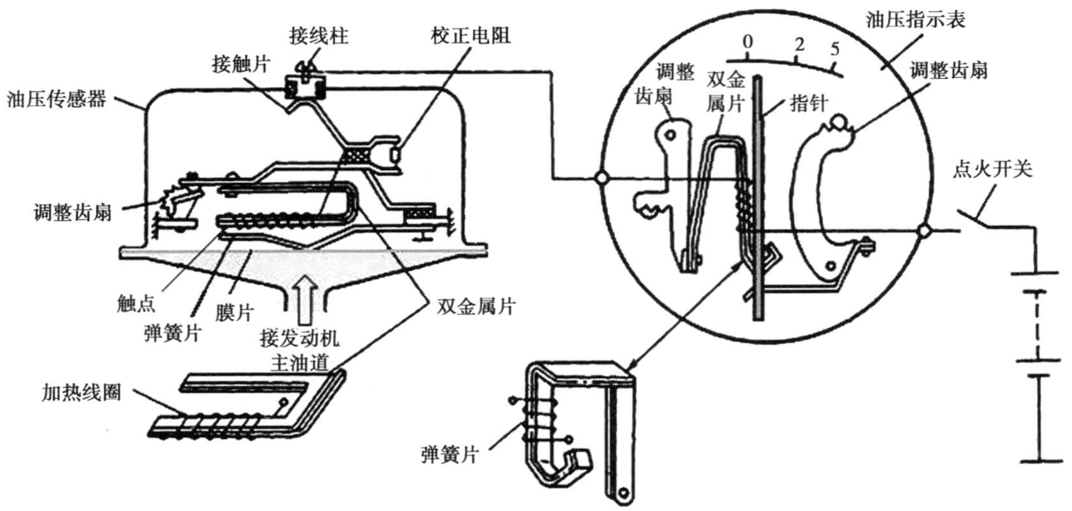

图5-3-2 机油压力表

(1)基本结构:机油压力传感器内部装有弹簧膜片2,膜片下的油腔1与发动机主油道相通,机油压力可直接作用在膜片上,膜片的上面顶着弓形弹簧片3,弹簧片的一端与外壳固定搭铁,另一端的触点与双金属片4端部触点接触,双金属片上绕有电热线圈,校正电阻8与双金属片4上的线圈并联。

机油压力指示表内装有特殊形状的双金属片11,它的直臂末端固定在调节齿扇10上,另一钩形悬臂端部与指针12相连,其上也绕有电热线圈,线圈的两头构成指示表的两个接线柱。

(2)工作原理:发动机不工作时仪表电路不通,传感器感受不到压力,指示表上双金属片保持在0位置。

当接通点火开关时,电流由蓄电池正极→接线柱14→指示表双金属片11的加热线圈→接线柱9→接触片6→双金属片的加热线圈(以及校正电阻、双金属片)→双金属片4的触点→弹簧片3→搭铁→蓄电池负极。由于电流经过双金属片4和11上的电热线圈,使双金属片受热变形。双金属片是用两种膨胀系数不同的金属制成,受热时,膨胀系数大的一面向膨胀系数小的一面弯曲。电路中有电流通过时,绕在双金属片上的线圈产生热量,造成传感器双金属片受热弯曲,使触点断开,断开电路;而指示表双金属片受热弯曲,使指针偏转,指示机油压力的大小。

2.燃油表

燃油表的作用是指汽车油箱中存油量的多少。它和装在油箱内的传感器一起完成指示工作。燃油表有双金属式和电磁式2种,现代大多数汽车都采用电磁式燃油表。

如图5-3-3所示,双金属片式燃油表在油箱无油时,浮子在最低位置,传感器滑片滑至最右端,可变电阻值增大,流过燃油表回路的电流很小,双金属片几乎不变形,指针在“0”位;油箱油量增加时,浮子上升,滑片向左移动,可变电阻阻值减小,流过加热线圈的电流增大,双金属片受热弯曲,带动指针向右偏转,指示油量存油量;油箱满油时,浮子升到最高位,滑片滑至最左端,加热线圈电流最大,双金属片变形量最大,指针指在“1”位,表示油箱满。

电磁式燃油表中有左、右两个线圈，传感器与左线圈串联，右线圈并联。工作时，油箱存油量不同，转子转动的角度及指示的油量不同，如图 5-3-4 所示。

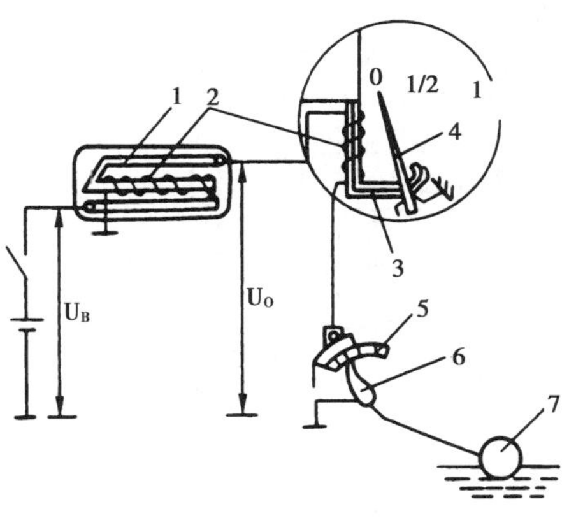

1－稳压电源；2－加热线圈；3－双金属片；
4－指针；5－右线圈；6－油面传感器；
7－转子；8－左线圈

图 5-3-3　双金属片式燃油表

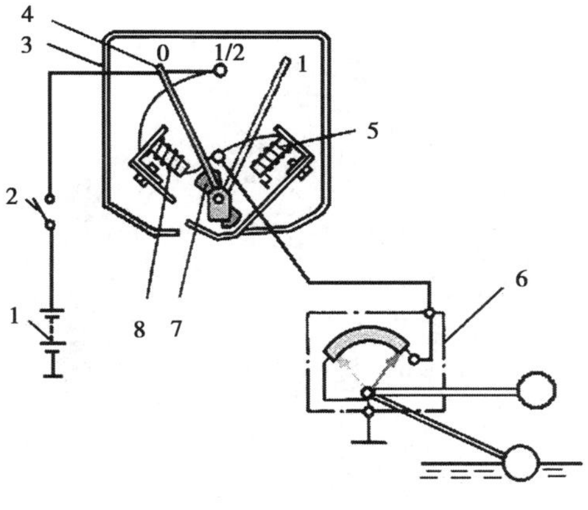

1－蓄电池；2－点火开关；3－燃油指示灯；
4－指针；5－可变电阻；6－滑片；7－浮子

图 5-3-4　电磁式燃油表

3.水温表

水温表（又称冷却液温度表）的作用是指示发动机工作时冷却水套中冷却液的温度。它由水温表和水温传感器组成。水温传感器是将冷却液温度的变化转化为电信号，其类型有双金属式和电磁式。显示器的原理与燃油表基本相同，指示水温传感器使用了负温度系数的热敏电阻，即当冷却液温度低时，热敏电阻阻值大，经过回路的电流小。当冷却液温度高时，热敏电阻的阻值小，经过回路的电流相应增大，如图 5-3-5 所示。

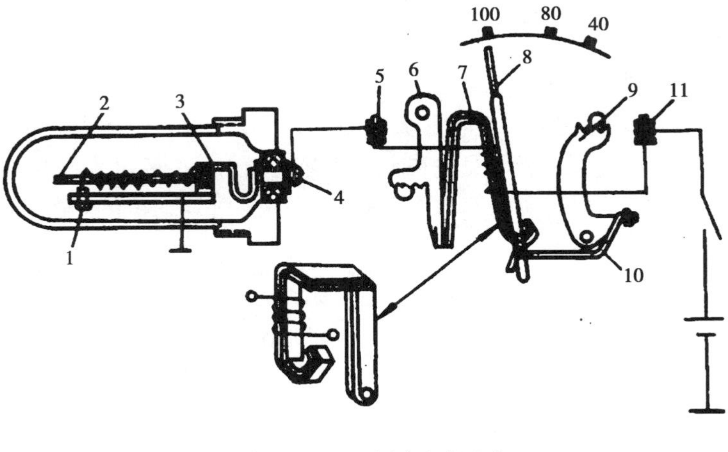

图 5-3-5　双金属式水温表

1－固定触点；2－双金属片；3－连接片；4－接线柱；5、11－水温表接线柱
6、9－调节齿扇；7－双金属片；8－指针；10－弹簧片

4.车速里程表

车速里程表是用来指示汽车行驶速度和汽车累计行驶总里程，它由转速表和里程表两部分组成，如图 5-3-6 所示。车速里程表主要有机械式和电子式两种。

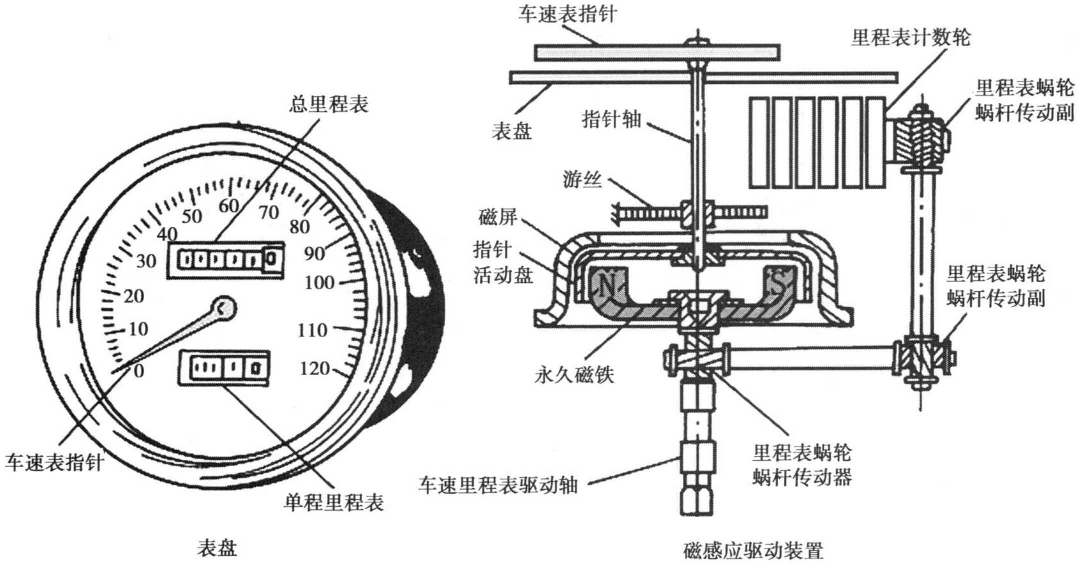

图 5-3-6　车速里程表和转速表

机械式车速里程表的主要类型是磁感应式，由磁感应车速感应装置和蜗轮蜗杆里程计数器组成。

电子式车速里程表多由单片集成电路等构成，由车速表、带有计数器的里程表和信号传感器三部分组成。电子式车速里程表是一个带有通电线圈的指针式显示机构。当车辆行驶时，其传感器产生不同的触点闭合频率信号，经控制电路输出，借以车速表指针机构通电线圈中的电流，于是通电线圈在恒定磁场中所受的作用力发生变化，车速表指针转角也随之改变，显示相应的车速。

5.发动机转速表

发动机转速表是用来测量发动机的曲轴转速的。转速表按结构可分为机械式和电子式。现代汽车应用最广泛的是电子式转速表。电子式转速表按转速型号的获取方式不同分为从点火系获取信号的转速表、测取飞轮（或正时齿轮）转速的转速表和从发电机上获取转速信号的转速表。如桑塔纳、帕萨特等汽车从点火系中获取发动机的转速信号，奥迪等则从飞轮上获取。

二、报警指示灯

为了警示汽车某系统处于不良或特殊状态，引起汽车驾驶员注意，保证汽车可靠工作和安全形势，防止事故发生，汽车仪表板上安装来多种报警装置。报警装置由报警灯、指示灯、开关组成。

报警指示灯一般安装在驾驶室内仪表盘上，功率为 1 ~3 W。在灯光前有滤光片，以使灯泡发黄或发红，滤网上常刻有图形符号，以显示其功能，其含义、作用如表 5-3-1 所示

一般报警灯和报警灯开关串联后接入电路，报警灯开关监视相应值，并按照设定条件动作，使报警电路接通，报警灯点亮。其基本电路图如图 5-3-7 所示。

表 5-3-1 常见报警指示灯符号及其含义

序 号	指示灯符号	名 称	作 用
1		安全气囊指示灯	该指示灯用来显示安全气囊的工作状态，当打开钥匙门，车辆开始自检时，该指示灯自动点亮数秒后熄灭，如果常亮，则安全气囊出现故障。
2	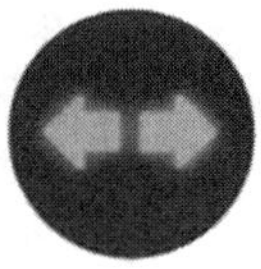	转向指示灯	该指示灯是用来显示车辆转向灯所在的位子。通常为熄灭状态，当车主点亮转向灯时，该指示灯会点亮相应方向的转向指示灯，转向灯熄灭后，该指示灯自动熄灭。
3		雾灯指示灯	该指示灯用来显示先后雾灯的工作状况，当前后雾灯点亮时，该指示灯相应的标志就会点亮，关闭雾灯后，相应的指示灯熄灭。
4		车门指示灯	该指示灯用来显示车辆各车门状况，任意车门未关上，或未关好，该指示灯都有点亮相应的车门指示灯，提示车主车门未关好，当车门关闭或关好时，相应车门指示灯熄灭。
5		发动机自检灯	该指示灯用来显示车辆发动机的工作状况，当打开钥匙门时，车辆自检时，该指示灯点亮后自动熄灭，如果常亮则说明车辆的发动机出现了机械故障，需要维修。
6		远光指示灯	该指示灯用来显示车辆远光灯的状态，通常情况下该指示灯为熄灭状态，当车主点亮远光时，该指示灯会同时点亮，以提示车主，车辆的远光灯处于开启状态。
7		O/D 挡指示灯	该指示灯用来显示自动挡的 O/D 挡超速挡的工作状态，当指示灯闪亮时，说明 O/D 已锁止。此时加速能力获得提升，当回增加油耗。
8		ABS 指示灯	该指示灯是用来显示 ABS 工作状况，当打开钥匙门，车辆自检时，ABS 灯会点亮数秒，随后熄灭。如果未闪亮或启动后不熄灭，表明 ABS 出现故障。
9		手刹指示灯	该指示灯用来显示车辆手刹的状态，平时为熄灭状态，当手刹被拉起后，该指示灯自动点亮。手刹被放下时，该指示灯自动熄灭。有的车型在行驶中未放下手刹会伴随着报告音。

（续表）

序　号	指示灯符号	名　称	作　用
10		电瓶指示灯	该指示灯用来显示电瓶使用状态，打开钥匙门，车辆开始自检时，该指示灯点亮。启动后自动熄灭，如果启动后电瓶指示灯常亮，则说明该电瓶出现了故障，需要检查或更换。
11		机油指示灯	该指示灯用来显示发动机内机油的压力状况，打开钥匙门，车辆开始自检时，该指示灯点亮，启动后熄灭。该指示灯常亮，则说明该车辆发动机机油压力低于标准值，需要维修。
12		电子油门灯	常用语大众品牌车型中，打开钥匙门，车辆开始自检时，EPS 灯会点亮数秒，随后熄灭。如果车辆启动后仍不熄灭，说明车辆机械与电子系统出现故障。
13		清洗液指示灯	该指示灯是用来显示车辆所装玻璃清洁液的多少，平时为熄灭状态，该指示灯点亮时，说明车辆所装载玻璃清洗液已不足，添加玻璃清洗液后，指示灯熄灭。
14		燃油指示灯	该指示灯用来显示车辆内储油量的多少，当钥匙门打开，车辆进行自检时，该燃油指示灯会短时间点亮，随后熄灭。如启动后该指示灯点亮，说明车内油量已不足。
15		水温指示灯	该指示灯用来显示发动机内冷却液的温度，打开钥匙门，车辆开始自检时，会点亮数秒，后熄灭。水温指示灯常亮，说明冷却液温度超过规定值，需要立即暂停行驶。水温正常后熄灭。
16		安全带指示灯	该指示灯用来显示安全带是否处于锁子状态，当该灯点亮时，说明安全带没有及时的扣紧。有些车型会有相应的提示音。当安全带被及时扣紧后，该指示灯自动熄灭。

想一想： 汽车上还有哪些报警指示灯，分别用什么指示灯符号，其作用是什么？

1.机油压力报警装置

机油压力是非正常，直接影响汽车的使用性能与工作的可靠性，因此很多车辆设置了机油报警灯，用于提醒驾驶员注意发动机的机油压力是否异常。

机油压力报警装置的报警开关一般装在主油道上。有弹簧管式油压报警灯开关和膜片式油压报警开关。如图 5-3-8 所示为弹簧式油压报警灯开关的结构。

报警灯开关为盒式，内有一管形弹簧，一端与接头相连，另一端与动触点相连，静触点与接线柱经接触片与接线柱相连。当机油压力低于 0.05 MPa 时，管形弹簧变形小，动触点与静触点闭合,电路接通,警告灯亮。当机油压力高于 0.05 MPa 时,管形弹簧变形较大,动触点与静触点分开,电路断开,警告灯熄灭。

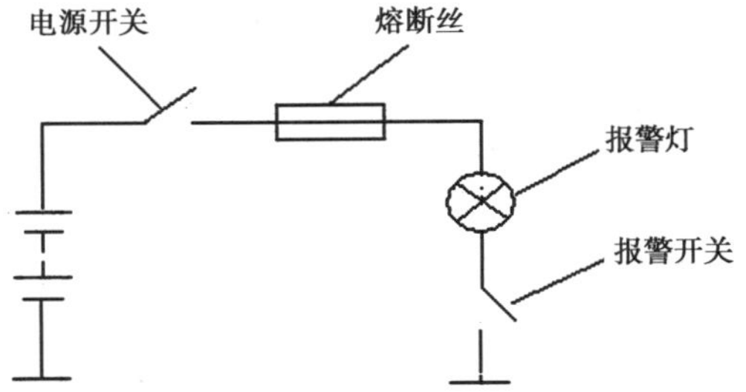

图 5-3-7　报警灯电路

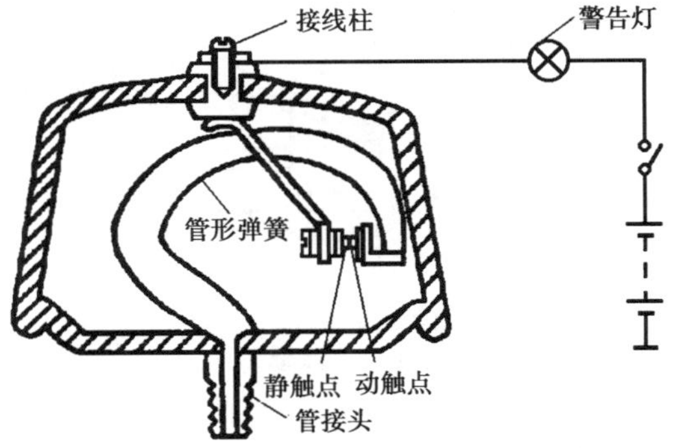

图 5-3-8　弹簧管式油压报警灯开关

2.冷却液温度报警灯

冷却液温度报警灯的作用是:当发动机冷却液温度升高至一定温度时,报警灯自动点亮,以示报警。冷却液温度报警灯的通断由温度开关控制,其工作原理如图 5-3-9 所示。在传感器的密封套管内装有条形双金属片,自由端焊有动触点,而静触点直接搭铁。当冷却液温度低于 95 ~98 ℃时,双金属片上的触点与静触点保持分离状态,报警灯不亮;当温度升高至限定值时,由于双金属片膨胀系数的不同,向静触点方向弯曲,一旦两个触点接触,便接通报警电路,红色报警灯点亮。

3.燃油量报警灯

当燃油箱内燃油减少到某一限定值时,为来告知驾驶员引起注意,在许多车辆上都装有燃油量报警灯。该装置由负温度系数热敏电阻式燃油量报警传感器和报警灯组成,如图 5-3-10 所示。燃油箱内燃油量充足时,热敏电阻元淹没在燃油中散热较快,其温度较低,电阻值相应大,故此电路中的电流小,报警灯处于熄灭状态;当燃油不足时,热敏电阻元件露出油面,散热慢,温度升高,报警灯因此点亮,以示报警。

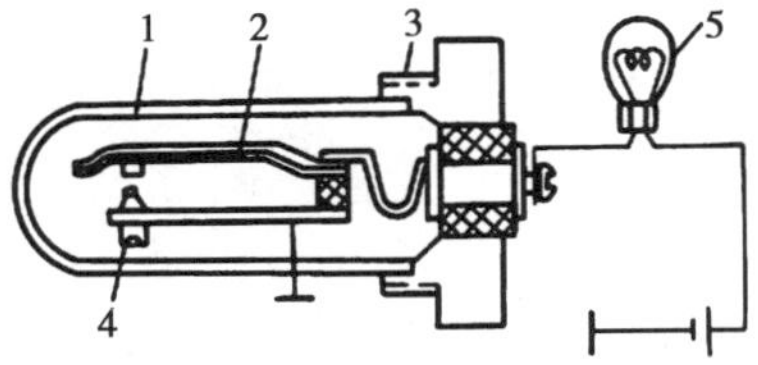

1 – 报警灯传感器套筒;2 – 双金属片;
3 – 螺纹接头;4 – 静触点;5 – 动触点

图 5-3-9　冷却液温度报警灯电路

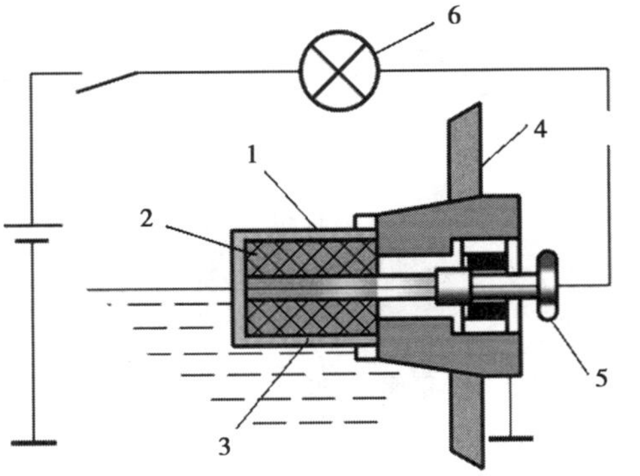

1 – 外壳;2 – 防爆用金属网;3 – 热敏电阻元件;
4 – 燃油箱外壳;5 – 接线柱;6 – 报警灯

图 5-3-10　燃油量报警灯电路

4.制动液液面报警灯

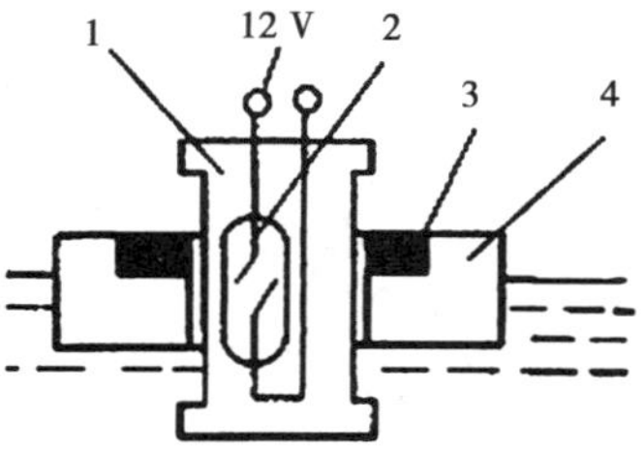

1－外壳;2－舌簧管;
3－永久磁铁;4－浮子
图 5-3-11　制动液液面传感器

制动液液面报警灯的传感器安装于制动主缸的储液罐内,其结构如图 5-3-11 所示在传感器的外壳内装有舌簧开关,开关的两个接线柱与液面报警灯及电源相连接,浮子上固装有永久磁铁。当浮子随制动液面下降至规定值以下时,永久磁铁的电磁吸力使得舌簧开关闭合,接通报警灯电路,发出报警;当制动液液面在限定值以上时,浮子上升,由于吸力减弱,舌簧开关在自身弹力所用下,断开报警灯电路。

三、电子显示组合仪表

汽车电子显示组合仪表如图 5-3-12 所示,主要包括数字式仪表计算机、车速传感器、燃油油位标尺转换开关、短程控制开关、里程表等元件,这些元件与真空荧光显示器构成一个整体。

电子仪表的作用于常规几点模拟的仪表基本相同,都是从各种传感器接受信号,并将信号经处理后通过显示器显示数据,使驾驶员了解车辆的速度、发动机转速、燃油量、冷却液的温度等。不同的是:电子仪表是用过仪表中的微电脑和各种集成电脑处理各传感器的信号,然后以数字形式在真空荧光显示器上显示出。

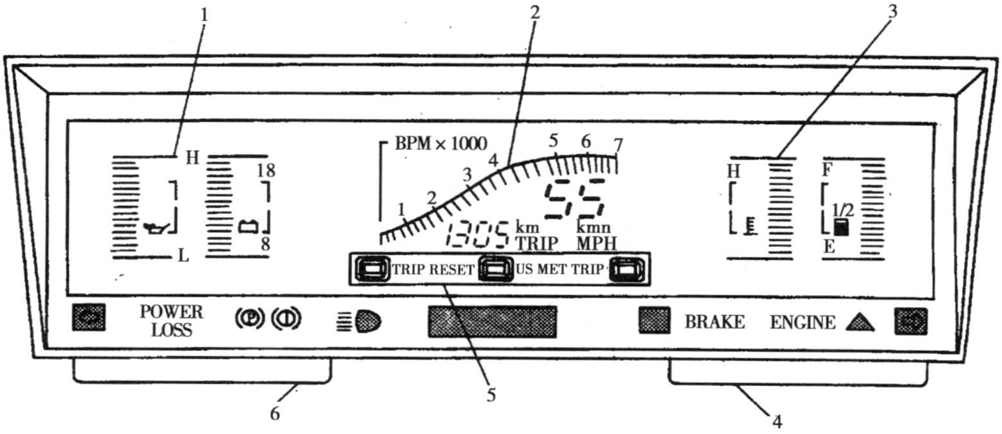

1－既有压力和电压表显示器;2－车速里程表和转速表显示器;
3－发动机温度表和燃油表显示器;4、6－白炽灯或者灯泡;5－按钮式控制器
图 5-3-12　汽车电子显示仪表板

(一)常见电子显示装置

显示装置是指安装在汽车仪表板的各种仪表、图形符号和报警装置,它们可以对汽车许多工况进行检测,最多能同时检测几十个参数,并经 CPU 计算、处理成易于理解的智能化显示。当汽车出现不正常现象或通过自诊断系统测出有故障时,该系统会立即进行声光报警。

电子显示装置的优点是能提供大量、复杂的信息,以满足小型、轻量化的要求,具有高精度和高可靠性和有一表多用的功能,它已逐步取代常规的指针式仪表。电子式汽车仪表主要包括各种传感器、开关和显示器。

电子显示装置大致可分为发光型和非发光型两类。发光型的显示器主要有发光二极管(LED)、真空荧光管(VFD)、阴极射线管(CRT)、等离子显示器(PDP)等,非发光型的显示器主要有液晶显示件(LCD)和电致变色显示器件(ECD)等。

1.发光二极管(LED)

发光二极管光的颜色有红、绿、黄、橙,可单独使用,可以用来组成数字。在时间应用中,常把它焊接到印制电路板上,以形成数字显示或带色光杆显示,如图 5-3-13 所示。

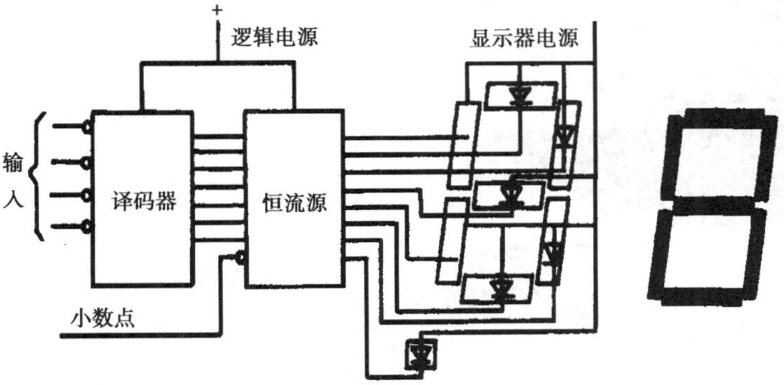

图 5-3-13　发光二极管数字显示

2.真空荧光管(VFD)

真空荧光管是一种低压真空管,它由玻璃、金属等材料构成。真空荧光显示是一种主动显示,其发光原理与电视机的显像管相似,如图 5-3-14 所示。

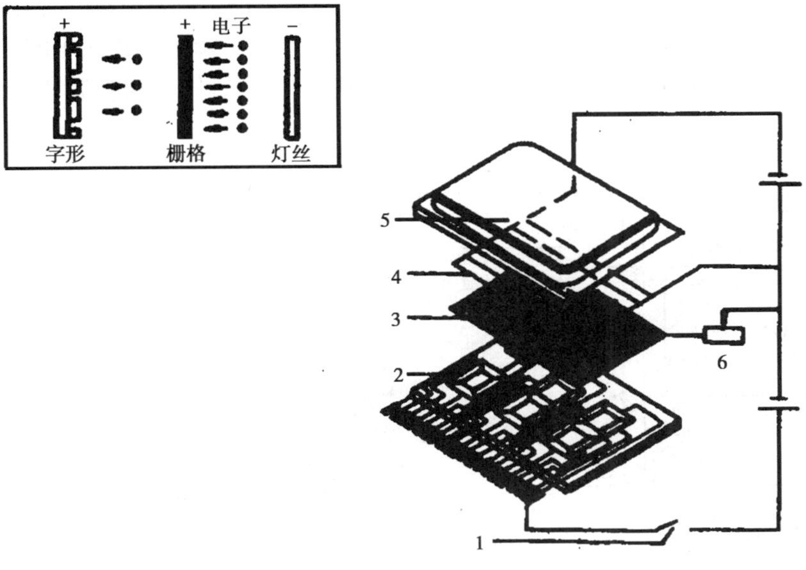

1－电子开关;2－字符段;3－栅格;4－灯丝;5－玻璃罩;6－电位器

图 5-3-14　真空荧光显示器的结构

3.液晶显示屏(LCD)

液晶显示屏(LCD)是一种新型的非发光型平板显示器件,其结构如图 5-3-15 所示。液晶是一种有机化合物,由长形杆状分子构成。在一定的温度范围内,它具有普通液体的流动性,也具有晶体的某些特征。液晶的光学性质是随着分子排列方向的变化而变化。当在液

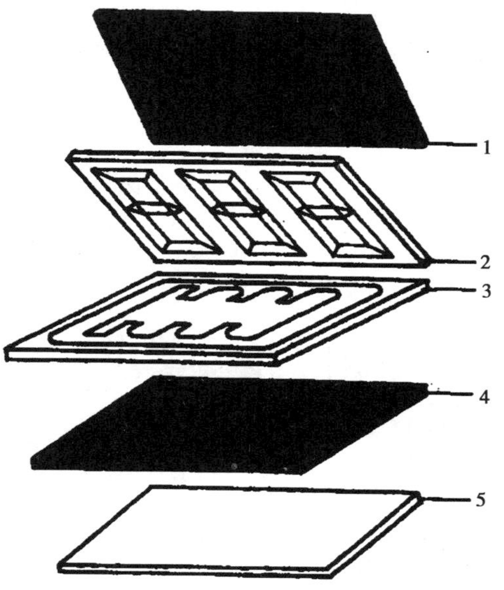

1－前偏光镜;2－前玻璃板;3－后玻璃板;
4－后偏光镜;5－反射镜

图 5-3-15　液晶显示器的结构图

晶上加一个电场时,液晶杆状分子的长轴方向发生变化,因此液晶的光学性质也发生变化。

在前后玻璃板 2、3 之间夹有一层液晶。前面的偏光镜是垂直偏光镜,后面的偏光镜是水平偏光镜。液晶显示的数字或光条是透过垂直偏光镜观看的。将来自垂直偏光镜的光波旋转 90°,这样垂直方向的光波通过液晶后,变成水平方向的光波,水平方向的光波通过水平偏光镜后,到反射镜,经反射镜后,按原路反射回去,这时在透过垂直偏光镜看液晶时,液晶呈亮的状态。当给液晶加上一个电场时,液晶分子将重新排列,液晶便不能使光波旋转了,这时在透过垂直偏光镜看液晶时,液晶呈暗的状态。当液晶不加电压时,观察者可看到液晶呈亮的状态;当液晶加上电压时,到达反射镜,观察者看到的液晶是暗的状态。

(二)电子显示装置在车速表上的应用

车速表的工作原理如图 5-3-16 所示,电脑通过一预定的时间从车速传感器传出的脉冲信号来计算车速,然后使真空荧光显示器发光,显示车速。在某些国家使用的车辆上还装有车速报警器,当车速达到或超过 125 km/h 时,电脑内的晶体管便反复接通和断开,使警报器发出警告蜂鸣。

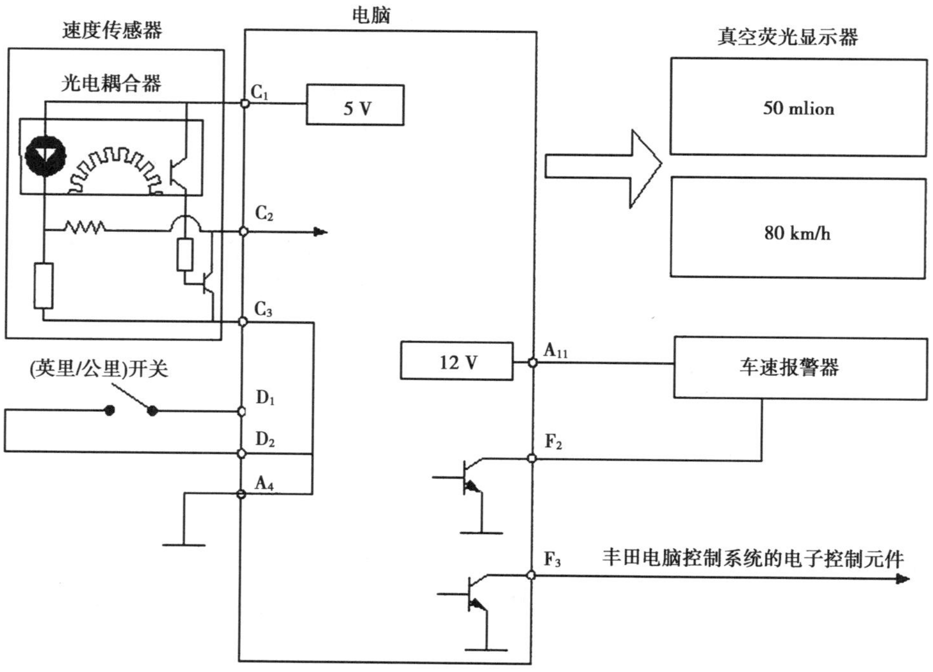

图 5-3-16　车速表工作原理

【任务实施】

一、任务内容

油量表电路的检修,仪表照明的检修。

二、准备工作

1.所需设备

整车(丰田卡罗拉)。

2.工具和材料

导线、试灯、导线夹、数字式万用表、保养维修手册、干净的抹布、卡罗拉电路图册等。

3.安全防护用品

标准作业表、安全鞋、线手套。

4.汽车信息收集

车牌号码:________________________,车辆型号:________________________,

VIN 码:__________________________,行驶里程:________________________,

维修接待意见:____。

三、技术规范与注意事项

1. 使用万用表时就选择正确挡位,禁止用低电阻挡位去测量电压,以免降低测量精度或损坏万用表。

2. 使用维修手册和电路图时,要注意避免残缺不全,资料应与使用车辆型号相对应。

3. 一般情况下,汽车蓄电池开路电压为 12 V(汽油机,柴油机多为 24 V),发电机正常输出电压不超过 14 V(汽油机,柴油机为 28 V)。

4. 为了防止电气线路在操作过程中的短路,每次拆装、检测电气设备时,应先断开蓄电池搭铁线,完成后,最后安装搭铁线。

5. 在进行某些作业时必须做好防护措施,如前格栅布和翼子板布的安装等。

6. 安装灯泡时手不要接触玻璃泡,以免手指在玻璃泡上留下油腻痕迹,使玻璃泡模糊。

7. 要遵守维修手册规定的其他技术和安全要求。

四、实施步骤和方法

(一)维护作业的准备和预检

1.一般准备工作

(1)与小组成员共同清洁场地　　□任务完成

(2)清点所需工量具数量和种类　　□任务完成

(3)检查举升机等设备、工具性能是否良好　　□任务完成

2.安全防护准备工作

(1)车辆位置检查　　□任务完成

(2)安装车轮挡块 □任务完成

(3)安装各种防护套

①安装座椅套 □任务完成

②安装地板垫 □任务完成

③安装转向盘套 □任务完成

④安装排挡杆套 □任务完成

⑤拉起发动机释放杆并打开发动机机舱盖 □任务完成

⑥安装好前栅格布及护套 □任务完成

3.发动机机舱预检

(1)检查发动机冷却液液位 □正常 □不正常

(2)检查发动机机油液位 □正常 □不正常

(3)检查制动液液位 □正常 □不正常

(4)检查刮水器喷洗器液面 □正常 □不正常

检查总结:

____

____

____

(二)检查和诊断不能正常工作的仪表系统

1. 你用的是什么型号的汽车完成了这个工作?

____

2. 观察这个仪表盘电路,哪些元件符合并联的特征?

____

3. 这个仪表盘电路哪些元件符合串联的特征?

____

4. 观察这辆车有哪些仪表,并指出其传感器的安装位置:

(1)______________(2)______________

(3)______________(4)______________

(三)仪表照明的检修

1. 识别电子电路,找出它们在汽车中的位置和电路路径。

2. 列出可检测的仪表盘照明路径。

①________→②________→③________→④________→⑤________→⑥________→⑦________→⑧________

3. 列出可检测的油压报警灯路径。

①________→②________→③________→④________→⑤________→⑥________→⑦________→⑧________

(四)诊断仪表盘报警灯故障,仪表状况及电路元件

1. 仪表盘灯的数量______________________________

2. 仪表盘搭铁端______________________________

3. 仪表盘共享熔断器数量______________________________

4. 其他电路元件＿＿＿＿＿＿＿＿＿＿＿＿＿＿＿＿＿＿＿＿＿＿＿＿＿＿＿＿＿＿＿＿＿＿＿＿

(五)油量表电路的检修

(1)如果油量表出现故障你是怎么样检查的?(检查步骤)

①＿＿＿＿＿＿＿＿＿＿＿＿＿＿＿＿＿＿＿＿②＿＿＿＿＿＿＿＿＿＿＿＿＿＿＿＿＿＿＿＿

③＿＿＿＿＿＿＿＿＿＿＿＿＿＿＿＿＿＿＿＿④＿＿＿＿＿＿＿＿＿＿＿＿＿＿＿＿＿＿＿＿

(2)如果把油量表的浮子向上移动,油量表有什么现象?＿＿＿＿＿＿＿＿＿＿＿＿＿＿＿ 电压变化情况　□上升　□不动　□下降。电压最高值:＿＿＿＿＿＿ V。电压最低值:＿＿＿＿＿＿ V。

(3)如果油量表的传感器短路了,油量表有什么故障现象?

＿＿

(4)如果冷却液温度表的传感器导线断开了,表针在那一边?

□左边　　　　　　　　　　□右边　　　　　　　　　　□中间

(5)如果断开油量传感器,用测试灯检查冷却液温度表,表针会摆在那一边?

□左边　　　　　　　　　　□右边　　　　　　　　　　□中间

(6)跨接线在仪表盘电路中可应用于哪些场合?

＿＿

(六)工作总结

完成上面的操作后,你认为哪些知识对你诊断电路故障有所帮助?

＿＿

＿＿

【评价与反馈】

班级:＿＿＿＿＿＿＿＿＿　姓名:＿＿＿＿＿＿＿＿＿　指导教师:＿＿＿＿＿＿＿＿＿

序号	考核项目	项目分值	考核内容	配分	考核标准	得分
1	出勤纪律	5	出勤	2	违规一次不得分	
			行为规范	3	违规一次不得分	
2	安全防护环保	20	着装	4	违规一次不得分	
			个人防护	4	违规一次不得分	
			“5S”/“EHS”	4	违规一次不得分	
			设备使用安全	4	违规一次不得分	
			操作安全	4	违规一次不得分	
3	知识	20	知识测试成绩	20	按测验成绩的20%计	

（续表）

<table>
<tr><td>序号</td><td>考核项目</td><td>项目分值</td><td colspan="2">考核内容</td><td>配分</td><td>考核标准</td><td>得分</td></tr>
<tr><td rowspan="11">4</td><td rowspan="11">技能考核</td><td rowspan="11">40</td><td rowspan="4">准备</td><td>清点工量具,清理工位</td><td>1</td><td>未做不得分</td><td></td></tr>
<tr><td>清洁对象外观</td><td>1</td><td>未做不得分</td><td></td></tr>
<tr><td>检查电源开关</td><td>2</td><td>未做不得分</td><td></td></tr>
<tr><td>安装各种防护套</td><td>3</td><td>未做不得分</td><td></td></tr>
<tr><td rowspan="7">仪表报警装置的检修</td><td>检查和诊断不能正常工作的仪表系统</td><td>3</td><td>未做不得分</td><td></td></tr>
<tr><td>仪表照明电路的检修</td><td>5</td><td>操作不正确扣 1 ~5 分</td><td></td></tr>
<tr><td>诊断仪表盘报警灯故障</td><td>5</td><td>操作不正确扣 1 ~5 分</td><td></td></tr>
<tr><td>诊断仪表盘仪表状况</td><td>5</td><td>操作不正确扣 1 ~5 分</td><td></td></tr>
<tr><td>诊断仪表盘电路元件</td><td>5</td><td>操作不正确扣 1 ~5 分</td><td></td></tr>
<tr><td>油量表电路的检修</td><td>5</td><td>检修不正确扣 1 ~5 分</td><td></td></tr>
<tr><td>工作总结</td><td>5</td><td>未做不得分</td><td></td></tr>
<tr><td rowspan="3">5</td><td rowspan="3">学习能力</td><td rowspan="3">10</td><td colspan="2">工单填写,工艺计划制定</td><td>4</td><td>未做不得分</td><td></td></tr>
<tr><td colspan="2">组内活动情况</td><td>4</td><td>酌情扣分</td><td></td></tr>
<tr><td colspan="2">资料查询和收集</td><td>2</td><td>未做不得分</td><td></td></tr>
<tr><td rowspan="2">6</td><td rowspan="2">任务拓展</td><td rowspan="2">5</td><td colspan="2">知识拓展任务</td><td>2</td><td>未做不得分</td><td></td></tr>
<tr><td colspan="2">技能拓展任务</td><td>3</td><td>未做不得分</td><td></td></tr>
<tr><td>7</td><td>总分</td><td>100</td><td colspan="2"></td><td></td><td></td><td></td></tr>
</table>

【教师评估】

<table>
<tr><td>序号</td><td>优点</td><td>存在问题</td><td>解决方案</td></tr>
<tr><td></td><td></td><td></td><td></td></tr>
<tr><td colspan="4">教师签字：</td></tr>
</table>

项目六
汽车辅助电器的检修

任务一 风窗玻璃刮水/洗涤装置的检修

【任务目标】

目标类型	目标要求
1. 认知目标	(1)简单叙述电动风窗刮水、洗涤装置基本结构和部件名称； (2)简单叙述明风窗刮水装置的基本工作原理； (3)简单分析电动刮水、洗涤装置常见故障原因； (4)正确检修电动刮水器/洗涤器各零部件。
2. 技能目标	(1)掌握电动风窗刮水、洗涤装置的基本结构和工作原理； (2)能灵活的拆卸安装电动风窗、洗涤装置； (3)能通过故障现象确定发生故障的具体位置和产生原因； (4)掌握电动风窗刮水、洗涤装置故障诊断维修流程。
3. 情感目标	(1)拆装实训过程中注意防止机械咬伤； (2)教学中注意严格按照规定流程进行，减少器材损坏。

【任务描述】

风窗玻璃刮水、洗涤装置的作用是对风窗玻璃进行打湿、清洗、刮拭，用以清除风窗玻璃上的雨水、雪和灰尘，让玻璃保持良好的透明度，为驾驶员提供良好的能见度，确保车辆安全行驶。

【知识准备】

一、电动风窗刮水、洗涤装置的主要组成

汽车在雨天、雪天、扬尘路段行驶时，为保证汽车前挡风玻璃有良好的视线，现代汽车上都安装了电动风窗刮水和洗涤装置，以保障汽车行驶安全。目前，随着电子技术不断在汽车

上的运用,有的汽车也安装了一些传感器(如雨量传感器)用于感应外界环境以控制电动刮

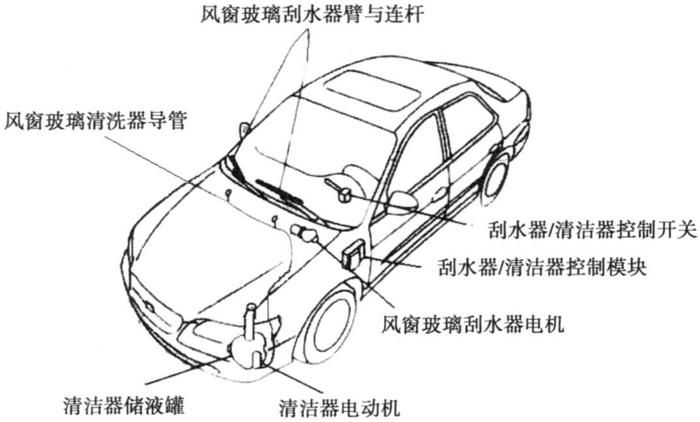

图 6-1-1 电动风窗/洗涤装置示意图

水器的工作状态。电动风窗刮水/洗涤装置的组成图 6-1-1 所示。

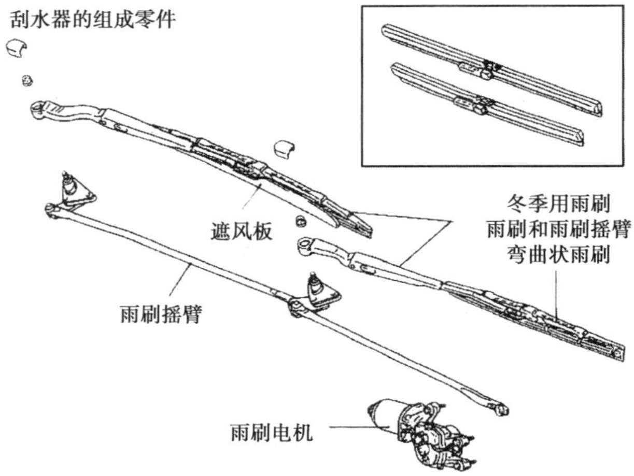

图 6-1-2 电动刮水装置示意图

电动风窗刮水器/洗涤装置主要由机械传动装置和电路控制系统组成。机械传动装置主要包括刮水支架、刮水电机、联动机构和刮水片等机件组成,如图 6-1-2 所示。控制电路系统主要包括电源、控制开关、保险片、继电器、刮水电机等组成。

1.机械传动装置各机件的作用

机械传动装置是将刮水电机的旋转运动经摇臂转化为刮水柄的圆弧运动,以使雨刮臂在压紧弹簧的拉力下紧紧地贴于玻璃表面摆动清除玻璃表面的水分和污物。

刮水支架:用于将刮水器安装在汽车风窗玻璃前,以及刮水器系统的各部件的安装。

刮水电机:刮水器系统的电动机大多是永磁直流变速电动机如图。它具有结构简单、重量轻、体积小、噪音低、扭矩大、可靠性强等优点。其内有快慢两个线圈,电动机输出经蜗轮减速器减速,并改变输出方向,如图 6-1-3 所示。

联动机构:把电动机的旋转输出运动,传递到刮水臂,并转化为摆动运动。

刮水片:最终完成刮水作用的橡胶片。

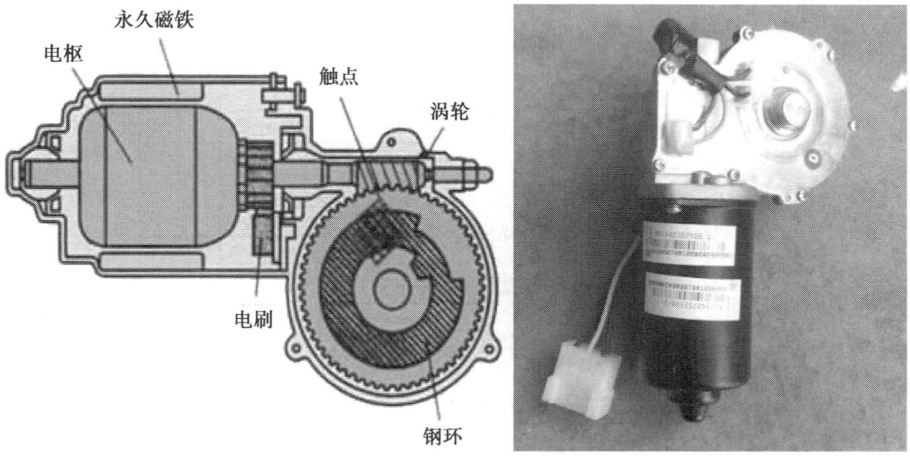

图 6-1-3 刮水电机结构图

2.喷水系统的作用及组成

喷水系统是配合雨刮联动的洗涤装置，起着冷却、清洗泥土和尘埃的作用。其主要由储液灌、水泵、输液软管、喷嘴和控制电路等组成，如图 6-1-4 所示。

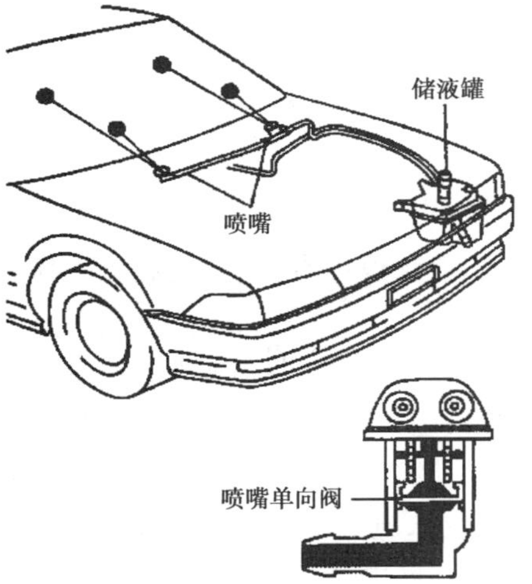

图 6-1-4 喷水装置示意图

图 6-1-5 刮水/洗涤装置组合开关

3.控制电路组成及作用

电动刮水、洗涤装置电路，如图 6-1-6 所示。

电源：汽车蓄电池为雨刮系统提供直流工作电源。

控制开关：控制雨刮器的工作，一般为由多个开关组成，分别可控制雨刮系统的高中低、间歇挡位和洗涤水泵工作，如图 6-1-5 所示。

保险片：起着防止电路由于大电流通过或者短路等情况造成用电器和电路的损坏，当超过额定电流流过保险片时自动熔断起着保护作用。

继电器：通过雨刮开关控制继电器从而控制大电流用电器，实现间接控制，可以防止大电流流过控制开关起到保护开关触点不被烧蚀，提高工作可靠性。

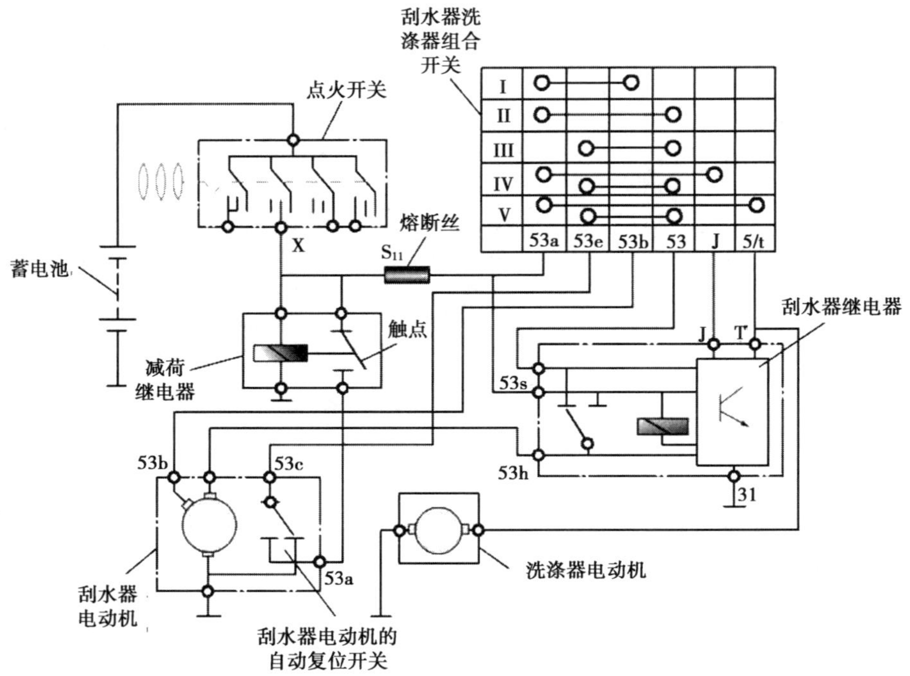

图 6-1-6　电动刮水/洗涤装置电路

二、电动挂水装置的工作原理

电动刮水器根据车型的不同其功能设置也有所不同，一般都设计有自动复位功能、高低速刮水、间歇控制等功能。

永磁式刮水器电动机，有三个电刷 B_1（低速）、B_2（高速）、B_3（共用搭铁电刷），是通过改变电刷之间电枢绕组的个数来变速的，两电刷之间绕组数量越少转速越高，相反转速越低。

1.低速控制原理

接通电源开关，将刮水器开关置于低速挡位时（第一挡位），电流由蓄电池正极→电源开关→熔断丝→电刷 B_1→电枢绕组→电刷 B_3→接触片→搭铁→蓄电池负极，构成一个完整的回路，此时刮水器电动机处于低速挡工作，如图 6-1-7 所示。

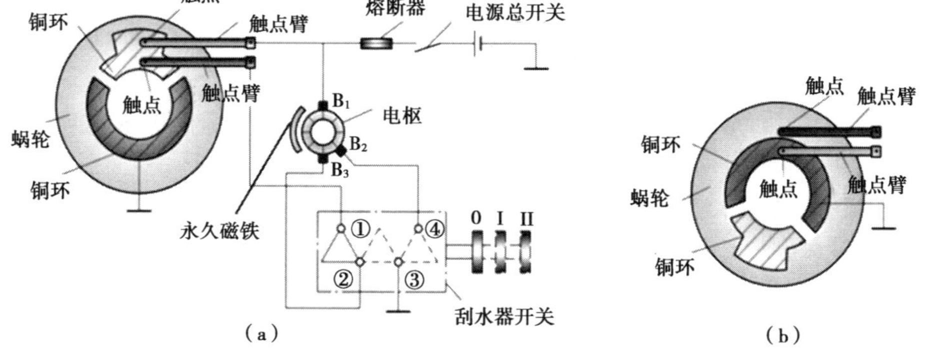

图 6-1-7　永磁式刮水装置电动机自动复位装置原理图

2.高速控制原理

将雨刮开关置于高速到位（第二挡位），电流由蓄电池正极→电源开关→熔断丝→电刷 B_1→电枢绕组→电刷 B_2→接触片→搭铁→蓄电池负极，构成一个完成的回路，此时刮水器电动机处于高速挡工作，如图 6-1-7 所示。

3.间歇控制原理

当刮水器开关位于“I”挡时，三极管 VT_1 导通，间歇控制器中的触点 K_2 打开、K_1 闭合，电流由蓄电池正极→保险装置→间歇控制器接线柱 15、触点 K_1、接线柱 53e→刮水器开关 53e 和 53→刮水器电动机 53→搭铁，此时刮水器以低速挡工作，如图 6-1-8 所示。

4.自动停机复位控制原理

当刮水器开关位于“0”挡时，若此时刮水片没有回到规定位置，则刮水器电动机自动复位开关触点相接，电流由蓄电池正极→熔断丝→刮水器电动机 53a、K_5 和 31b 间歇控制器的 31b、常闭触点 K_2 和 53e→刮水器开关 53e 和 53→刮水电动机 53→搭铁，电动机仍继续旋转，直到刮水片到达规定位置时，复位开关中的触点 K_3 与 K_5 断开而与 K_4 接通，电动机被短路，产生制动转矩，刮水器回到规定的位置，如图 6-1-8 所示。

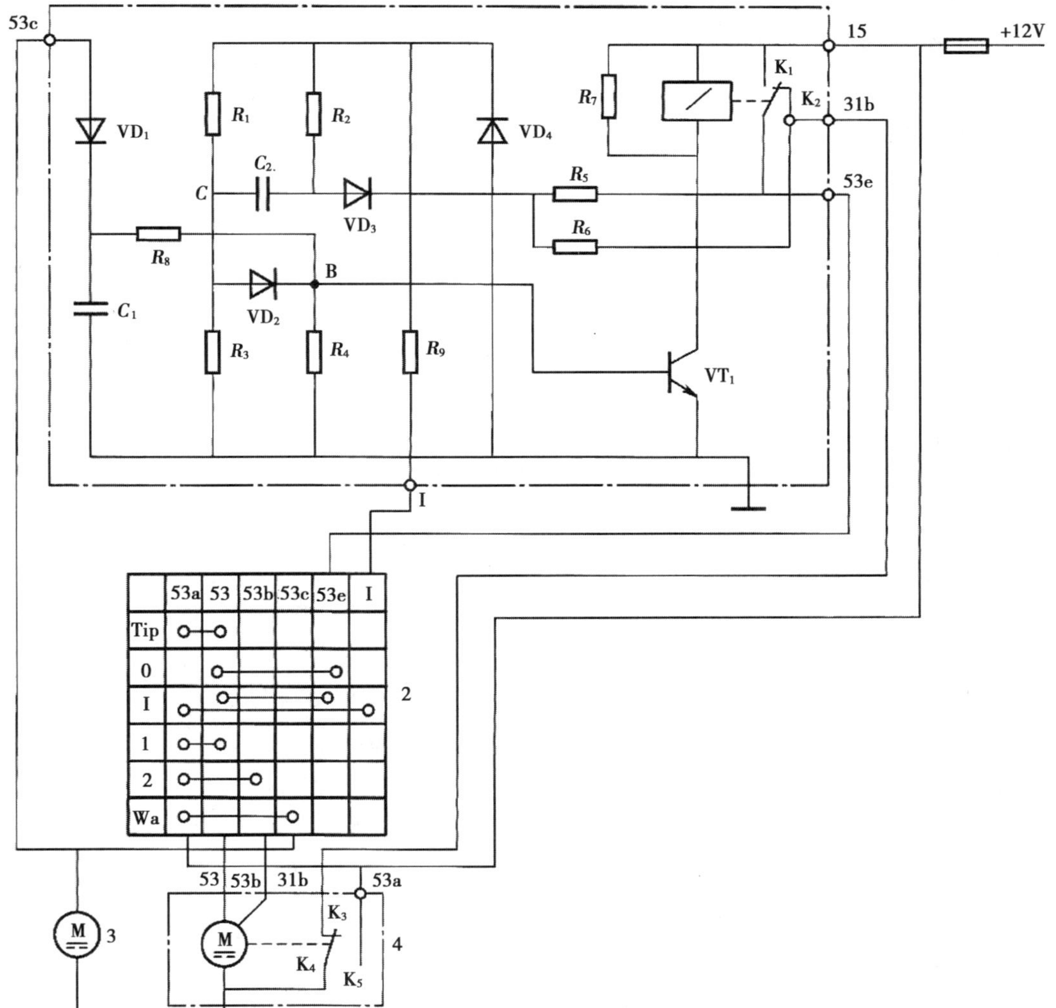

图 6-1-8　刮水/洗涤装置控制电路图

5.点动挡

当刮水器开关位于"Tip"挡时，刮水器电动机低速工作，松开刮水器开关手柄，开关自动跳回"0"挡，刮水器在复位开关的作用下，回到规定的位置。

6.风窗洗涤器（俗称"喷水"）

如图 6-1-8 所示，为线绕式磁场电动机，其控制电路为：当刮水器开关位于"Way"挡时，风窗洗涤器和刮水器同时工作。洗涤器电机的电路为：蓄电池正极→熔断丝→刮水器开关 53a 和 53c→洗涤器电动机→搭铁，于是洗涤器电动机带动水泵运转，将洗涤液喷洒到风窗玻璃上。与此同时，通过间歇控制器 53c 接柱，使得间歇控制器工作，刮水器电动机间歇挡工作。

在此挡位工作，当松开刮水器开关手柄时，刮水器开关自动回到"0"挡。

三、电动刮水/洗涤装置的常见故障和维修方法

电动刮水/洗涤装置常见故障主要可分为两类，一类是机械部件的故障，二类是控制电路上的故障，其实这些故障维修并不难，只要我们能根据其故障现象确定出故障类型，再进行进一步的诊断和维修。其中电动刮水器一般故障为：刮水器不工作、低速、高速挡不工作、间歇挡不工作、刮水效果不好、刮水器不能复位等。常见故障如表 6-1-1 所示。

表 6-1-1　电动挂水/洗涤装置的常见故障

故障现象	故障造成原因	排除方法
刮水器刮拭效果正常	1. 雨刮片安装不到位 2. 雨刮片橡胶老化 3. 雨刮臂压紧弹簧压力不足 4. 风窗玻璃上有油污	检查和重新安装 更换 更换 在储液灌内加入玻璃清洗液进行清洗
刮水器电机不工作	1. 保险片熔断 2. 雨刮组合开关损坏 3. 雨刮电机绕组损坏或碳刷磨损 4. 控制电路断路	检修更换 检修更换 检修更换 检修
刮水器自动回位故障	1. 刮水器组合开关损坏 2. 自动回位控制簧片磨损或损坏	检修更换 检修更换
刮水器间歇挡位故障	1. 刮水器组合开关损坏 2. 间歇继电器损坏	检修更换 检修更换
刮水器高低速挡位不工作	1. 刮水电机损坏 2. 刮水器组合开关损坏 3. 控制电路断路	检修更换 检修更换 检修
喷水系统不喷水	1. 喷水器开关损坏 2. 喷水电机损坏 3. 控制电路断路 4. 输液管路断裂、弯折	检修更换 检修更换 检修 检修更换

1.雨刮电机高低速检修

雨刮电机高低速挡的检修可以使用两种方法进行检测，首先将雨刮电机从车身上拆卸下来，拔掉电源插头，区分出高低速挡的电源线端子，使用万用表的电阻挡测量两绕组的电阻值数据，与标准数据进行比较。如果测得电阻值过大或者无穷大说明雨刮电机被测绕组已经开路，如果测得电阻值过小或者为零说明雨刮电机被测绕组已经短路。也可以采用通电运行的方法进行检测，分别连接高速和低速挡接线端子，观察雨刮电机运转情况，判断其工作状态。

2.控制电路的故障检修

线路中的故障一般有短路和短路两种，在实际维修中发现大多数情况都是由于开关损坏，线路接触不良造成断路。在检修时因遵循先简单后复杂的原则进行诊断和排查，首先检查保险丝是不是损坏，插片位置是否有烧蚀等情况，再检查雨刮开关是否失效或负极搭接不良，最后才根据电路图逐段检查线路是否存在故障。

3.风窗洗涤装置故障检修

首先应对洗涤装置的外观和连接管道进行仔细的检查，确认储液罐内是否有足够的清洗液，管道有无断裂、弯折、堵塞，喷头处有无堵塞，如有应予以更换或者疏通。喷水喷射角度不对时可用大头针对喷头喷射高度进行调节。当刮水器开关位于“Wa”挡时，风窗洗涤器不工作，首先确认喷水电机是否工作，如果没有工作应先测量电源电压和负极搭铁是否良好。

四、电动刮水、洗涤装置的维护与调整

刮水器推荐维护周期一般为 6 个月或 10 000 km，事实上，该数值恰好与大多数刮水片正常工作寿命相吻合。由于风挡清洗器时常与刮水器同时使用，所以要对清洗器与刮水器同时进行维护与调整。

1. 检查刮水器电动机的固定及各传动杆的连接情况，如有松动，应予拧紧；

2. 检查橡胶刮水片与玻璃贴附情况。橡胶刮水片应无老化、磨损、破裂等其他损伤现象，否则，应予更换；

注意： 更换刮水片时，务必遵循成对原则，因为这有利于实现刮水片的同步磨损和视野清晰高度的一致。不可用汽油清洗和浸泡刮水片，否则会引起变形，影响其工作效能。

3. 打开刮水器开关，刮水器摇臂应摆动正常。转换开关工作挡位，刮水器电机应以相应的转速工作。否则，应检查刮水器电机与线路；

4. 检查后，在各运动铰链处滴注 2 ~ 3 滴机油或涂抹润滑脂，并再次打开刮水器电机开关使刮水器摇臂摆动，待机油或润滑脂浸到各工作面后，擦净多余的机油或润滑脂。

五、风挡玻璃清洗器系统的检查与调整

1. 检查洗涤器系统的管路连接情况，如图 6-1-9 所示。如有松动或脱落，应予安装并固定好；塑料管路若有老化、折断或破裂，应予更换。

2. 检查洗涤器喷嘴，脏污时可用干净的毛刷清洗喷嘴，喷嘴喷射角度不合适时应进行调整，如图 6-1-10 所示。

3. 按动喷液开关，喷嘴应将洗涤液喷射到风挡玻璃上的适当位置。否则，应检查喷射部分或电路部分。

4. 洗涤液应按原车要求选用,若使用普通洗涤剂、清洁剂配制的洗涤液时,在进入冬季时,应予以清除,以防冻裂储液罐和塑料管路。

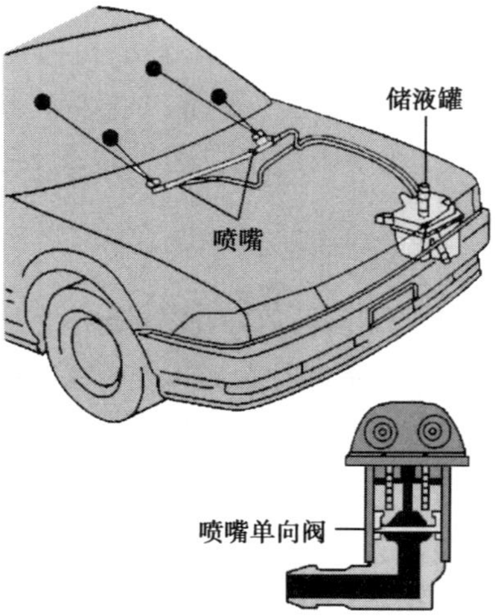

图 6-1-9　风挡玻璃清洗器

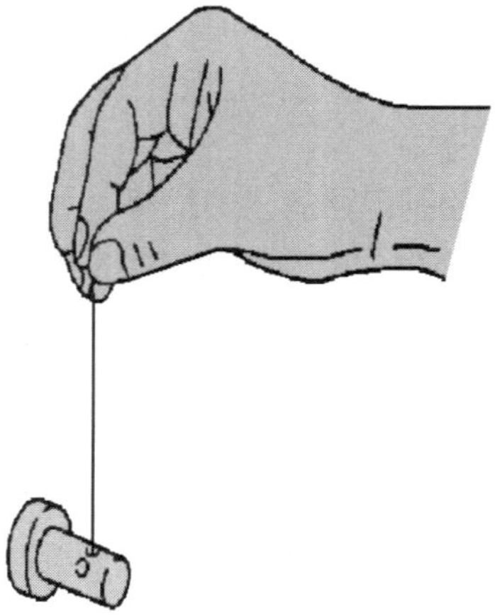
图 6-1-10　调整喷嘴喷射角度

【任务实施】

一、实施内容

电动刮水、洗涤装置障诊断与检修。

二、准备工作

1.所需设备

整车(常用本田、大众车轿车)、尾气排放装置、基本拆装工具、工作台、手电筒等。

2.工具和材料

汽车电工工具套装、干净的抹布、汽车用数字万用表、导线、试灯、导线夹、汽车维修手册、汽车电路图册等。

3.安全防护用品

标准作业装、安全鞋、线手套、灭火器等。

4.汽车信息收集

车牌号码:______________,车辆型号:______________,

VIN 码:______________,行驶里程:______________,

维修接待意见:______________________________。

三、技术规范与注意事项

1. 严禁违章操作。

2. 使用维修手册和电路图时,要注意避免残缺不全,资料应与使用车辆型号相对应。

3. 注意防止操作失误造成人员和财产损失。

4. 为了防止电气线路在操作过程中的短路，每次拆装、检测电气设备时，应先断开蓄电池搭铁线，完成后，最后安装搭铁线。

5. 发动机熄火后应关闭点火开关，并取下钥匙，防止蓄电池继续向发电机放电，造成亏电。

6. 要遵守维修手册规定的其他技术和安全要求。

四、实施步骤及方法

(一)检修作业的准备及预检

1.一般准备工作

(1)与小组成员共同清洁场地 □任务完成

(2)清点所需工量具数量和种类 □任务完成

(3)检查设备、工量具性能是否良好 □任务完成

2.安全防护准备工作

(1)安装车轮挡块阻挡车轮 □任务完成

(2)使用空挡和驻车制动 □任务完成

(3)安装好前栅格布及护套 □任务完成

3.发动机机舱预检

(1)检查发动机冷却液液面 □正常 □不正常

(2)检查发动机机油液面 □正常 □不正常

(3)检查制动液液位 □正常 □不正常

(二)刮水器的检修

以比亚迪 F3 轿车刮水/洗涤系统检修为例进行介绍，回答相关问题并做好记录

1.比亚迪 F3 轿车刮水/洗涤装置常规项目检查

(1)检查喷水壶液位 □正常 □不正常

(2)检查雨刮臂压紧力 □正常 □不正常

(3)检查刮水器/喷水器联动 □正常 □不正常

(4)检查喷水器喷射位置、高度、喷射力 □正常 □不正常

(5)检查左右刮水臂联动 □正常 □不正常

(6)检查刮水器低速、高速、间歇挡位 □正常 □不正常

(7)检查雨刮器自动回位位置 □正常 □不正常

(8)检查刮水器刮水状况 □正常 □不正常

(9)检查刮水器刮水时噪声 □正常 □不正常

(10)检查刮水器刮水效果 □正常 □不正常

2.刮水器保险检测(如图 6-1-11 所示)

(1)找到位于驾驶室方向柱左下方处的保险盒

(2)根据保鲜盒盖上的指引找到 8 号雨刮保险

(3)使用保险拨片器将 8 号保险拔出或者使用试灯进行检测，如果保险两测试灯都点亮说明保险完好。

(4)使用万用表通断/电阻挡测量保险是否完好。

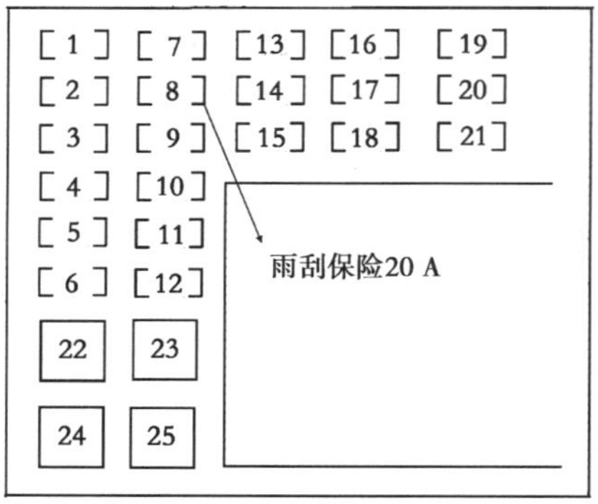

图 6-1-11　比亚迪 F3 保险盒位位置指引图

3.喷水电机连接器检测(如图 6-1-12 所示)

(1)拆卸下喷水电器连接插头

(2)将喷水开关始终置于接通位置

(3)使用万用表电压 20 V 挡位测量 1、2 号线间的电压值,填入表 6-1-2 中。

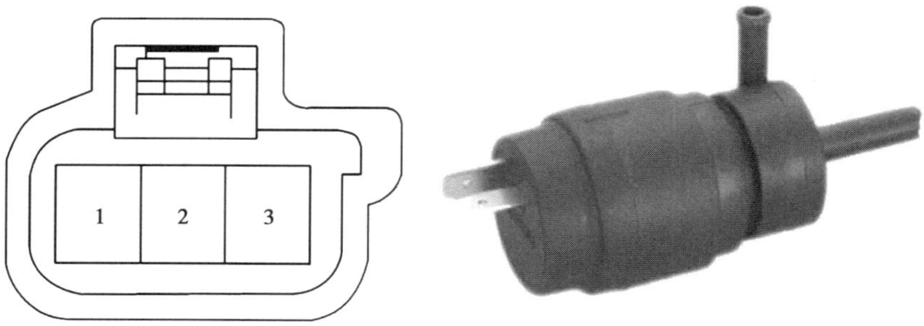

图 6-1-12　喷水电机连接器图

表 6-1-2　洗涤电机连接器测量方法

测试端子	端子说明	测试条件	测试值
1 – 车身	洗涤电机电源输入	点火开关处于 ON 位置,雨刮开关始终处于洗涤位置	
2 – 车身	洗涤电机接地	始终	

4.刮水器组合开关连接器检测(如图 6-1-13 所示)

(1)拆卸下刮水组合开关连接器插头

(2)使用万用表电压/电阻挡按照表 6-1-3 所示进行检测,并将检测值填入表中。

表 6-1-3　刮水器组合开关连接插头检测方法

测试端子	端子说明	测试条件	测试值
2 – 车身	洗涤电机电源输出	点火开关处于 ON 位置,雨刮开关始终处于洗涤位置	
7 – 车身	雨刮电机低速挡电源输出	点火开关处于 ON 位置,雨刮开关始终处于高速挡位置	

（续表）

测试端子	端子说明	测试条件	测试值
11－车身	雨刮组合开关电源输入	点火开关始终处于ON位置	
7－12	雨刮组合开关回位控制	右组合开关始终置于OFF或INT	
14－车身	雨刮组合开关接地线	始终	

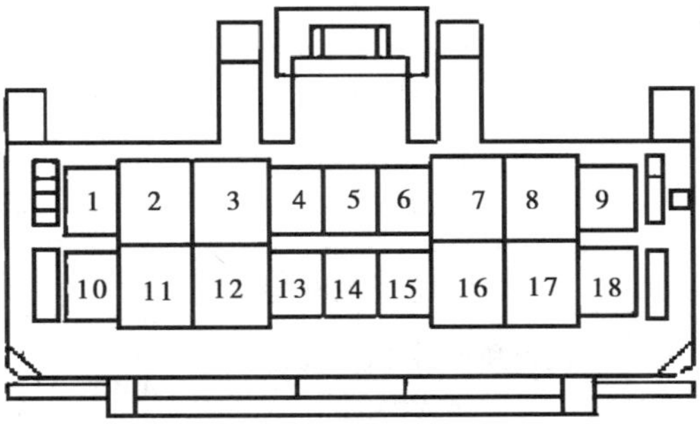

图6-1-13 刮水器组合开关连接器插头

5.刮水电机检查

（1）低速工作情况检查

将蓄电池正极与刮水电机连接器__________号端子相连，负极与__________号端子相连，电机应__________运转。

（2）高速工作情况检查

将蓄电池正极与刮水器电机连接器__________号端子相连，负极与__________号端子相连，电机应____________________运转。

【评价与反馈】

班级：________________ 姓名：________________ 指导教师：________________

序号	考核项目	项目分值	考核内容	配分	考核标准	得分
1	出勤/纪律	5	出勤	2	违规一次不得分	
			行为规范	3	违规一次不得分	
2	安全/防护/环保	20	着装	4	违规一次不得分	
			个人防护	4	违规一次不得分	
			“5S”/“EHS”	4	违规一次不得分	
			设备使用安全	4	违规一次不得分	
			操作安全	4	违规一次不得分	
3	知识水平	20	知识测试成绩	20	按测验成绩的20%计	

（续表）

序号	考核项目	项目分值	考核内容		配分	考核标准	得分
4	技能考核	40	准备	清点工量具，清理工位	1	未做不得分	
				清洁对象外观	1	未做不得分	
				检查电源开关	1	未做不得分	
			常规项目检查	检查万用表等工具	1	未做不得分	
				检查喷水壶液位	1	未做不得分	
				检查雨刮臂压紧力	1	未做不得分	
				检查喷水器喷射位置、高度、喷射力	1	未做不得分	
				检查左右刮水臂联动	1	未做不得分	
				检查刮水器低速、高速、间歇挡位	1	未做不得分	
				检查雨刮器自动回位位置	1	未做不得分	
				检查刮水器刮水时噪声	1	未做不得分	
				检查刮水器刮水效果	1	未做不得分	
				检查刮水器/喷水器联动	1	未做不得分	
				检查刮水器/喷水器联动	1	未做不得分	
			刮水器/喷水器部件检测	保险检测	6	操作不正确扣 1 ~6 分	
				喷水电机连接器检测	1	检查不正确扣 1 分	
				刮水器组合开关连接器检测	1	检查不正确扣 1 分	
				刮水电机高速	3	检查不正确扣 1 ~3 分	
				刮水电机低速	3	检查不正确扣 1 ~3 分	
				检查各相应接线端子	2	检查不正确扣 1 ~2 分	
5	学习能力	10	工单填写，工艺计划制定		4	未做不得分	
			组内活动情况		4	酌情扣分	
			资料查询和收集		2	未做不得分	
6	任务拓展	5	知识拓展任务		2	未做不得分	
			技能拓展任务		3	未做不得分	
7	总分	100					

【教师评估】

序号	优点	存在问题	解决方案
教师签字：			

任务二　电动车窗工作原理与检测

【任务目标】

目标类型	目标要求
1. 认知目标	(1)简单叙述电动车窗的结构和组成； (2)简单叙述电动车窗的主要功用； (3)正确拆装电动车窗玻璃升降机构； (4)掌握一些基本的电动车窗故障诊断思路； (5)简单叙述电动车窗的常见故障及维修方法。
2. 技能目标	(1)掌握电动车窗的结构、组成和主要功能； (2)能灵活操控电动车窗工作； (3)能够进行简单的电动车窗故障分析和排除； (4)会进行控制电路的连接和拆装玻璃升降机构能力。
3. 情感目标	(1)注意防止在拆装过程中造成机械咬伤； (2)严格按照正确的流程和检测方法进行操作，避免设备损坏。

【任务描述】

电动车窗，一般是指其玻璃升降器能自动升、降门窗玻璃，即使在行车过程中也能方便地开、关门窗。所以电动车窗操作方便灵活，极大地增强了汽车的控制舒适性能，过去仅装在高级轿车上，而如今轿车上已被普遍采用。

【知识准备】

一、电动车窗的组成及功能

电动车窗在现代轿车中已得到了广泛的运用,以使驾乘人员能更方便地操控玻璃开闭系统,避免了繁琐的操作,有利于安全行车。电动车窗主要由车窗玻璃、车窗玻璃升降器、电动机和控制开关等组成。车窗电动机、车身电脑、控制开关及车窗继电器等部件在现代汽车上的布置如图 6-2-1、图 6-2-2 所示。

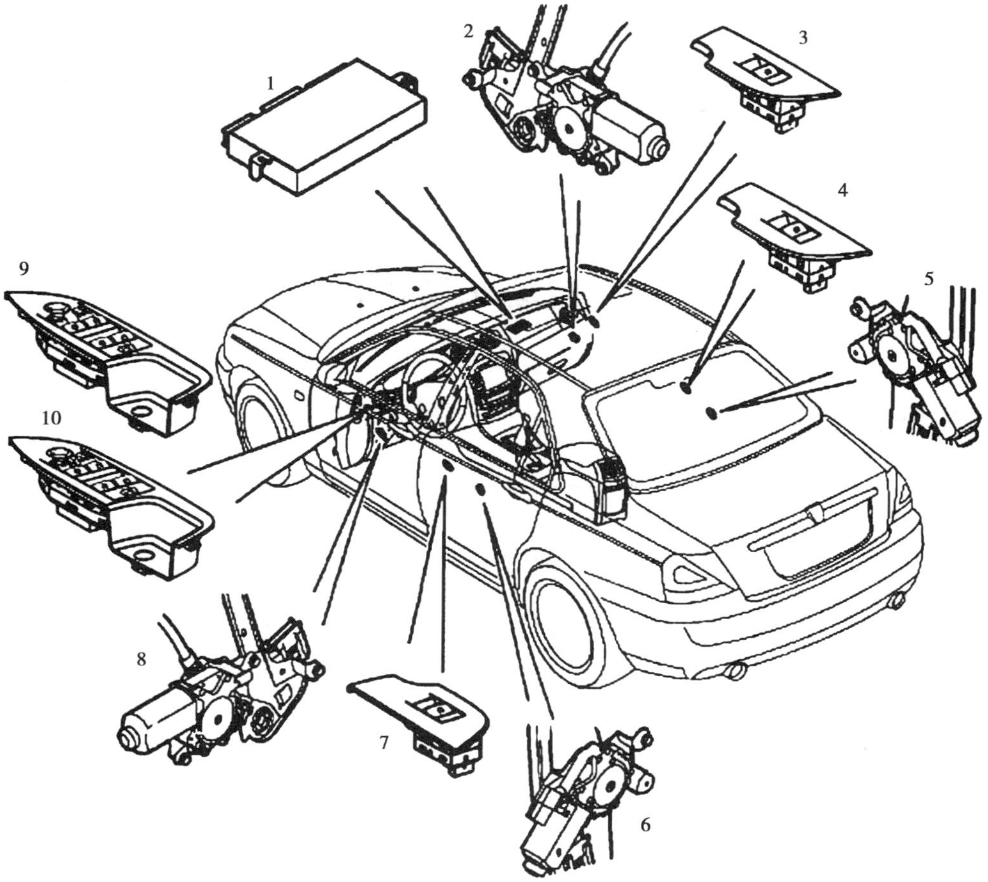

1 – 车身控制单元(BCU);2 – 右前车门电动玻璃升降器;
3 – 前排乘客侧门电动车窗开关;4 – 右后车门电动车窗开关;5 – 右后车门电动玻璃升降器;
6 – 左后车门电动玻璃升降器;7 – 左后车门电动车窗开关;8 – 左前车门电动玻璃升降器;
9 – 驾驶员侧门组合开关(DDM) – 不带折叠;10 – 驾驶员侧门组合开关(DDM)

图 6-2-1　电动车窗部件安装位置示

电动车窗电动机可向两个方向进行转动,有永磁式和双绕组串励式两种。在每个车门上各安装有一个电动机,通过开关控制电动机中的电流流动方向从而控制玻璃上升和下降。一般电动车窗都有两套控制开关,一套为总开关,普遍都安装在仪表板或驾驶员侧的车门内饰板上,这样方便驾驶员对每个车窗玻璃升降进行控制。另一套为分开关,分别安装在每个

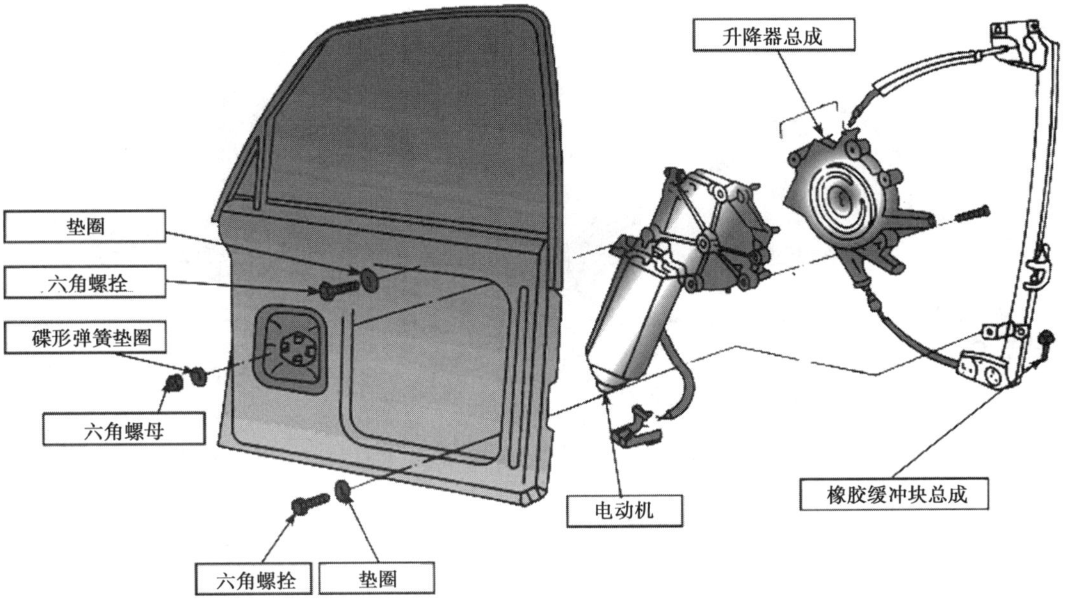

图 6-2-2　电动玻璃升降器结构

车窗内饰板上，以便乘客对各自所依靠的车窗进行升降控制。在行驶过程中为安全行车，驾驶员可以通过总开关控制所有分开关，切断通往各分开关的控制线路，各分开关的操作就无效。

随着汽车控制技术不断发展，汽车电动车窗控制功能也得到极大地改善，以适应更高的操控要求，现已逐步趋向于自动化、自能化发展。现代汽车电动车窗控制主要有自动升降、防夹保护、车窗锁止、单触式自动开闭、无钥匙电动车窗、车窗延时控制等功能。

二、常见电动车窗的分类

常见的电动车窗升降机构有绳轮式、交臂式和软轴式三种，目前绳轮式和交臂式玻璃升降机构用得较为广泛。汽车电动车窗电机一般都采用直流永磁式电动机，为增大输出力矩克服举升过程中产生的阻碍，一般都在电机前端装有减速装置，和不同的机械式玻璃升降机构相配合，组成整个玻璃升降系统，所以电动玻璃升降器的结构也有所不同。

1. 绳轮式结构的升降器

如图 6-2-3 所示为绳轮式结构的升降器，其动力输出部分是一个塑料绳轮，绳轮上绕有钢丝绳，钢丝绳上装有滑块，电动机驱动绳轮，带动钢丝绳卷绕，钢丝绳上的滑块带动玻璃，则使玻璃沿导轨做上下运动。

2. 交臂式结构的升降器

如图 6-2-4 所示为交臂式结构的升降器，其动力输出部分是一个小齿轮，经与之啮合的扇形齿板，通过交臂式升降机构，带动玻璃沿导轨做上下运动。

如图 6-2-5 所示为软轴式结构的升降器，其动力输出部分也是一个小齿轮，通过与软轴上的齿（近似于齿条）相啮合，驱动软轴卷绕，带动玻璃沿导轨做上下运动。

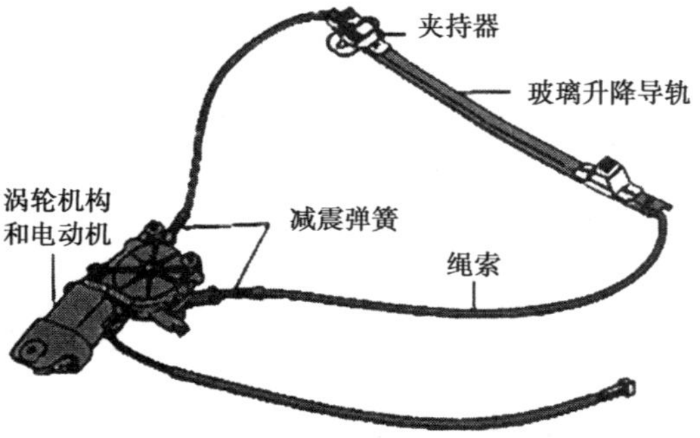

图 6-2-3　绳轮式电动车窗的基本结构图

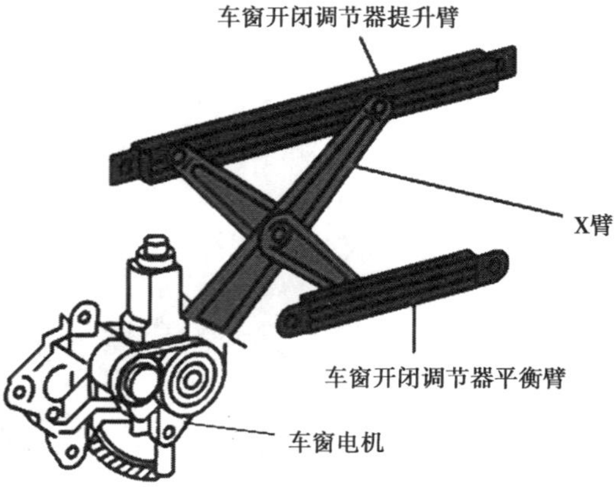

图 6-2-4　交臂式的升降机构

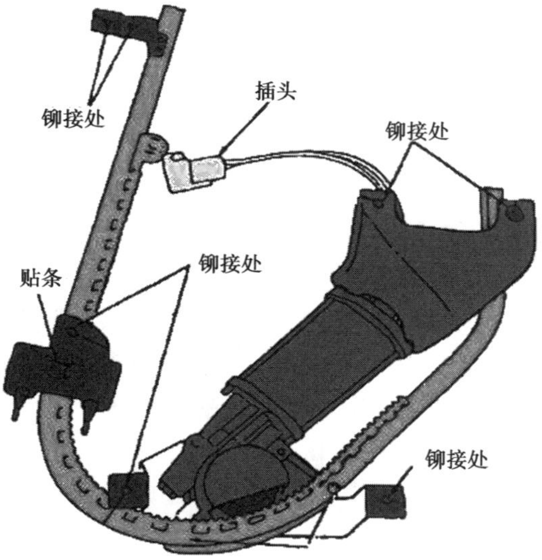

图 6-2-5　软轴式玻璃升降机构

三、电动车窗常见控制电路识读和控制原理

(一)常见电动车窗控制电路

不同的汽车所采用的自动车窗控制电路也有所不同,按电动机是否直接搭铁分为电动机不搭铁和电动机搭铁两种。电动机不搭铁的控制电路是通过改变电动机的电流流动方向来改变电动机的旋转方向,从而实现车窗的上升和下降。有搭铁电机的控制电路中,电机有两个绕组,两绕组在分别接通蓄电池电压时,电机的转向不同,同样可实现车窗的升降。两种控制电路如图 6-2-6 和图 6-2-7 所示。

如图电动车窗控制电路中,一般都设有驾驶员集中控制的主控开关和每一个车窗上设有独立操作的分开关,乘坐人员可以控制自己所依靠的车门玻璃升降。出于安全设计,一般在主控制开关上设置了断路开关,断路开关工作时,其他车门升降开关都不能控制玻璃升降器,自由驾驶员左侧主开关才能控制所有车门的升降。

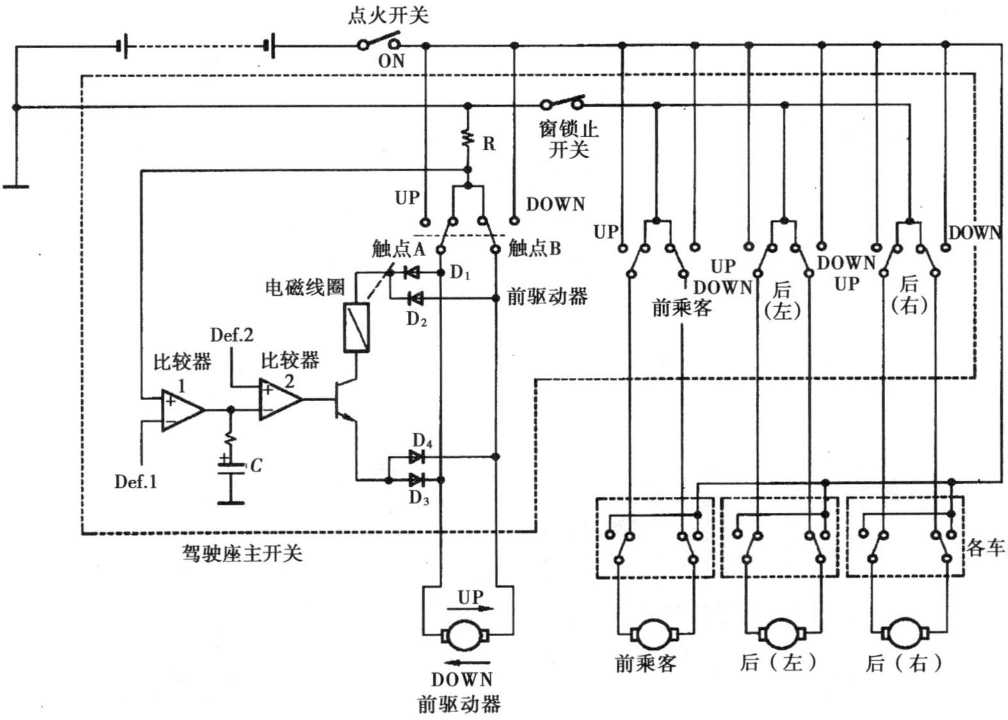

图 6-2-6　不带搭铁的升降器控制电路

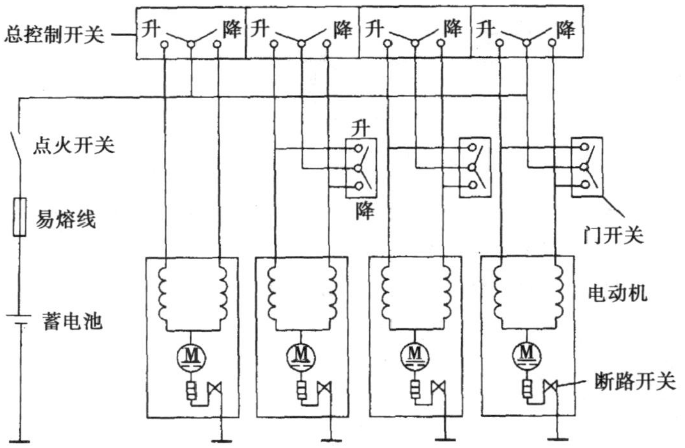

图 6-2-7　带搭铁的升降器控制电路

（二）电动车窗的基本原理

电动车窗是利用电动机作动力，经过减速机构减速增大动力后，通过车窗升降器来带动车窗玻璃的自动升降，其基本原理如下：

在每个车门内都安装有一个可改变旋转方向的直流电动机，通过转换开关，使电动机运转。在电动机的主轴上安装一个蜗轮，经蜗轮减速后，通过转筒和钢丝使玻璃平行地上下滑动，其上端和下端分别设置有挡块，经张紧筒和弹簧保持钢丝的一定拉力，使机构能平稳地升降。

如图 6-2-8 所示为桑塔纳 2000 型轿车电动车窗控制电路图，其采用的电动车窗装置由翘板按键开关、传动机构、升降器及电动机等部件组成。控制开关 E_{39}、E_{40}、E_{41}、E_{52}和 E_{54}被安置在中央通道面板上的开关盘上，安装在换挡杆前方，其中，黄色按键开关 E_{39}为安全断路开关，接通安全开关后可以使后车窗开关 E_{53}和 E_{55}都不起作用；E_{40}、E_{41}、E_{52}和 E_{54}分别为左前、右前和左后、右后门玻璃升降开关。V_{14}、V_{15}、V_{26}和 V_{27}分别是左前、右前、左后、右后车窗电动机，该车升降电动机为永磁直流电动机，正常工作电流为 4～15 A，电机内带有过载断路保护器，以免电机超载烧坏。延时继电器 J_{52}是保证在点火开关断开后，使车窗电路延时约 50 s 后再断开，驾驶员可以再取下钥匙后 50 s 内操作电动车窗关闭和下降，使用更为方便。自动继电器 J_{51}用于控制左前门车窗电机，实现点动控制。

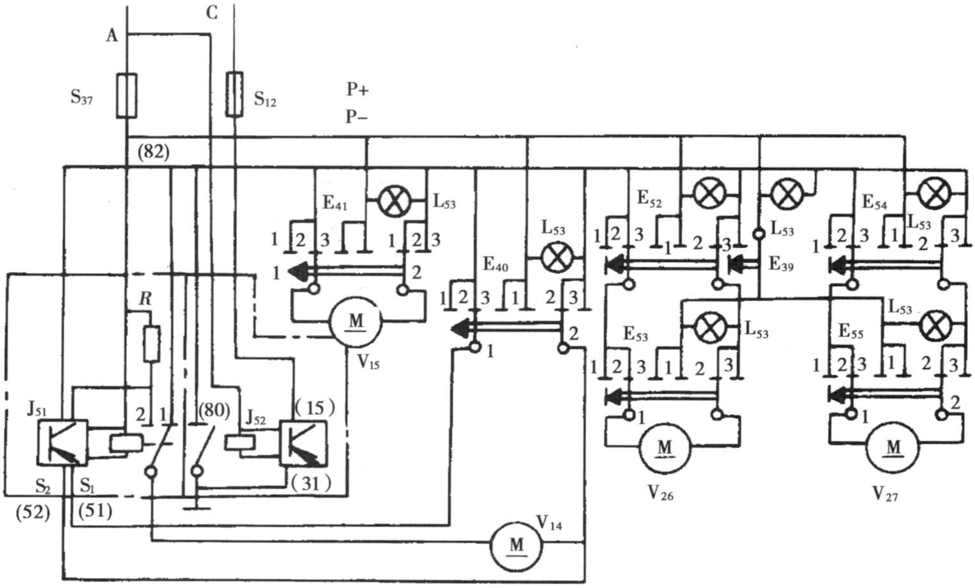

S_1、S_2、S_{12}、S_{37}－熔丝　E_{40}、E_{41}－右前、左前电动摇窗机开关

E_{52}、E_{53}－左后电动摇窗机开关　E_{54}、E_{55}－右后电动摇窗机开关

L_{53}－电动摇窗机开关照明灯　J_{51}－电动摇窗机自动继电器　J_{52}－电动摇窗机延时继电器

V_{14}－左前电动摇窗机电动机　V_{26}－左后电动摇窗机电动机　V_{27}－右后电动摇窗机电动机

图 6-2-8　桑塔纳 2000 轿车电动车窗控制电路

1.前车窗电机的控制

右前门车窗电机 V_{15}由按键开关 E_{41}控制，而左前门车窗电机 V_{14}由按键开关 E_{40}和自动继电器 J_{51}控制，且具有点动自动控制功能。

（1）车窗玻璃上升：按下按键开关 E_{41}的上升键位时，车窗电机 V_{15}正转，带动右前门车窗玻璃上升，其电路为：A 路电源→熔断器 S_{37}→P_+→E_{41}→车窗电机 V_{15}→E_{41}→P_-→J_{52}触点→搭铁→电源负极。

按下按键开关 E_{40}的上升键位时，P_+和 P_-经 E_{40}分别接至自动继电器 J_{51}的输入端 S_2 和 S_1，此时，自动继电器 J_{51}的触点 1 闭合，触点 2 断开，车窗电机 V_{14}正转，带动左前门玻璃上升，车窗电机的电路为：A 路电源→熔断器 S_{37}→P_+→E_{40}→车窗电机 V_{14}→J_{51}的常闭触点 1→P_-→J_{52}触点→搭铁→电源负极。按键开关 E_{40}复位时，上述电路被切断，电机 V_{14}停转。

（2）车窗玻璃下降：按下按键开关 E_{41}的下降键位时，车窗电机 V_{15}反转，带动右前门车窗玻璃下降，其电流通路与上升时相反。

按下按键开关 E_{40} 的下降键位时，P_+ 和 P_- 经 E_{40} 分别接至自动继电器 J_{51} 的输入端 S_1 和 S_2，此时，自动继电器 J_{51} 的触点 2 闭合，触点 1 断开。车窗电机 V_{14} 的电路为：A 路电源→熔断器 S_{37}→P_+→取样电阻 R→J_{51} 的触点 2→V_{14}→E_{40}→P_-→J_{52} 触点→搭铁→电源负极，流过电机 V_{14} 的电流方向与上升时相反，电机反转，带动玻璃下降。将手抬起时 E_{40} 复位，J_{51} 的触点也复位（触点 2 断开，触点 1 闭合），切断了上述电路，电机停转。

2.后车窗电机的控制

左后门和右后门的车窗电机各由两个按键开关 E_{52}、E_{53} 和 E_{54}、E_{55} 控制，E_{52} 和 E_{54} 安装在中央通道面板上，供驾驶员控制，E_{53} 和 E_{55} 分别安装在两后门上，供后座乘员控制。同一后门的两个开关采用级联方式连接，当两个开关被同时按下时没有控制作用，只有当某一开关被按下时，才有控制作用。在安全开关 E_{39} 被按下的情况下，E_{39} 的常闭触点断开，切断了后车门上控键开关 E_{53} 和 E_{55} 的电源，使其失去了对各自车窗电机的控制。因而，起到了保护儿童安全的作用。

（1）车窗玻璃上升：在安全开关 E_{39} 没有被按下的情况下，将 E_{52}（E_{54}）置上升位，车窗电机 V_{26}（V_{27}）正转，带动左后（右后）车门玻璃上升。其电路为：A 路电源→熔断器 S_{37}→P_+→E_{52}（E_{54}）→E_{53}（E_{55}）→左后（右后）门窗电机 V_{26}（V_{27}）→E_{53}（E_{55}）→E_{52}（E_{54}）→P_-→J_{52} 触点→接地→电源负极。如果按下左后（右后）车门上 E_{53}（E_{55}）的上升键位，车窗电机 V_{26}（V_{27}）同样可带动车门玻璃上升，此时其电路为：A 路电源→熔断器 S_{37}→P_+→E_{39}→E_{53}（E_{55}）→左后（右后）门车窗电机 V_{26}（V_{27}）→E_{53}（E_{55}）→E_{52}（E_{54}）→P_-→J_{52} 触点→搭铁→电源负极。

（2）车窗玻璃下降：在安全按键开关 E_{39} 没有被按下的情况下，按下 E_{52}（E_{54}）或 E_{53}（E_{55}）的下降位，车窗电机 V_{26}（V_{27}）电枢电流的方向与上述情况相反，电机反转，带动左后（右后）车门玻璃下降。

3. 发动机熄火后的延时控制

关闭点火开关后，C 路电源断电，延时继电器 J_{52} 由 A 路电源供电，延时 50 s 后，继电器触点断开，按键开关的搭铁线被切断，所有按键开关失去控制作用。

4.点动自动控制

当按下按键开关 E_{40} 下降键位的时间 $\leqslant$300 ms 时，自动继电器 J_{51} 判断为点动自动下降操作，于是继电器动作，使触点 2 闭合。流过车窗电机 V_{14} 的电流方向与正常下降操作时相同，电机反转，车窗玻璃下降。如果在下降期间 E_{40} 的上升键位不被按下，继电器 J_{51} 的触点 2 将一直处于闭合状态，直至玻璃下降到底，电机 V_{14} 堵转，此时，电枢电流将增大，当电流增至约 9 A 时，取样电阻 R 上的电压使继电器 J_{51} 动作，触点 2 断开，自动切断车窗电机的通电回路，电机停转；如果在下降期间，按下 E_{40} 的上升键位，继电器 J_{51} 将判断为下降操作结束，触点 2 断开，车窗电机 V_{14} 停转。这样，通过对按键开关 E_{40} 进行点动控制就可以使左前车窗玻璃停止在任意位置。

四、电动车窗常见故障分析和维修方法

（一）电动车窗故障检修思路

汽车电动车窗系统故障一般为车窗不动作或者工作无力等。如果遇到这些故障时，应先检查点火开关闭合后电动车窗总开关端子上的蓄电池电压是否正常。如不正常，应重点检查主电源继电器是否损坏，POWER 熔丝是否熔断，连接线是否良好。

若检查电动车窗总开关端子上的蓄电池电压正常，可再将电动车窗总开关置于上升或下降位置，使用万用表或者试灯测量电动车窗驱动电动机连接器两端是否有蓄电池电压。若蓄电池电压正常，但驱动电动机不运转，则为驱动电动机本身已经损坏。可拔下电动机的连接器，直接给驱动电动机施加蓄电池电压。如仍不转，则是电动机组件有故障，应检查其内的断电器、线圈等是否损坏。如电动机可运转，则可判断为电动车窗总开关或到电动机组件间的连接电路有断路或者虚接等故障。若测量驱动电动机连接器两端无蓄电池电压，则故障出在电动车窗总开关上，应对电动车窗总开关中的各触点进行导通检查，看其是否有接触不良或者损坏等故障。

(二)常见故障和排除方法

以比亚迪 F3 轿车为例，介绍电动车窗常见的故障及其原因，如表 6-2-1 所示：

表 6-2-1　电动车窗常见故障检测方法

常见故障	故障原因	检测方法
某个车窗只能向一个方向运动	分开关故障或分开关至主开关可能出现断路	检查分开关导通情况及分开关至主开关控制导线导通情况
某个车窗两个方向都不能运动	传动机构卡住； 车窗电动机损坏； 分开关至电动机断路	检查传动机构是否卡住； 测试电动机工作情况，包括断路、短路及搭铁情况检查； 查分开关至电机电路导通情况
所有车窗均不能升降或偶尔不能升降	熔断丝被烧断； 搭铁不实	检查熔丝； 检查、清洁、紧固搭铁
车窗升降器工作时阻力大、发卡	导轨凹槽部位有污物，导轨变形或损坏，钢丝绳磨损打滑或损坏，电动机局部损坏，驱动功率不足	检查导轨凹槽是否有异物或者变形、电动机转动情况、减速装置
升降器不工作，但电动机运转正常	钢丝绳断，滑动支架断裂或支架内的传动钢丝夹铆接点松动	检查减速装置齿轮是否损坏、玻璃托夹损坏、钢丝断裂
车窗升降器升降时出现异常响声	卷丝筒内钢丝绳出现了跳槽，滑动支架内的传动钢丝夹转动，电动机盖板或固定架与玻璃相碰擦，机械系统污物过多	检查钢丝是否跳槽、滑动支架是否卡滞、减速装置是否磨损过度等
单触式电动车窗系统不工作	左前车门玻璃升降机开关故障； 左前车门升降电机故障	左前车门玻璃升降机组件故障； 左前车门玻璃升降开关故障； 左前车门玻璃升降机故障； 控制电路故障

(三)电动车窗部件检修

1.电动车窗控制开关组件端电压检查

电动车窗控制开关内部结构如图 6-2-9 所示。在检测电动车窗控制开关前可以将点火开关旋转至 ON 挡位,操作所有车门玻璃升降,观察玻璃升降的状态是否能够正常工作,观察各车门玻璃升降情况,都存在哪些故障现象以便分析诊断维修。根据检查结构分析故障可能存在的部位,再进行进一步的更换维修。

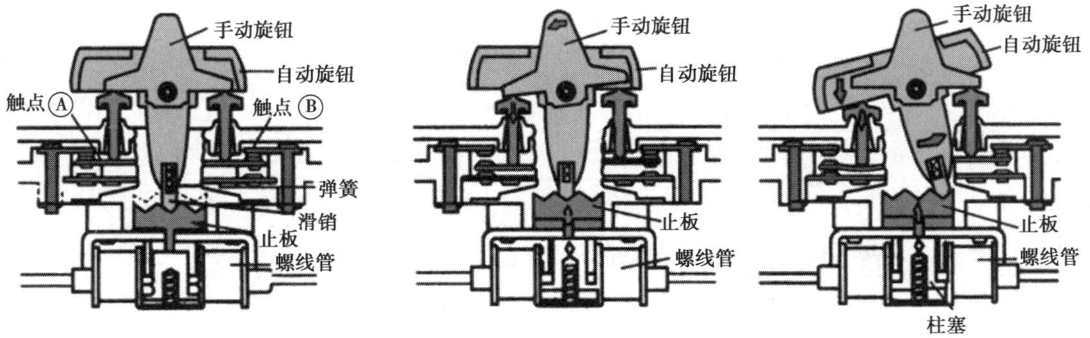

图 6-2-9　玻璃升降器开关结构图

(1)首先从驾驶员侧装饰板上拆下电动车窗主控开关(比亚迪 F3 轿车的电动车窗主控开关和中控门锁主控开关是一体的)。主控开关连接器的端子及电动车窗开关分别如图 6-2-10和图 6-2-11 所示。

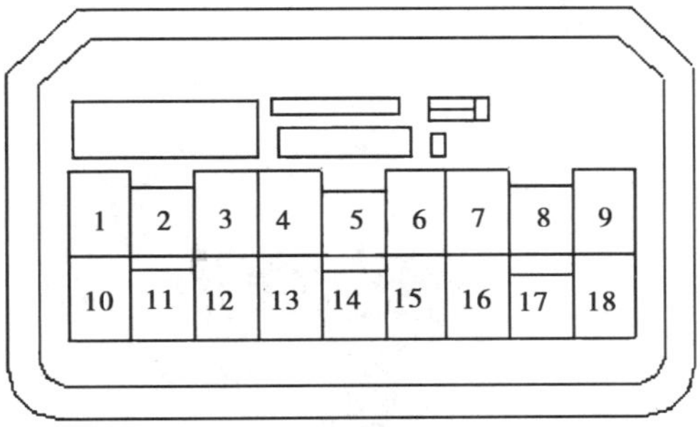

图 6-2-10　电动车窗主控开关连接器

图 6-2-11　电动车窗主控开关

(2)使用万用表的欧姆和电压挡按表 6-2-2 所列项目和标准值,检查总开关各个端子电压情况。若测得结果和表不相符,说明车窗控制线路有故障(短路或者短路),再诊断总控开关的导通情况。

表 6-2-2　电动车窗主开关检查

测试端子	配线颜色	端子说明	测试条件	标准值
1 – 车身	W/B	电子接地	始终	小于 1 Ω
2 – 车身	W/B	左前门玻璃电机信号地	始终	小于 1 Ω
3 – 车身	W/B	电气接地	始终	小于 1 Ω
4 – 车身	Y	车门闭锁控制信号	点火开关 ON,升→停玻璃	10 ~ 14 V→小于 1 V
5 – 车身	L/W	左前门玻璃电机升(+)	接下闭锁开关,始终	小于 1 Ω
6 – 车身	B	点火开关电源输入	点火开关 ON,始终	10 ~ 14 V

（续表）

测试端子	配线颜色	端子说明	测试条件	标准值
7 - 车身	W/R	常电电源输入	始终	10 ~ 14 V
8 - 车身	L/Y	车门解锁控制信号	按下解锁开关,始终	小于 1 Ω
9 - 车身	G	左前门玻璃电机降(+)	点火开关 ON,降→停玻璃	10 ~ 14 V→小于 1 V
10 - 车身	L/B	左后门玻璃电机降(+)	点火开关 ON,降→停玻璃	10 ~ 14 V→小于 1 V
12 - 车身	R/G	左后门玻璃电机升(+)	点火开关 ON,升→停玻璃	10 ~ 14 V→小于 1 V
13 - 车身	G/R	右前门玻璃电机升(+)	点火开关 ON,升→停玻璃	10 ~ 14 V→小于 1 V
14 - 车身	G/R	左前窗玻璃电机运行信号	点火开关 ON,升→停玻璃	产生脉冲信号
15 - 车身	L/B	右前门玻璃电机降(+)	点火开关 ON,降→停玻璃	10 ~ 14 V→小于 1 V
16 - 车身	L/R	右后门玻璃电机降(+)	点火开关 ON,降→停玻璃	10 ~ 14 V→小于 1 V
17 - 车身	P/L	左前窗玻璃电机位置信号	点火开关 ON,玻璃升到顶	小于 1 Ω
18 - 车身	R/B	右后门玻璃电机升(+)	点火开关 ON,升→停玻璃	10 ~ 14 V→小于 1 V

2.电动车窗分开关及车窗电动机的检查

(1)电动车窗分控开关工作情况。用万用表检查分控开关连接器各端子的导通性,按照表 6-2-3 检测分控开关处于 UP、IFF、DWON 三个位置的情况,如图 6-2-12、图 6-2-13,表 6-2-3 所示。

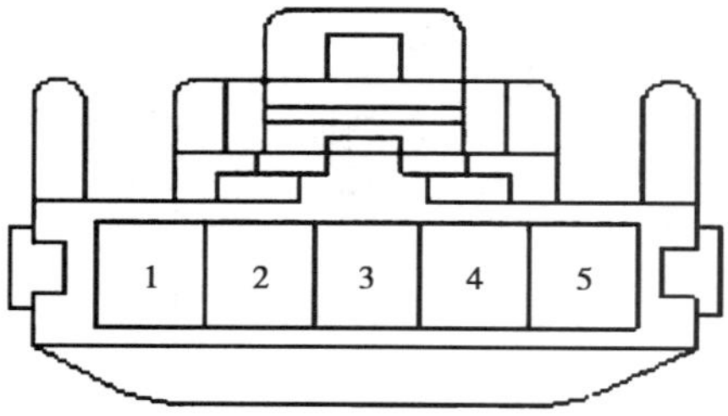

图 6-2-12　电动车窗控制开关连接器端子图

图 6-2-13　电动车窗控制开关图

表 6-2-3　电动车窗分控开关的检查

开关位置	端子号	正常情况
UP	1 - 2	导通
	3 - 4	导通
OFF	1 - 2	导通
	3 - 5	导通
DWON	1 - 4	导通
	3 - 5	导通

3.电动车窗继电器的检修

比亚迪 F3 轿车电动车窗继电器原理如图 6-2-14 所示，车窗继电器的端子检查如图 6-2-15所示。

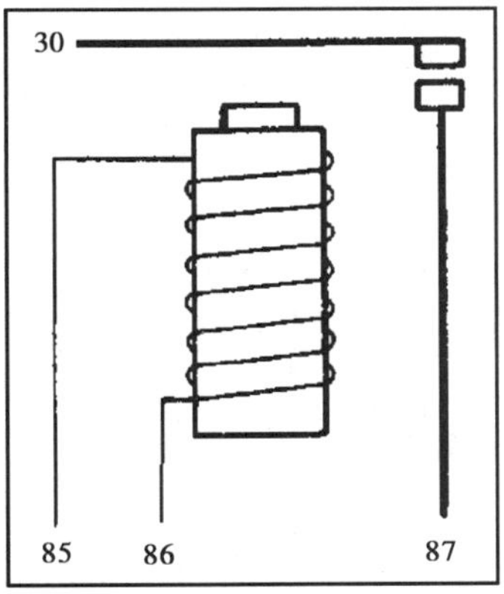

图 6-2-14　车窗继电器原理图

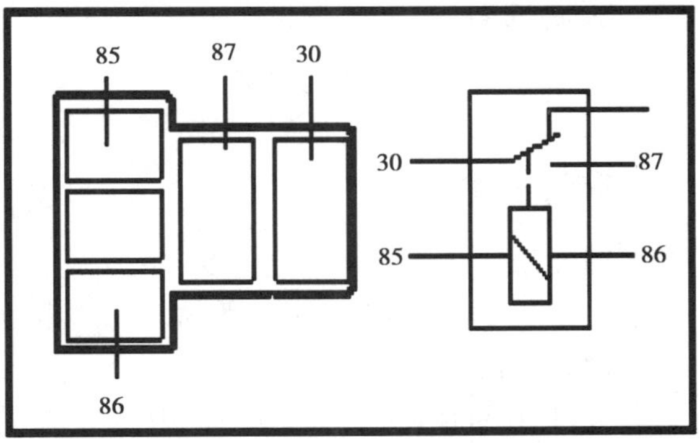

图 6-2-15　车窗继电器端子图

（1）静态检查

使用万用表 $R\times1$ 挡，测量端子 85 和端子 86 之间应为导通，若不导通说明线圈烧坏。测量端子 30 和端子 87 应为断路，若导通说明开关触点烧结或常闭，应进行更换。

（2）工作状况检查

用蓄电池的正负极分别接端子 85 和 86，然后用万用表测量端子 30 和 87 应为导通，否则应更换。

4.车窗电动机的检测

车窗电动机检查的基本思路：把蓄电池的正极与玻璃升降电机连接器 5 号线相接、负极与 4 号线相接玻璃下降，将正负极以相反的方向连接在 4、5 号线上，玻璃上升。玻璃能够顺利上升和下降，而且电机运转平稳，否则说明电动机有故障，应进行更换或维修，如图 6-2-16 所示。

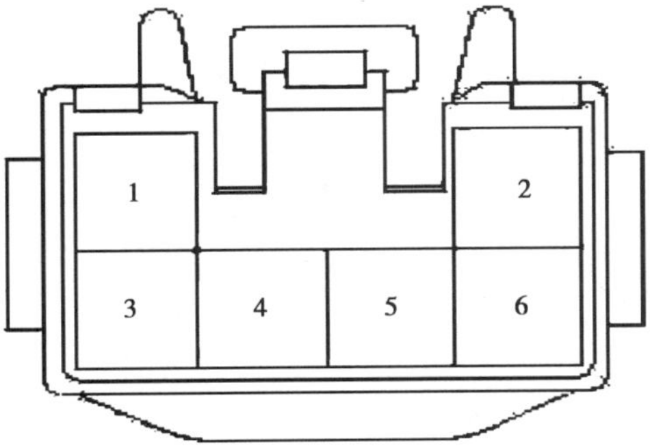

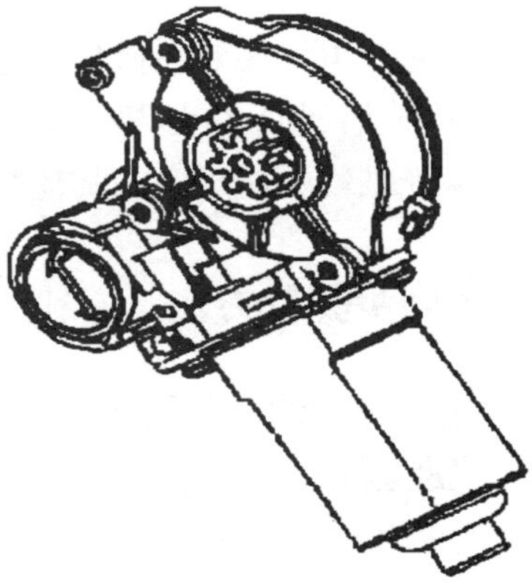
图 6-2-16　电动机连接器端子图

或者使用万用表电阻挡测量 4、5 号端子之间的电阻值与标准参数进行比较。

小提示： 在进行车窗电动机的测试时，若电动机停止转动，要立刻断开端子引线，不可长时间连接，否则会烧坏电机。

【任务实施】

一、实施内容

电动车窗部件的故障维修及检测。

二、准备工作

1.所需设备

整车（常用大众、丰田、比亚迪等轿车）、蓄电池、工作台等。

2.工具和材料

汽车电工工具套装、干净的抹布、力矩可调式扭力扳手（5～50 N·m）、汽车数字万用表、导线、试灯、导线夹、汽车维修手册、汽车电路图册、常用工具等。

3.安全防护用品

标准作业装、安全鞋、线手套等。

4.汽车信息收集

车牌号码：____________________，车辆型号：____________________，
VIN 码：____________________，行驶里程：____________________，
维修接待意见：____。

三、技术规范与注意事项

1. 使用万用表时就选择正确挡位，禁止用低电阻挡位去测量电压，以免降低测量精度或损坏万用表。

2. 使用维修手册和电路图时，要注意避免残缺不全，资料应与使用车辆型号相对应。

3. 一般情况下，汽车蓄电池开路电压为 12 V（柴油机多为 24 V），发电机正常输出电压不超过 14 V（柴油机为 28 V）。

4. 为了防止电气线路在操作过程中的短路，每次拆装、检测电气设备时，应先断开蓄电池搭铁线，完成后，最后安装搭铁线。

5. 要遵守维修手册规定的其他技术和安全要求。

四、实施步骤及方法

（一）检修作业的准备及预检

1.一般准备工作

（1）与小组成员共同清洁场地　　□任务完成
（2）清点所需工量具数量和种类　　□任务完成
（3）检查设备、工量具性能是否良好　　□任务完成

2.安全防护准备工作

（1）安装车轮挡块阻挡车轮　　□任务完成

(2)使用空挡和驻车制动　□任务完成

(3)安装好前栅格布及护套　□任务完成

3.发动机机舱预检

(1)检查发动机冷却液液面　□正常　□不正常

(2)检查发动机机油液面　□正常　□不正常

(3)检查制动液液位　□正常　□不正常

(二)电动车窗部件检测

1.电动玻璃升降器开关连接器电压检测

如图 6-2-10 所示为比亚迪 F3 轿车驾驶员左侧电动玻璃升降器开关连接插头示意图,请根据维修手册相关方法对各端子进行测量,填写表 6-2-4。

注意: 拆卸连接器前,关闭电源开关,拆卸蓄电池负极,避免短路造成电气设备损坏。在使用万用表时要明确测量端子测量项目,避免使用电阻挡测量电压(错误测量)造成万用表损坏。

(1)从驾驶员左侧车门上拆卸下电动玻璃升降器开关总成。

(2)使用万用表测量电动玻璃升降器开关连接器各端子的电压、电阻值。

表 6-2-4　电动车窗主开关端子检查

测试端子	端子说明	测试方法或条件	测试结构
1 – 车身	电气接地		
2 – 车身	左前门玻璃电机信号地		
3 – 车身	电气接地		
4 – 车身	左前门玻璃电机升(+)		
5 – 车身	车门闭锁控制信号		
6 – 车身	点火开关电源输入		
7 – 车身	常电电源输入		
8 – 车身	车门解锁控制信号		
9 – 车身	左前门玻璃电极降(+)		
10 – 车身	左后门玻璃电机降(+)		
12 – 车身	左后门玻璃电机升(+)		
13 – 车身	右前门玻璃电机升(+)		
14 – 车身	左前玻璃电机运行信号		
15 – 车身	右前玻璃电机降(+)		
16 – 车身	右后门玻璃电机降(+)		
17 – 车身	左前窗玻璃电机位置信号		
18 – 车身	右后门玻璃电极升(+)		

(3)根据测量结果与标准数据进行对比,对不相同的错误数据进行分析,故障可能发生

部位和处理方法：

____

____

2.电动车窗分开关检查

如图 6-2-12 所示，检查电动车窗分开关各端子的导通情况，请根据检查情况填写下表。

(1)从左前车门上拆卸一个电动车窗分开关，拆卸前必须关闭电源开关。

(2)使用万用表电阻挡测量分开关各端子的导通情况。

(3)所检测的电动车窗分开关是__________车型的，开关上共有__________个端子。

开关位置	端子号	正常情况
	1－2	
	3－4	
	1－2	
	3－5	
	1－4	
	3－5	

(4)根据所测量的结果可以判断该电动玻璃分开关的状况__________，若果损坏应作何处理__________。

3.门窗继电器检查

(1)如图 6-2-15 所示，请使用万用表对门窗继电器的电磁线圈__________、__________号端子进行检测，电阻值为__________欧姆，电阻值是否正常__________。

(2)请对门窗继电器的电磁线圈接入__________ V 电源，使用万用表测量继电器__________、__________号端子的导通情况。

(3)根据测量结果得出该车窗继电器：□正常　□不正常。

【评价与反馈】

班级：________________　姓名：________________　指导教师：________________

序号	考核项目	项目分值	考核内容	配分	考核标准	得分
1	出勤纪律	5	出勤	2	违规一次不得分	
			行为规范	3	违规一次不得分	
2	安全防护环保	20	着装	4	违规一次不得分	
			个人防护	4	违规一次不得分	
			“5S”/“EHS”	4	违规一次不得分	
			设备使用安全	4	违规一次不得分	
			操作安全	4	违规一次不得分	

（续表）

序号	考核项目	项目分值	考核内容		配分	考核标准	得分
3	知识水平	20	知识测试成绩		20	按测验成绩的 20% 计	
4	技能考核	40	准备	清点工量具，清理工位	1	未做不得分	
				检查蓄电池电压	1	未做不得分	
				检测各车窗升降器工作情况	2	未做不得分	
			电动车窗拆卸	从车上拆卸步骤	2	操作不正确扣 1 ~ 2 分	
				从汽车上拆卸方法	3	方法不正确扣 1 ~ 3 分	
			电动车窗玻璃升降器检测及安装	电源线的连接	3	操作不正确扣 1 ~ 3 分	
				主控开关检测	3	检查不正确扣 1 ~ 3 分	
				分控开关检测	3	检查不正确扣 1 ~ 3 分	
				车窗继电器检测	3	检查不正确扣 1 ~ 3 分	
				车窗电动机检测	3	检查不正确扣 1 ~ 3 分	
				保险检查	3	未做扣 3 分	
				电动车窗操控	3	操作不正确扣 1 ~ 3 分	
				主控开关的安装	3	操作不正确扣 1 ~ 3 分	
				升降器的安装	3	操作不正确扣 1 ~ 3 分	
				故障分析	4	分析不正确扣 1 ~ 4 分	
5	学习能力	10	工单填写，工艺计划制定		4	未做不得分	
			组内活动情况		4	酌情扣分	
			资料查询和收集		2	未做不得分	
6	任务拓展	5	知识拓展任务		2	未做不得分	
			技能拓展任务		3	未做不得分	
7	总分	100					

【教师评估】

序号	优点	存在问题	解决方案
教师签字：			

任务三　电动后视镜的工作原理与检测

【任务目标】

目标类型	目标要求
1. 认知目标	(1)简单叙述电动后视镜的基本组成及结构特点； (2)简单叙述电动后视镜的基本工作原理； (3)简单讲解电动后视镜基本部件的维修方法； (4)简单叙述电动后视镜常见故障及分析方法； (5)制定电动后视镜操作实施方案。
2. 技能目标	(1)会拆卸和安装电动后视镜； (2)掌握基本的电动后视镜故障诊断方法； (3)能操控调节电动后视镜的工作； (4)会进行电动后视镜电路的检测和连接。
3. 情感目标	注意防止拆装过程中部件的损坏和机械伤人。

【任务描述】

电动后视镜即车窗两边的反光镜。作用是利用镜子反光的原理让驾驶员了解行驶在后方车辆的情况，以便更安全的行驶。为方便调节，在其内部安装有电动调节装置，无需用手去调节角度，一般在驾驶座旁有控制按钮，可以调节镜子的角度。

【知识准备】

一、电动后视镜的分类和作用

(一)电动后视镜的作用

后视镜是驾驶员坐在驾驶室座位上直接获取汽车后方、侧方等外部信息的工具。为了驾驶员操作方便，防止行车安全事故的发生，保障人身安全，各国均规定了汽车上必须安装后视镜，且所有后视镜都必须能调整方向。由于后视镜的位置直接关系到驾驶员能否观察到车后的情况，而驾驶员调整它的位置又比较困难，尤其是前排乘客车门一侧的后视镜。因此，现代汽车的后视镜都改为电动的，由电气控制系统来操纵。

(二)电动后视镜的分类

按后视镜的调节方式分类可以分为车外调节和车内调节两种。

1.车外调节式

这种方式是在停车状态下，通过用手直接调节镜框或镜面的位置的方式来完成视角的调节，该方式费时费力，很难方便地一次性完成，驾驶员需在座位上用手伸出车窗外调节，在行车、雨天等情况下调节很不方便。一般的大型汽车、载货汽车和低档客车都采用车外调节方式，以降低成本（如图 6-3-1 所示）。

2.车内调节式

这种方式可为驾驶员在行驶过程中调节后视镜，观察后视野提供较为方便的条件。中、高档轿车大都采用车内调节方式。该方式又分为手动调节式（钢丝索传动调节或手柄调节）和电动调节式两种。电动调节式后视镜为驾驶员提供更便捷、更舒适的操作条件。它是目前中、高档轿车普遍采用的标准装备（如图 6-3-2 所示）。

图 6-3-1 外电动后视镜

图 6-3-2 内后视镜图

按镜面形状不同主要可以分为三种，分别为平面镜、球面镜、双曲面镜，根据不同镜面形状效果的不同，其反射效果也大不相同，可用于不同的要求和位置。

（1）平面镜

平面镜其镜面为一平面，用其观察到的物体映像不会失真，可以真实反映车后物体的外形和实际距离。后视范围小，视觉盲区过大，常用于作内后视镜。

（2）球面镜

球面镜其镜面为一球面，后视范围大，但是后视物体映像缩小失真，不能真实反映车后物体大小和实际距离。但汽车行驶过程中要求能全面完整的了解后方汽车的行驶情况，所以球面镜一般用作外后视镜。

（3）双曲率镜

曲率镜其双镜面球面部分采用较大的曲率半径，基本上解决了失真和盲区的问题，兼具有前两者的优点，但是其制造工艺复杂，成本昂贵，一般用作后视镜。

（三）电动后视镜的先进功能

1.记忆储存式后视镜

此类后视镜的镜面调节设计与驾驶员座椅、转向盘构成一个调节系统，每个驾驶员可根据个人身高与驾驶习惯的不同，来调节后视镜的最佳视角、座椅、转向盘最佳舒适性，然后进行记忆储存。当其他人驾驶汽车后或被他人调整已记忆的视角，你就可以非常轻松地开启你的记忆储存，所有内在设施就可恢复到你最佳的设定状态。

2.后视镜的加热除霜功能

当驾驶员在雾天或雨天行驶时，由于雾气造成的后视镜镜面的积雾、冬天积霜或雨水侵袭会造成驾驶员对侧后方的视线不清，影响行车安全，驾驶员需将手伸出车窗外进行清洁镜面表面，这样极不方便，又是暂时措施，雾气及雨水又会马上使之模糊不清，因此，为了功能上的完备，驾驶的安全性及操作的方便性，设计采用加热除霜装置，例如采用电加热除霜镜片，当产生上述情况时，驾驶员就可方便地开启加热除霜按钮，解除不必要的后顾之忧。

3.后视镜自动折叠功能

当汽车进入较小区域，如弄堂、停车泊位时，由于后视镜镜框是车身最宽部位，这时为防擦伤及缩小停车泊位空间，保证在后视安全性上把损害程度降低到最小限度，就需将镜框折叠，通常做法是用手伸出窗外或人到车外将镜框折拢，这样在行车时就很不方便，因此，在折叠上设计了电动折叠功能，驾驶员在车内就可方便地调节，解决了许多操作上的不便。折叠机构的设计既要有保证缓冲及缩小车位的作用，又要保证后视功能的正常使用。

（四）电动后视镜的基本组成

后视镜的背后都装有两套电动机和驱动器，可操纵其上下及左右运动。通常垂直方向的运动由一个电动机控制，水平方向倾斜运动由另一个电动机操纵。电动机一般都是永磁型的。驾驶员在车厢内操纵按钮开关，通过调节按钮用电气装置控制转动部件即可调整外后视镜的方向达到自己所需的视角。该系统的外后视镜上下左右各方向的调整角度可达30°，操作方便、舒适，但结构复杂、价格较高。

1.组成

电动后视镜是由后视镜、后视镜调整器构成。其中，后视镜调整是由两台永磁式直流电动机来调整后视镜上下、左右方向的装置，它由永磁式直流电动机、联动机构、霍尔位置传感器及控制器组成（如图 6-3-3 所示）。

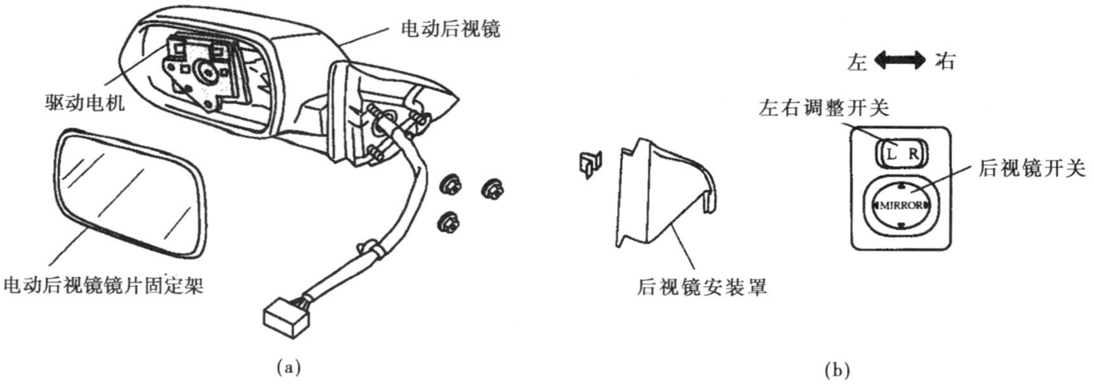

图 6-3-3　电动后视镜的基本结构

2.结构

驾驶员通过控制器发出调整后视镜角度位置指令给永磁式直流电动机，永磁式直流电动机驱动联动机构以达到调整后视镜的角度位置，并通过霍尔传感器进行后视镜所在位置控制，电动后视镜结构如图 6-3-4 所示。

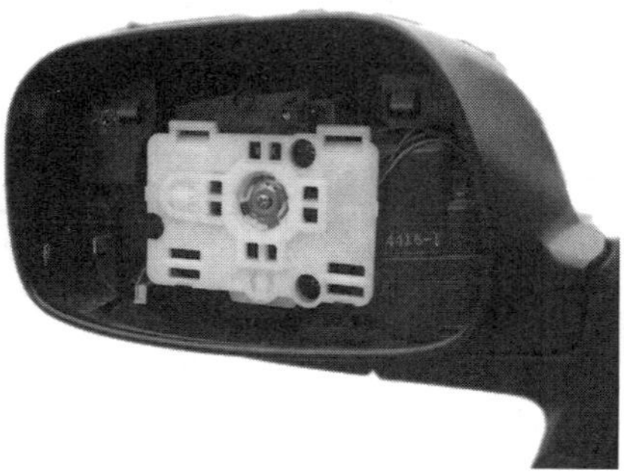

图 6-3-4　电动后视镜结构图

二、电动后视镜的控制电路和工作原理

（一）电动后视镜工作原理

如图 6-3-5 所示，为电动后视镜控制系统的基本

原理。当控制开关向下扳时，触头 B 与触头 D、C 及 E 分别相通，电流经电源→触头 E→触头 C→电动机→触头 B→触头 D→接地，电动机即转动使后视镜作垂直方向运动；当开关向上扳时，触头 B 与 E，C 与 D 分别接触，电流经电源→触头 E→触头 B→电动机→触头 C→触头 D→接地，由于流过电动机的电流发生改变，因此电动机反方向转动，后视镜作水平方向运动。

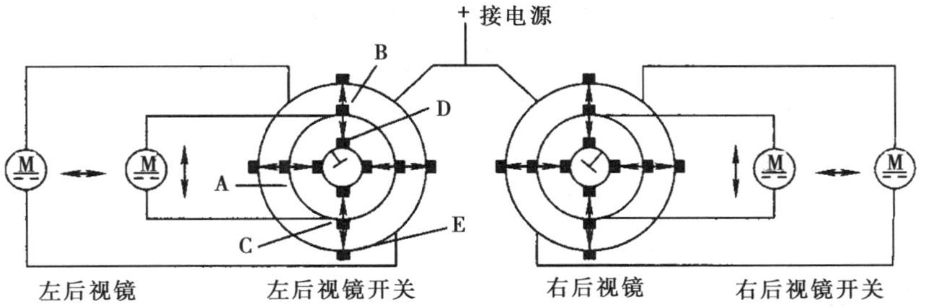

图 6-3-5　电动后视镜控制系统的基本原理图

(二)电动后视镜控制电路

如图 6-3-6 所示为本田轿车电动后视镜控制电路图，其控制原理如下：

1.左后视镜向下倾斜电路

将点火开关打到 IG_2 挡，电动后视镜开关打到左、下位置时，电路中电流由蓄电池正极→黑线→(发动机盖下熔断器/继电器盒中的熔断器)NO. 41(100 A)、NO. 42(50 A)→白线→点火开关→黄线→(驾驶席侧仪表板下熔断器/继电器盒)熔断器 NO. 4(7.5 A)→黄/黑线→电动后视镜开关 1 端子→电动后视镜开关下触点→电动后视镜开关 7 号端子→蓝/绿线→左、右后视镜 4 号端子→上、下移动电动机→左、右后视镜 5 号端子→蓝/白线→电动后视镜开关 4 号端子→电动后视镜开关下触点→电动后视镜开关 2 号端子→黑线→G551 搭铁→蓄电池负极，左后使劲向下倾斜。

2.左后视镜向上倾斜电路

将点火开关打到 IG_2 挡，电动后视镜开关打到左、1 上位置时，电路中电流由蓄电池正极→黑线→(发动机盖下熔断器/继电器盒中的熔断器)NO. 41(100A)、NO. 42(50A)→白线→点火开关→黄线→(驾驶席侧仪表板下熔断器/继电器盒)熔断器 NO. 4(7.5A)→黄/黑线→电动后视镜开关 1 端子→电动后视镜开关上触点→电动后视镜开关 4 号端子→蓝/白线→左、右后视镜 5 号端子→上、下移动电动机→左、右后视镜 4 号端子→蓝/绿线→电动后视镜开关 7 号端子→电动后视镜开关上触点→电动后视镜开关 2 号端子→黑线→G551 搭铁→蓄电池负极，左后视镜向上倾斜。

3.左后视镜向左转电路

将点火开关打到 IG_2 挡，电动后视镜开关打到左、左转位置时，电路中电流由蓄电池正极→黑线→(发动机盖下熔断器/继电器盒中的熔断器)NO. 41(100 A)、NO. 42(50 A)→白线→点火开关→黄线→(驾驶席侧仪表板下熔断器/继电器盒)熔断器 NO. 4(7.5 A)→黄、黑线→电动后视镜开关 1 端子→电动后视镜开关左移触点→电动后视镜开关 7 号端子→蓝/绿线→后视镜 4 号端子→左、右回转电动机→后视镜 3 号端子→蓝/橙线→电动后视镜开关 9 号端子→电动后视镜开关左移触点→电动后视镜开关 2 号端子→黑线→G551 搭线→蓄电池负极，左后视镜向左转。

4.左后视镜向右转电路

将点火开关打到 IG_2 挡，电动后视镜开关打到左、右转位置时，电路中电流由蓄电池正极→黑线→(发动机盖下熔断器、继电器盒中的熔断器)NO.41(100 A)、NO.42(50 A)→白线→点火开关→黄线→(驾驶席侧仪表板下熔断器/继电器盒)熔断器 NO.4(7.5 A)→黄/黑线→电动后视镜开关 1 端子→电动后视镜开关右移触点→电动后视镜开关 9 号端子→蓝/橙线→左、右后视镜 3 号端子→左、右回转电动机→左、右后视镜 4 号端子→蓝/绿线→电动后视镜开关 7 号端子→电动后视镜开关左移触点→电动后视镜开关 2 号端子→黑线→G551 搭铁→蓄电池负极，左后视镜向右转。

5.左、右电动后视镜从伸出位置缩回电路

将点火开关打到 IG_2 挡，按下电动后视镜开关伸缩开关时，电路中电流由蓄电池正极→黑线→(发动机盖下熔断器/继电器盒中的熔断器)NO.41(100 A)、NO.42(50 A)→白线→点火开关→黄线→(驾驶席侧仪表板下熔断器/继电器盒)熔断器 NO.4(7.5 A)→黄/黑线→电动后视镜开关 1 号端子→电动后视镜开关 5 号端子→可伸缩式电动车镜控制单元 3 号端子→左、右后视镜伸缩执行机构电磁阀常开触点接通。

此时，电路由蓄电池正极→黑线(发动机盖下熔断器/继电器盒中的熔电器)NO.41(100 A)、NO.54(40 A)→黄线→(前乘客席侧仪表板下熔断器/继电器盒)NO.13(7.5 A)→白/黄线→可伸缩式电动车镜控制单元 5 号端子→可伸缩式电动车镜控制单元 1 号端子→蓝线→右后视镜 1 号端子→右后视镜伸缩执行机构电磁阀动合触点接通→右后视镜伸缩执行机构电动机→右后视镜 2 号端子→红/黄线→可伸缩式电动车镜控制单元 2 号端子→可伸缩式电动车镜控制单元 4 号端子→黑线 G501→蓄电池负极。右电动后视镜从伸出位置缩回。

同时，电路由蓄电池正极→黑线(发动机盖下熔断器/继电器盒中的熔电器)NO.41(100 A)、NO.54(40 A)→黄线→(前乘客席侧仪表板下熔断器/继电器盒)NO.13(7.5 A)→白/黄线→可伸缩式电动车镜控制单元 5 号端子→可伸缩式电动车镜控制单元 6 号端子→红/蓝线→左后视镜 4 号端子→左后视镜伸缩执行机构电磁阀常开触点接通→左后视镜伸缩执行机构电动机→左后视镜 2 号端子→红/黄线→可伸缩式电动车镜控制单元 7 号端子→可伸缩式电动车镜控制单元 4 号端子→黑线→G501→蓄电池负极。左电动后视镜从伸出位置缩回。

6.左、右电动后视镜从缩回位置伸出电路

如图 6-3-6 所示，将点火开关打到 IG_2 挡，按下电动后视镜开关，开关弹起时，左、右后视镜伸缩执行机构电磁阀动断触点接通。

此时，电路由蓄电池正极→黑线(发动机盖下熔断器/继电器盒中的熔断器)NO.41(100 A)、NO.54(40 A)→黄线→(前乘客席侧仪表板下熔断器/继电器盒)NO.13(7.5 A)→白/黄线→可伸缩式电动车镜控制单元 5 号端子→可伸缩式电动车镜控制单元 2 号端子→蓝/红线→右后视镜 2 号端子→右后视镜伸缩执行机构电动机→右后视镜伸缩执行机构电磁阀动断触点→右后视镜 1 号端子→蓝线→可伸缩式电动车镜控制单元 1 号端子→可伸缩式电动车镜控制单元 4 号端子→黑线→G501→蓄电池负极。右电动后视镜从缩回位置伸出。

同时，电路由蓄电池正极→黑线(发动机盖下熔断器/继电器盒中的熔断器)NO.41(100 A)、NO.54(40 A)→黄线→(前乘客席侧仪表板下熔断器/继电器盒)NO.13(7.5 A)→白/黄线→可伸缩式电动车镜控制单元 5 号端子→可伸缩式电动车镜控制单元 7 号端子→红/黄线→左后视镜 2 号端子→左后视镜伸缩执行机构电动机→左后视镜伸缩执行机构电磁阀动断触点→左后视镜 4 号端子→红、蓝线→可伸缩式电动车镜控制单元 7 号端子→可伸缩式电动车镜控制单元 4 号端子→G501→蓄电池负极。左电动后视镜从缩回位置伸出。

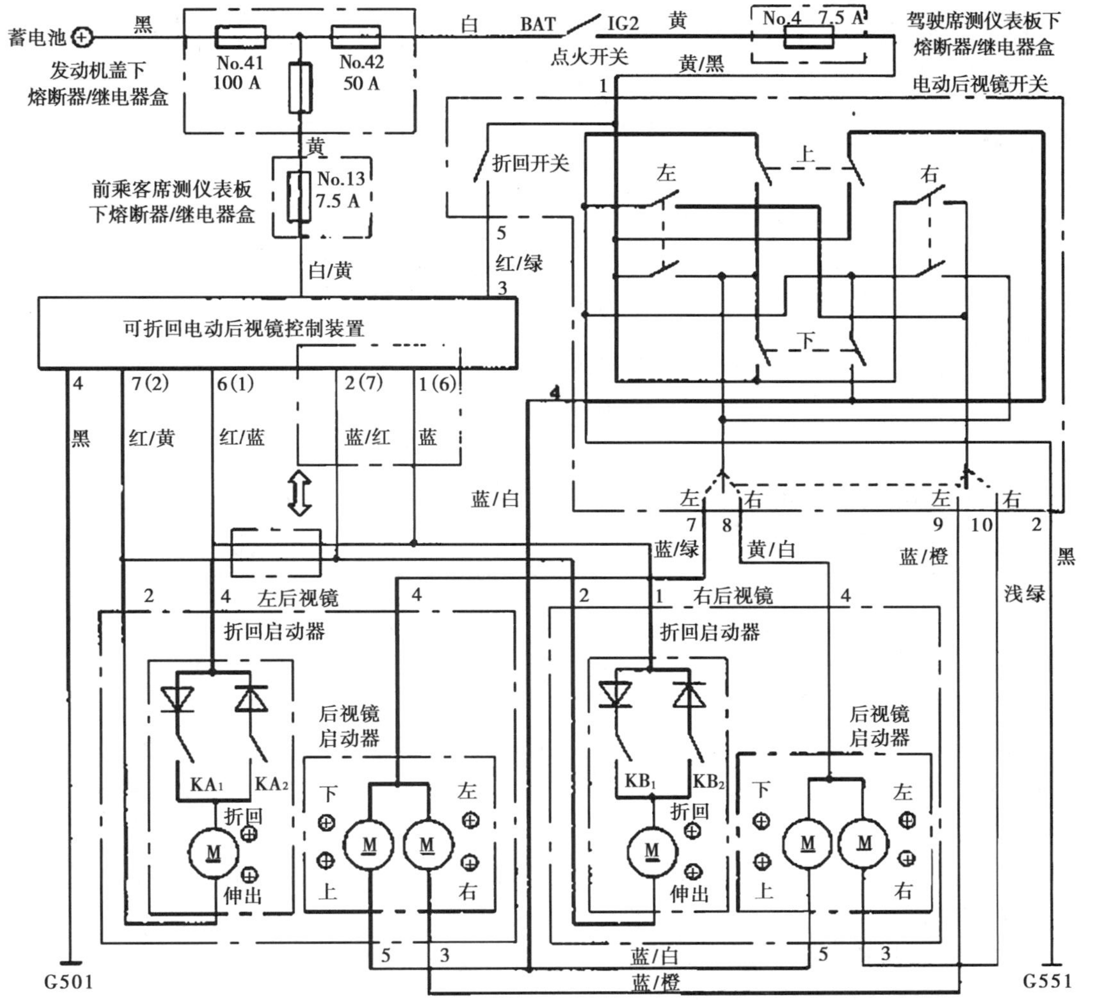

图 6-3-6　电动后视镜控制电路图

三、电动后视镜故障检修

(一)电动后视镜常见故障诊断和排除方法

电动后视镜常见故障一般为一个或者全部后视镜调节不正常或者不工作,常见故障诊断和排除方法见表 6-3-1。

表 6-3-1　电动后视镜常见故障诊断和排除方法

故障现象	故障造成原因	排除方法
左右电动后视镜均不工作	1. 保险损坏	更换
	2. 控制开关损坏	检修、更换
	3. 连接线路故障	检修
	4. 电机损坏	检修、更换

（续表）

故障现象	故障造成原因	排除方法
一侧电动后视镜不工作	1. 该侧电动后视镜保险损坏	更换
	2. 控制开关损坏	检修、更换
	3. 连接线路故障	检修
	4. 电机损坏	检修、更换
电动后视镜某一方向古装	1. 该方向（上下、左右）电机损坏	检修、更换
	2. 机械连接装置损坏	检修、更换
	3. 该放下电机控制电路故障	检修
	4. 控制开关损坏	检修、更换
电动后视镜工作异响、发卡	1. 镜片、电机连接装置松动或者脱落	检修、更换
	2. 镜片与外壳有杂物	检修、清洁
	3. 电机损坏	检修、更坏

（二）零部件的检测

1.电动后视镜电机检查

电动后视镜电机一般都为永磁式电机，一般常采用两种检测方法对其进行检查，一是通电试运行，二是通过万用表进行检查。

①通电检测

将蓄电池正、负极导线分别接到电动后视镜端子 3、端子 1，如图 6-3-7（a）所示，这时后视镜应转向左侧。

将蓄电池电极交换，如图 6-3-7（b）所示，这时后视镜电动机应转向右侧。

将蓄电池正、负极导线分别接到端子 2、端子 1，如图 6-3-7（c）所示，这时后视镜应转向上侧。

将蓄电池电极交换，如图 6-3-7（d）所示，这时后视镜电动机应转向下侧。

检测结果如表 6-3-2 所示。

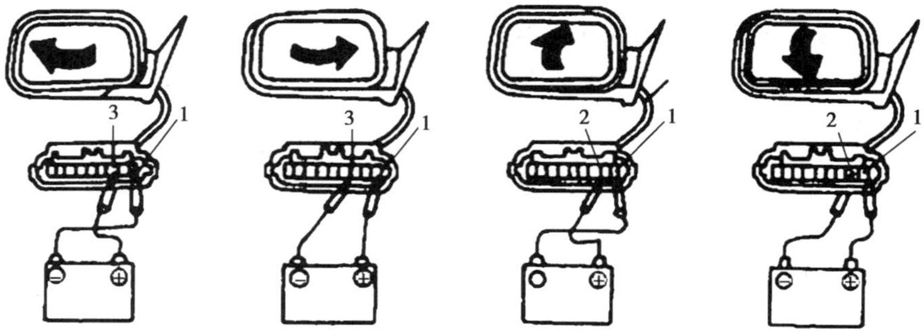

（a）左转　（b）右转　（c）上转　（d）下转

图 6-3-7　电动后视镜连接器端子图

表 6-3-2　电动后视镜电机通电检测法

接入电源端子	接入电源对应极性	后视镜旋转方向
3－1	正一负	左侧
3－1	负一正	右侧
2－1	正一负	上侧
2－1	负一正	下侧

②万用表检测

将后视镜电机电源连接器拆卸后，用万用表通断挡对连接器端头进行通断测量，测量方法和结果如表 6-3-3 所示：

表 6-3-3　电动后视镜万用表检测法

测量端子	通断情况
3－1	导通
2－1	导通

2.电动后视镜控制开关检查

如图 6-3-8　所示为比亚迪 F3 轿车电动后视镜控制开关，可使用万用表电阻挡检测各端子之间的通断情况来检测电动后视镜控制开关，检查结果如表 6-3-4 所示。

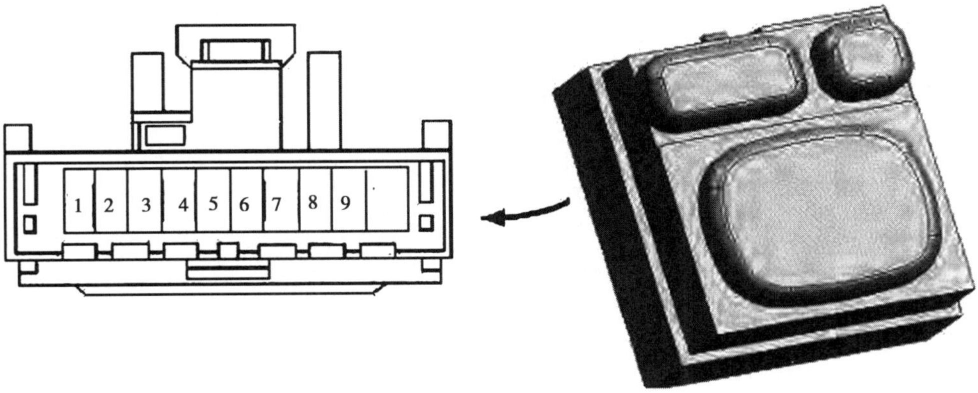

图 6-3-8　比亚迪 F3 电动后视镜控制开关连接端子图

表 6-3-4　电动后视镜控制开关连接端子检测方法

电动后视镜	调节方向	检测端子	通断情况
左电动后视镜	左	8－5　6－7	导通
	右	8－6　5－7	导通
	上	8－4　6－7	导通
	下	8－6　4－7	导通

(续表)

电动后视镜	调节方向	检测端子	通断情况
右电动后视镜	左	8-2 6-7	导通
	右	8-6 2-7	导通
	上	8-3 6-7	导通
	下	8-6 3-7	导通

【任务实施】

一、实施内容

电动后视镜的拆装与检测。

二、准备工作

1.所需设备

整车(常用大众、丰田、比亚迪轿车等)、左右电动后视镜、工作台等。

2.工具和材料

汽车电工工具套装、干净的抹布、力矩可调式扭力扳手(5~50 N·m)、试灯、万用表、零件车、汽车维修手册、汽车电路图册等。

3.安全防护用品

标准作业装、安全鞋、线手套等。

4.汽车信息收集

车牌号码:________________,车辆型号:________________,
VIN 码:________________,行驶里程:________________,
维修接待意见:________________________________。

三、技术规范与注意事项

1. 使用万用表时就选择正确挡位,禁止用低电阻挡位去测量电压,以免降低测量精度或损坏万用表。

2. 使拧紧螺栓时,不可过分拧紧,必须使用扭力扳手严格安装维修手册上规定的力矩拧紧。

3. 使用维修手册和电路图时,要注意避免残缺不全,资料应与使用车辆型号相对应。

4. 在拆卸电动后视镜固定螺栓处内饰板时,应使用内饰板专用拆卸工具对其拆卸,不可使用硬物或者起子。

5. 为了防止电气线路在操作过程中的短路,每次拆装、检测电气设备时,应先断开蓄电池搭铁线,完成后,最后安装搭铁线。

6. 要遵守维修手册规定的其他技术和安全要求。

四、实施步骤及方法

(一)检修作业的准备及预检

1.一般准备工作

(1)与小组成员共同清洁场地。 □任务完成

(2)清点所需工量具数量和种类。 □任务完成

(3)检查设备、工量具性能是否良好。 □任务完成

2.安全防护准备工作

(1)安装车轮挡块阻挡车轮。 □任务完成

(2)使用空挡和驻车制动。 □任务完成

(3)安装好前栅格布及护套。 □任务完成

3.发动机机舱预检

(1)检查发动机冷却液液面。 □正常 □不正常

(2)检查发动机机油液面。 □正常 □不正常

(3)检查制动液液位。 □正常 □不正常

(二)电动后视镜的拆卸

拆卸、检修电动后视镜前应仔细阅读使用说明书,熟悉相关安全规程。

1.拆卸电动后视镜

从车上拆电动后视镜的步骤:

(1)关闭点火开关和所有用电器具;

(2)拉起手刹和垫好车轮挡块;

(3)使用螺丝刀从车内将塑胶板固定螺丝钉拆下;

(4)移开塑胶板即可看到后视镜与车门的固定螺钉,使用螺丝刀将螺钉卸下;

(5)将新的后视镜由窗外装入,并将电源线接好;

(6)锁上车门固定螺钉,再将塑胶板移至原位,锁上螺钉即可;

(7)拆下电动后视镜控制开关。

3.电动后视镜的检查

(1)外部检查。你的检查结果是:□漆面损伤 □外壳裂纹 □镜面裂纹。

4. 电动后视镜的检测

(1)电动后视镜控制开关的检测

如图6-3-9所示为比亚迪F3轿车电动后视镜控制开关连接器端子,请使用万用表电阻挡测量出左右两个后视镜不同方向时的通断情况,将检测结果填入表6-3-5中。

表6-3-5 电动后视镜控制开关检测方法

电动后视镜	调节方向	检测端子	正常通断情况	实际测量结果
左电动后视镜	左	8-5 6-7	导通	
	右	8-6 5-7	导通	
	上	8-4 6-7	导通	
	下	8-6 4-7	导通	

（续表）

电动后视镜	调节方向	检测端子	正常通断情况	实际测量结果
右电动后视镜	左	8－2　6－7	导通	
	右	8－6　2－7	导通	
	上	8－3　6－7	导通	
	下	8－6　3－7	导通	

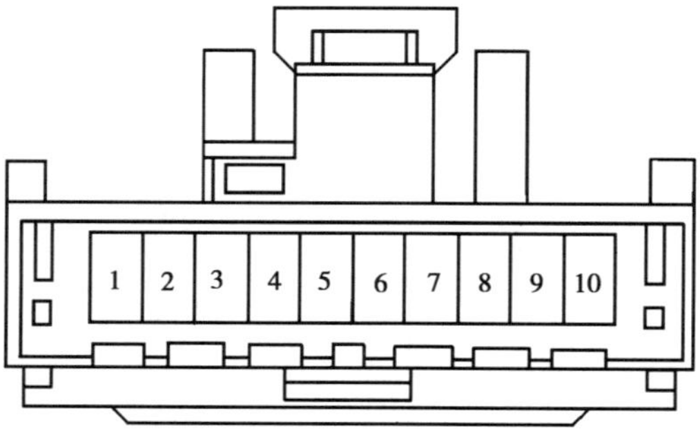

图 6-3-9　电动后视镜控制开关连接端子

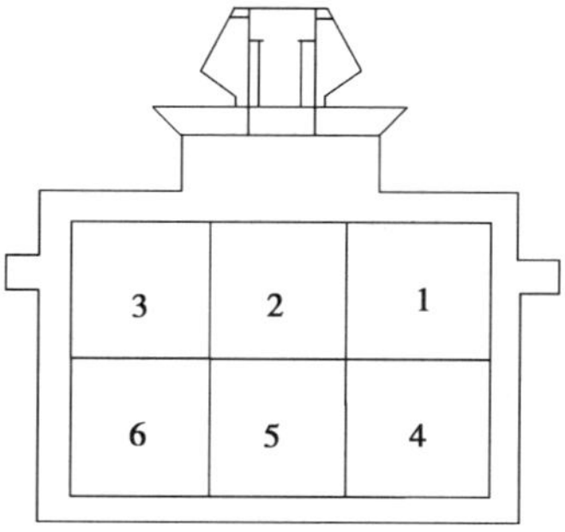

图 6-3-10　电动后视镜电机连接端子

（2）电动后视镜电机检测

如图 6-3-10 所示对电动后视镜电机进行接线实验，观察在连接不同端子时后视镜的旋转情况，并将观测结果填入表 6-3-6 中。

表 6-3-6　电动后视镜电机检测方法

接入电源端子	接入对应电源极性	观察结果
1－5	正－负	
1－5	负－正	
6－5	正－负	
6－5	负－正	

5.电动后视镜的更换

描述电动后视镜更换的步骤：

____

____

____

【评价与反馈】

班级：________________　姓名：________________　指导教师：________________

<table>
<tr><th>序号</th><th>考核项目</th><th>项目分值</th><th colspan="2">考核内容</th><th>配分</th><th>考核标准</th><th>得分</th></tr>
<tr><td rowspan="2">1</td><td rowspan="2">出勤纪律</td><td rowspan="2">5</td><td colspan="2">出勤</td><td>2</td><td>违规一次不得分</td><td></td></tr>
<tr><td colspan="2">行为规范</td><td>3</td><td>违规一次不得分</td><td></td></tr>
<tr><td rowspan="5">2</td><td rowspan="5">安全防护环保</td><td rowspan="5">20</td><td colspan="2">着装</td><td>4</td><td>违规一次不得分</td><td></td></tr>
<tr><td colspan="2">个人防护</td><td>4</td><td>违规一次不得分</td><td></td></tr>
<tr><td colspan="2">“5S”/“EHS”</td><td>4</td><td>违规一次不得分</td><td></td></tr>
<tr><td colspan="2">设备使用安全</td><td>4</td><td>违规一次不得分</td><td></td></tr>
<tr><td colspan="2">操作安全</td><td>4</td><td>违规一次不得分</td><td></td></tr>
<tr><td>3</td><td>知识</td><td>20</td><td colspan="2">知识测试成绩</td><td>20</td><td>按测验成绩的 20% 计</td><td></td></tr>
<tr><td rowspan="15">4</td><td rowspan="15">技能考核</td><td rowspan="15">40</td><td rowspan="3">准备</td><td>清点工量具，清理工位</td><td>1</td><td>未做不得分</td><td></td></tr>
<tr><td>检查电源开关</td><td>1</td><td>未做不得分</td><td></td></tr>
<tr><td>电动后视镜安装位置查看</td><td>2</td><td>未做不得分</td><td></td></tr>
<tr><td rowspan="2">电动后视镜的拆卸</td><td>从车上拆卸步骤</td><td>2</td><td>操作不正确扣 1～2 分</td><td></td></tr>
<tr><td>从汽车上拆卸方法</td><td>3</td><td>方法不正确扣 1～3 分</td><td></td></tr>
<tr><td rowspan="10">电动后视镜的检测及安装</td><td>镜面清洁、保护</td><td>3</td><td>操作不正确扣 1～3 分</td><td></td></tr>
<tr><td>后视镜外观检查</td><td>3</td><td>检查不正确扣 1～3 分</td><td></td></tr>
<tr><td>左后视镜开关上下方向电阻检测</td><td>3</td><td>检查不正确扣 1～3 分</td><td></td></tr>
<tr><td>左后视镜开关左右方向电阻检测</td><td>3</td><td>检查不正确扣 1～3 分</td><td></td></tr>
<tr><td>右后视镜开关上下方向电阻检测</td><td>3</td><td>检查不正确扣 1～3 分</td><td></td></tr>
<tr><td>右后视镜开关左右方向电阻检测</td><td>3</td><td>检查不正确扣 1～3 分</td><td></td></tr>
<tr><td>左右电机正向通电观察结果</td><td>3</td><td>检查不正确扣 1～3 分</td><td></td></tr>
<tr><td>左右电机反向通电观察结果</td><td>3</td><td>检查不正确扣 1～3 分</td><td></td></tr>
<tr><td>上下电机正向通电观察结果</td><td>3</td><td>检查不正确扣 1～3 分</td><td></td></tr>
<tr><td>上下电机反向通电观察结果</td><td>4</td><td>检查不正确扣 1～4 分</td><td></td></tr>
<tr><td rowspan="3">5</td><td rowspan="3">学习能力</td><td rowspan="3">10</td><td colspan="2">工单填写，工艺计划制定</td><td>4</td><td>未做不得分</td><td></td></tr>
<tr><td colspan="2">组内活动情况</td><td>4</td><td>酌情扣分</td><td></td></tr>
<tr><td colspan="2">资料查询和收集</td><td>2</td><td>未做不得分</td><td></td></tr>
<tr><td rowspan="2">6</td><td rowspan="2">任务拓展</td><td rowspan="2">5</td><td colspan="2">知识拓展任务</td><td>2</td><td>未做不得分</td><td></td></tr>
<tr><td colspan="2">技能拓展任务</td><td>3</td><td>未做不得分</td><td></td></tr>
<tr><td>7</td><td>总分</td><td>100</td><td colspan="2"></td><td></td><td></td><td></td></tr>
</table>

【教师评估】

序号	优点	存在问题	解决方案
教师签字：			

任务四　电动坐椅工作原理与检测

【任务目标】

目标类型	目标要求
1. 认知目标	(1)简单叙述电动座椅的基本结构和组成； (2)简单叙述电动座椅的基本工作原理； (3)正确检修电动座椅系统零部件； (4)简单叙述电动座椅控制电路常见故障诊断思路和维修方法。
2. 技能目标	(1)会对电动座椅进行拆卸和组装； (2)掌握电动座椅的功能使用和基本结构组成； (3)掌握电动座椅常见故障的维修方案； (4)能对电动座椅零部件进行检测。
3. 情感目标	(1)注意防止在拆装过程中造成砸伤或者机械伤人； (2)在测量过程中注意仪器和检查设备的正确使用防止设备损坏。

【任务描述】

电动座椅是指以电动机为动力，通过传动装置和执行机构来调节座椅的各种位置，为驾驶员提供便于操作、舒适而又安全的驾驶位置；为乘客提供不易疲劳、舒适而又安全的乘坐位置。

【知识准备】

一、电动座椅的主要组成和功用

(一)电动座椅的功用

现代轿车的座椅多是电动可调的,又称电动座椅。人们对轿车舒适性的评价多是通过座椅感受的,所以轿车上配备的电动座椅必须要满足便利性和舒适性两大要求,即驾驶者通过操纵键,不仅能使驾驶者获得最好的视野,便于操纵方向盘、踏板、变速杆等,还可以将座椅调整到最佳的位置上,获得最舒适和最习惯的乘坐角度。为了满足这些要求,汽车厂家不断采用机械和电子技术手段,制造出可调整的电动座椅。

(二)电动座椅应具备的基本要求

电动座椅一般应具备:(1)座椅在车厢内的布置要合适,尤其是驾驶员的座椅,必须处于最佳的驾驶位置。(2)按人体工程学的要求,座椅必须具有良好的静态与动态舒适性。其外形必须符合人体生理功能,在不影响舒适性的前提下,力求美观大方。(3)座椅应采用最经济的结构,尽可能地减少质量。(4)座椅是支撑和保护人体的构件,必须十分安全可靠,应具有充分的强度、刚度与耐久性。对可调的座椅,要有可靠的锁止机构,以保证安全。(5)座椅应有良好的震动特性,能吸收从车厢地板传来的震动。(6)座椅的前后调节量为 100 ~ 160 mm。(7)座椅的上下调节量约为 30 ~ 50 mm。(8)座位前部的上下调节。(9)靠背的倾斜调节。(10)侧背支撑调节。(11)腰椎支撑调节。(12)靠枕上下调节。(13)靠枕前后调节功能。如图6-4-1所示。

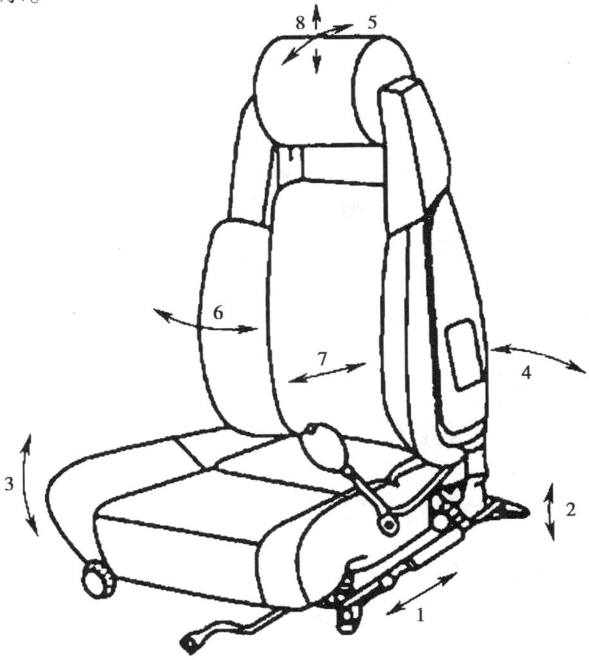

1 – 前后滑动调节;2 – 后部上下调节;3 – 前部上下调节;4 – 靠背倾斜调节;
5 – 头枕前后调节;6 – 侧背支撑调节;7 – 腰部支撑调节;8 – 头枕上下调节

图 6-4-1 电动座椅调节功能图

(三)电动座椅的组成

电动座椅主要由传感器、控制器 ECU、执行器三大部分组成。位置传感器包括座椅各位置(头枕、靠背、腰部、滑动、前垂直、后垂直)的传感器、安全带扣环传感器及转向盘倾斜传感器等;ECU 包括转向柱倾斜与伸缩 ECU、电动座椅 ECU 以及各部分的控制开关;执行机构主要包括座椅调整、安全带扣环及转向盘倾斜调整的驱动电动机等,且这些电动机均可灵活地进行正反转,以便进行快速的调节。如图 6-4-2、图 6-4-3 所示电动座椅的基本组成。

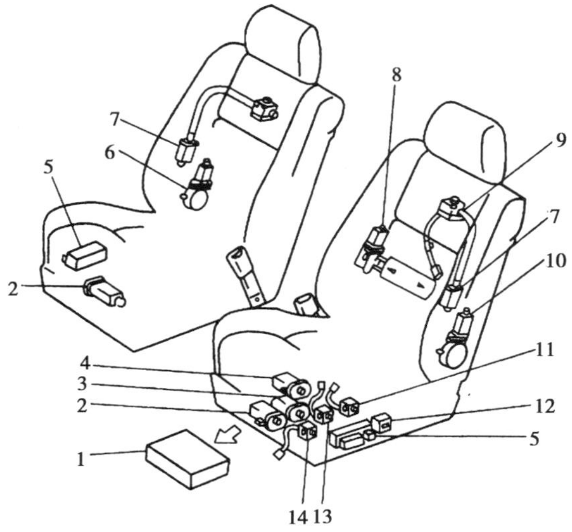

1 - 电动座椅 ECU;2 - 滑动电机;3 - 前垂直电机;4 - 后垂直电机;5 - 电动座椅开关;
6 - 倾斜电机;7 - 头枕电机;8 - 腰垫电机;9 - 位置传感器(头枕);10 - 倾斜电机和位置传感器;
11 - 位置传感器(后垂直);12 - 腰垫开关;13 - 位置传感器(前垂直);14 - 位置传感器(滑动)

图 6-4-2 电动座椅的基本组成

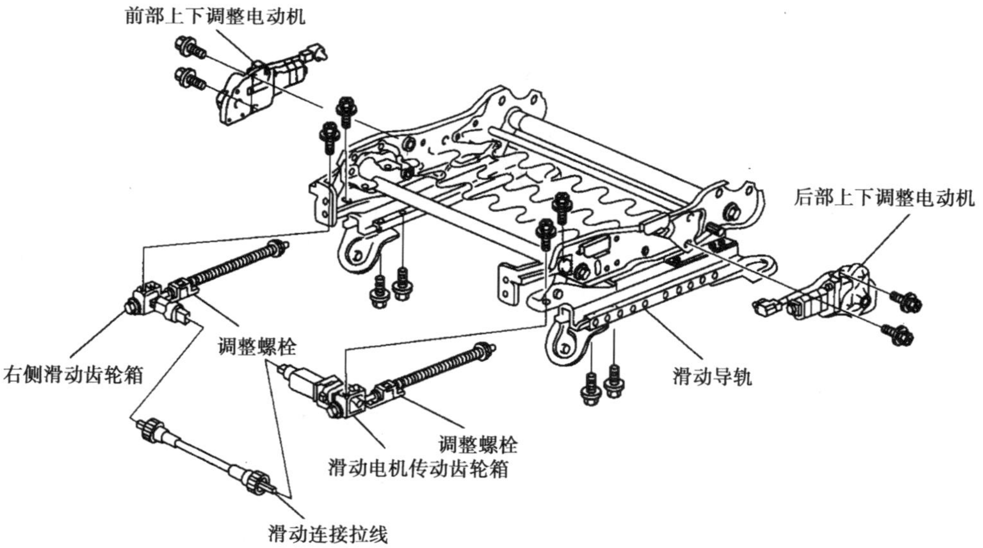

图 6-4-3 座椅电动机的安装位置

1. 电动机

大多数电动座椅采用永磁式电动机(内装有短路器),通过开关来操纵电动机按不同方向旋转,为电动座椅的调节机构提供动力。此类电动机多采用双向电动机,即电枢的旋转方向随电流的方向改变而改变,以达到座椅调节的目的。电动机的数量取决于电动座椅的类型,通常双向移动座椅装有2个电动机,四向移动的座椅装有4个电动机,最多可达6个电动机。为防止电动机过载,电动机内装有熔断丝,以确保电气设备的安全。

2. 传动机构

传动机构是利用电动机的旋转为动力器改变座椅各位置的角度,从而实现座椅的空间位置移动。

(1)高度调整机构

高度调整机构由蜗杆轴、蜗轮、心轴等部件组成,如图6-4-4所示。调整时,蜗杆轴在电动机的驱动下,带动蜗轮转动,从而保证心轴旋进或旋出,实现座椅的上升与下降。

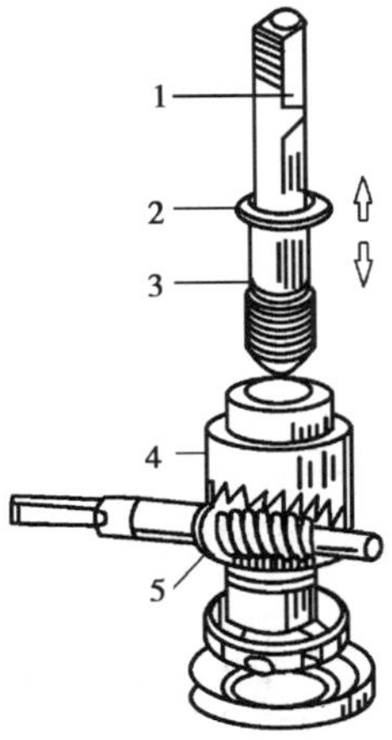

1 - 铣平面;2 - 止推垫片;3 - 心轴;
4 - 蜗轮;5 - 挠性驱动蜗杆轴

图6-4-4 高度调整机构图

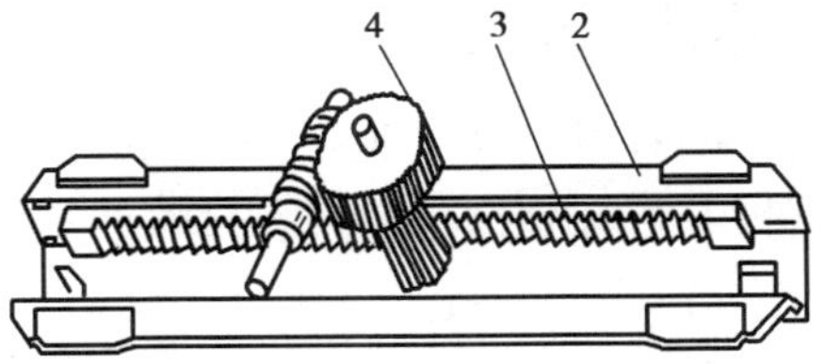

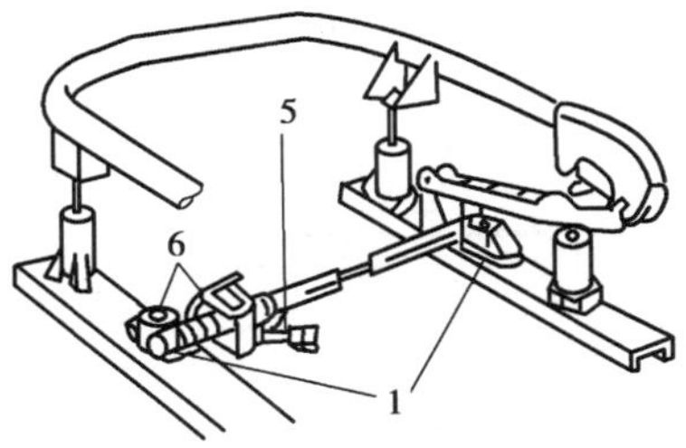

1 - 支撑及导向元件;2 - 导轨;3 - 齿条;
4 - 蜗轮;5 - 反馈信号电位计;6 - 调整电动机

图6-4-5 纵向调整机构

(2)纵向调整机构

纵向调整机构由蜗杆、蜗轮、齿条、导轨等部件组成,如6-4-5所示。齿条装在导轨上,调整时,电动机转矩经蜗杆传至两侧的蜗轮上,经导轨上的齿条,带动座椅前后移动。

3. 控制开关

控制装置接受驾驶员或乘员输入的命令,控制执行机构完成电动座椅的调整。电动座椅组合开关包括前倾开关、后倾开关和四向开关(上下和前后),如图6-4-6所示。电动座椅组合控制开关有的汽车安装在车门上,有的汽车安装在座椅旁边,使驾驶员或乘员操纵方便。

4.ECU及其控制

ECU主要用来控制靠手动调节开关的座椅调节装置,也能根据从转向柱倾斜与伸缩ECU、位置传感器等送来的信号存储座椅位置。考虑到驾驶员的不同体型和喜好的驾驶姿势,自动调节系统能在该ECU中存储两种不同的座椅位置(供选择),靠一“单独”开关的点动,ECU即可将座椅调整到驾驶员所期望的位置。

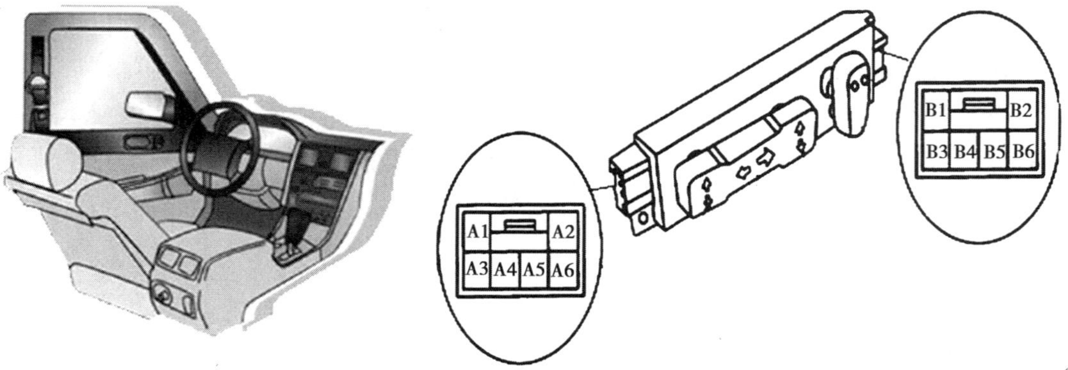

图 6-4-6　电动座椅组合开关

二、电动座椅控制电路和工作原理

如图 6-4-7 所示为普通电动座椅控制电路图。它主要由电源、组合控制开关和五个电动机等部件组成。组合控制开关内部有四套开关触点，驾驶员或乘员通过控制开关上的按钮来调节座椅的空间位置。该座椅共设置了滑动电动机、前垂直电动机、倾斜电动机、后垂直电动机及腰垫电动机，分别对座椅前后滑动、前部上下移动、靠背前后倾斜、后部上下移动及腰部前后 10 个方向进行调节。

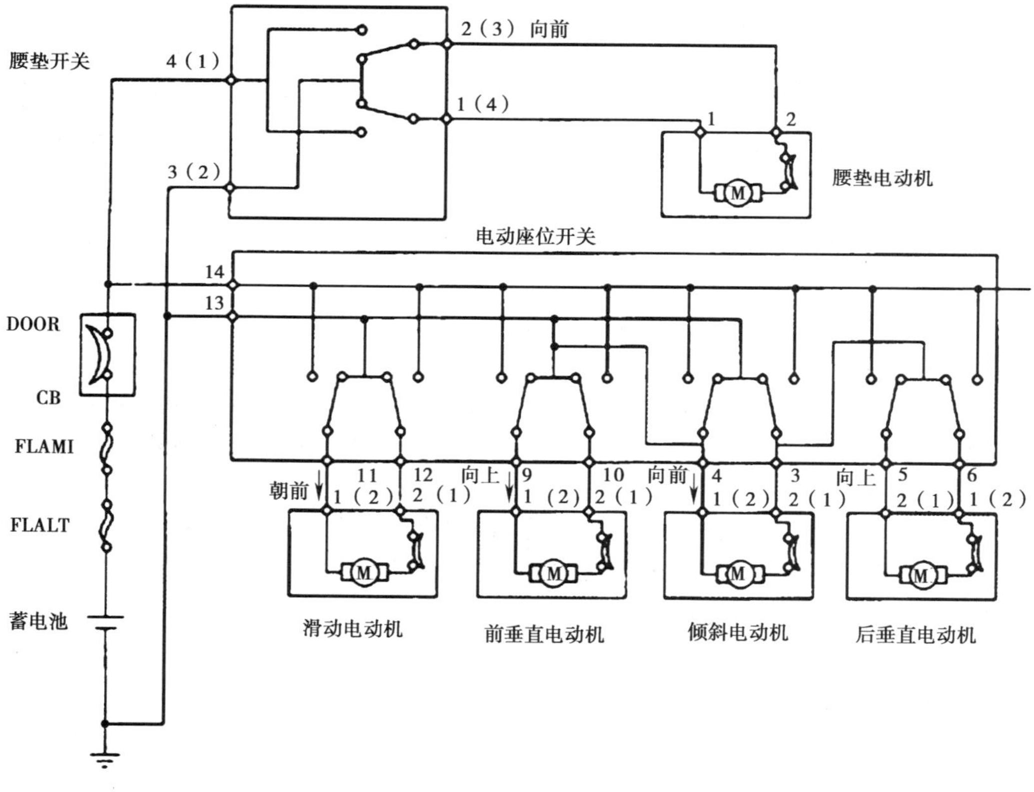

图 6-4-7　普通电动座椅控制电路原理图

当电动座椅需要向前移动时，将开关置于前进位置，即图 6-4-7 中 11 号端子置于左位，使滑动电动机正向通电，电动机正转，座椅向前滑动。其控制回路为：蓄电池正极→FLALT→FLAMI→DOORCB→14 端子→11 端子→1(2)端子→滑动电动机→2(1)端子→12 端子→13 端子→搭铁→蓄电池负极。

当电动座椅需要向后移动时，12 号端子置于右位，滑动电动机反向通电，电动机反转，座椅向后滑动。其控制电路为：蓄电池正极→FLALT→FLAMI→DOORCB→14 端子→12 端子→2(1)端子→滑动电动机→1(2)端子→11 端子→13 端子→搭铁→蓄电池负极。

电动座椅其他方向调整的工作原理与前后方向的调整原理完全相同。

三、电动座椅常见故障诊断思路和排除方法

(一) 电动座椅开关的检测

断开电动座椅开关插头，使用万用表检测电动座椅各控制开关端子之间是否导通，如果所测量的结果与维修手册结果不符，也就意味着被测控制开关损坏，如图 6-4-8 所示，测量结果如表 6-4-1 所示。

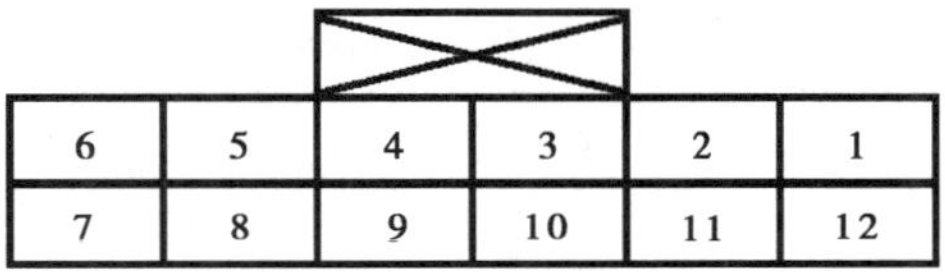

图 6-4-8 一汽马自达 6 电动座椅开关连接器

表 6-4-1 电动座椅开关导通性检查

开关位置		检查端子	通断情况
靠 垫	前	1－7 6－12	导通
	关闭	6－7－12	导通
	后	1－12	导通
滑 块	前	1－4 6－11	导通
	关闭	4－6－11	导通
	后	1－11	导通
前 倾	上	1－2 3－6	导通
	关闭	2－3－6	导通
	下	1－3 2－6	导通
后 倾	上	1－8 6－6	导通
	关闭	6－8－9	导通
	下	1－4 6－8	导通

(二)电动座椅电机检测

电动座椅各调节电机一般采用直流永磁式电动机,在电机引出端子上有两根引出线,用万用表测量其应有一定的电阻值(各类座椅使用的直流永磁式电动机有一定差异,电阻值也不完全相同),一般在几欧到几十欧之间,且同一电动座椅上各个调节电机电阻值应基本相等。如果差异比较大,则需更换电机。

1.前倾电机的检测

(1)断开倾斜调整电机插头。

(2)如图 6-4-9(a)所示,给端子接入电源,检测倾斜调整电机的工作情况。

电动工作状态	连接端子	接入电源对应极性
上	B – A	正 – 负
下	B – A	负 – 正

2.靠垫电机的检测

(1)断开靠垫调整电机插头。

(2)如图 6-4-9(b)所示,给端子接入电源,检测靠垫电机的工作情况。

电动工作状态	连接端子	接入电源对应极性
前	A – B	正 – 负
后	A – B	负 – 正

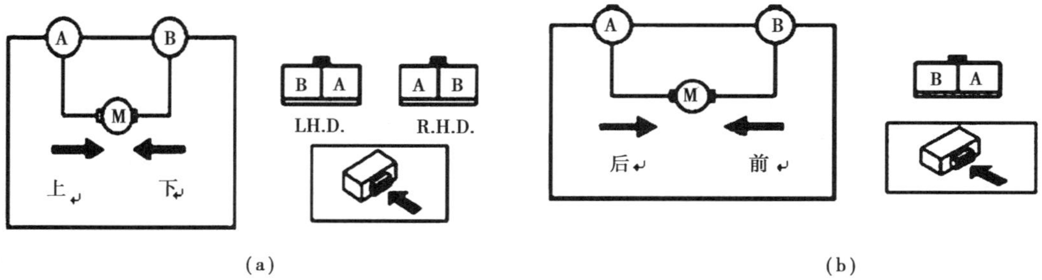

图 6-4-9　电动座椅电机工作原理图

3. 座椅加热开关的检测

(1)拆卸座椅加热器开关插头。

(2)如图 6-4-10 所示,用万用表检测座椅加热开关端子之间的导通情况。

驾驶员侧	连接端子	测量结果
开	B – H – F　A – G	B – H　A – G:有电阻端子间串联灯泡 H – F　导通
关	B – H　　A – G	B – H　A – G 有电阻端子间串联灯泡

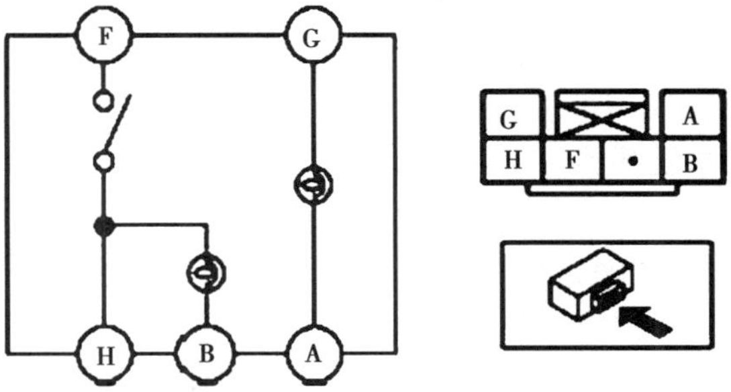

图 6-4-10　电动座椅加热开关工作原理图

【任务实施】

一、实施内容

电动座的拆卸、组装与检测调试。

二、准备工作

1.所需设备

整车(常用本田、大众、马自达轿车)、基本拆装工具、工作台、手电筒等。

2.工具和材料

汽车电工工具套装、干净的抹布、汽车维修手册、汽车电路图册、常用拆装工具套装、黄油、万用表、试灯等。

3.安全防护用品

标准作业装、安全鞋、线手套、灭火器等。

4.汽车信息收集

车牌号码:______________________________,车辆型号:______________________________,

VIN 码:______________________________,行驶里程:______________________________,

维修接待意见:____。

三、技术规范与注意事项

1. 严禁违章操作。

2. 使用维修手册和电路图时,要注意避免残缺不全,资料应与使用车辆型号相对应。

3. 注意防止操作失误造成人员和财产损失。

4. 为了防止电气线路在操作过程中的短路,每次拆装、检测电气设备时,应先断开蓄电池搭铁线,完成后,最后安装搭铁线。

5. 发动机熄火后应关闭点火开关,并取下钥匙,防止蓄电池继续向发电机放电,造成漏电。

6. 要遵守维修手册规定的其他技术和安全要求。

四、实施步骤及方法

(一)检修作业的准备及预检

1.一般准备工作

(1)与小组成员共同清洁场地。 □任务完成

(2)清点所需工量具数量和种类。 □任务完成

(3)检查设备、工量具性能是否良好。 □任务完成

2.安全防护准备工作

(1)安装车轮挡块阻挡车轮。 □任务完成

(2)使用空挡和驻车制动。 □任务完成

(3)安装好前栅格布及护套。 □任务完成

3.发动机机舱预检

(1)检查发动机冷却液液面。 □正常 □不正常

(2)检查发动机机油液面。 □正常 □不正常

(3)检查制动液液位。 □正常 □不正常

(二)电动座椅的拆卸与组装

以马自达6轿车的电动座椅为例进行介绍,回答相关问题并做好记录。

1.马自达6轿车电动座椅拆卸前的检查

(1)检查所有待拆卸的电动座椅总成是否完好,织物或者皮具是否有损坏等(前□表示正常,后□表示损坏)。□织物□ □皮具□ □油污□

(2)检查电动座椅各控制开关工作情况。

运行测试每一个控制开关,观察电动座椅的工作情况,对不正常工作的挡位进行记录和故障诊断:□上下调节□ □前后倾斜□ □前后移动□ □加热□ □靠枕上下调节□ □靠枕前后调节□

2. 前排座椅总成拆卸/安装

警告: 对前排座椅(侧安全气囊)的不正确操作会导致侧安全气囊向外展开,这将会给人身造成严重伤害。在对前排座椅进行操作之前,请参阅气囊系统维修警告。

(1)把点火开关旋到关闭(OFF)位置。

(2)断开蓄电池负极并等待一分钟,待被用电池电量耗尽。

(3)按照以下所示顺序进行拆卸(如图6-4-11所示)。

①取下座椅外装饰件、座椅套等附件

②拆卸所有的电源连接插头(如图中①所示)

③拆卸座椅总成固定螺栓盖板(如图中②所示)

④移出座椅总成(如图中③所示)

(4)安装时按照与拆卸相反的顺序进行。

小提示: 在移动座椅总成时,必须由两人配合完成,防止在移动过程中损坏汽车漆面,刮伤座椅织物。

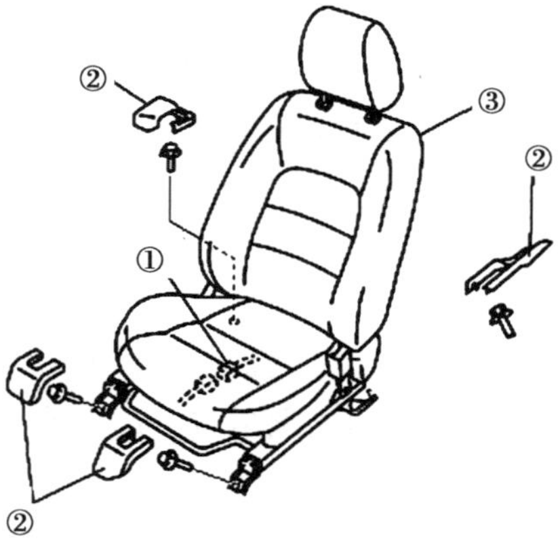

图6-4-11 座椅总成安装结构图

3.前排座椅的拆卸/组装

(1)断开蓄电池负极并等待一分钟。

(2)拆卸侧安全气囊。

(3)按照下表所示顺序进行拆卸(如图 6-4-12 所示)。

1	头枕	10	座椅靠背饰条边框
2	腰部支撑杆	11	座椅加热器 只适用于欧洲(L. H. D. 车型)
3	调节盘(盘式) 调节杆(杆式)	12	座椅靠背垫
4	提升杆外部	13	座椅靠背架
5	提升杆内部	14	坐垫饰条
6	侧盖	15	座椅加热器 只适用与欧洲(L. H. D. 车型)
7	盖	16	座椅缓冲垫
8	前扣环	17	坐垫架
9	导套	18	滑动调节器

4. 组装时按照与拆卸相反的顺序进行

(三)电动座椅的检查

1.检查外观

如图 6-4-1 所示。①有无裂纹:□有　□无;②有无严重磨损:□有　□无;③根据检查结果,你的处理意见是:□更换　□维修　□继续使用。

2.功能运行检查

运行测试每一个控制开关,观察电动座椅的工作情况,对不正常工作的挡位进行记录和故障诊断:□上下调节□　□前后倾斜□　□前后移动□　□加热□　□靠枕上下调节□　□靠枕前后调节□　□开关响应性□

运行后结构,你的处理意见是:□更换　□维修　□继续使用。

3.检查导线的连接

(1)检查各导线端头的连接部位是否正确。□连接正确　□连接错误。

(2)检查有________个连接插头,有________个座椅电动机。

(3)检查导线:□有损坏　□无损坏。

(4)导线的直径是________ mm。

(5)导线端头松紧情况是:□正常　□不正常　□有烧蚀　□无烧蚀。

4.观察填写

如图 6-4-7 所示,填写电动座椅工作时电流的走向。

当电动座椅前移动开关接通时:

________→________→________→________→________→________→

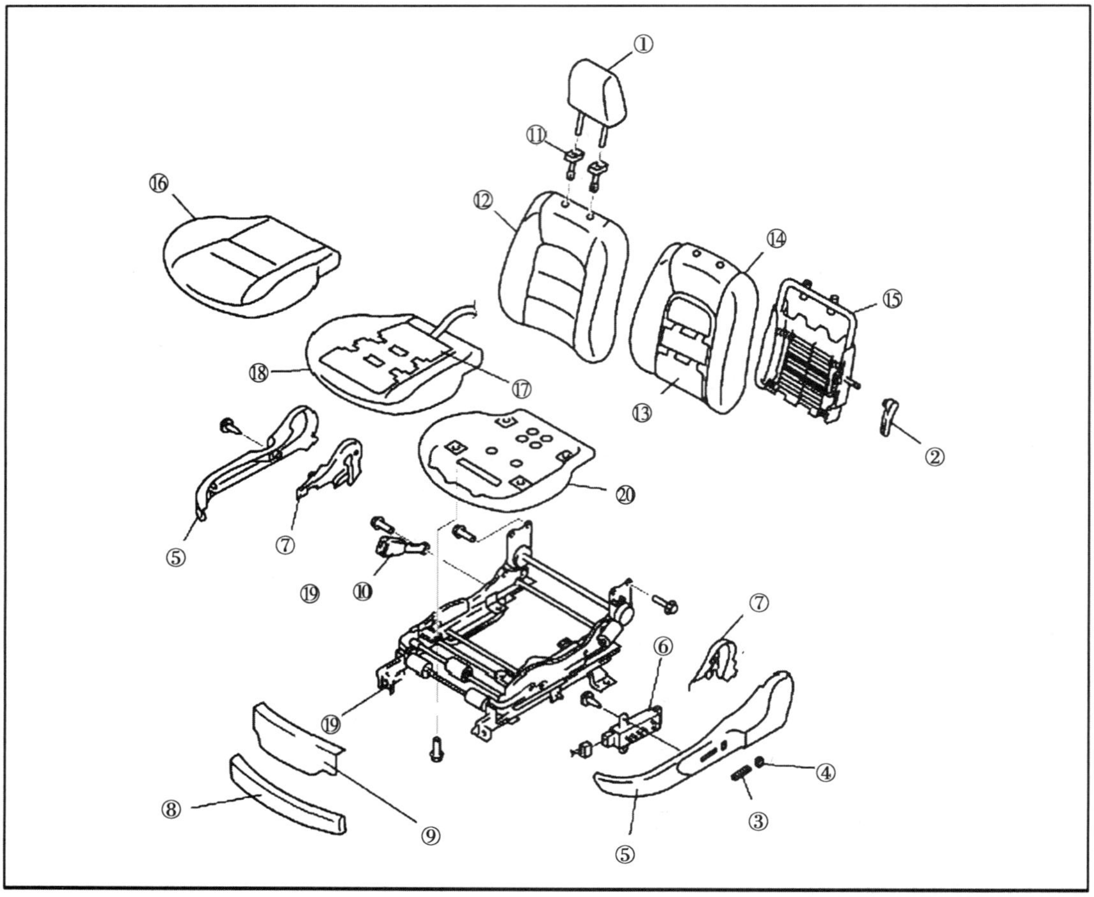

图 6-4-12　电动座椅部件图

＿＿＿＿＿＿ → ＿＿＿＿＿＿ → ＿＿＿＿＿＿ → ＿＿＿＿＿＿ → ＿＿＿＿＿＿ → ＿＿＿＿＿＿ →＿＿＿＿＿＿。

当电动座椅上移开关接通时：

＿＿＿＿＿＿ → ＿＿＿＿＿＿ → ＿＿＿＿＿＿ → ＿＿＿＿＿＿ → ＿＿＿＿＿＿ → ＿＿＿＿＿＿ → ＿＿＿＿＿＿ → ＿＿＿＿＿＿ → ＿＿＿＿＿＿ → ＿＿＿＿＿＿ → ＿＿＿＿＿＿ → ＿＿＿＿＿＿ →＿＿＿＿＿＿。

（四）电动座椅部件故障检测

1.电动机电阻值检测

用万用表检测电动座椅各电机绕组之间的电阻值，判断各电机的运行情况是否良好。

表 6-4-2　电动座椅电机电阻检测情况

电阻值/绝缘性能	位置电机			
	滑动电机	前垂直电机	倾斜电机	后垂直电机
绕组电阻值				
绕组与壳体电阻值				
检测结论				

注意： 万用表的型号不同、所选择的挡位不同，在测量过程中注意正确使用和读数。

2.前倾电机通电运行检测

(1)断开倾斜调整电机插头。

(2)如图 6-4-9(a)所示，给端子接入电源，检测倾斜调整电机的工作情况。

电动机工作状态	连接端子	接入电源对应极性
	B – A	
	B – A	
检测结论		

3.靠垫电机通电运行检测

(1)断开靠垫调整电机插头。

(2)如图 6-4-9(b)所示，给端子接入电源，检测靠垫电机的工作情况。

电动机工作状态	连接端子	接入电源对应极性
	A – B	
	A – B	
检测结论		

4.电动座椅控制开关检测(如图 6-4-8 所示)

(1)断开连接插头。

(2)用万用便电阻挡测量电动座椅控制开关各端子之间的导通情况。

开关位置		检查端子	通断情况
靠　垫	前	1 – 7　6 – 12	导通
	关闭	6 – 7 – 12	导通
	后	1 – 12	导通
滑　块	前	1 – 4　6 – 11	导通
	关闭	4 – 6 – 11	导通
	后	1 – 11	导通
前　倾	上	1 – 2　3 – 6	导通
	关闭	2 – 3 – 6	导通
	下	1 – 3　2 – 6	导通
后　倾	上	1 – 8　6 – 6	导通
	关闭	6 – 8 – 9	导通
	下	1 – 4　6 – 8	导通
检测结论			

【任务拓展】

带加热和记忆功能电动座椅简介

(一)带加热功能电动座椅

带加热功能电动座椅控制原理如图 6-4-13、图 6-4-14 所示。

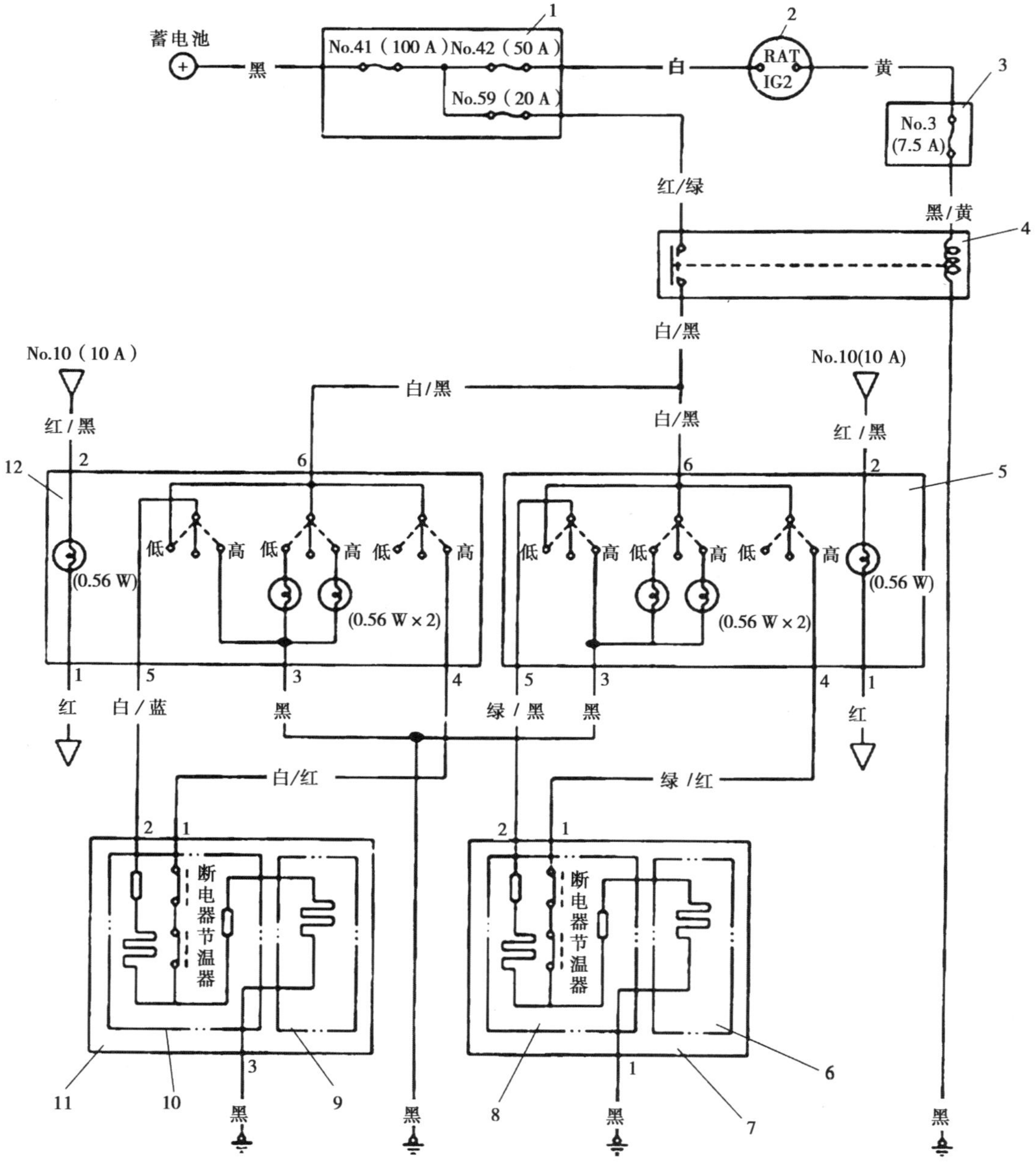

1－熔断器;2－点火开关;3－驾驶席仪表板下熔断器;4－座椅加热继电器;5－副驾驶席座椅加热器开关;6－座椅靠背加热电阻;7－副驾驶席座椅加热器;8－副驾驶席座椅垫加热电阻;9－驾驶席座椅靠背加热电阻;10－驾驶席座椅垫加热电阻 11－驾驶席座椅加热器;12－驾驶席座椅加热器开关

图 6-4-13　电动座椅加热控制电路

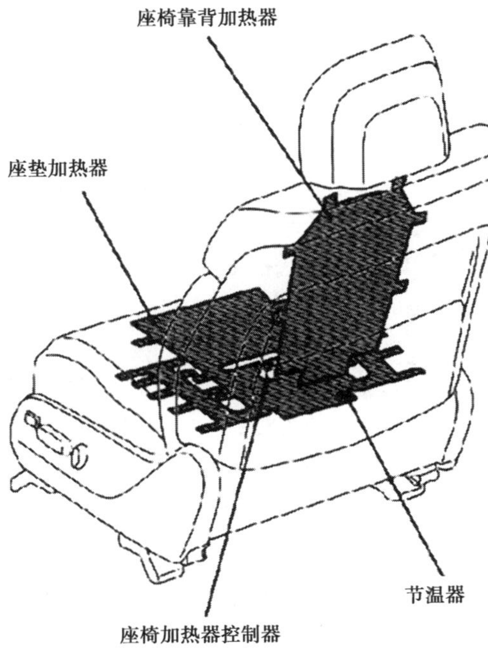

图 6-4-14　带加热功能座椅结构图

将加热器开关处于高位置时，加热系统处于快速加热状态，控制回路为：蓄电池正极→熔断器→座椅加热继电器→加热器开关 6 端子（两个）→4 端子→座椅加热器 1 端子（或 3 端子）→（座椅垫加热线圈→2 端子→5 端子→3 端子→搭铁→蓄电池负极）→断电器→节温器→座椅靠背加热线圈→搭铁→蓄电池负极。

此时由于座椅垫及靠背线圈并联加热，故加热速度快。与此同时，高位指示灯通电发光。

加热器开关处于低位置时，加热系统处于缓慢加热状态，控制回路为：蓄电池正极→熔断器→座椅加热继电器→加热器开关 6 端子（两个）→5 端子→座椅垫加热线圈→靠背加热线圈→3 端子→搭铁→蓄电池负极。

此时由于座椅垫及靠背线圈串联加热，故加热速度缓慢。与此同时，低位指示灯通电发光。节温器在低于 34 ℃时接通，高于 43 ℃时断开。断电器在低于 30 ℃时接通，高于 50 ℃时断开。

（二）带记忆功能电动座座椅

1.带记忆功能座椅组成

带记忆功能座椅是指在普通电动座椅上加入一套电脑控制系统，电脑控制系统可以将驾驶员调节后的座椅位置记录下来，作为以后自动调节的基准。驾驶员需要调节时，只要一按开关就可自动调节到理想的位置。电脑控制系统组要由电气控制系统、传感器和执行机构组成，如表 6-4-3 所示为各组成部件的功能。

表 6-4-3　电动座椅控制系统各部件功用

控制器	ECU	座椅 ECU 控制电动座椅的电源通断、存储执行和复位动作。当收到接自电动座椅开关的输入信号后，在 ECU 内的继电器动作，控制电动座椅运动。座椅的存储和复位由电驱动的倾斜和伸缩 ECU 和座椅 ECU 之间的相互联系进行控制。
	电动座椅开关	该开关接通时向 ECU 输入滑动、前垂直、后垂直、倾斜或头枕位置的信号。
	位置储存和复位开关	通过倾斜和伸缩 ECU，将记忆和复位信号输送给座椅 ECU。
	腰垫开关	该开关接受来自 DOOR CB 的电源。当开关接通时，电源输入腰垫电机，开关控制电机的转向和电流的接通和关断。该开关不接至 ECU，而且调整位置不能储存在复位用的存储器中。
传感器	位置传感器	该传感器将每个电机（滑动、前垂直、后垂直、倾斜和头枕）位置信号送至 ECU，用作存储器中。
执行器	调节机构	包括座椅前后移动调整机构、座椅前部垂直调整机构、座椅后部垂直调整机构、靠背倾斜度调整机构、腰部支撑调整机构、头枕调整机构等。
	双向电机	这些电机由来自电动座椅 ECU 或腰垫开关的电流驱动，用来直接驱动座椅的各部分。每个电机具有内设电路断路器。
	传动装置	包括上下轨道、螺杆、连轴节支架等组成。传动方式有齿轮齿条式和蜗轮蜗杆式等。

现代轿车自动化自能化不断发展，汽车座椅电脑融入了多项控制功能，如自动后视镜控制、自动座椅调节控制、方向盘调节控制、安全带预紧功能控制等，如图 6-4-15 所示为现代汽车座椅控制电路原理图。

2. 带记忆功能座椅位置的存储及复位

（1）信息存储

接通点火开关（ON），变速杆置于停车 P 位置。

利用手动开关，将自动座椅、外后视镜、安全带、倾斜与伸缩转向柱调节到舒适的位置。

压下存储和复位开关 L_1 或 L_2，如图 6-4-16 所示，再压下 SET 开关，此时，由各种位置传感器将信号发送到电脑板 ECU 内存储。

（2）选择已存储的座椅位置

如图 6-4-16 所示，压下存储和复位开关 L_1 或 L_2（可听到约 0.1 s 的蜂鸣声），即可选择到所期望的已存储的座椅位置。

警告： 在踩制动踏板和车辆运行时，禁止选择，以保证安全！

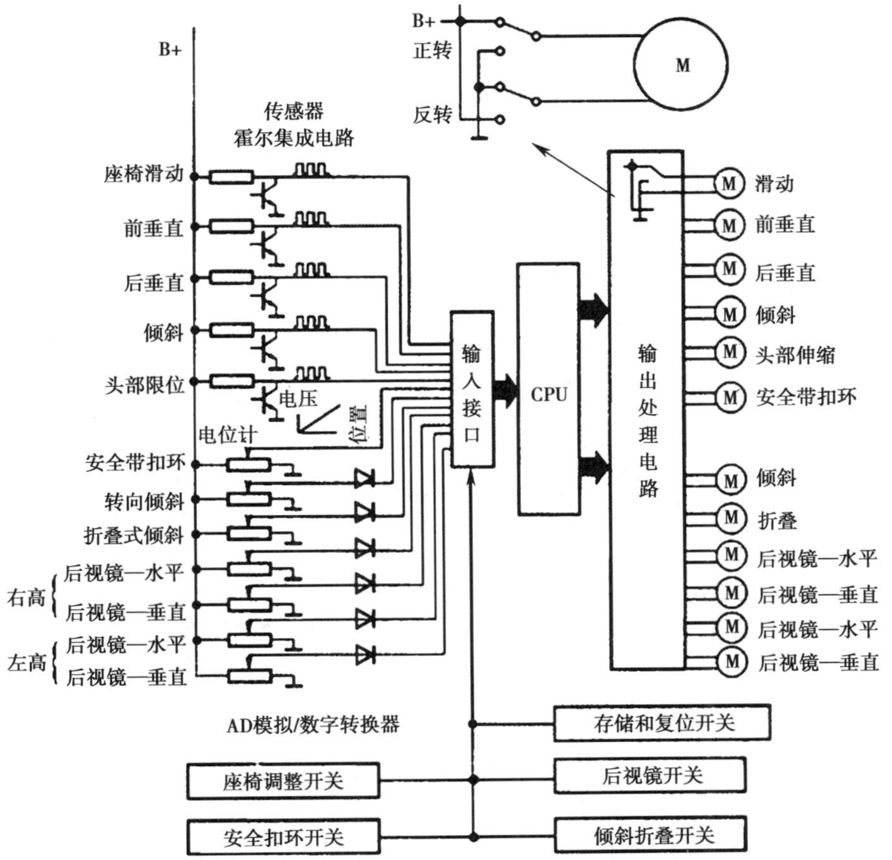

图 6-4-15　带记忆功能电动座椅控制电路原理图

(3)座椅的位置控制

如图 6-4-17 所示。当点火钥匙插入点火开关的钥匙孔内,且将点火开关接通(ON),变速杆置于 P 位置时,只要按住存储和复位开关 L_1 或 L_2,电脑板将根据所存储的位置发出控制型号,座椅等系统调器位置,当达到存储位置时就会自动停止。其重复过程是按图 6-4-12 的顺序进行的,即先将座椅①向后滑动→②靠背后倾→③靠背前倾→④转向盘上下倾斜、伸缩→⑤向前滑动→⑥前、后部垂直调节→⑦头枕位置上下调节的顺序进行自动调节至最舒适的位置(注:外后视镜的重复动作与①→⑦的顺序无关)。

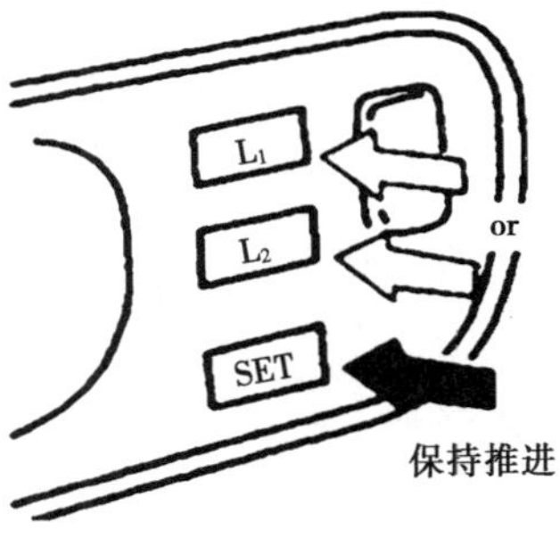

图 6-4-16　电动座椅记忆功能组合开关

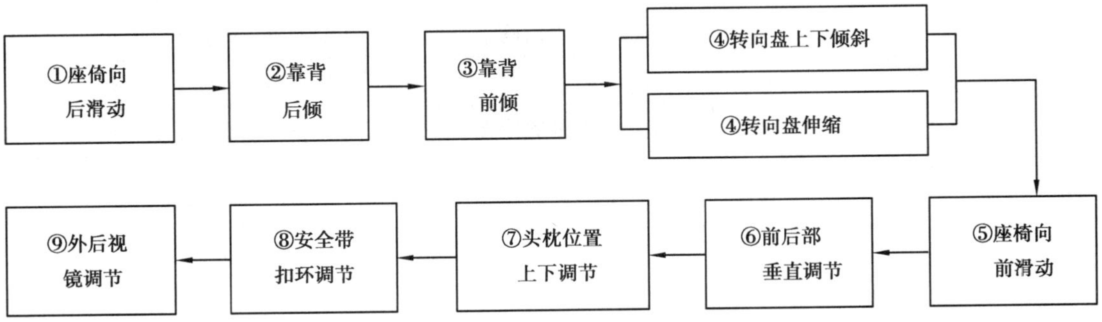

图 6-4-17　带记忆功能座椅控制顺序

【评价与反馈】

班级：________ 姓名：________ 指导教师：________

序号	考核项目	项目分值	考核内容		配分	考核标准	得分
1	出勤/纪律	5	出勤		2	违规一次不得分	
			行为规范		3	违规一次不得分	
2	安全/防护/环保	20	着装		4	违规一次不得分	
			个人防护		4	违规一次不得分	
			“5S”/“EHS”		4	违规一次不得分	
			设备使用安全		4	违规一次不得分	
			操作安全		4	违规一次不得分	
3	知识	20	知识测试成绩		20	按测验成绩的 20% 计	
4	技能考核	40	准备	清点工量具，清理工位	1	未做不得分	
				清洁对象外观	1	未做不得分	
				检查电源开关	1	未做不得分	
			座椅总成拆卸	检查拆卸工具	1	未做不得分	
				拆卸座椅套等附件	3	操作不正确扣 1～3 分	
				拆卸电源连接插头	3	操作不正确扣 1～3 分	
				拆卸顺序	3	操作不正确扣 1～3 分	
			座椅总成分解与组装	部件拆卸摆放	3	操作不正确扣 1～3 分	
				部件拆卸前检查	3	操作不正确扣 1～3 分	
				螺栓拧紧力矩	3	操作不正确扣 1～3 分	
				部件安装位置方法	3	操作不正确扣 1～3 分	
				部件安装前的检查	3	操作不正确扣 1～3 分	
				电源连接端子连接方法	4	操作不正确扣 1～4 分	
				润滑部件处理保护	4	操作不正确扣 1～4 分	
				组装后的检查运行	4	操作不正确扣 1～4 分	
			座椅检测	表笔测试点的确定	3	操作不正确扣 1～3 分	
				各电机通电检查	3	检查不正确扣 1～3 分	
				组合控制开关检查	3	检查不正确扣 1～3 分	
				检测结论	4	不正确扣 1～4 分	

（续表）

序号	考核项目	项目分值	考核内容	配分	考核标准	得分
5	学习能力	10	工单填写,工艺计划制定	4	未做不得分	
			组内活动情况	4	酌情扣分	
			资料查询和收集	2	未做不得分	
6	任务拓展	5	知识拓展任务	2	未做不得分	
			技能拓展任务	3	未做不得分	
7	总分	100				

【教师评估】

序号	优点	存在问题	解决方案
教师签字：			

参考文献

[1] 赵奇,陈社会. 汽车电气构造与维修. 北京:中国劳动社会保障出版社,2008

[2] 雷小勇,袁永东,李朝东. 汽车电气设备维修. 北京:人民交通出版社,2011

[3] 姜京花. 汽车电气设备构造与维修. 北京:人民交通出版社,2005

[4] 周建平. 汽车电气设备构造与维修. 北京:人民交通出版社,2005

[5] 徐向阳. 汽车电器与电子控制技术. 北京:人民交通出版社,2003

[6] 李春明. 汽车电气设备与维修. 北京:高等教育出版社,2007

[7] 李矿理,武文生. 汽车电器电子装置检修图解. 北京:金盾出版社,2008